“互联网+”大学生创新创业基础与实践

主　编　叶明全　陈付龙

副主编　崔　琳　刘　涛　王平水　沈龙凤

科学出版社

北　京

内 容 简 介

本书根据教育部关于大学生创新创业教育的最新精神，努力吸纳“互联网+”时代下创新创业实践的最新成果，试图以“互联网+”视角对新的创新创业教育理念进行科学定位和准确把握。本书根据“互联网+”创新创业人才培养的特色进行编写，内容包括以移动互联网、物联网与云计算、大数据与人工智能等为代表的新一代信息通信技术相关知识及技能，“互联网+”企业营销平台以及以“互联网+医疗”、“互联网+教育”、“互联网+农业”、“互联网+交通”和“互联网+民生”等为代表的“互联网+”大学生创新创业大赛、大学生创新创业训练计划等优秀创新创业项目案例组成的案例库。

本书可作为高等学校“互联网+”创新创业教育相关课程的教材，也可为广大师生人员申报“互联网+”大学生创新创业大赛、大学生创新创业训练计划等项目提供参考。

图书在版编目(CIP)数据

“互联网+”大学生创新创业基础与实践/叶明全，陈付龙主编. —北京：科学出版社，2017.7

ISBN 978-7-03-053554-2

Ⅰ. ①互… Ⅱ. ①叶…②陈… Ⅲ. ①大学生—创业—高等学校—教材 Ⅳ. ①G647.38

中国版本图书馆 CIP 数据核字（2017）第 132059 号

责任编辑：滕　云 / 责任校对：刘亚琦

责任印制：吴兆东 / 封面设计：华路天然工作室

科学出版社 出版

北京东黄城根北街 16 号

邮政编码：100717

http://www.sciencep.com

固安县铭成印刷有限公司印刷

科学出版社发行　各地新华书店经销

*

2017 年 7 月第　一　版　开本：787×1092　1/16

2025 年 7 月第十六次印刷　印张：19

字数：450 000

定价：69.80 元

（如有印装质量问题，我社负责调换）

本书编委会

主　编　叶明全　　皖南医学院

陈付龙　　安徽师范大学

副主编　崔　琳　　宿州学院

刘　涛　　安徽工程大学

王平水　　安徽财经大学

沈龙凤　　淮北师范大学

参　编（以姓氏笔画为序）

王　琦　　宿州学院

牛　猛　　皖南医学院

汪文明　　安庆师范大学

胡为成　　铜陵学院

修　宇　　安徽工程大学

翟菊叶　　蚌埠医学院

前　言

习近平总书记在党的二十大报告中指出：“教育、科技、人才是全面建设社会主义现代化国家的基础性、战略性支撑。必须坚持科技是第一生产力、人才是第一资源、创新是第一动力，深入实施科教兴国战略、人才强国战略、创新驱动发展战略，开辟发展新领域新赛道，不断塑造发展新动能新优势。”

在经济转型升级和创新驱动发展的背景下，创新创业已经成为时代的主题。大学生是大众创业、万众创新的主力军，高校创新创业教育的水平和成效，不仅关乎高等教育的发展和人才培养质量的提高，更关乎国家战略目标的实现。“互联网+”是新一轮技术革命的产物，其背后的技术支撑是以移动互联（物联网、万联网）、云计算、大数据及人工智能为代表的新一代信息通信技术（ICT）。在“互联网+”时代，如何通过新兴 ICT 与医疗、教育、农业等领域的融合创新，提高大学生“互联网+”创新创业的基本技能，发展壮大新兴业态，打造新的产业增长点，已成为大家共同关注的热点。

本书针对“互联网+”时代创新创业人才培养需求，将创新创业教育融入专业人才培养体系中，通过一批可复制、可推广的“互联网+”创新创业案例，推动创新创业教育实践体系不断完善。本书由四部分组成，共分 10 章。第一部分（第 1 章）绪论包括创新创业教育背景、“互联网+”基础知识、“互联网+”创新创业、“互联网+”大学生创新创业训练与竞赛等；第二部分（第 2～4 章）介绍“互联网+”新兴信息通信技术，包括移动互联网、物联网与云计算、大数据与人工智能等相关基础知识；第三部分（第 5 章）介绍“互联网+”企业营销平台，包括互联网广告、微信公众平台、移动 App 营销、微博营销、视觉营销、“互联网+”产业构建模式以及“互联网+”企业构建模式等；第四部分（第 6～10 章）介绍“互联网+”大学生创新创业实践案例，包括“互联网+医疗”、“互联网+教育”、“互联网+农业”、“互联网+交通”和“互联网+民生”等大量案例。

本书是由安徽省内 9 所高校一线教师合作完成的，其中，叶明全、陈付龙担任主编，崔琳、刘涛、王平水、沈龙凤担任副主编。全书由叶明全总体策划、组织和统稿，各章编写人员及分工如下：叶明全编写第 1 章，胡为成、牛猛编写第 2 章，刘涛编写第 3 章，沈龙凤编写第 4 章，王平水编写第 5 章，叶明全、陈付龙、翟菊叶编写第 6 章，陈付龙编写第 7 章，崔琳、王琦编写第 8 章，叶明全、汪文明编写第 9 章，修宇、汪文明编写第 10 章。

本书得到安徽省重大教学改革研究项目“以互联网+医疗为导向的医学信息创新创业人才培养的研究与实践”（编号：2015zdjy105）、“互联网+时代工科应用型专业大学生专业实践能力培养路径研究”（编号：2015zdjy042）、安徽省新工科研究与实践项目“新工科和新医科交叉复合型人才创意创新创业能力培养探索与实践”（皖教秘高[2020]60 号）和安徽省“六卓越、一拔尖”卓越人才培养创新项目“智能医学工程专业卓越工程师培养创新项目“（编号：2020zyrc159）的大力资助。

本书参考同类教材、著作和期刊等相关资料，特作说明并致谢。同时，由于编者水平有限，书中难免存在不足之处，恳请同行专家和广大师生给予指正。

编　者

2017 年 3 月

2023 年 7 月修改

目　　录

第1章　绪　　论

在经济转型升级和创新驱动发展的背景下，创新创业已经成为时代的主题和国家的战略决策。大学生是大众创业、万众创新的主力军，高校创新创业教育的水平和成效，不仅关乎高等教育的发展和人才培养质量的提高，更关乎国家战略目标的实现。以移动互联网、云计算、大数据、物联网、人工智能等为代表的新一代信息技术与教育、医疗、制造、能源、服务、农业等领域的融合创新，发展壮大新兴业态，打造新的产业增长点。“互联网+”时代下大学生创新创业教育模式已经成为我国高等教育改革的一个重要策略。本章主要介绍大学生创新创业教育背景、“互联网+”相关概念、“互联网+”创新创业、“互联网+”大学生创新创业训练与竞赛。

1.1　创新创业教育背景

党的十七大提出“提高自主创新能力，建设创新型国家”和“促进以创业带动就业”的发展战略。其中，大学生是最具创新、创业潜力的群体之一。大学生创新创业能力的培养，是高等教育面向社会、面向市场经济办学的重要举措。

1.1.1　创新创业教育相关概念

1. 创新与创新教育的概念

1）创新

1912 年，“创新理论”的鼻祖、美籍政治经济学家约瑟夫·熊彼特（Joseph A. Schumpeter）在其《经济发展概论》中指出：创新（innovation）是把一种新的生产要素和生产条件的“新组合”引入生产体系。这种新组合包含五种情况：一是开发新产品；二是采用新的生产方法；三是开辟新的市场；四是掠取或控制原材料或半制成品的一种新的供应来源；五是实现新的工业组织。

根据熊彼特的相关界定，创新就是打破经济体系运行过程中循环往复（circular flow）的均衡状态，将经济体系中的一部分生产要素进行重新组合；只有这种要素的重新组合才能称为“经济发展”，并能够通过垄断地位获取利润。

2009 年，现代管理学之父、美籍管理学大师彼得·德鲁克（Peter F. Drucker）则指出：凡是能够使现有资源的财富生产潜力发生改变的事物都足以构成创新；创新就是要改变资源的产出，通过改变产品和服务，为客户提供价值和满意度。

从熊彼特和德鲁克的界定可以看出，创新的本质就是通过要素资源的重新组合，获取一种垄断地位，提升核心竞争力；在微观层面实现垄断利润或价值增值，在宏观层面为经济社会发展提供动力源泉。

百度百科对创新的定义：创新是指以现有的思维模式提出有别于常规或常人思路的见解为导向，利用现有的知识和物质，在特定的环境中，本着理想化需要或为满足社会需求，而改进或创造新的事物、方法、元素、路径和环境，并能获得一定有益效果的行为。

2）创新教育

创新教育（innovation education）的定义可分狭义和广义两大类。狭义的创新教育是指以具备创新精神、理念、素养、人格和创造能力的创新人才为多层面培养目标的教育活动。广义的创新教育是指以培养受教育者的创新素养、提升受教育者的创新潜能为最终宗旨，而有别于守旧式的、传统教育、填鸭式教育或守成不变的教育形式，可以使受教育者能够进行创新而开展的一种新型教育活动。

对于高等学校来说，创新教育就是培养受教育者再次觉察的探求和摸索能力、重组已有知识的综合能力、运用现有知识解决存在问题的实践能力，以及激励受教育者的创造潜能等一系列相关的教育活动。高等学校作为培育具有学习能力、创新精神和创新人才的重要摇篮，必须使受教育者勇于思考、善于思考、勤于思考，在整个学习经历过程中重视提升个人的思维开拓过程，而不是被动接纳前人的思维与思想结论。

2. 创业与创业教育的概念

1）创业

创业与创新之间有着天然的联系。熊彼特认为，创新是企业家的功能和职责；而在德鲁克的创新管理经典著作中，创新与企业家精神同样紧密联系在一起。事实上，英文中的企业家（entrepreneur）和企业家精神（entrepreneurship）也被译为创业者和创业精神，其本义是指商业活动的开办过程，特别是那些能够提供创新产品、过程或服务的商业活动。

创业包括“创”和“业”两个字，“创”是开创、创办，而“业”是事业、业务。国内外政策实践中，创业存在很多不同的理解。从广义上讲，中小企业（small and medium business）、新开办企业（new ventures）均被看作与创业相关，如经营杂货铺、开餐馆等都可视作创业行为；在统计上，新开办企业数量、小企业数量、中小企业产值、提供就业岗位数等指标也都被用于衡量创业的活跃程度和对经济发展的贡献。而从创新经济学角度来看，狭义的创业应该被限定在更小范围，对应的是创业公司（startup company）、高成长企业（high-growth enterprise）等。只有创办以创新活动为支撑的中小型科技企业才算是严格意义上的创业；具有创新特征的创业公司，特别是那些高速成长的科技型创业公司，才是推动经济发展的动力源泉。

百度百科对创业的定义：创业是创业者对自己拥有的资源或通过努力对能够拥有的资源进行优化整合，从而创造出更大经济或社会价值的过程。

1965 年，科尔（Cole）给出创业的定义：创业是指发起、维持和发展以利润为导向的、企业的、有目的性的行为。

2006 年，创业教育领域专家杰夫里·提蒙斯（Jeffry A. Timmons）在其经典教科书《创业创造》（*New Venture Creation*）中对创业的定义：创业是一种思考、推理结合运气的行为方式，它为运气带来的机会所驱动，需要在方法上全盘考虑并拥有和谐的领导能力。

2）创业教育

1998 年 10 月，联合国教科文组织主持召开的世界高等教育会议通过的《21 世纪的高等教育：展望与行动世界宣言》中指出：21世纪的青年除了接受传统意义上的学术教育和职业教育，应当拥有第三本教育护照，即创业教育。从而在此次大会上正式提出创业教育（entrepreneurship education）的概念。

通常，创业教育可分成狭义和广义的两大类。狭义的创业教育是指培养创业者从单纯的求职者转变为岗位创造者过程中，所需要进行的意识、知识、能力、精神及相应实践活动的教育。而广义的创业教育是指培养具有开创性个性的人或人才，使之不仅仅要具备首创思维、创业能力、冒险精神、事业和进取心等相关心理素质，而且要有独立工作能力、相关技术、社会交往和相应管理技能的教育活动。

在高等教育领域内，创业教育是将素质教育与创业教育相融合、凝练，培养学生的心理意识、个性品质、专业知识和创业技能，并具有独特功能和体系的一个全方位的系统整合性教育活动。高等学校要将创业教育的目标提升一个新的层次，同时其与学术研究和职业教育享有同等重要的地位。

3. 创新创业与创新创业教育的概念

1）创新创业

2015年3月，我国政府工作报告上正式提出“大众创业、万众创新”（简称“双创”）。“双创”中“大众创业”显然属于广义的创业；其涵盖范围应该包括所有类型的新开办企业，当然包括以科技创新为基础的高成长科技型创业公司。

创新与创业既有区别又有联系，创新更多是思维层面的推陈出新、锐意进取、勇于尝试、精神和态度勇于开拓、转化的一种创造；而创业则关注行动层面上的，在社会经济、文化、政治等相关领域里开创新事业和新企业，并开展新业务，从而将实现新商品或新服务的机会被确认和挖掘出来，给他人及社会缔造、产出新价值与新财富的全过程。

创新是创业的基础源泉和前提，甚至是核心和本质，其价值也在创业；创业是创新的载体和外在表现形式，是创新的目的与归宿，反过来也会推动创新，而且创业成功与否大多取决于创新的程度。

2）创新创业教育

创新教育与创业教育是两个不可分离的教育理念，二者的价值取向目标是一致的，均是对受教育者创新精神与实践能力的培养，尽管两者提出问题的时间与角度不同，但都是我国大力推动实施素质教育的核心内容。

创新教育以创业教育为最终目标，创业教育以创新教育为本质与核心，创新教育是素质教育的重点，其目标是培养具有创新意识和精神，成为创新型人才，以适应国家经济发展。创业教育是全面推进素质教育的重要突破口和实施的关键。

素质教育、创新教育和创业教育三者的区别如下：

（1）素质教育强调受教育者的全方位发展，以解决受教育者如何“成人”的问题。

（2）创新教育着重关注受教育者的全面发展，以解决受教育者如何“成才”的问题。

（3）创业教育着重关注受教育者自身自我价值如何体现和完成，解决的是“成家立业”的问题。

因此，高校开展创新、创业教育，实际上是把学生进行素质教育、创新教育、创业教育有机融合，提升学生的综合素质，进而促进学生全面发展。

在美国，大学生创新创业教育被称为国家经济发展的“直接驱动力”。美国是最早开展创新创业教育的国家，其创新创业教育最早开始于1947年的哈佛大学，两年后的斯坦福大学也开始开展创新创业教育。美国已将创业教育纳入国民教育体系，涵盖从小学到研究生教育的全过程，尤其是高校已普遍开设创新创业教育课程，部分高校还设有创业类本科和研究生专业，培养从事创业教育教学和研究的博士生。

1.1.2 创新创业教育发展阶段

高校创新创业教育基本上可以分为“创业”、“创业教育”和“创新创业教育”三个阶段。表1-1从背景与目标、认识与行为、范围与层次、内涵与本质四个方面概述创业、创业教育和创新创业教育三个阶段的特征。

表1-1 创新创业教育三个阶段特征

阶段	起止时间	背景与目标	认识与行为	范围与层次	内涵与本质
创业阶段	1999～2002年 2003～2006年	缓解就业压力 解决扩招压力	被动寻找 自发行为	就业层面 大学毕业生	创业
创业教育阶段	2007～2009年	以创业促就业 培养创业能力	主动选择 自主行为	创业层面 大学生	创业+教育
创新创业教育阶段	2010～2014年 2015年至今	实施创新驱动发展 培养创新创业人才	战略抉择 自觉行为	创新发展层面 大学生	创新+创业+教育

1. 创业阶段（1999～2006年）

1999年，中国高等教育开始扩招，背景之一是新增劳动力就业问题凸显。在当时毕业生分配体制下，通过扩招缓解社会就业压力，国家鼓励毕业生自主创业。

2003年，扩招后首届本科生毕业以及当年“非典”特殊情况，导致就业压力巨大。因此，国家提出“鼓励高校毕业生自主创业和灵活就业”，力度更大，措施也更为具体。随后，就业压力不断增加。因此，2004～2006年，国家在鼓励、支持毕业生创业方面工作不断加强，出台一些具体保障措施。

总之，在创业阶段，国家鼓励毕业生“自主创业”并提供支持，其背景和目标是毕业生就业压力大，要解决毕业生就业问题，希望以创业实现就业，同时积极引导毕业生树立自主创业意识。

2. 创业教育阶段（2007～2009年）

随着毕业生创业工作不断推进，认识不断深化，需逐步认识到：①创业不仅具有解决就业的功能，创业成功还可以新增就业机会；②要创业成功，仅鼓励、引导和支持毕业生创业是不够的，还要培养学生的创业意识、创业精神和实际的创业能力，必须把创业和教育结合起来，实施创业教育。

因此，2007年国家提出实施“高校毕业生创业行动”，促进以创业带动就业，要求各高校“以多种形式开展创业教育”，倡导创业精神，培养创业能力。创业教育工作已经由当初的被动寻找和自发行为，变为主动选择和自主行为。

同时，创业教育范围由就业层面进一步拓展到创业层面，主体由毕业生扩展到在校大学生。该阶段创业教育内涵已经发生深刻变化，“创业”和“教育”融合到一起成为创业教育，进行创业教育，不仅要以创业促进就业，更要培养学生的创新精神与创业能力。

3. 创新创业教育阶段（2010年至今）

该阶段经济转型升级，国家确立创新驱动发展战略，“大众创业、万众创新”也成为时代的必然选择。在经济新常态下，“双创”所强调的普通民众对创业和创新活动的广泛参与，对于支撑和改善经济发展仍有着重要的现实意义。

因此，高校创新创业教育目标已大大超越前期以创业实现就业和以创业促进就业的目标，成为了国家按照“四个全面”战略布局，坚持改革推动，加快实施创新驱动发展伟大战略的重要组成部分。

1.1.3 创新创业教育战略需求

2010年5月在《教育部关于大力推进高等学校创新创业教育和大学生自主创业工作的意见》（教办〔2010〕3号）中提出：

（1）创新创业教育是适应经济社会和国家发展战略需要而产生的一种教学理念与模式。

（2）创新创业教育要面向全体学生，融入人才培养全过程。要在专业教育基础上，以转变教育思想、更新教育观念为先导，以提升学生的社会责任感、创新精神、创业意识和创业能力为核心，以改革人才培养模式和课程体系为重点，大力推进高等学校创新创业教育工作，不断提高人才培养质量。

（3）加强创新创业教育课程体系建设。把创新创业教育有效纳入专业教育和文化素质教育教学计划与学分体系，建立多层次、立体化的创新创业教育课程体系。突出专业特色，创新创业类课程的设置要与专业课程体系有机融合，创新创业实践活动要与专业实践教学有效衔接，积极推进人才培养模式、教学内容和课程体系改革。

（4）广泛开展创新创业实践活动。高等学校要把创新创业实践作为创新创业教育的重要延伸，通过举办创新创业大赛、讲座、论坛及模拟实践等方式，丰富学生的创新创业知识和体验，提升学生的创新精神和创业能力。

2012年8月，教育部印发《普通本科学校创业教育教学基本要求（试行）》（教高厅〔2012〕4号）提出：通过创业教育教学，使学生掌握创业的基础知识和基本理论，熟悉创业的基本流程和基本方法，了解创业的法律法规和相关政策，激发学生的创业意识，提高学生的社会责任感、创新精神和创业能力，促进学生创业就业和全面发展。

2015年5月，国务院办公厅出台《关于深化高等学校创新创业教育改革的实施意见》（国办发〔2015〕36号）提出总体目标：

（1）2015年起全面深化高校创新创业教育改革。

（2）2017年取得重要进展，形成科学先进、广泛认同、具有中国特色的创新创业教育理念，形成一批可复制、可推广的制度成果，普及创新创业教育，实现新一轮大学生创业引领计划预期目标。

（3）到2020年建立健全课堂教学、自主学习、结合实践、指导帮扶、文化引领融为一体的高校创新创业教育体系，人才培养质量显著提升，学生的创新精神、创业意识和创新创业能力明显增强，投身创业实践的学生显著增加。

高校创新创业教育是要培养创新创业型人才，不仅要为创新驱动发展战略提供人才和智力支撑，更要提供人才引领。因此，从认识和行为性质角度看，创新创业教育已经是一种国家、时代层面的战略决策，是一种高度自觉的行为。其范围远远超出就业、创业层面，提升到创新驱动发展的创新层面。创新创业教育的主体也不再局限于毕业生，而扩展到高校全体学生。内涵与本质方面，在创业基础上又增加创新内容，并明确创新、创业和就业之间的关系，“坚持创新引领创业、创业带动就业”，内涵更加符合高校人才培养和大学生创业特点。

1.2 “互联网+”基础知识

1.2.1 “互联网+”基本概念

1. 互联网的概念

互联网（Internet）又称因特网或网际网络，始于 1969 年美国的阿帕网（ARPA），是网络与网络之间所串联成的庞大网络，这些网络以一组通用的协议相连，形成逻辑上的单一巨大国际网络。互联网采用超文本（hyper text）和超媒体（hyper media）的信息组织方式，将信息的链接扩展到整个互联网上。其中，超文本是一种用户接口方式，用以显示文本及与文本相关的内容，其格式常使用超文本标记语言（Hyper Text Markup Language，HTML）或富文本格式（Rich Text Format，RTF）；超媒体是一种采用非线性网状结构对块状多媒体信息（包括文本、图像、视频等）进行组织和管理的技术。超文本传输协议（Hyper Text Transfer Protocol，HTTP）是互联网上应用最为广泛的一种网络协议。

互联网应用模式可划分为网络信息获取应用模式、电子商务应用模式、网络交流互动应用模式、网络娱乐应用模式和电子政务应用模式。

（1）网络信息获取应用模式又可分为网络新闻模式、搜索引擎模式、信息分类模式、信息聚合模式和知识分享模式。

（2）电子商务应用模式可以分为商对商（Business to Business，B2B）、商对客（Business to Customer，B2C）、客对商（Consumer to Business，C2B）、厂对客（Manufacturers to Consumer，M2C）、客对客（Customer to Customer，C2C）和线上线下（Online to Offline，O2O）等电子商务模式。

（3）网络交流互动应用模式可以分为即时通信模式、个人空间模式、网络社交模式和网络论坛模式。

（4）网络娱乐应用模式可以分为网络游戏模式、网络文学模式和网络视频模式。

（5）电子政务应用模式可以分为政府与政府（Government to Government，G2G）、政府与政府雇员（公务员）（Government to Employee，G2E）、政府与企业（Government to Business，G2B）和政府与公民（Government to Citizen，G2C）等。

全球广域网（World Wide Web，WWW）亦作 Web、W3、“万维网”和“环球

网”等，是一个由许多互相链接的超文本组成的全球性系统，可分为 Web 客户端和 Web 服务器。用户可以通过 Web 客户端（常用浏览器）访问 Web 服务器上的页面，获得互联网资源。互联网并不等同 Web，Web 是建立在互联网上的一种网络服务，为浏览者在互联网上查找和浏览信息提供了图形化的、易于访问的直观界面。

互联网发展经历了 Web 1.0 门户时代、Web 2.0 搜索/社交时代和 Web 3.0 大互联时代三个阶段。

1）Web 1.0 门户时代

Web 1.0 时代开始于 1994 年，其主要特征是大量使用静态的 HTML 网页来发布信息，并开始使用浏览器来获取信息，信息传递主要是单向的。通过 Web 万维网，互联网上资源可以在一个网页里比较直观地表示出来，而且在网页上资源之间可以任意链接。Web 1.0 的本质是聚合、联合、搜索，其聚合的对象是巨量、无序的网络信息。Web 1.0 只解决人对信息搜索、聚合的需求，而没有解决人与人之间沟通、互动和参与的需求。

Web 1.0 时代是第一代互联网，表现在技术创新主导模式、基于点击流量的盈利共通点、门户合流、明晰的主营兼营产业结构和动态网站。Netscape、Yahoo 和 Google 等公司在 Web 1.0 上做出巨大贡献。其中，Netscape 研发出第一个大规模商用的浏览器，Yahoo 提出互联网黄页，Google 推出大受欢迎的搜索服务。中国互联网从 1997 年正式进入商业时代，到 2002 年前，Web 1.0 代表产品有新浪、搜狐及网易等门户网站。

2）Web 2.0 搜索/社交时代

Web 2.0 始于 2004 年 3 月 O'Reilly Media 和 MediaLive 公司的一次头脑风暴会议。Tim O'Reilly 在“What Is Web 2.0”文中概括了 Web 2.0 的概念，并给出描述 Web 2.0 的框图“Web 2.0 MemeMap”，成为 Web 2.0 研究的经典文章。在 Web 2.0 中，软件被当成一种服务，互联网从一系列网站演化成一个成熟的为最终用户提供网络应用的服务平台，强调用户的参与、在线的网络协作、数据储存的网络化、社会关系网络以及文件的共享等成为 Web 2.0 发展的主要支撑和表现。Web 2.0 模式大大激发创造和创新的积极性，使互联网重新变得生机勃勃。Web 2.0 的典型应用包括 Blog、Wiki、RSS、Tag、SNS、P2P 和 IM 等。

Web 2.0 更注重用户的交互作用，用户既是网站内容的浏览者，也是网站内容的制造者。Web 2.0 是指一个利用 Web 的平台，由用户主导而生成的内容互联网产品模式。用户生产内容（User Generated Content，UGC）是指用户原创内容，是伴随着以提倡个性化为主要特点的 Web 2.0 概念而兴起的。

3）Web 3.0 大互联时代

Web 3.0 是针对 Web 2.0 提出的，较有名的首次提及是在 2006 年初 Jeffrey Zeldman 的博客一篇批评 Web 2.0 的文章中。随后 Web 3.0 受到越来越多关注，也是持续到目前争论越来越多的焦点。Web 3.0 是 Web 2.0 的进一步发展和延伸，是互联网发展的必然趋势。

Web 3.0 在 Web 2.0 的基础上，将杂乱的微内容进行最小单位的继续拆分，同时进行词义标准化、结构化，实现微信息之间的互动和微内容间基于语义的链接。Web 3.0 能够进一步深度挖掘信息并使其直接从底层数据库进行互通，并把散布在互联网上的各种信息点以及用户的需求点聚合和对接起来，通过在网页上添加元数据，使机器能够理解网页内容，从而提供基于语义的检索与匹配，使用户的检索更加个性化、精准化和智能化。

Web 3.0 提供智能化及个性化搜索引擎技术、数据自由整合与有效聚合技术，适合多种终端平台，实现信息服务的普适性。Web 3.0 典型特点是多对多交互，包括人与人交互、人机交互以及多个终端交互。Web 3.0 大互联时代是以智能手机为代表的移动互联网作为开端，发展到基于物联网、大数据和云计算的智能生活时代，实现“每个个体、时刻联网、各取所需、实时互动”状态。

Web 3.0、Web 2.0 和 Web 1.0 三者之间的区别如下。

（1）从用户参与的角度来看：Web 1.0 特征以静态、单向阅读为主，用户仅是被动参与；Web 2.0 则是一种以分享为特征的实时网络，用户可以实现互动参与，但这种互动仍然是有限度的；Web 3.0 则以网络化和个性化为特征，可以提供更多人工智能服务，用户可以实现实时参与。

（2）从技术角度看：Web 1.0 采用动态 HTML 和静态 HTML 网页技术；Web 2.0 则以 Blog、TAG、SNS、RSS、Wiki、六度分隔、XML、AJAX 等技术和理论为基础；Web 3.0 技术特点是综合性的，实现 Web 3.0 的关键技术是语义 Web 和本体。

（3）从应用角度来看：传统的门户网站如新浪、搜狐、网易等是 Web 1.0 的代表；博客中国、校内网、Facebook、YouTube 等是 Web 2.0 的代表；iGoogle、阔地网络等是 Web 3.0 的代表。

2016 年 8 月，中国互联网络信息中心（China Internet Network Information Center，CNNIC）发布第 38 次《中国互联网络统计发展状况报告》。报告显示，截至 2016 年 6 月，中国网民规模达 7.10 亿，互联网普及率为 51.7%（较 2015 年底提升 1.3 个百分点），中国手机网民规模达 6.56 亿（较 2015 年底增加 3656 万人），网民中使用手机上网人群占比由 2015 年底的 90.1%提升至 92.5%。报告还显示，截至 2016 年 6 月，中国网民中农村网民占比 26.9%，规模达 1.91 亿，通过台式计算机和笔记本电脑接入互联网的比例分别为 64.6%和 38.5%，平板电脑上网使用率为 30.6%，电视上网使用率为 21.1%。

2.“互联网+”的提出

国内“互联网+”理念的提出，最早可以追溯到 2012 年 11 月易观国际董事长兼首席执行官于扬在“易观第五届移动互联网博览会”上发表的主题演讲“互联网+”。在会上，他首次提出“互联网+”理念，认为在未来，“互联网+”公式应该是我们所在的行业目前的产品和服务，在与我们未来看到的多屏全网跨平台用户场景结合之后产生的一种化学公式，而怎么找到你所在行业的“互联网+”，则是企业需要思考的问题。随后，“互联网+传统集市”催生淘宝，“互联网+传统百货卖场”催生京东，“互联网+传统银行”催生支付宝，“互联网+传统交通”催生快的和滴滴。

2014 年 11 月，李克强出席以“互联互通、共享共治”为主题的首届世界互联网大会，指出，互联网是大众创业、万众创新的新工具。其中，“大众创业、万众创新”是 2015 年政府工作报告中的重要主题，被称作中国经济提质增效升级的“新引擎”。

2015 年 3 月，全国人大代表、腾讯公司董事会主席兼首席执行官马化腾在全国两会上提交了《关于以“互联网+”为驱动，推进我国经济社会创新发展的建议》议案，对经济社会的创新提出了建议和看法。马化腾认为，互联网具有打破信息不对称、降低交易成本、促进专业化分工和提升劳动生产率的特点，为经济转型升级提供了重要机遇。同时，马化腾表示，“互联网+”是指利用互联网的平台、信息通信技术把互联网和包括传统行业在内的各行各业结合起来，从而在新领域创造一种新生态，我们需要持续以“互联网+”为驱动，鼓励产业创新、促进跨界融合、惠及社会民生，推动我国经济和社会的创新发展，并希望这种生态战略能够被国家采纳，成为国家战略。

2015 年 3 月，李克强总理在政府工作报告中首次提出“互联网+”行动计划。“互联网+”行动计划旨在推动移动互联网、云计算、大数据、物联网等与现代制造业结合，促进电子商务、工业互联网和互联网金融（Internet Finance，ITFIN）健康发展，引导互联网企业拓展国际市场。其中，互联网金融是指传统金融机构与互联网企业利用互联网技术和信息通信技术实现资金融通、支付、投资及信息中介服务的新型金融业务模式。

2015 年 7 月，国务院印发《关于积极推进“互联网+”行动的指导意见》，鼓励传统产业树立互联网思维，积极与“互联网+”相结合，充分发挥互联网的创新驱动作用，以促进创业创新为重点，推动各类要素资源聚集、开放和共享，大力发展众创空间、开放式创新等，引导和推动全社会形成大众创业、万众创新的浓厚氛围，打造经济发展新引擎。

作为一项国家战略，“互联网+”推动互联网的创新成果与经济社会各领域深度融合发展，形成更广泛的以互联网为基础设施和创新要素的经济社会发展新形态，具有广阔前景和无限潜力，已成为不可阻挡的时代潮流，正对我国经济社会发展产生着战略性和全局性的影响。

3.“互联网+”的定义

百度百科对“互联网+”的定义：“互联网+”是创新 2.0 下的互联网发展的新业态，是知识社会创新 2.0 推动下的互联网形态演进及其催生的经济社会发展新形态。

“互联网+”概念的中心词是互联网，符号“+”意为加号，即代表着添加与联合。简单来讲，“互联网+”就是“互联网+各个传统行业”，但这并不是简单的两者相加。“互联网+”就是通过信息通信技术（Information and Communication Technology，ICT）以及互联网平台，让互联网与传统行业进行深度融合，创造新的发展生态。

“互联网+”代表一种新的社会形态，依托互联网信息技术实现互联网与传统产业的联合，以优化生产要素、更新业务体系、重构商业模式等途径来完成经济转型和升级。因此，“互联网+”能够充分发挥互联网在社会资源配置中的优化和集成作用，将互联网的创新成果深度融合于经济、社会各个领域之中，提升全社会的创新力和生产力，形成更广泛的以互联网为基础设施和实现工具的经济发展新形态。

“互联网+”是互联网思维的进一步实践成果，推动经济形态不断地发生演变，从而带动社会经济实体的生命力，为改革、创新和发展提供广阔的网络平台。

4.“互联网+”的特征

近年来，为了发展现代产业体系，我国大力推进信息化与工业化融合，信息化与工业化主要在技术、产品、业务和产业四个方面进行融合。两化融合是信息化和工业化的高层次的深度结合，是指以信息化带动工业化、以工业化促进信息化，走新型工业化道路。两化融合的核心就是信息化支撑，追求可持续发展模式。

两化融合包括技术融合、产品融合、业务融合和产业衍生四个方面。

（1）技术融合是指工业技术与信息技术的融合，产生新的技术，推动技术创新。例如，汽车制造技术和电子技术融合产生的汽车电子技术，工业和计算机控制技术融合产生的工业控制技术。

（2）产品融合是指电子信息技术渗透到产品中，增加产品的技术含量。例如，普通机床加上数控系统之后就变成了数控机床，传统家电采用了智能化技术之后就变成了智能家电，普通飞机模型增加控制芯片之后就成了遥控飞机。信息技术含量的提高使产品的附加值大大提高。

（3）业务融合是指信息技术应用到企业研发设计、生产制造、经营管理及市场营销等各个环节，推动企业业务创新和管理升级。例如，计算机管理方式改变了传统手工管理台账，极大地提高了管理效率；信息技术应用提高了生产自动化、智能化程度，生产效率大大提高；网络营销成为一种新的市场营销方式，获益群众数量大增，营销成本大大降低。

（4）产业衍生是指两化融合可以催生出的新产业，形成一些新兴业态，如工业电子、工业软件、工业信息服务业。工业电子包括机械电子、汽车电子、船舶电子、航空电子等；工业软件包括工业设计软件、工业控制软件等；工业信息服务业包括工业企业电子商务、工业原材料或产品成品大宗交易、工业企业信息化咨询等。

“互联网+”是工业 4.0 时代的象征，是两化融合的升级版，是将互联网作为当前信息化发展的核心特征并提取出来，实现与工业、商业、金融业等服务业的全面融合，其关键是创新，只有创新才能让这个“+”真正有价值、有意义。

“互联网+”的主要特征是跨界融合、创新驱动、重塑结构、尊重人性、开放生态和连接一切。

（1）跨界融合。“互联网+”重在与传统行业的融合，但这些传统行业和互联网之间的跨度很大，两者能够融合到一起是一种创新。行业之间融合也是客户消费转化为投资的一个过程，大家共同参与创新。“互联网+”中的“+”就是跨行跨界、变革开放，意在重塑融合。通过跨行跨界坚实创新基础；通过融合协同实现群体智能，实现从研发到产业化的路径更垂直。融合本身也指代身份融合。例如，客户消费转化为投资，伙伴参与创新等。

（2）创新驱动。国内最早的资源驱动型是粗放型的，但是目前这种资源驱动型增长方式已经不能够继续，需要转变到创新驱动方式才能发展。这正是互联网的特质，通过互联网思维来改变目前的境况，自我革命，达到创新的目的。

（3）重塑结构。当前，信息革命、全球化、互联网业已打破原有的社会结构、经济结构、地缘结构及文化结构。社会治理开始向互联网和虚拟技术的方向靠近，互联网+社会治理、虚拟社会治理已经成为发展趋势。

（4）尊重人性。人性的光辉是推动科技进步、经济增长、社会进步和文化繁荣的最根本的力量。互联网改变了人们的生产方式、生活方式、消费方式和社会治理方式。

互联网的强大力量来源于对人性的最大限度的尊重、对人体验的敬畏和对人的创造性发挥的重视。

(5）开放生态。“互联网+”是一种开放式的生态，“互联网+”的推进可以优化制约创新的环节，让研发由消费者个性化市场需求驱动，让创业者有更多的机会去创新、去创造。 通过“互联网+”将更多的信息孤岛连接到各自的生态体系，让更多传统行业在这个体系中共生、发展，让各自的生态体系里的用户获得更高的生活品质。“互联网+”是一种良性竞争，看谁做得更好，生态体系就会越黏性，用户量就会越多。

(6）连接一切。“互联网+”将连接实体、个人、设备等一切基本要素，犹如电能一般，把一种全新的能力注入各行各业，使各行各业在新的环境中实现新生，并创造出一个“互联网+”生态体系。“互联网+”能够实时动态地连接个体消费者与生产者、服务提供者，让创业者发现大量的新机会。显然，互联网已不再仅仅是虚拟经济，而是主体经济社会中不可分割的一部分。经济社会的每一个细胞都需要与互联网相连，互联网与万物共生共存将成为大趋势，连接一切是“互联网+”的目标。

1.2.2 “互联网+”新一代信息通信技术

当前，以移动互联网、物联网、云计算、大数据及人工智能等为代表的新一代互联网信息通信技术不断取得突破和应用创新，催生新兴产业快速发展，同时通过与传统产业的融合渗透，助推产业转型升级，给人类生产生活方式带来了深刻变革。

1. 移动互联网

随着宽带无线接入技术和移动终端技术的迅速发展，全球已经进入移动互联网阶段，从而使得计算技术经历大型机、小型机、个人计算机、桌面互联网、移动互联网等五个发展周期。移动互联网是目前 IT 领域最热门的概念之一，然而业界并未就其定义达成共识。

百度百科中指出：移动互联网（Mobile Internet，MI）是一种通过智能移动终端，采用移动无线通信方式获取业务和服务的新兴业态，包含终端、软件和应用三个层面。其中，终端层包括智能手机、平板电脑、掌上电脑（Personal Digital Assistant，PDA）等；软件层包括操作系统、中间件、数据库和安全软件等；应用层包括休闲娱乐类、工具媒体类、商务财经类等不同应用与服务。

中华人民共和国工业和信息化部电信研究院在 2011 年的《移动互联网白皮书》中给出：移动互联网是以移动网络作为接入网络的互联网及服务，涉及移动终端、移动网络和应用服务等三个要素。其中，移动终端包括手机、专用移动互联网终端和数据卡方式的便携式计算机；移动通信网络接入包括 2G、3G、4G 等；公众互联网服务包括 Web、WAP（Wireless Application Protocol）等方式。移动终端是移动互联网的前提，接入网络是移动互联网的基础，而应用服务则成为移动互联网的核心。

移动互联网是移动通信网络与互联网的融合，用户以移动终端接入无线移动通信网络的方式访问互联网。同时，移动互联网还产生大量新型的应用，这些应用与终端的可移动、可定位和随身携带等特性相结合，为用户提供个性化的、位置相关的服务。目前，谷歌（Google）和苹果（Apple）公司已经建立全球移动互联网的两大生态系统。移动智能终端操作系统主要包括苹果公司的 iOS、谷歌公司的 Android 和微软公司的

Windows Phone。

随着信息网络技术的迅猛发展和移动智能终端的广泛普及，移动互联网以其泛在、连接、智能和普惠等突出优势，有力推动了互联网和实体经济深度融合，已经成为创新发展新领域、公共服务新平台和信息分享新渠道。

2017 年 1 月，中共中央办公厅、国务院办公厅《关于促进移动互联网健康有序发展的意见》指出：推动移动互联网和农业、工业、服务业深度融合发展，积极扶持各类中小微企业发展移动互联网新技术、新应用、新业务，打造移动互联网协同创新平台和新型孵化器，发展众创、众包、众扶和众筹等新模式，拓展境内民间资本和风险资本融资渠道。

2. 物联网

当前，信息与通信技术已经从满足人与人之间的沟通，发展到实现人与物、物与物之间的连接，进入无所不在的物联网通信时代。物联网促使人们在信息与通信技术的世界里获得一个新的沟通维度，将任何时间、任何地点、连接任何人，扩展到连接任何物品，万物的连接就形成了物联网。

物联网的概念最初来源于 1999 年美国麻省理工学院（MIT）建立自动识别中心（Auto IDLabs）提出的网络无线射频识别（Radio Frequency Identification，RFID）系统，即把所有物品通过射频识别等信息传感设备与互联网连接起来，实现智能化识别和管理。

物联网（Internet of Things，IoT）是指将各种信息传感设备，如射频识别、红外感应器、全球定位系统及激光扫描器等装置与互联网结合起来而形成的一个巨大网络。其目的是让所有的物品都与网络连接在一起，系统可以自动地、实时地对物体进行识别、定位、追踪、监控并触发相应事件。物联网是在互联网基础上的延伸和扩展的网络，其核心和基础仍然是互联网，其用户端延伸和扩展到任何物品与物品之间，进行信息交换和通信（即物物相息）。物联网通过智能感知、识别技术与普适计算等通信感知技术，广泛应用于网络的融合中。物联网被称为继计算机、互联网之后世界信息产业发展的第三次浪潮。

我国已将物联网作为战略性新兴产业的一项重要组成内容。2013 年 2 月，《国务院关于推进物联网有序健康发展的指导意见》（国发〔2013〕7 号）指出：物联网是新一代信息技术的高度集成和综合运用，具有渗透性强、带动作用大及综合效益好的特点；推进物联网的应用和发展，有利于促进生产生活和社会管理方式向智能化、精细化、网络化方向转变，对于提高国民经济和社会生活信息化水平，提升社会管理和公共服务水平，带动相关学科发展和技术创新能力增强，推动产业结构调整和发展方式转变具有重要意义。

3. 云计算

近年来，电子商务、数字城市、社交网络及在线视频等新一代大规模互联网应用发展迅猛，导致数据存储量大、业务增长速度快，催生了云计算（cloud computing）。云计算是分布式计算、互联网技术以及大规模资源管理等技术的融合与发展。

美国国家标准与技术研究院指出：云计算是一种利用互联网实现随时随地、按需、便捷地访问共享资源池（包括计算设施、存储设备、应用程序等）的计算模式。云计算提供一种方便的使用方式和服务模式，可以快速和最少的管理工作为用户提供服务。

云计算提供三大类或层次服务模式：基础设施即服务（Infrastructure as a Service，IaaS）、平台即服务（Platform as a Service，PaaS）和软件即服务（Software as a Service，SaaS）。表 1-2 对三层服务模式的特点进行了比较。

表 1-2　IaaS、PaaS 和 SaaS 对比

服务模式	服务内容	服务对象	使用方式	关键技术	系统实例
IaaS	提供基础设施部署服务	需要硬件资源的用户	使用者上传数据、程序代码、环境配置	数据中心管理技术、虚拟化技术等	Amazon EC2、Eucalyptus 等
PaaS	提供应用程序部署与管理服务	程序开发者	使用者上传数据、程序代码	海量数据处理技术、资源管理与调度技术等	Google APP Engine、Microsoft Azure、Hadoop 等
SaaS	提供基于互联网的应用程序服务	企业和需要软件应用的用户	使用者上传数据	Web 服务技术、互联网应用开发技术等	Google Apps、Salesforce CRM 等

（1）IaaS：提供硬件基础设施部署服务，为用户按需提供实体或虚拟的计算、存储和网络等资源。在使用 IaaS 层服务的过程中，用户需要向 IaaS 层服务提供商提供基础设施的配置信息，运行于基础设施的程序代码以及相关的用户数据。IaaS 提供给客户的服务是运营商运行在云计算基础设施上的应用程序，用户可以在各种设备上通过客户端界面访问，如浏览器。消费者不需要管理或控制任何云计算基础设施，包括网络、服务器、操作系统和存储等。

（2）PaaS：是云计算应用程序运行环境，提供应用程序部署与管理服务。通过 PaaS 层的软件工具和开发语言，应用程序开发者只需上传程序代码和数据即可使用服务，而不必关注底层的网络、存储、操作系统的管理问题。由于目前互联网应用平台（如 Facebook、Google、淘宝等）的数据量日趋庞大，PaaS 层应当充分考虑对海量数据的存储与处理能力，并利用有效的资源管理与调度策略提高处理效率。PaaS 是 SaaS 模式的一种应用。但是，PaaS 的出现可以加快 SaaS 的发展，尤其是加快 SaaS 应用的开发速度。例如，软件的个性化定制开发。PaaS 层介于 SaaS 与 IaaS 之间，PaaS 是 SaaS 的延伸，PaaS 提供用户可以访问的完整或部分的应用程序开发，SaaS 则提供完整的可直接使用的应用程序。

（3）SaaS：基于云计算基础平台所开发的应用程序。企业可以通过租用 SaaS 层服务解决企业信息化问题，如企业通过 Gmail 建立属于该企业的电子邮件服务。该服务托管于 Google 的数据中心，企业不必考虑服务器的管理、维护问题。对于普通用户来讲，SaaS 层服务将桌面应用程序迁移到互联网，可实现应用程序的泛在访问。

云计算是推动信息技术能力实现按需供给、促进信息技术和数据资源充分利用的全新业态，是信息化发展的重大变革和必然趋势。2015 年 1 月，国务院《关于促进云计算创新发展培育信息产业新业态的意见》（国发〔2015〕5 号）指出：

（1）发展云计算，有利于分享信息知识和创新资源，降低全社会创业成本，培育形成新产业和新消费热点，对稳增长、调结构、惠民生和建设创新型国家具有重要意义。

（2）支持云计算与物联网、移动互联网、互联网金融、电子商务等技术和服务的融合发展与创新应用，积极培育新业态、新模式。

（3）充分发挥云计算对数据资源的集聚作用，实现数据资源的融合共享，推动大数据挖掘、分析、应用和服务。

4. 大数据

近年来，随着移动互联网、物联网、云计算等信息与通信技术的迅猛发展，数据以前所未有的速度积累和增长，大数据（big data）概念受到越来越多的关注。信息社会已经进入了大数据时代。大数据改变着人们的生活与工作方式、企业的运作模式。著名管理咨询公司麦肯锡认为：数据已经渗透到当今每一个行业和业务职能领域，成为重要的生产因素；人们对于大数据的挖掘和运用，预示着新一波生产力增长和消费盈余浪潮的到来。美国政府认为大数据是“未来的新石油”，一个国家拥有数据的规模和运用数据的能力将成为综合国力的重要组成部分，对数据的占有和控制将成为国家间和企业间新的争夺焦点。

迄今并没有公认的大数据定义。通常，大数据是指无法在一定时间内用常规机器和软硬件工具对其进行感知、获取、管理、处理和服务的数据集合。

（1）从宏观世界角度来讲，大数据是融合物理世界、信息空间和人类社会三元世界的纽带，因为物理世界通过移动互联网、物联网等技术有了在信息空间中的大数据反映，而人类社会则借助人机界面、脑机界面、移动互联等手段在信息空间中产生自己的大数据映像。

（2）从信息产业角度来讲，大数据还是新一代信息技术产业的强劲推动力。所谓新一代信息技术产业本质上是构建在第三代平台上的信息产业，主要是指大数据、云计算、移动互联网等。

（3）从社会经济角度来讲，大数据是第二经济的核心内涵和关键支撑。第二经济的概念是由美国经济学家 Auther 在 2011 年提出的。他指出由处理器、链接器、传感器、执行器以及运行在其上的经济活动形成了人们熟知的物理经济（第一经济）之外的第二经济（不是虚拟经济）。第二经济的本质是使国民经济活动能够变得智能化，其主要支撑是大数据，因为大数据是永不枯竭并不断丰富的资源产业。借助于大数据，未来第二经济下的竞争将不再是劳动生产率而是知识生产率的竞争。

相较于传统的数据，人们将大数据的特征总结为 5V，即体量大（Volume）、速度快（Velocity）、模态多（Variety）、难辨识（Veracity）和价值大（Value）。但大数据的主要难点并不在于数据量大，因为通过对计算机系统的扩展可以在一定程度上缓解数据量大带来的挑战。其实，大数据真正难以对付的挑战来自于数据类型多样、要求及时响应和数据的不确定性。因为数据类型多样使得一个应用往往既要处理结构化数据，同时还要处理文本、视频、语音等非结构化数据，这对现有数据库系统来说难以应付；在快速响应方面，在许多应用中时间就是利益；在不确定性方面，数据真伪难辨是大数据应用的最大挑战。追求高数据质量是对大数据的一项重要要求，好的数据清理方法也难以消除某些数据固有的不可预测性。

2015 年 8 月，国务院《关于印发促进大数据发展行动纲要的通知》（国发〔2015〕50 号）指出：

（1）大数据是以容量大、类型多、存取速度快、应用价值高为主要特征的数据集合，正快速发展为对数量巨大、来源分散、格式多样的数据进行采集、存储和关联分析，从中发现新知识、创造新价值、提升新能力的新一代信息技术和服务业态。

（2）信息技术与经济社会的交汇融合引发了数据迅猛增长，数据已成为国家基础性战略资源，大数据正日益对全球生产、流通、分配、消费活动以及经济运行机制、社会生活方式和国家治理能力产生重要影响。

（3）我国互联网、移动互联网用户规模居全球第一，拥有丰富的数据资源和应用市场优势，大数据部分关键技术研发取得突破，涌现出一批互联网创新企业和创新应用，一些地方政府已启动大数据相关工作。

（4）大数据成为推动经济转型发展的新动力。以数据流引领技术流、物质流、资金流、人才流，将深刻影响社会分工协作的组织模式，促进生产组织方式的集约和创新。

（5）大数据推动社会生产要素的网络化共享、集约化整合、协作化开发和高效化利用，改变了传统的生产方式和经济运行机制，可显著提升经济运行水平和效率。

（6）大数据持续激发商业模式创新，不断催生新业态，已成为互联网等新兴领域促进业务创新增值、提升企业核心价值的重要驱动力。

（7）大数据建立“用数据说话、用数据决策、用数据管理、用数据创新”的管理机制，实现基于数据的科学决策，将推动政府管理理念和社会治理模式进步。

（8）推动大数据与云计算、物联网、移动互联网等新一代信息技术融合发展，探索大数据与传统产业协同发展的新业态、新模式，促进传统产业转型升级和新兴产业发展，培育新的经济增长点。

5. 人工智能

1950 年，“人工智能之父”图灵提出一个图灵测试的概念，测试某个系统是否具有人类的智能能力，需看系统能否“骗”过人类。如果人不能分辨其是系统还是人类，便认为该系统具备人类的智能能力。然而，迄今并没有公认的人工智能定义。百度百科中指出：人工智能（Artificial Intelligence，AI）是研究、开发用于模拟、延伸和扩展人的智能的理论、方法、技术及应用系统的一门新的技术科学。美国斯坦福大学人工智能研究中心尼尔逊（Nilson）指出：人工智能是关于知识的学科，是怎样表示知识以及怎样获得知识并使用知识的学科。

人工智能经过 60 多年的发展，其中经历过很多坎坷，形成几个流派。近几年，由于云计算和大数据的发展，人工智能赢到超前的发展机会：云计算为人工智能提供强大的计算平台，大数据为人工智能提供丰富的数据资源。目前，人工智能从过去的游戏和科幻，变为如今的产业与现实，其研究的核心领域包括数据挖掘、机器学习、模式识别和深度学习等。

随着移动互联网、云计算、物联网和大数据等新一代信息技术同机器人技术相互融合步伐加快，人工智能迅猛发展，在各个领域取得很多突破性成果。在某些领域中已超过人类，且与一般人不同，如游戏、人脸识别、语音识别等方面，甚至超过人类顶级专家水平。另外，制造机器人软硬件技术日趋成熟，成本不断降低，性能不断提升，军用无人机、自动驾驶汽车、家政服务机器人已经成为现实，有的人工智能机器人已具有相当程度的自主思维和学习能力。2016年3月，谷歌智能机器人AlphaGo（阿尔法狗）与韩国围棋九段棋手李世石上演“世纪人机大战”，将人工智能的关注度推到前所未有的高度。

2015年十二届全国人大三次会议上，李克强总理在政府工作报告中提出：人工智能技术将为基于互联网和移动互联网等领域的创新应用提供核心基础；未来人工智能技术将进一步推动关联技术和新兴科技、新兴产业的深度融合，推动新一轮的信息技术革命，势必将成为我国经济结构转型升级的新支点。

2016年5月，国家发展和改革委员会、科学技术部、工业和信息化部、中央网信办《“互联网+”人工智能三年行动实施方案》（发改高技〔2016〕1078号），明确提出：到2018年，将打造出人工智能基础资源与创新平台，并基本建立人工智能产业体系、创新服务体系等；在重点领域将培育若干全球领先的人工智能骨干企业，初步建成基础坚实、创新活跃的人工智能产业生态，形成千亿级的人工智能市场应用规模。

1.2.3 “互联网+”思维

互联网时代，传统企业遇到的最大挑战是基于互联网的颠覆性挑战。为了应对这种挑战，传统企业首先要做的是改变思想观念和商业理念。中国互联网元老、宽带资本田溯宁说过，未来企业要互联网化，每家企业都要有互联网思维。在未来不用互联网方式来思考问题，就没办法在社会展开竞争。最早提出互联网思维的是百度公司创始人李彦宏。在百度的一个大型活动上，李彦宏与传统产业的老板、企业家探讨发展问题时，首次提到“互联网思维”这个词，认为：我们这些企业家今后要有互联网思维，可能你做的事情不是互联网，但你的思维方式要逐渐向互联网的方式去想问题。

互联网思维，在学术界尚没有明确的定义，但在实业界存在工具论和现象论两种理论。

一是从工具论角度，互联网是指人们日常生活工作的“基础设施”，是开始每一天工作、学习和生活的前提条件。就像所有企业都要接通电源一样，今天所有企业都必须连接互联网。互联网是被当作“器”来看待的，包括大数据、云计算、智能终端可穿戴式设备等，现在的工作、学习和生活都是基于互联网的架构与环境，“每个企业都有一朵云，每个人也都有一朵云”。

二是从现象论角度，给出不同理解：

（1）小米公司雷军把互联网思维概括为“雷七诀”：专注、极致、口碑、快。

（2）腾讯公司马化腾提出互联网思维的“马七条”：连接一切、互联网+传统行业=创新、开放式协作、消费者参与决策、数据成为资源、顺应潮流的勇气、连接一切的风险。

（3）和君集团赵大伟提出9大思维：用户思维、简约思维、极致思维、迭代思维、流量思维、社会化思维、大数据思维、平台思维、跨界思维。

（4）九元购创始人陈光峰提出12大思维：标签思维、简约思维、No.1思维、产品思维、痛点思维、尖叫点思维、屌丝思维、粉丝思维、爆点思维、迭代思维、流量思维、整合思维。

百度百科对“互联网思维”的定义：互联网思维是指在（移动）互联网+、大数据和云计算等科技不断发展的背景下，对市场、用户、产品、企业价值链乃至对整个商业生态进行重新审视的思考方式。

互联网思维已经不再局限于互联网，与当初人类史上的“文艺复兴”一样，这种思维的核心即将开始扩散开去，对整个大时代造成深远的影响。互联网实质上是一种思维方式、一种生活方式、一种哲学论，即对整个商业世界的看法产生了一种全新的认识，具体包括互联网精神、互联网理念和互联网经济三个方面。

1. 互联网精神

互联网精神包括开放、平等、协作和共享。

（1）开放是指“互联互通”。企业面向社会、面向全球，充分利用外部资源，实现企业从有边界发展到无边界发展的突破。互联网实质就是拆墙、打通。

（2）平等是指“去中心化、去权威化、去等级化”。企业内部服务关系中高层为中层服务、中层为基层服务、基层为用户服务。企业之间由竞争走向合作竞争再到共建商业生态。企业和员工由被管理者转向自管理者再进一步转向自创业者。企业和用户之间，用户由产品购买者转向产品制造者、产品定价者和产品传播者再进一步转向产品创意者。

（3）协作是指实现从“公司时代”转变到“社会时代”，从“公司生产”转向“社会生产”。

（4）共享包括分享、免费、普惠。在互联网背景下产品生产几乎近于零的边际成本，使得分享成为可能；大量使用“虚拟资源”不需要缴纳任何费用，使得免费成为可能。在分享和免费的基础上，普惠成为互联网精神的又一重要内容。

2. 互联网理念

互联网理念包括虚拟实体打通、时空约束打破、一切都极致化、一切都模块化、个人帝国主义、利用大众力量、通过免费赚钱和用户本位主义。

（1）虚拟实体打通。指实体空间和虚拟空间各自内部互联互通，且实体空间和虚拟空间相互之间互联互通。具体包括：产品经营创造价值与资本经营创造价值打通、有形资产创造价值与无形资产创造价值打通、企业内部创造价值与企业外部创造价值打通、线上创造价值与线下创造价值打通。

（2）时空约束打破。移动互联网使用户使用终端移动化互联网来源信息的数字化要求信息快而且准，形成信息的即时化，人们之间的时空约束打破，彼此联系不再受限。具体包括：用户之间交流的时空约束打破、个人企业交互的时空约束打破、企业所在的供应链时空约束打破。例如，O2O 消灭线上和线下之间的距离，C2B 消灭用户和企业之间的距离，P2P 消灭用户和用户之间的距离。

（3）一切都极致化。指以用户为中心开展经营活动，用户需要什么，就研制、生产什么，而且需要把产品异质化做到极致，追求极致。产品极致化需要提升产品设计理念、提升产品营销理念和提升产品消费理念。

（4）一切都模块化。模块化是极致化分工与极致化合作的结果。模块化来自产品供应链的分工组合及企业经营环节分工组合。

（5）个人帝国主义。移动互联网时代个人是一个具有能力、知识、思想和资源的集合系统，个人与企业具有平等的市场地位、具有功能相当的工具和自由环境。个人自由、个人力量和个人价值被无限放大，社会进入个人帝国主义时代。具体表现在人人都是自企业、人人都是自媒体、人人都是自结社、人人都是自金融、去中心化（人人成为中心）、去权威化、去等级化，把员工做成公司，把员工做成经理，把员工做成总裁，把员工做成老板亦即“创客运动”，“企业即人，人即企业”。

（6）利用大众力量。互联网时代信息和资源掌握在大多数人手里，他们可能是专家，可能是业余爱好者，企业发挥普通员工力量能够聚沙成塔、滴水成海，企业是利用大众力量。利用大众力量，拓展资源范围、实现自我激励、实现开放经营。

（7）通过免费赚钱。互联网时代既免费又赚钱，通过免费赚钱，免费与赚钱之间的关系是统一的。基本商业模式是免费，免费成为常态。通过和用户建立情感链接、产生更多的需求来赚钱或者通过和用户的交互产生数据，用数据来赚钱。商品免费是符合互联网经济的基本规律的。通过免费赚钱在现实中存在以下几种模式：一是“交叉补贴”模式，即通过赠送一种商品服务捆绑销售另一种商品服务，包括常规产品免费、升级产品收费，单个产品免费、关联产品收费，硬件产品免费、软件服务收费，社交服务免费、游戏娱乐收费，搜索服务免费、广告客户收费等；二是“三方市场”模式，即针对产品生产者和使用者之外的第三方收费，例如，任何人登录互联网门户网站免费浏览信息，页面中的广告就为你浏览信息付费；三是“版本划分”模式，包括产品初级功能免费、产品升级功能收费，基础服务免费、增值服务收费，前期服务免费、后期服务收费，前端产品免费、后端服务收费，个人用户免费、企业用户收费等；四是“数据服务”模式，数据服务在实体世界中是价值链上利润最高的领域，例如，阿里巴巴掌握着数以万计经济运行的核心数据、成千上万企业的经营情况、几亿个人的消费行为，这块利润来源可谓无限之大。

（8）用户本位主义。从企业经营层面讲，设计来自用户、标准来自用户、生产来自用户、内容来自用户、推广来自用户、销售来自用户、体验来自用户和评价来自用户。

3. 互联网经济

互联网经济包括交易技术层面、交易结构层面和交易绩效层面。

（1）交易技术层面：长尾理论。互联网时代，天下没有难做的生意。互联网工具促使实体与实体打通、虚拟与虚拟打通、虚拟与实体打通。在此背景下，互联网降低了生产者和消费者的搜寻成本、产品供需双方的匹配成本和信任成本，进而降低了生产者和消费者的交易成本，使得交易零时间、零距离和零成本进行。互联网解决消费者和生产者之间信息不对称的问题，使企业精准营销，定向推送产品点对点、端到端的流动，实现消费者和生产者的双赢、全赢、多赢、共赢。

（2）交易结构层面：市场均衡理论。互联网经济，使市场均衡理论从理想变成现实。互联网经济，使市场交易双方具有规模经济效应和范围经济效应。互联网经济改变市场交易双方力量的对比，出现新的势力格局。消费者之间团体化、生产者之间组织化实现交易双方的地位平等，解决市场势力不对称、不均衡和不平等问题，交易双方都实现规模经济和范围经济，创造市场交易的新格局：由供给创造需求到需求引导供给，由生产主导消费到消费主导生产。

（3）交易绩效层面：消费者主权论。在互联网经济的市场交易中，消费者在交易谈判中的力量开始超过生产者并获得支配地位，进而大大提升消费者在企业生产经营中的作用，形成消费者主权论。消费者主权论主要体现在：消费者对产品服务具有定价权、选择权、评价权；对产品设计生产具有参与权、主导权、引领权；最终形成消费者在产品全价值链活动中的话语权，即消费者消费生产的一体化、消费者营销行为的媒体化、消费者交易行为的团体化和消费者市场地位的中心化。

互联网改变的是人与人、人与组织、组织与组织之间的关系，这必然要求企业进行一场结构性大革命，即用互联网思维重新架构企业的运营模式，以此打造“智慧型组织”，旨在自学习、自适应、自协调、自进化，实现柔性、弹性、轻型发展，与外部不稳定性、未来不确定性、环境高复杂性动态匹配和整合创新。

1.2.4 “互联网+”商业模式

互联网企业急需寻求新的市场，而传统企业急需寻找转型升级的路径，两者具有共同的需求点，互联网是传统企业的升级路径，而传统企业正好是互联网企业的新市场，于是“+”成为可能。目前，互联网正在从面向网民个人的消费互联网向面向企业的产业互联网拓展。德国近年提出了工业 4.0 战略，美国部署产业互联网的发展，我国政府提出制定“互联网+”行动计划。“互联网+”的重点是推动信息化与工业化的深度融合（即两化融合），特别是打造制造业的升级版，也包括深化消费互联网的应用。

在“互联网+”时代，企业之间的核心竞争不再是产品竞争，而是商业模式竞争。企业拥有核心竞争力的关键是实现商业模式的互联网化，利用互联网精神来颠覆和重构整个商业价值链。商业模式是企业的生命力，是经济社会运行的基本单元，是大学生创新创业过程中进行企业运营的核心，决定着大学生创新创立的企业能否在激烈的市场竞争中生存，能否盈利，能否创业成功。创新企业的商业模式成为大学生创业的必然选择。在传统生态里，商业模式是固定的，营销模式、生产模式、管理模式是变化的。而“互联网+”时代的商业模式在产品内容、营销推广、人才需求方面都有新的变化。

1. “互联网+”商业模式的基本形态

1）商业模式概念

商业模式源于英语“business model”，是企业在经营中围绕如何使其收益高于其投资在企业与顾客间设计的，是企业跟它的内外部利益相关者形成的一个交易结构，这个交易结构就是商业模式。任何一个商业模式都是一个由客户价值、企业资源、能力与盈利方式以及外部效应构成的四维立体模式。

商业模式的本质就是一群利益相关者把自己的资源能力投进来，形成一个交易结构。这个交易结构持续交易，会创造出新的价值，每一方会按照一定的盈利方式去分配这个价值。如果每一方分到的价值超过它投入资源能力的机会成本，这个交易结构就会越来越稳固。

在“互联网+”时代，商业模式需要通过互联网的力量来帮助获得资源并展开经营活动。也就是说“互联网+”商业模式就是通过利用网络来使企业获得利润的经营运作方式。

2）“互联网+”商业模式的基本形态

“互联网+”商业模式包括“口”模式、“线”模式、“台”模式、“圈”模式、“网”模式、“大数据”模式及“云计算”模式 7 种基本形态，如图 1-1 所示。

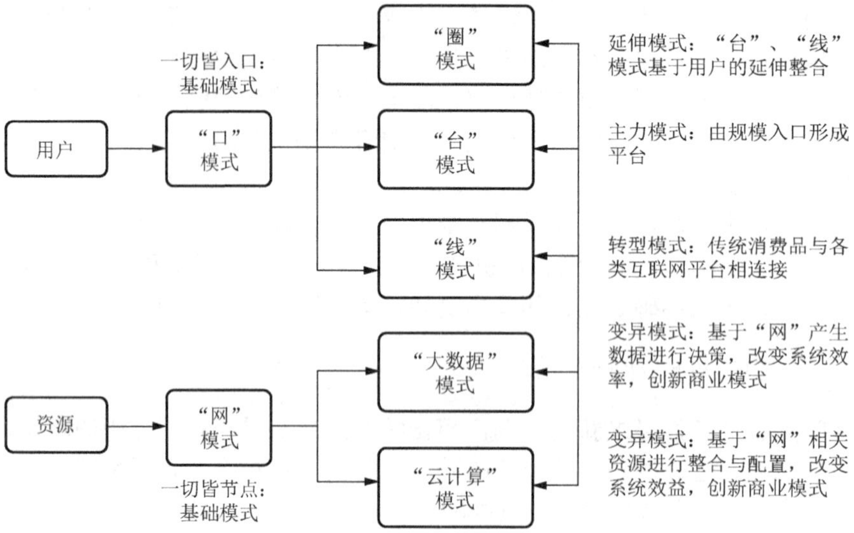

图 1-1　“互联网+”商业模式的基本形态

（1）“口”模式：是指通过互联网将每个人、每个物体连接起来的节点，这个节点就是入口。

（2）“线”模式：是指产品和入口结合起来，就如一根线。“线”模式是传统产业和互联网结合的一个主要模式，即传统产品与互联网入口相结合。

（3）“台”模式：是指通过一个入口卖的不是一个产品而是一堆产品。例如，淘宝、京东就是“台”模式。

（4）“圈”模式：是指通过入口可以演化为“线”模式和“台”模式，但形成强有力的入口后，可以围绕入口的规模用户，再去整合其他的产业产品，形成基于用户的生态圈模式。

（5）“网”模式：是指互联网通过一个中心的端口或没有中心的端口将世界上的人和物连接成一张网。

（6）“大数据”模式：是指人对网里的信息进行实时、动态的分析并用于决策。

（7）“云计算”模式：是指把所有的节点连接起来，节点可能是资源，就形成资源池，也可以是端口，中间连接是管。从某种角度讲，银行和淘宝形成云计算模式，但主动权并不在“云”，而是在“管”。各个银行的钱是“云”。淘宝通过支付宝和余额宝形成一个管道，把银行的资金源源不断地吸过来，从而控制整个生态网络。

上述前四个模式的基本模式是“口”模式，离不开入口，都是基于用户的。而后三个模式的基本模式是“网”模式，是基于资源的。“口”模式和“网”模式都是基础模式。无论是线、台，还是圈，都围绕用户开展，离不开入口，没有入口一切都不用谈了，即“一切皆入口”。“网”模式是基于资源，所有的资源都通过互联网连接在一起，这是“一切皆节点”，不是用户，是信息节点。例如，滴滴打车、快的打车，把整个社会车辆都整合在一起，车辆就是一个节点。互联网时代正是通过“信息边际成本趋于零，信息渠道距离趋于零，线状信息到网状信息，万物皆信息节点”，从而产生“极低、极快、极广及极多”的机理来改变世界。

2.“互联网+”商业模式的构成

“互联网+”时代下商业模式的构成包括价值主张、盈利模式、资源能力和外部效应四个部分，每个部分又包含两个具体的构成要素，如图 1-2 所示。

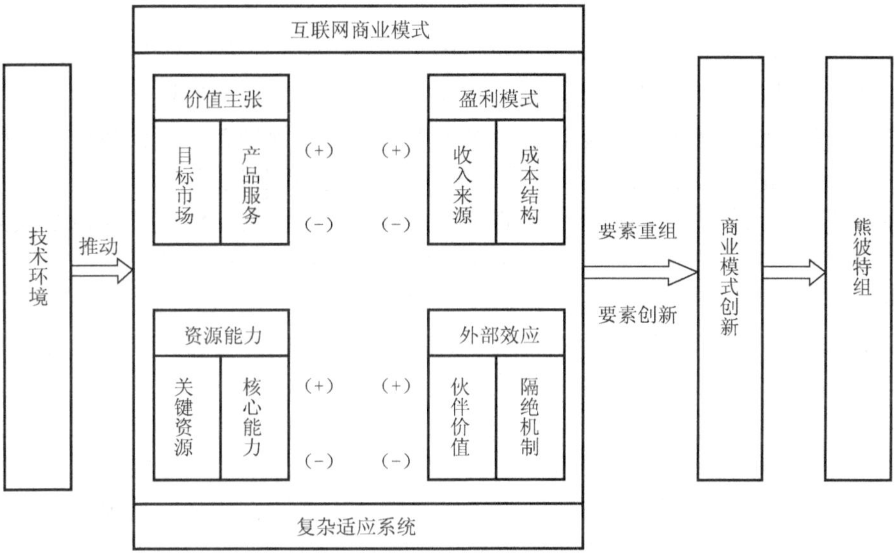

图 1-2　“互联网+”商业模式的构成

（1）价值主张是商业模式构成的首要部分，主要说明企业向顾客提供何种价值的问题。价值主张包括目标市场和产品服务两个要素。其中，目标市场是企业提供价值服务的对象，包括市场和顾客群体两个部分；产品服务是企业提供价值的内容，企业通过产品服务来向顾客提供价值。

（2）盈利模式是商业模式构成的关键因素，主要说明企业如何通过向顾客提供价值进而最终实现企业价值。投资者和企业最关心的因素就是盈利模式。盈利模式由成本结构和收入来源两个部分构成。其中，成本结构是企业为获取价值所耗费的资源；收入来源是企业获取收入的手段和方式。商业模式实现盈利的前提是获得的收入要大于其消耗的成本。

（3）资源能力是企业与其商业模式相适应的保障，主要说明企业依赖什么来支撑它的价值主张。资源能力包括关键资源和核心能力两个部分。其中，关键资源是企业拥有而其他企业难以模仿的异质性战略资源；核心能力是企业在经营过程中获得的特殊能力。商业模式的成败取决于企业拥有的异质性资源能力的稀缺性及难以模仿性。

（4）外部效应是商业模式具备可持续性的关键因素，主要说明企业实现其价值主张而进行的维护。外部效应由隔绝机制和伙伴价值两个部分构成。其中，隔绝机制是指为避免商业模式遭受竞争对手的模仿或破坏的机制；伙伴价值是指商业模式给产业链的合作企业带来的价值。商业模式的外部效应由隔绝机制和伙伴价值提供，隔绝机制和伙伴价值是商业模式可持续性的保证。

3.“互联网+”商业模式的种类

“互联网+”带来的优势，为大学生创新创业迎来众多的机遇，但创业并不是很容易的事情，即使是“互联网+”时代降低大学生创业的门槛，有着广阔的前景，大学生在创业的过程中仍会遇到各种困难。大学生创业者要从互联网中挖掘创业好项目，思考如何进行跨界和融合，思考传统产业如何与互联网结合创造新的商业价值，思考如何推出新的商业业态和实行新的商业模式。

1）跨界商业模式

跨界商业模式是指通过“互联网+”实现的一种变革，是创新基础，是一种通过融合而进行的重塑。一个从来没有做过本行业的创业者，从其他行业跨界过来整合改造颠覆本行业，经过激烈的市场竞争最终成为本行业的领导者。跨界商业模式是“互联网+”时代商业模式的新贵，是颠覆传统产业的主要商业模式之一。

跨界商业模式就是利用高效率产业整合低效率产业，实现传统产业核心要素的再分配，通过重构生产关系来提升整体系统效率。通过跨界可以减少中间环节，减少渠道和损耗，降低成本，最终实现“1+1＞2”的效果。在互联网时代，一个跨界企业可以用很短的时间占领一个新行业。在跨界进入其他领域时，会将原来传统行业链条利益分配模式打破，进行重新洗牌，打破原来的利益分配格局，原来获利最多一方受损最大。不同部门之间可以通过“互联网+”实现跨界融合，发挥不同群体之间的智慧。例如，苹果公司从软件行业跨界到手机制造行业，5 年内成为行业的老大；小米公司从风投行业跨界到手机制造行业，2 年内就垄断手机市场；乐视网从视频行业跨界到电视行业，2 个月内实现销售第一名。

2）免费商业模式

免费商业模式是指将传统产业销售模式打破，企业发展由原来依靠收费生存变为依靠边际收益发展，将传统收费模式变为免费模式。免费商业模式的免费方式包括纯免费、直接交叉补贴、免费加收费及第三方市场四种形式。“互联网+”时代下的免费并不是不挣一分钱，而是通过免费将用户的注意力吸引过来，对用户最便宜。免费商业模式可以挤垮当前市场，也可以统摄未来市场。

“互联网+”时代下“用户注意力”成为稀缺资源，是互联网创业者争夺的核心资源。互联网经济就是以吸引大众注意力为基础，去创造价值，然后转化成赢利。例如，在杀毒领域，奇虎 360 首先利用免费商业模式，在全世界开创杀毒行业免费的先河，从而打破瑞星杀毒和金山毒霸对中国杀毒行业的垄断。奇虎 360 利用免费商业模式，通过打造免费杀毒平台来发展搜索平台，利用边际服务和广告收费，实现一统中国杀毒领域的霸主地位。

3）平台商业模式

平台商业模式是指利用互联网打造足够大的平台，进行产品闭环设计，重视用户体验，提供多样化产品。例如，淘宝商城就是典型的平台型商业模式，马云用 10 年时间打造世界上最大的网上商业平台，几乎所有产品都可以在淘宝上买到。通过占据商业平台，阿里巴巴能够拥有永不停息的现金流，可以不断拓展增值服务和产品。

1.3 “互联网+”创新创业

“互联网+”促进以移动互联网、云计算、大数据、物联网为代表的新一代信息技术与制造、能源、服务、农业等领域的融合创新，发展壮大新兴业态，打造新的产业增长点。当前，我国已形成“政府促进创业、市场驱动创业、学校助推创业、社会扶持创业、个人自主创业”的生动局面。以互联网为依托的创新平台、创业途径和就业模式正在持续打破时空限制，网店、微店、微客、创客等新兴群体已不断通过新创意来参与公平竞争，踏上成功创业之路。

1.3.1 “互联网+”新技术革命

工业革命以来，人类社会已大致经历了五次技术革命。目前，以新一代信息通信技术为核心的通用技术（General Purpose Technology，GPT）正在引发新一轮技术革命。“互联网+”正是新一轮技术革命的产物，代表着一种新的技术经济范式。

1. 工业革命以来的五次技术革命

技术创新可以分为渐进式创新（incremental innovation）和激进式创新（radical innovation）。前者是在既有技术轨迹（technological trajectory）下的改良，而后者意味着对既有技术轨迹的颠覆。相互关联的通用技术领域相继出现激进式创新和突破，并逐步形成主导技术体系或技术革命。

20 世纪 80 年代末以来，弗里曼、佩雷兹等新熊彼特主义经济学家对工业革命以来的技术创新进行了系统的考察和梳理，并划分出五次技术革命。

（1）第一次技术革命：18 世纪 60～70 年代，以“斯密顿水车”、“珍妮纺纱机”、“阿克赖特水力织布机”等为标志，开启工业革命的序幕。

（2）第二次技术革命：18 世纪末到 19 世纪 30 年代，以“瓦特蒸汽机”广泛应用和“利物浦—曼彻斯特”铁路线开通为标志，将人类社会带入“蒸汽和铁路时代”。

（3）第三次技术革命：19 世纪 70 年代，以钢铁、电力及重型机械等为代表，将人类社会带入“钢铁和电气时代”。

（4）第四次技术革命：20 世纪初，以石油化学、汽车制造为代表，开启“石油与汽车时代”。

（5）第五次技术革命：20 世纪 60～70 年代，以英特尔（Intel）公司微处理器发布为标志宣告“信息时代”的到来。

2.“互联网+”时代的新技术革命

作为“互联网+”概念和语汇的首创者，马化腾认为“互联网+”是以互联网平台为基础，利用信息通信技术与各行业的跨界融合，推动产业转型升级，并不断创造出新产品、新业务与新模式，构建连接一切的新生态。“互联网+”背后的技术支撑是以移动互联（物联网、万联网）、云计算、大数据及人工智能等为代表的新一代信息与通信技术。

信息与通信技术属于典型的通用技术，能够广泛应用于国民经济各行各业，渗透到生产、流通、消费各环节；而移动互联（物联网、万联网）、云计算、大数据及人工智能等相对于以往的固定电话、个人计算机、单机运算等技术可以算是一种颠覆。

与此同时，在其他关联的通用技术领域，一系列激进式创新正不断涌现。在新材料领域，石墨烯已在超级电容、环境治理等方面展现出超凡的应用前景；高强度纳米纤维、纳米管计算机、纳米隐身材料和纳米环境材料层出不穷。在能源领域，风能、太阳能、生物能等可再生能源技术已日臻成熟并实现大规模商业化应用。在交通运输领域，先进汽车、先进飞机、轨道交通都取得重大突破。可以说，以移动互联、云计算、大数据及人工智能等新一代信息通信技术为核心，加上新材料、新能源、先进交通运输以及基因和干细胞生物等前沿技术所形成的新技术体系，正逐步成为新的主流技术体系，并催生新一轮技术革命。

3.“互联网+”代表的新技术经济范式

新一轮技术革命在某种意义上可以看作继电子计算机、芯片、个人计算机出现后的第二次信息技术革命。以芯片、个人计算机、软件为代表的第一次信息革命，促使人类在数据信息处理方面的能力实现了跨越式的提升。而在以新一代信息通信技术为核心的技术体系下，信息的收集、存储、处理、传播、展示等则发生了全方位的革命性变化。移动互联、传感器+RFID+物联网、云存储、大数据分析等技术使得数据信息的生成和处理成本极大降低。

以支付宝为例，支付宝 2014 年完成一笔支付业务的成本已降到两分钱，并且呈继续下降趋势。新技术体系所带来的零边际成本效应，使得数据信息成为新的关键要素。围绕数据信息这一新的关键要素，新的技术经济范式正在形成。“互联网+”现代农业、工业 4.0、互联网金融、能源互联网等，都是基于新一代信息通信技术而衍生出的新型产业模式，其核心支撑就在于网络平台和低成本的数据信息收集处理。

在“互联网+”行动实施之前，经济社会运行实践中新技术经济范式的特征已经初显端倪，大致表现为分布式、网络化、智能化、集成化、产业融合、跨界融合、线上线下融合、大规模低成本个性化和定制化等。而实施“互联网+”行动，将加快新一代信息与通信技术在经济社会各领域的广泛应用和渗透，推动技术经济范式的转换。

1.3.2 “互联网+”重点行动

“互联网+”是把互联网的创新成果与经济社会各领域深度融合，推动技术进步、效率提升和组织变革，提升实体经济创新力和生产力，形成更广泛的以互联网为基础设施和创新要素的经济社会发展新形态。2015 年 7 月，国务院《关于积极推进“互联网+”行动的指导意见》（国发〔2015〕40 号）明确了 11 项重点行动：“互联网+”创业创新、“互联网+”协同制造、“互联网+”现代农业、“互联网+”智慧能源、“互联网+”普惠金融、“互联网+”益民服务、“互联网+”高效物流、“互联网+”电子商务、“互联网+”便捷交通、“互联网+”绿色生态和“互联网+”人工智能。

1.“互联网+”行动计划的 11 项重点行动

（1）“互联网+”创业创新。充分发挥互联网的创新驱动作用，以促进创业创新为重点，推动各类要素资源聚集、开放和共享，强化创业创新支撑、积极发展众创空间、发展开放式创新等，引导和推动全社会形成大众创业、万众创新的浓厚氛围，打造经济发展新引擎。

（2）“互联网+”协同制造。推动互联网与制造业融合，提升制造业数字化、网络化、智能化水平，加强产业链协作，发展基于互联网的协同制造新模式，包括大力发展智能制造、发展大规模个性化定制、提升网络化协同制造和加速制造业服务化转型等，打造一批网络化协同制造公共服务平台，加快形成制造业网络化产业生态体系。

（3）“互联网+”现代农业。利用互联网提升农业生产、经营、管理和服务水平，培育一批网络化、智能化、精细化的现代“种养加”生态农业新模式，形成示范带动效应，构建新型农业生产经营体系，培育多样化农业互联网管理服务模式，逐步建立农副产品、农资质量安全追溯体系，促进农业现代化水平明显提升。

（4）“互联网+”智慧能源。通过互联网促进能源系统扁平化，推进能源生产与消费模式革命，提高能源利用效率，推动能源生产智能化；加强分布式能源网络建设，提高可再生能源占比，促进能源利用结构优化；加快发电设施、用电设施和电网智能化改造，提高电力系统的安全性、稳定性和可靠性。

（5）“互联网+”普惠金融。促进互联网金融健康发展，全面提升互联网金融服务能力和普惠水平，鼓励互联网与银行、证券、保险、基金的融合创新，为大众提供丰富、安全、便捷的金融产品和服务，更好地满足不同层次实体经济的投融资需求，培育一批具有行业影响力的互联网金融创新型企业。

（6）“互联网+”益民服务。充分发挥互联网的高效、便捷优势，提高资源利用效率，降低服务消费成本。大力发展以互联网为载体、线上线下互动的新兴消费，加快发展基于互联网的医疗、健康、养老、教育、旅游和社会保障等新兴服务，创新政府服务模式，提升政府科学决策能力和管理水平。

（7）“互联网+”高效物流。加快建设跨行业、跨区域的物流信息服务平台，提高物流供需信息对接和使用效率。鼓励大数据、云计算在物流领域的应用，建设智能仓储体系，优化物流运作流程，提升物流仓储的自动化、智能化水平和运转效率，降低物流成本。

（8）“互联网+”电子商务。巩固和增强我国电子商务发展领先优势，大力发展农村电商、行业电商和跨境电商，进一步扩大电子商务发展空间。电子商务与其他产业的融合不断深化，网络化生产、流通、消费更加普及，标准规范、公共服务等支撑环境基本完善。

（9）“互联网+”便捷交通。加快互联网与交通运输领域的深度融合，通过基础设施、运输工具、运行信息等互联网化，推进基于互联网平台的便捷化交通运输服务发展，显著提高交通运输资源利用效率和管理精细化水平，全面提升交通运输行业服务品质和科学治理能力。

（10）“互联网+”绿色生态。推动互联网与生态文明建设深度融合，完善污染物监测及信息发布系统，形成覆盖主要生态要素的资源环境承载能力动态监测网络，实现生态环境数据互联互通和开放共享。充分发挥互联网在逆向物流回收体系中的平台作用，促进再生资源交易利用便捷化、互动化、透明化，促进生产生活方式绿色化。

（11）“互联网+”人工智能。依托互联网平台提供人工智能公共创新服务，加快人工智能核心技术突破，促进人工智能在智能家居、智能终端、智能汽车、机器人等领域的推广应用，培育若干引领全球人工智能发展的骨干企业和创新团队，形成创新活跃、开放合作和协同发展的产业生态。

2.“互联网+”行动计划的发展目标

（1）到 2018 年，互联网与经济社会各领域的融合发展进一步深化，基于互联网的新业态成为新的经济增长动力，互联网支撑大众创业、万众创新的作用进一步增强，互联网成为提供公共服务的重要手段，网络经济与实体经济协同互动的发展格局基本形成。

（2）到 2025 年，网络化、智能化、服务化、协同化的“互联网+”产业生态体系基本完善，“互联网+”新经济形态初步形成，“互联网+”成为经济社会创新发展的重要驱动力量。

1.3.3 “互联网+”创新创业机遇

通过“互联网+”行动计划，发展互联网创业浪潮。

实施“互联网+”行动是顺应新一轮技术革命和技术经济范式转换要求的重大举措，将加速新一代信息技术在经济社会各领域的广泛应用和渗透，对于推进工业化与信息化深度融合、实现经济转型升级具有重要意义。历史经验表明，每一次新技术体系的推广渗透和技术经济范式的转换都会伴随各种新经济、新业态、新模式的大量涌现，产生各种新的投资消费需求，为创新创业提供巨大的成长空间。

（1）“互联网+”有利于传统产业改造，通过利用物联网、大数据等手段，促进工业互联网发展，实现传统产业的结构调整与转型升级。

“互联网+”可为产业升级提供技术上的支持和思维上的革新，在产业结构调整、加快传统产业转型升级中发挥巨大作用。为了避免中国经济出现“硬着陆”，必须以“双引擎”驱动经济发展：一是要打造新引擎，要通过推动大众创业、万众创新，释放民智民力；二是要改造传统引擎，特别是用信息化改造传统产业，使传统增长点焕发新活力。

（2）“互联网+”有利于催生新兴产业和新兴业态，培育新的经济增长点，打造稳定中国经济增长的“新引擎”。

“互联网+”在发展新业态及新兴产业、培育新的经济增长点中发挥着重要作用。互联网与制造业、生活服务业及农业等领域的联系日益紧密，各产业间的深度融合导致更多新业态的出现。“互联网+”加速了产业间的融合，经济潜力巨大。同时，“互联网+”有助于促进现代服务业及战略性新兴产业的发展。

（3）“互联网+”有利于促进商品生产、流通、消费各环节的变革，使产品及服务更加贴近用户。

随着消费互联网的建设发展，现有的消费习惯与消费方式逐渐发生改变，网上消费已成为新的潮流。贴近用户是促进商品生产、流通、消费各环节发生变革的重要动力。

在生产环节，“互联网+”使生产者得以直接与消费者进行衔接，生产方式逐渐由大规模、单一品种的刚性生产向小规模、个性化定制的柔性生产转变。在流通环节，“互联网+”通过构建扁平化的营销渠道结构等，简化流通环节，降低交易时间及成本。在消费环节，“互联网+”使得消费模式发生颠覆性变革。

（4）“互联网+”有利于促进商业模式的革新，通过平台模式的发展和平台效应的发挥，实现资源要素的跨界整合与效率提升。

平台模式与平台经济是“互联网+”的重要特征。“互联网+”时代催生一系列新的商业模式，电子商务平台、众筹平台及在线教育平台等屡见不鲜。与传统商业模式不同，基于互联网的平台型商业模式有利于集聚不同类型的消费者群体与生产者群体，促进交叉网络外部性的发挥。通过这种创新商业模式，有利于提升企业的生产经营效率，减少信息不对称问题，促进资源要素的跨界整合与合理配置，提高经济效益。同时，“互联网+”也带动公司治理模式变革，推进企业边界模糊化、层级扁平化，实现企业运行效率的提升。

（5）“互联网+”有利于个人思维模式的变革，通过树立新的互联网思维理念，带动和推进中国社会更深层次的变革。

“互联网+”有助于推动个人思维模式的变革。当今时代，互联网已经成为一种全民共知、共享及共赢的生活方式，个人在工作、学习和生活中将更多地把互联网纳入其中，思维模式也会因此发生变化。相比传统的思维模式，融入了互联网基因的个人思维模式将更好地帮助个体释放潜能、实现个体发展。

（6）“互联网+”有利于降低创业门槛和创业成本、创建更公平的创业环境、扩大创业投资的范围，促进创业浪潮发展，使我国迈向创业型经济。“互联网+”时代为创业提供更为良好的条件，包括更公平的创业环境、更开放的创业空间、更低的创业门槛和创业成本及更活跃的风投资本等。

①“互联网+”时代的创业环境更公平。互联网平等赋予每个人获取信息、交流沟通、言论表达、交易等能力和机会，创业环境相对透明公平，且互联网创业以创业者能力为导向，行业竞争更加良性。

②“互联网+”时代的创业产业链广阔，衍生性强，与传统产业相比有广阔的合作空间。

③“互联网+”具有轻资产特征，大大减少了该领域创新创业的初期投入，互联网创业者只要有创新性项目就可以通过互联网去寻找人才、资金等，大幅降低创业成本。

④“互联网+”时代以天使投资、风险投资、私募股权投资等在内的股权投资更加活跃，创业、创新与创投的“铁三角”联系更为紧密。天使投资、风险投资等股权投资具有筛选发现、产业培育、风险分散等功能，对互联网创新创业有重要意义。

1.3.4 “互联网+”创新创业挑战

1. 创新创业实践中的误区与偏差

首先，很多创业者，特别是缺乏社会经验的大学生创业者，对“互联网+”创新创业的残酷性往往没有充分认识和准备。事实上，创业公司存续期短、成功率偏低历来都是无法回避的现实。从欧美调查数据来看，50%以上的创业公司存活时间不足 5 年。“互联网+”虽然降低了创新创业门槛，但比起传统的创新创业更具残酷性。根植于移动互联网之上的各种新业态、新模式，其网络特性带来的先发优势和用户黏性，更容易形成行业垄断（或寡头垄断）局面。在细分领域中，经常出现行业第一和第二之间的竞争进入胶着和白热化后，行业第三应声倒下的案例。据估算，中国 70%的大学生创业都集中在互联网外卖上，模式单一、趋同。在“饿了么”“生活半径”“百度外卖”已经占据大部分市场的情况下，此类“互联网+”创业既没有新意，也很难有太大的生存概率。如果任由类似的盲目创业现象蔓延，可能会造成大量创新创业资源的浪费。

其次，创业者过分追求“互联网+”概念的炒作，追求形式上的创新，而忽略创新的本质，忽略了核心技术、产品质量、服务品质的提升。国内某智能手机公司（以下称“CZ 科技”），其创始人借助自身媒体从业经验，通过炒作博得了不少眼球，但其旗舰手机发布后 15 个月累计出货量不足 30 万台。类似的概念噱头还有“××牛腩”“×××烧饼”等。相比之下，华为手机依托自身技术优势，厚积薄发，其旗舰手机 Mate7 发布仅半年出货量便高达 400 万台。

最后，传统行业的很多企业，特别是国有大企业，对“互联网+”大潮的到来反应迟钝，尚未确立拥抱“互联网+”的积极心态。这在根本上源于传统行业企业，特别是国有大企业，是旧技术体系下的既得利益群体；在新旧技术体系交替和技术经济范式转换过程中，基于（技术上的）路径依赖通常都会表现出一定惰性。具体体现为，因袭原有的信息化老路，对云计算、大数据等基础设施服务缺乏必要的了解和应用，也没有适应消费者作为主导的商业格局的转变。

2. 基础性支撑条件有待改善

首先，与“互联网+”相关的基础设施发展滞后。与美国、欧洲、日本、韩国等发达经济体持续进步相比，中国宽带建设、网速等方面存在很大差距。特别是城乡、中西部的“数字鸿沟”，严重制约“互联网+”创新创业的发展。根据美国最大的 CDN 服务商 Akamai 发布的“2014 年第三季度全球网速排行榜”，中国平均网速不足 4Mbit/s，全球排名第 93 位；而美国康奈尔大学、欧洲工商管理学院与世界知识产权组织共同编制发布的“全球创新指数（Global Innovation Index，GII）”显示，中国信息通信基础设施分项在全球 143 个经济体中排名第 73 位。

其次，现行教育体系与创新创业现实需求存在较大脱节，人力资本积累难以满足创新创业，特别是“互联网+”创新创业的需要；突出表现在高等教育质量及职业技术教育方面。2014 年 GII 排名中，中国在高等教育分项上的排名仅为第 115 位。对于“互联网+”之类的新兴事物，现行教育体系远未建立起系统的人才培养机制。

然后，资本市场发展极不健康，难以满足创新创业的融资需求。中国的资本市场发展也接近 30 年，总市值规模一度超过 60 万亿。在各种因素的共同作用下，资本市场满足融资需求的核心功能并未有效发挥，反而沦为投机炒作的工具；这在 2015 年 6 月之前的“疯牛”及此后的“股灾”中表现得尤为明显。

最后，核心技术与欧美国家仍存在较大差距。“互联网+”虽然降低了创新创业门槛，但新业态、新模式的成长和发展最终需要依靠核心技术为根本支撑。近年来，中国在技术创新方面虽然取得了长足进步，但在很多领域的核心技术上，与欧美日等发达经济体仍然存在较大差距。以物联网核心关键技术为例，RFID 标签、非接触式智能卡、应答装置、发射接收器等，美日韩排名前三位，核心优势明显。而中国对物联网的研发主要集中在拓展物联网的实际应用层面，对核心关键技术的积累与国外巨头存在 10 年左右的差距。从实地调研访谈了解的情况来看，即便是华为、中兴等以创新能力突出著称的领军企业，依然存在无法掌握核心技术的情况。

3. 行业标准与规制监管相对滞后

一方面，行业标准的缺失和滞后在短期内往往容易引起混乱。行业标准的出台通常都滞后于行业发展；对于“互联网+”衍生出的新业态、新模式更是如此。特别是那些以个人体验为特征的服务业，如家政、理发、美容、汽车保养等社区生活服务，其行业标准的制定本身具有较大难度。在植入“互联网+”元素后，短暂但大面积的行业标准缺失或滞后，往往导致实际运行过程中乱象丛生。

另一方面，政府行业主管部门规制和监管措施的滞后也会成为新业态、新模式快速发展的羁绊。例如，在 2010 年前后，云计算服务还处于发展初期，根据当时的《互联网信息服务管理办法》的有关规定，企业必须取得 ISP 牌照才能经营互联网接入业务；而工业和信息化部于 2009 年即停办了 ISP 牌照的发放，导致新创立的云计算服务企业无法申请该牌照，业务开展也受到制约。2014 年以来，政府部门规制和监管滞后影响“互联网+”创新创业的情形更为突出；在互联网金融、电招租车等领域，都经历了类似的规制和监管困境。

1.4 “互联网+”大学生创新创业训练与竞赛

大学生是实施创新驱动发展战略和推进大众创业、万众创新的生力军，既要认真扎实学习、掌握更多知识，也要投身创新创业、提高实践能力。创新创业训练与竞赛是连接理论教学和社会实践的平台，是我国创新创业教育的一个重要环节。通过创新创业训练与竞赛，鼓励和支持学生积极参与科学研究、技术开发和社会实践等创新创业活动，将创新创业教育融入人才培养全过程，可以进一步激发大学生的创业意识，推动和加强对大学生的实践能力、创新能力和创业精神的培养。

2012 年 2 月，教育部印发《关于做好“本科教学工程”国家级大学生创新创业训练计划实施工作的通知 》（教高函〔2012〕5 号），正式启动“大学生创新创业训练计划”，简称“大创计划”。“大创计划”是教育主管理部门面向本科生立项的项目，也是“高等学校本科教学质量与教学改革工程”重点建设项目之一。“大创计划”是以学生为中心，充分发挥学生的主观能动性，提高学生创新创业能力的一项活动。“大创计划”是人才培养模式的创新，不仅要重视创新教育，培养学生科研能力，同时也要将创业教育纳入人才培养方案和教学计划，努力培养大学生的创业意识和创业能力。

2015 年 5 月，教育部印发《关于举办首届中国“互联网+”大学生创新创业大赛的通知》（教高函〔2015〕4 号）。“互联网+”大学生创新创业大赛紧扣国家发展战略，是促进学生全面发展的重要平台，也是推动产学研用相结合的关键纽带，从而实现在人才培养过程中以赛促教、以赛促学、以赛促创，积极推进高校学生创新创业训练和实践，不断提高创新创业人才培养水平，厚植“大众创业、万众创新”土壤，为建设创新型国家提供源源不断的人才智力支撑。

2015 年 5 月，国务院办公厅《关于深化高等学校创新创业教育改革的实施意见》（国办发〔2015〕36 号）提出：完善国家、地方、高校三级创新创业实训教学体系，深入实施大学生创新创业训练计划，扩大覆盖面，促进项目落地转化。举办全国大学生创新创业大赛，支持举办各类科技创新、创意设计、创业计划等专题竞赛。

1.4.1 大学生创新创业训练计划项目

根据教育部、财政部《关于“十二五”期间实施“高等学校本科教学质量与教学改革工程”的意见》（教高函〔2011〕6 号）和教育部《关于批准实施“十二五”期间“高等学校本科教学质量与教学改革工程”2012 年建设项目的通知》（教高函〔2012〕2 号），教育部决定在“十二五”期间实施国家级大学生创新创业训练计划。

1. 项目简介

教育部“大学生创新创业训练计划”教育项目，是基于导师指导，学生自主完成创新性研究项目设计、研究条件准备和项目实施、研究报告撰写及成果（学术）交流等工作，即在导师指导下，学生自主立项申请、学校评审、上报教育厅或教育部批准的一项有利于大学生成长成才的教育工程。上级部门将根据获批级别，给予一定的经费资助，学校也提供相应的配套经费。

通过实施大学生创新创业训练计划，旨在促进高等学校转变教育思想观念，改革人才培养模式，强化创新创业能力训练，增强高校学生的创新能力和在创新基础上的创业能力，培养适应创新型国家建设需要的高水平创新人才。

2. 项目类别

国家级大学生创新创业训练计划内容包括创新训练项目、创业训练项目和创业实践项目三类。

（1）创新训练项目：是指在导师指导下，本科生个人或团队自主完成创新性研究项目设计、研究条件准备和项目实施、研究报告撰写及成果（学术）交流等工作。

（2）创业训练项目：是指在导师指导下，本科生团队中每个学生在项目实施过程中扮演一个或多个具体的角色，完成编制商业计划书、开展可行性研究、模拟企业运行、参加企业实践及撰写创业报告等工作。

（3）创业实践项目：是指在学校导师和企业导师共同指导下，学生团队采用前期创新训练项目（或创新性实验）的成果，提出一项具有市场前景的创新性产品或者服务，以此为基础开展创业实践活动。

大学生创新训练项目、创业训练项目和创业实践项目构成一个有机的整体（图 1-3），大学生创新训练项目是基础，创业训练项目是过渡，而创业实践项目则是目标。

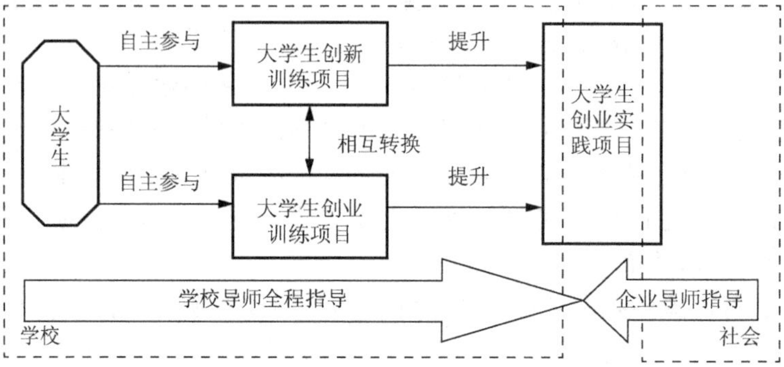

图 1-3　大学生创新创业训练计划各类项目之间关系

这三种项目的共同特点都是学生自主参与、在导师指导下完成，其区别在于：

（1）创新训练项目强调项目设计、研究的过程。

（2）创业训练项目强调对项目商业可行性计划的研究和经营模式的研究。

（3）创业实践项目强调真正的企业运行和市场化经营管理。

大学生创新训练项目、创业训练项目可以分别从科研基本功和商业基本素质入手对学生进行实际培训和锻炼，培养学生的科研基本素质和经营管理基本技能，两者在实施过程中可以相互转换。经过创新训练和创业训练两个阶段后形成的具有独特商业模式的优秀科技成果，可以作为创业实践项目进行进一步孵化和支持，促使项目尽早服务于社会，培养学生的创业意识，锻炼他们的创业能力。

1.4.2 “互联网+”大学生创新创业大赛

1. 大赛简介

为贯彻落实国务院办公厅《关于深化高等学校创新创业教育改革的实施意见》（国办发〔2015〕36 号），进一步激发高校学生创新创业热情，展示高校创新创业教育成果，教育部于 2015 年 5 月至 10 月举办首届中国“互联网+”大学生创新创业大赛。

举办中国“互联网+”大学生创新创业大赛旨在深化高等教育综合改革，激发大学生的创造力，培养造就“大众创业、万众创新”的生力军；推动赛事成果转化，促进“互联网+”新业态形成，服务经济提质增效升级；以创新引领创业、创业带动就业，推动高校毕业生更高质量创业就业；重在把大赛作为深化创新创业教育改革的重要抓手，引导各地各高校主动服务创新驱动发展战略，创新人才培养机制，切实提高高校学生的创新精神、创业意识和创新创业能力。

大赛采用校级初赛、省级复赛、全国总决赛三级赛制。校级初赛由各高校负责组织，省级复赛由各省（自治区、直辖市）负责组织，全国总决赛由各省（自治区、直辖市）按照大赛组委会确定的配额择优遴选推荐项目。

首届中国“互联网+”大学生创新创业大赛分为创意组和实践组。第二届中国“互联网+”大学生创新创业大赛中，根据参赛项目所处的创业阶段及已获投资情况，大赛分为创意组、初创组和成长组。第三届中国“互联网+”大学生创新创业大赛中，根据参赛项目所处的创业阶段、已获投资情况和项目特点，大赛分为创意组、初创组、成长组和就业型创业组。

2. 大赛主题

（1）首届中国“互联网+”大学生创新创业大赛主题：“互联网+”成就梦想，创新创业开辟未来。

（2）第二届中国“互联网+”大学生创新创业大赛主题：拥抱“互联网+”时代，共筑创新创业梦想。

（3）第三届中国“互联网+”大学生创新创业大赛主题：搏击“互联网+”新时代，壮大创新创业生力军。

3. 大赛项目要求

（1）2015 年举办首届中国“互联网+”大学生创新创业大赛，参赛项目要求：能够将移动互联网、云计算、大数据、物联网等新一代信息技术与行业产业紧密结合，培育产生基于互联网的新产品、新服务、新业态、新模式，以及推动互联网与教育、医疗、社区等深度融合的公共服务创新。

（2）2016 年举办第二届中国“互联网+”大学生创新创业大赛，参赛项目要求：能够将移动互联网、云计算、大数据、物联网等新一代信息技术与经济社会各领域紧密结合，培育基于互联网的新产品、新服务、新业态、新模式；发挥互联网在促进产业升级以及信息化和工业化深度融合中的作用，促进制造业、农业、能源、环保等产业转型升级；发挥互联网在社会服务中的作用，创新网络化服务模式，促进互联网与教育、医疗、交通、金融、消费生活等深度融合。

（3）2017 年举办第三届中国“互联网+”大学生创新创业大赛，参赛项目要求：能够将移动互联网、云计算、大数据、人工智能、物联网等新一代信息技术与经济社会各领域紧密结合，培育基于互联网新时代的新产品、新服务、新业态、新模式；发挥互联网在促进产业升级以及信息化和工业化深度融合中的作用，促进制造业、农业、能源、环保等产业转型升级；发挥互联网在社会服务中的作用，创新网络化服务模式，促进互联网与教育、医疗、交通、金融、消费生活等深度融合。

与第二届参赛项目要求相比，第三届参赛项目要求中增加了“人工智能”新一代信息技术。

4. 大赛项目类型

1）2015 年举办首届中国“互联网+”大学生创新创业大赛的参赛项目类型

（1）“互联网+”传统产业：新一代信息技术在传统产业领域应用的创新创业项目。

（2）“互联网+”新业态：基于互联网的新产品、新模式、新业态创新创业项目，优先鼓励人工智能产业、智能汽车、智能家居、可穿戴设备、互联网金融、线上线下互动的新兴消费及大规模个性定制等融合型新产品、新模式。

（3）“互联网+”公共服务：互联网与教育、医疗及社区等结合的创新创业项目。

（4）“互联网+”技术支撑平台：互联网、云计算、大数据及物联网等新一代信息技术创新创业项目。

2）2016 年举办第二届中国“互联网+”大学生创新创业大赛的参赛项目类型

（1）“互联网+”现代农业：包括农林牧渔等。

（2）“互联网+”制造业：包括智能硬件、先进制造、工业自动化、生物医药、节能环保、新材料及军工等。

（3）“互联网+”信息技术服务：包括工具软件、社交网络、媒体门户、数字娱乐及企业服务等。

（4）“互联网+”商务服务：包括电子商务、消费生活、金融、旅游户外、房产家居及高效物流等。

（5）“互联网+”公共服务：包括教育文化、医疗健康、交通及人力资源服务等。

（6）“互联网+”公益创业：以社会价值为导向的非营利性创业。

3）2017 年举办第三届中国“互联网+”大学生创新创业大赛的参赛项目类型

（1）“互联网+”现代农业：包括农林牧渔等。

（2）“互联网+”制造业：包括智能硬件、先进制造、工业自动化、生物医药、节能环保、新材料及军工等。

（3）“互联网+”信息技术服务：包括工具软件、社交网络、媒体门户及企业服务等。

（4）“互联网+” 文化创意服务：包括广播影视、设计服务、文化艺术、旅游休闲、艺术品交易、广告会展、动漫娱乐及体育竞技等。

（5）“互联网+”商务服务：包括电子商务、消费生活、金融、财经法务、房产家居及高效物流等。

（6）“互联网+”公共服务：包括教育培训、医疗健康、交通及人力资源服务等。

（7）“互联网+”公益创业：以社会价值为导向的非营利性创业。

思 考 题

1-1 结合自己专业，谈谈对创新、创业和创新创业的理解。

1-2 结合自己专业，谈谈如何将创新创业教育和专业教育融合一体。

1-3 简述创新教育、创新创业教育和素质教育三者之间的差异。

1-4 简述我国创新创业教育的发展历程。

1-5 简述互联网应用模式的划分。

1-6 互联网发展包括哪三个阶段？三个阶段的区别是什么？

1-7 简述“互联网+”的定义及特征。

1-8 “互联网+”新一代信息技术包括哪些？

1-9 谈谈你对互联网思维、互联网精神、互联网理念及互联网经济的认识。

1-10 简述“互联网+”商业模式的基本形态。

1-11 谈谈你对“互联网+”时代新技术革命的认识。

1-12 “互联网+”行动计划包括哪 11 项重点行动？

1-13 “互联网+”行动计划的发展目标是什么？

1-14 简述“互联网+”行动的创新创业机遇。

1-15 简述“互联网+”创新创业面临的挑战。

1-16 谈谈你对“互联网+”下“大学生创新创业训练计划项目”和“大学生创新创业大赛”的理解。

第2章　移动互联网

20世纪80年代，基于频分多址（Frequency-Division Multiple Access，FDMA）的模拟移动终端的出现，满足了人类随时随地通话的要求。从90年代起，互联网进入人们的生活，发挥着日益巨大的影响力，人们对信息的需求也越来越高，对移动通信的要求从自由通话逐渐上升到能随时随地获取信息，移动互联网的概念应运而生，且在现实中不断发展壮大。几乎所有的市场咨询机构和专家都赞同，移动互联网将是未来十年内最有创新活力和最具市场规模的新领域。

2.1　移动互联网概念

2.1.1　移动互联网定义

移动互联网，就是将移动通信和互联网二者结合起来，成为一体，是指互联网的技术、平台、商业模式和应用与移动通信技术结合并实践的活动的总称。

移动互联网是一种通过智能移动终端，采用移动无线通信方式获取信息和服务，包含终端、软件和应用三个层面。

（1）终端层包括智能手机、平板电脑、电子书、移动互联网设备（Mobile Internet Device，MID）等。

（2）软件层包括操作系统、中间件、数据库和安全软件等。

（3）应用层包括休闲娱乐类、工具媒体类、商务财经类等不同应用与服务。

传统网络之间互连协议（Internet Protocol，IP）的主机不论是有线接入还是无线接入，基本上都是固定不动的，或者只能在一个子网范围内小规模移动。在通信期间，它们的IP地址和端口号保持不变。而移动IP主机在通信期间可能需要在不同子网间移动，当移动到新的子网时，如果不改变其IP地址，就不能接入这个新的子网。如果为了接入新的子网而改变其IP地址，那么先前的通信将会中断。

移动互联网是在Internet上提供移动功能的网络层方案，它可以使移动节点用一个永久的地址与互联网中的任何主机通信，并且在切换子网时不中断正在进行的通信。移动互联网能够达到的效果如图2-1所示。

从本质上看，移动互联网并不是一种新的网络，而是一种接入互联网的方式。具体而言，是指一种利用移动接入技术接入互联网的方式。与互联网一样，移动互联网也是基于TCP/IP的，按照小的子网将世界各地成千上万台计算机连接起来，实现资源共享，提供各种应用服务。由于接入方式是无线，接入终端具有移动特性，所以移动互联网上的应用具有与传统互联网不一样的新特征。

移动互联网的定义有广义和狭义之分。广义的移动互联网是指用户可以使用手机、笔记本电脑等移动终端通过协议接入互联网。而狭义的移动互联网则是指用户使用手机终端通过无线通信的方式访问采用无线应用协议（Wireless Application Protocol，WAP）的网站。

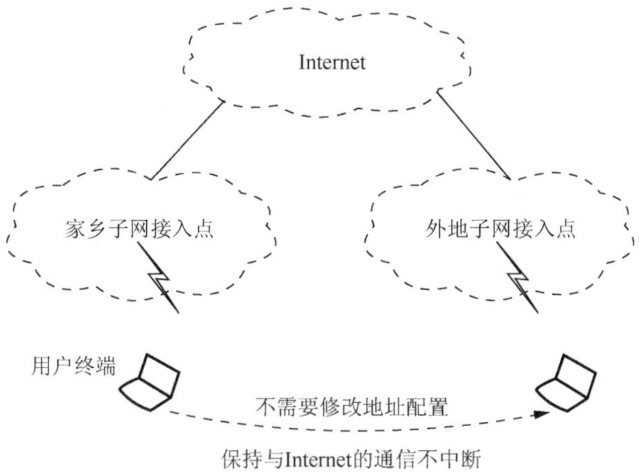

图 2-1　移动互联网的效果

2.1.2　移动互联网的特点

移动互联网的特点不仅体现在移动性上，可以“随时、随地、随心”地享受互联网业务带来的便捷，还表现在更丰富的业务种类、个性化的服务和更高服务质量的保证。当然，移动互联网在网络和终端方面也受到一定的限制。手机是移动互联网时代的主要终端载体。

根据手机及手机应用的特点，移动互联网的特点包括以下几个方面。

（1）终端移动性。移动互联网业务使得用户可以在移动状态下接入和使用互联网服务，移动的终端便于用户随身携带和随时使用。

（2）终端和网络的局限性。移动互联网业务在便携的同时，也受到来自网络能力和终端能力的限制：在网络能力方面，受到无线网络传输环境、技术能力等因素限制；在终端能力方面，受到终端大小、处理能力、电池容量等的限制。

（3）业务与终端、网络的强关联性。由于移动互联网业务受到网络及终端能力的限制，所以其业务内容和形式也需要适合特定的网络技术规格与终端类型。

（4）业务使用的私密性。在使用移动互联网业务时，所使用的内容和服务更私密，尤其是手机终端的应用，基本上都是私人使用的，相对于个人计算机用户，更具有个人化、私密性的特点。例如，手机支付业务等。

（5）地理位置特征。不管是通过基站定位、全球定位系统（Global Positioning System，GPS）定位还是混合定位，手机终端可以获取使用者的位置，可以根据不同的位置提供个性化的服务。

（6）真实关系特征。手机上通讯录用户关系是最真实的社会关系。随着手机应用从娱乐化转向实用化，基于通讯录的各种应用也将成为移动互联网新的增长点，在确保各种隐私保护之后的联网，将会产生更多的创新型应用。

（7）终端多样性。众多的手机操作系统、分辨率及处理器，导致形形色色的用户终端，一个优秀的产品要想覆盖更多的用户，就需要更多地考虑终端兼容。

移动互联网的上述特性是其区别于传统互联网的关键所在，也是移动互联网产生新产品、新应用及新商业模式的源泉。移动互联网的每个特征都可以延伸出新的应用，也可能有新的机会。总之，移动互联网继承桌面互联网的开放协作的特征，又继承移动网的实时性、隐私性、便携性、准确性、可定位的特点。

2.2 移动互联网关键技术

支撑移动互联网的关键技术包括代表互联网演进趋势的 Web 2.0 技术、HTML 5.0、体现新一代软件架构的面向服务的体系结构（Service-Oriented Architecture，SOA）、SaaS 技术和满足大规模计算需求的云计算技术。

1. Web 2.0

Web 2.0 是新的互联网应用的统称，相对于早期的 Web 1.0 服务，Web 2.0 以用户为中心，强调用户既是内容的创造者也是内容的消费者，侧重用户之间的交互和用户对于网络内容的贡献，由此带来人与人之间沟通方式的深刻变革。

Web 2.0 包含一系列技术，如 Mashup、聚合内容（Really Simple Syndication，RSS）、对等网络（Peer-to-Peer networking，P2P）、异步 JavaScript 和 XML（Asynchronous JavaScript And XML，AJAX）及 Widget 等。

（1）Mashup 是一种把多个来源的数据聚合，整合成新的 Web 应用程序的技术。Mashup 的核心思想是通过开放的 API，将多个使用公共或者私有数据库的 Web 应用叠加构成新的服务。

（2）AJAX 是一种创建交互式网页应用的网页开发技术，能够实现基于网页的 Web 应用到基于数据的应用之间的转换。例如，在基于数据的应用中，用户的联系人列表可以从独立的服务器数据库中获取并动态地写入网页，使得 Web 应用体验类似本地桌面应用。

（3）RSS 是一种描述和同步网站内容的技术，是资源共享模式的延伸。RSS 技术广泛应用在时效性较强的内容中。例如，在网站发布一个 RSS Feed，这个 RSS Feed 中包含的信息能直接被其他站点调用，用户可以快速获取网站上最新更新的内容。

（4）P2P 又称对等互联网络技术，是一种用户终端之间不通过中介设备直接交换数据和资源的技术。P2P 的本质是把集中处理和存储转化为分布式处理和存储，能够改变互联网以服务器为中心的状态，使得网络应用的核心从中央服务器扩散到终端设备。P2P 典型应用包括服务共享、应用协作、构建充当基层架构的互联系统等。

（5）Widget 又称为微技，可以使用户在任意一个基于 HTML 的 Web 页面上执行移动应用程序，表现为在浏览器界面之外运行的 Web 页面、视频、地图、新闻、小游戏等。手机用户借助 Widget 不通过浏览器就可以直接接入互联网服务。

2. HTML 5.0

与以前的 HTML 版本相比，HTML 5.0 提供一些新的元素和属性，例如，嵌入音频、视频、图片的函数、客户端数据存储和交互式文档，内建 Web 图形库（Web Graphics Library，WebGL）加速网页 3D 图形界面的技术标准，从而有利于搜索引擎进行索引整理和手机等小屏幕装置的使用。

3. SOA

SOA 可以使用户通过定义好的独立接口联系应用程序的不同功能单元，使各种服务可以以一种统一和通用的方式进行交互，便于构建开放式、可扩展、集成的分布式系统。SOA 使用 WSDL 描述服务，通过通用描述、发现与集成服务（Universal Description Discovery and Integration，UDDI）来注册和查找服务，使用对象访问协议（Simple Object Access Protocol，SOAP）进行消息传递。

4. SaaS

SaaS 是一种基于互联网提供软件服务的应用模式，体现在服务上是变卖为租的业务提供模式。从实现上看，SaaS 提供商搭建应用需要的网络基础设施及软、硬件运作平台，负责前期实施、后期维护等所有服务，企业根据实际需要，向 SaaS 提供商租赁软件服务。SaaS 能够根据用户需求量身定做应用，满足处于长尾效应尾部的各种小众市场的要求，大大降低企业投入成本，使得业务提供更加灵活、简便、实用。

5. 云计算

云计算是网格计算、分布式计算、并行计算、效用计算、网络存储、虚拟化、负载均衡等计算机技术和网络技术发展、融合的产物。云计算通过网络把多个成本相对较低的计算实体整合成一个具有强大计算能力的系统，借助先进的商业模式将强大的计算能力分布到终端用户手中。

云计算技术通过不断提高“云端”的处理能力，减少用户终端的处理负担，最终把终端简化成一个单纯的输入、输出设备，按需享受“云端”的强大计算处理能力。一般认为云计算能够把资源利用率从目前的 5%～15%提高到 60%～80%，例如，Google 计算成本是对手的 1%，存储成本是对手的 1/30。

2.3 移动互联网发展现状和发展趋势

2.3.1 移动互联网发展现状

1. 移动互联网用户数量迅速增长

最新资料表明，移动互联网技术在世界范围的无线网络技术发展低调的前提下依然保持迅猛的增长势头，在短短几年内就诞生很多新式的产品。据工信部数据显示，2015 年 7 月我国移动互联网用户总数规模达到 9.05 亿户，2016 年 7 月我国移动互联网用户总数达到 10.5 亿户，其中 1～7 月净增超过 8426 万户（同比增长 11.9%）。2017 年，移动互联网发展趋势仍然广泛被业内看好，其商业价值必将最大限度地被挖掘。移动互联网已经成为当前互联网行业发展的重要力量，互联网巨头都在不断布局移动互联网客户端。

2. 移动互联网业务快速增长

与传统的移动互联网相关业务相比，如彩铃、彩信等，如今的移动互联网业务的形态非常丰富，时下比较流行的物联网、手机游戏、移动支付等，都是目前热门业务，为消费者提供更好的服务体验。

在移动互联网时代，互联网业务的种类每天都在发生变化，丰富的业务类型拓展了互联网的价值属性，社交类手机游戏、手机导航、移动搜索业务（以百度为代表）、手机炒股（以同花顺为代表）、手机支付（以微信、支付宝为代表）等不同类的业务类型一经推出，通过互联网的传播，收获大量的忠实用户，业务量出现井喷。

3. 移动互联网覆盖水平受经济发展程度影响

这种现象非常明显，特别是对比东部发达地区与西部地区，互联网覆盖度的差距是非常大的。其实出现这种现象也非常好理解，互联网业务的推进是要根据一定的市场欢迎度进行的，在一些东部发达地区，移动互联网相关的基础设施建设已经趋于成熟，同时当地的经济活跃度是非常高的，对于技术创新也非常热衷。与此同时，互联网企业高度集中的发达地区形成了良好的竞争环境，不断推动技术创新。

与此形成鲜明对比的就是西部欠发达地区，由于受本地区经济发展、用户消费习惯以及互联网基础设施滞后等因素限制，移动互联网在该地区的发展是相对缓慢的，并且本地区的互联网人才相对稀缺，人才外流现象严重。

4. 个性化业务深受大众喜爱

移动互联网业务迅猛发展的同时，一些问题也就暴露出来，其中一个典型的问题就是业务产品同质化太严重，随之带来的问题就是质量良莠不齐，干扰用户选择，用户体验非常不好。因此，一些以功能（需求）驱动型的业务产品逐渐开始站稳市场，这一类业务的一个共同特点就是对用户的精确把握。大数据下对用户的运营，是目前众多公司都在尝试的一个拓展市场份额的重要手段，降低对用户的干扰，减少用户的学习成本，提高产品的服务，全面摸清用户的心理，这一类产品深得用户喜爱。

5. 较强的娱乐性

移动互联网的主要终端是智能手机，用户平均年龄虽然正在向高龄迁移，但依然以青年人为主。出于缓解压力的需求，移动互联网依然体现出较强的娱乐性，其中，音乐、视频、手机游戏类等应用较广泛。

2.3.2 移动互联网发展趋势

随着 4G 的普及、5G 和虚拟现实（Virtual Reality，VR）设备的火热，在可预见的将来，移动互联网的业务又将迎来一次新的增长点。同时，由于资费下调，以及上网速度提升，用户对于移动互联网的需求将更加旺盛，当然，在巨大需求的背后，也在推动整个移动互联网产业格局的重塑。信息化、娱乐化、商业化、行业化、金融化以及安全性，成为未来移动互联网业务发展的六个方向。

1. 移动互联网信息化程度进一步加深

从社交媒体发展可以看出，信息技术发展是没有尽头的，因此技术驱动下移动互联网也有一个自我进化的阶段。从过去以图文为主的博客，到现在以图文、语音以及视频等多种组合形式形成的微博类社交媒体，其对于信息的巨大包容量已经成为目前最大的趋势。后来不断涌现出来的微信以及各种头条号，都是基于信息整合为主的应用，只是侧重点有差异，其本质都是信息化的产物。在将来，这种信息也将具备目前现有形式，将会以用户界面更加友好的形式呈现。

2. 社交类互动业务潜力巨大

娱乐化是移动互联网业务，特别是增值业务方面一个重要的支撑点。从传统业务分离出来的手机游戏，其自发布以来广受玩家的喜爱，手机游戏突破计算机游戏的使用场景，让玩家能够随时随地畅玩，并且能够通过社交系统与好友进行 PK，其巨大的商机和覆盖人群，成为移动运营商最重要的业务增长点。当然，娱乐化并非只有手游这一块，一些音乐类的业务也推动 WAP 门户提升访问量。

3. 移动广告业务出现大幅增长

移动互联网时代，无论任何行业都想搭乘这班快车迅速拓展自己的影响力。因此，从这个意义上讲，未来的移动互联网其实就是一种商业行为。为了满足广大移动用户的需求，越来越多的商家把业务拓展到移动领域，并且在自己的移动产品中集成高度整合的服务和功能，例如，中国联通或者中国移动。还有一些中小商家为了增加自己的品牌曝光度，寻求各种商务合作的形式。例如，跨界合作甚至赞助活动，通过各种二维码宣传提升自己的品牌认知度。

4. 业务资源整合成为常态

前面提到的业务同质化导致用户体验不高的现象，将会在未来得到改善。

一方面是业务公司的自我调整，也是市场中优胜劣汰的机制导致的。依托强大的推广资源，特别是移动搜索带来的巨大红利，一些商家通过高额成本换来不少用户的注意。但是，这种模式的内驱力是缺乏的，无法长久地维持下去，对于企业自身也是，根本无法长期支撑如此高额的推广成本。因此，经过行业的自我调整，这种不规范的竞争方式逐渐得到规范，使整个行业回到一个健康的发展生态环境中。

另一方面，行业化还体现在资源的整合，这体现在一些创业公司中，移动互联网业务成为公司的支柱。随着更多同行的加入，市场越做越小，竞争环境越来越严峻。因此，当行业发展到一定阶段时，资源整合就成为一个不错的选择，取长补短，借助优势资源，形成自己的核心竞争力。

5. 金融化发展

随着电子商务的不断发展，互联网实现企业与金融的融合。随着移动互联网的出现，为了更好地满足人们的需求，移动互联网也进一步实现与金融业务的融合。因此，在将来的发展之中，移动互联网技术的一个重要发展趋势就是金融化。当前手机银行、网上支付等都是基于移动互联网技术的，金融化发展为移动互联网技术的进一步发展提供了更多方向。同时，随着移动互联网技术与金融业务的进一步融合，也将带给人们更多的便利。因此，移动互联网技术的金融化发展也是其一个非常重要的发展趋势。

6. 安全性能的进一步提高

随着移动互联网技术的不断发展，网络安全问题也引起人们的重视，在未来移动互联网技术发展的过程中，其安全性能将进一步提高。当前利用移动互联网来进行犯罪以及诈骗的情况屡见不鲜，国家已经出台了相关的政策来对这种情况加以防范。但是，要想从根本上使移动互联网技术的安全性能得到有效的提高，还必须要依靠技术的发展和进步。因此，在将来的发展之中，安全性能的提高必然是移动互联网发展的一个重要趋势。

2.4 移动互联网典型应用

2.4.1 移动互联网应用特征

相对于PC，移动终端的CPU处理能力有限，存储空间较小，键盘操作较不方便，电池电量以及带宽有限，但是，从外形到操作系统内核个性化，用户一般都会随身携带。概括地说，移动终端在个性化、永远在线、位置性等方面强于PC，在处理能力、显示效果、开放性等方面则无法和PC相提并论。

移动终端具有小巧轻便、随身携带的特点，决定了移动互联网应用具有下列新特征，而不是传统互联网应用的简单复制和移植。

（1）接入移动性。移动终端的便携性使得用户可以在任意场合接入网络，移动互联网的使用场景是动态变化的。

（2）时间碎片性。用户使用移动互联网的时间往往是上下班途中、工作之余、出差、等候间隙等碎片时间，数据传输具有不连续性和突发性。

（3）生活相关性。移动终端被用户随身携带、具有唯一号码、与移动位置关联等特性使得移动应用可以进入人们的日常生活，满足衣食住行、吃喝玩乐等需求。

（4）终端多样性。目前各手机厂商三足鼎立，有各自不同的操作系统和底层硬件，终端类型多样，尚未形成统一的标准化接口协议。

人们使用手机不可能像使用PC那样，长时间坐在办公桌前搜集资料、筛选有用信息。因此，贴近生活、方便实用是移动互联网应用能否成功的关键，也是移动互联网应用能否具有长久生命力的核心所在。如果手机应用能充分挖掘衣食住行、吃喝玩乐等日常生活中蕴含的巨大商机，将极有可能形成被人们普遍接受的轻量级应用。依托移动互联网庞大的用户规模，深刻改变人们的生活习惯和生产方式。

2.4.2 移动互联网应用分类

互联网上的丰富应用，如图片分享、视频播放、音乐欣赏、电子邮件等，与移动互联网的移动特性、用户位置特征、终端随身携带等特征结合，使得移动互联网业务产生新的使用场景，为用户的工作、生活带来更多的便利和乐趣。

1. 娱乐类移动业务

从日韩经验来看，4G用户使用的业务以娱乐为主，最常使用的服务包括图铃下载、音乐欣赏、卡拉OK、游戏等，主要使用的场合是等待空闲等碎片时间。

WAP是一种向手机提供互联网内容和增值服务的全球统一的开放协议标准。用户可以通过手机的WAP浏览器，浏览实时的资讯和生活信息，接收最新本地及世界新闻，进行图片、铃声下载。

1）移动音乐

移动音乐是目前国内发展最好的移动增值业务，早期用户可以通过彩铃在呼叫时听取被叫设置的个性化回铃音。现在用户可以通过手机点播喜欢的歌曲、MTV，查找最新金曲，对来电号码设置喜欢的和弦铃声，把网上下载的音乐以及 CD 上的歌曲转换到手机上，用手机听音乐已经成为年轻人的时尚生活方式。

2）移动阅读

移动阅读能够向移动终端用户提供电子书形式的数字内容，使得用户可以在线或下载阅读。移动阅读为用户提供电子图书、手机漫画、报纸杂志等电子书内容，用户可以选择感兴趣的内容在终端上在线阅读，也可以请求下载之后离线阅读。

目前移动阅读主要有两种方式：一种是通过手机登录网站应用入侵防御系统（Web Application Firewall，WAF）网站或在手机上下载客户端，阅读的内容一般较短小、时尚，大多是满足用户在碎片时间里进行浅度阅读的需要；另一种以电子阅读器为载体，通过内置的移动上网模块随时随地上网阅读，可以满足用户长时间深度阅读的需要。

3）手机视频

手机视频是一种通过手机终端向用户提供影视、娱乐、原创、体育、音乐等各类音、视频内容直播、点播、下载服务的增值业务。直播指内容源的发送与内容播送同步，其特点是用户对内容没有选择权，常用于具有时效性的新闻、重大事件、发布会、庆典等内容的播放。通过点播（VOD），用户可以主动选择视频源的内容，一边获取内容一边播放。下载播放需要用户先把选定内容下载到移动终端上，再使用播放器进行播放，一般用于高价值的音、视频内容。

4）手机动漫

手机动漫是一种采取交互式矢量图形技术制作多媒体动漫内容，通过移动互联网提供下载、播放的增值服务。用户可以下载观看 Flash 动画、视频、游戏、卡拉 OK 文件等内容，或者把下载的动漫内容设置为来电通知画面、制作电子贺卡等。

5）移动游戏

移动游戏是指以移动网作为游戏运行载体，在手机、手持游戏终端等移动设备上进行游戏的增值服务。早期移动游戏只有一些简单的、出厂时预装在终端上的单机游戏，目前用户已经可以使用移动终端进行复杂的、可下载的联网游戏，随时随地参与网络游戏。从日韩发展经验来看，在手机终端上实现 3D 游戏是全球手机游戏的发展趋势。另外，对那些集成重力感应器的终端来说，体感游戏也是目前玩家比较喜爱的新型游戏类型，用户可以通过驾驶、打球等动作参与到游戏中。

娱乐类业务的关键在于内容是否精彩和对用户是否有吸引力。考虑到用户主要在等车、等人的片段时间使用娱乐类业务，娱乐类内容应该短小、精彩、时尚、经常更新，而且要能够针对不同年龄、不同地域、不同兴趣爱好的用户，有针对性地进行内容推荐。与电视、报纸、广播等传媒具有一定的时间滞后性不同，手机上的娱乐类应用将会成为用户在第一时间获取信息、内容的首选渠道。

2. 生活类移动业务

移动终端贴身伴随在用户身边，这个特点决定移动互联网可以开发和日常生活密切相关的应用，如位置服务、手机支付、家庭监控等。

1）位置服务

位置服务是移动互联网特有的业务，也是用户需求量极大的业务。目前许多手机已经在芯片上集成了 GPS 定位功能，服务提供商可以利用 GPS 卫星和运营商基站信息确定用户当前位置，提供周边详细地图，为用户指引去目的地的最佳路径，查找朋友或家人位置，为用户提供当前所在位置的各种信息。例如，当前所在地的天气、交通及购物信息等。

2）手机支付

手机支付是一种利用手机，通过短信、卫星工具包（Satellite Tool Kit，STK）、语音、WAP 及 RFID 等方式，进行消费、充值、转账和查询等电子商务操作的业务。手机支付利用手机号码真实、可靠和随身携带等特点，把用户手机号码与银行卡等支付账户进行捆绑，使得手机账户成为用户的“钱包”，用户可以利用手机进行票务预订、小额支付、网上购物等金融活动。手机上还可以集成 RFID 装置，作为移动销售终端（Point of Sale，POS）轻松完成购买电子门票、公交刷卡等日常操作，方便用户生活。

3）家庭监控

家庭监控是一种防范能力较强的综合系统，用以监控老人、儿童、家居安全等。用户可以在家中安装高清摄像头，通过手机摄像头实时接入和查看家庭监控视频，随时随地监视家里的状况，直观、准确、及时地获取监控对象的最新动态。

生活类应用涉及范围十分广泛，涵盖购物、交友、出行、消费等生活中的方方面面。与娱乐类应用不同，报纸、电视内容不断向数量有限的企业集中，如新华社、CCTV、凤凰卫视等，而生活类应用虽然领域广泛，但是并没有形成一批或某个具有垄断性地位的企业。

目前提供服务的服务提供商（Service Provider，SP）的规模还较小，因而在这一领域里蕴含着无限的商机和潜能。随着手机上集成越来越多的传感器，如重力传感器、动作传感器，未来手机服务生活领域还可以不断拓展。例如，可以作为健康仪表测试移动用户的血压、心跳等指标，通过移动互联网传给专家会诊，实现掌上医院的功能。

3. 商务类移动业务

商务人士具有很强的支付能力，是移动互联网业务的重要目标客户群。与侧重娱乐体验的年轻人不同，商务人士更青睐实时信息服务，如邮件推送业务、移动办公、移动电话会议、移动电子商务等。

1）邮件推送业务

邮件推送业务把企业邮箱和移动互联网进行结合，用户可以不受工作场所限制随时随地接收个人邮箱和企业邮箱的邮件并进行阅读、回复、转发等操作。当新邮件到达时，邮件推送服务器可以主动通过 SMS Push、WAP Push 等方式通知移动用户，触发终端及时收取新邮件。

2）移动办公

移动办公是高速发展的通信业与IT业交融的产物，是继计算机无纸化办公、互联网远程化办公之后的新一代办公模式。用户通过在手机上安装企业信息化软件，连接客户原有的各种IT系统，包括OA、邮件、企业资源计划（Enterprise Resource Planning，ERP）以及其他各类业务系统，通过手机浏览和处理工作事务，摆脱在固定场所固定设备上进行办公的限制，为企业管理者和商务人士提供极大的便利，尤其是对突发性事件的处理、应急性事件的部署有极为重要的意义。

3）移动电话会议

移动电话会议是使用移动终端作为工具，利用移动互联网作为载体的新型会议模式。移动电话会议使得用户能够不受时间、地域限制，以低廉的成本迅速召集多方人员参加会议，工作效率得到极大提升。移动电话会议支持移动和固话接入，提供方便的会议预订、会议调整、会场控制等功能，支持参会者之间进行文档、视频、PPT等文件共享服务。

4）移动电子商务

移动电子商务依托移动互联网，利用手机、平板电脑等设备进行在线交易和商务活动，如手机理财、手机证券、银行业务、手机彩票、手机交易、移动商城、保险理赔等。

商务类业务通常需要根据用户需求进行定制，不同行业甚至不同企业都需要不同的服务。因此，商务类业务是典型的面向小众市场的服务，需要服务提供者具备很强的软件开发和集成能力。随着SaaS、云计算等技术的不断发展，在线Office、在线客户关系管理（Customer Relationship Management，CRM）等业务都可以在规模化运作后提供服务，用户可以根据需求按需订购软件应用，极大地降低服务成本，使得抓住潜力巨大的“长尾”市场成为可能。

4. 沟通类移动业务

实现人与人之间的沟通是移动终端的基本需求，目前沟通已不仅仅局限在两人之间的语音通话，而是扩展到多人之间实时共享语音、文本、视频等信息。

1）VoIP

网络电话（Voice over Internet Protocol，VoIP）是一种将模拟声音信号数字化，以数据包的形式在IP网上进行实时传递的技术。VoIP能广泛地利用互联网全球IP互连的环境，以相对便宜的成本，提供比传统语音业务更多、更好的服务，如语音、传真、视频和数据等。

2）视频电话

视频电话是一种利用电话线路实时传送语音和图像（如用户的图像、照片等）的通信方式。视频电话能够弥补语音电话缺乏视频信息的不足，使人们在千里之外沟通如当面交谈。用户可使用3G手机和带有显示屏的固定电话进行视频通话，也可以把视频电话打到通过宽带接入互联网的PC上，或向对方手机发送一段录制好的视频作为留言。

3）一键通（Push to Talk）

Push to Talk简称PTT技术，使用半双工技术实现手机单向交流，使用户可以与另一个或另一组用户通话，在实现上和对讲机类似，同一时间按下通话键后只能一方说话，另一方倾听，一方说完另一方才可以通话。PTT业务在饭店、安保、企业内部有较大的需求，使用移动互联网作为承载，用户可以不受空间和地点限制，同时和多人通话，极大地提高了通话效率。

4）移动即时消息

移动即时消息集成实时文字、语音、视频功能，可以让用户通过移动终端在网络上进行实时通信。用户使用移动即时消息业务时可以查看联系人在线状态信息，通过手机终端或者PC客户端与联系人实时交流或者多方通话，能够群发通知，收发文件、音频、视频，根据自己的需求灵活地定义群组和发起主题讨论。

5. 社交类移动业务

Web 2.0 核心之一是用户参与，即用户不仅是服务的使用者，同时也是服务的创造者和参与者，形成网络社交（social web）的概念。基于Web 2.0理念诞生的新业务包含博客、Wiki、P2P下载、社区及分享服务等。

1）手机博客

手机博客又称微博，是目前全球最受欢迎的博客形式，用户可通过手机随时随地上传自己的想法，及时与其他人进行分享和沟通。

2）移动社区

随着移动互联网的发展，社区开始向移动领域渗透，用户可以利用移动终端相互联系形成社区。移动社区可以让用户建立或参与不同维度的群组，提供基于手机的个人内容分享，进行个性化形象展示，实现个人或群组之间的沟通，通过移动方式开展在线讨论。

3）视频分享

视频分享是Web 2.0的新业务，指用户自己制作视频内容，把视频内容上传至第三方网站供他人浏览、下载，是典型的用户制作内容（User Generated Content，UGC）业务。由于终端随身携带，而带摄像头功能的手机更能使用户可以随时随地拍摄和上传视频，使视频内容更新更加及时。一些新兴的互联网企业，如YouTube、优酷等已经在移动视频分享业务上获得巨大成功。

6. 基于云计算的移动业务

随着移动互联网上内容的飞速增长，信息已经开始泛滥，用户越来越希望能够迅速获取有价值、有帮助的内容，搜索引擎的地位和价值日益提升。由于移动终端和PC的差异性以及用户使用场景的区别，需要移动搜索结果更精准、更智能。云计算技术的不断发展，使得大规模运算成本不断降低，计算速度不断提高，基于云计算的移动搜索、移动识别业务也随之产生。

1）移动搜索

移动搜索是利用移动网络作为数据传输承载，把分布在传统互联网和移动互联网上的数据进行搜集、整理，供手机用户进行查询。与PC相比，手机用户在搜索时更希望获得周边地域的内容，如周边位置、本地新闻、购物信息等，要求搜索结果更精准、搜索排序更满足个性化要求，能够进行个性化、针对性的推荐。

2）移动识别业务

移动识别业务是利用手机终端集成摄像头对目标对象进行拍照或者拍摄视频，通过移动网络上传到基于云计算架构的服务器上，由服务器对目标进行识别并提供更多和目标相关的信息。如果目标是风景名胜，可以得到相关的旅游资讯与推荐；如果目标是书籍，可以得到相关的竞价和评论；如果目标具有二维码，可以直接通过条码解析找到产品相关资讯；如果目标是人物，则可以进行人物识别，显示目标人物的社会网络关系、博客网站、联系信息等。

手机是一个典型的轻量级终端，处理能力有限，不宜进行复杂的计算操作。云计算技术把计算资源集中起来，通过计算服务器、存储服务器、宽带资源等大型服务器集群，不断提高“云端”的处理能力来减少用户终端的负担，非常适合处理需要通过大规模计算向用户提供服务的手机应用，成为移动互联网应用的一个重要发展方向，结合智能搜索、识别、纠错、合成等技术，将产生大量新的服务。

2.5 谷歌移动操作系统（Android）

目前，全球移动操作系统市场，存在谷歌（Google）公司Android系统、苹果公司的iOS系统以及微软公司的Windows Phone系统。其中，Android系统的市场份额超过80%，已占据市场的主导地位。Android系统Logo如图2-2所示。

图 2-2 Android 系统 Logo

2.5.1 Android 系统简介

Android由谷歌公司和开放手机联盟（Open Handset Alliance，OHA）领导及开发，主要应用于如智能手机和平板电脑等移动设备，是一种基于Linux的自由及开放源代码的操作系统。Android凭借高度的开放性和可开发性、出色的兼容性以及丰富的应用软件得到了全球市场的广泛认可。

1. 发展历程

（1）2003年10月，Andy Rubin等创建Android公司及团队。

（2）2005年8月，谷歌公司收购Android公司及团队。

（3）2007年11月，谷歌公司展示Android系统并以Apache免费开源许可证的授权方式公布其源代码。谷歌公司建立了由芯片制造商、手机制造商、软件开发商以及电信运营商共同组成的开放手机联盟。该联盟将完善Android系统，并开发基于Android系统的应用软件。

2. 主要发行版本

（1）Android 1.1：2008年9月发布Android第一版。

（2）Android 1.5 Cupcake（纸杯蛋糕）：2009年4月30日发布。

（3）Android 1.6 Donut（甜甜圈）：2009年9月15日发布。

（4）Android 2.0：2009年10月26日发布。

（5）Android 2.2/2.2.1 Froyo（冻酸奶）：2010 年 5 月 20 日发布。

（6）Android 2.3.x Gingerbread（姜饼）：2010 年 12 月 7 日发布。

（7）Android 3.0 Honeycomb（蜂巢）：2011 年 2 月 2 日发布。

（8）Android 3.1 Honeycomb（蜂巢）：2011 年 5 月 11 日发布。

（9）Android 3.2 Honeycomb（蜂巢）：2011 年 7 月 13 日发布。

（10）Android 4.0 Ice Cream Sandwich（冰激凌三明治）：2011 年 10 月 19 日发布。

（11）Android 4.1 Jelly Bean（果冻豆）：2012 年 6 月 28 日发布。

（12）Android 4.2 Jelly Bean（果冻豆）：2012 年 10 月 30 日发布。

（13）Android 4.4 KitKat（奇巧巧克力）：2013 年 9 月 4 日发布。

（14）Android 5.0 Lollipop（棒棒糖）：2014 年 11 月 3 日发布。

（15）Android 6.0 Marshmallow（棉花糖）：2015 年 5 月 28 日发布。

（16）Android 7.0 Nougat（牛轧糖）：2016 年 8 月 22 日发布，其 Logo 如图 2-3 所示。

图 2-3　Android 7.0 Nougat Logo

3. Android 7.0 Nougat 新功能

（1）管理界面支持分屏多任务与全新下拉快捷开关页面。

（2）支持第三方应用通知的快捷操作、回复与归拢。

（3）新增夜间深色主题模式并对 Doze 休眠机制进一步优化。

（4）新增流量保护模式和流量检测系统。

（5）启用全新的设置样式和菜单并能够快速切换应用界面。

（6）将电话拦截功能升级为系统功能。

2.5.2　Android 系统架构

1. 系统架构

Android 采用分层的系统架构，由低层到高层分别是 Linux 内核层、系统运行库层、应用程序框架层和应用程序层。

1）*Linux 内核层*

Linux 内核层包括系统层安全机制、内存管理、进程管理、网络堆栈及一系列的驱动模块，位于硬件与其他的软件层之间，提供软件层与硬件的交互。

2）*系统运行库层*

系统运行库层包含 Android 系统的系统核心库。系统核心库是为应用程序运行提供服务的一些 C/C++库。

系统核心库包含以下几点。

（1）Java 核心类库的大多数功能。

（2）利用 Java 本地调用 JNI 等方式封装的 C/C++库。

（3）向应用框架层提供调用底层程序库的接口。

（4）解释运行 Java 字节码的 Dalvik 虚拟机。

3）应用程序框架层

应用程序框架层为应用开发者提供用以访问为核心功能的 API 框架。在遵循框架安全性限制的前提下，任何一个应用都可以调用这些核心功能 API 来发布自己的功能组件。

应用程序框架层提供各种服务和管理工具，包括应用开发所需的界面管理、数据访问、应用层的消息传递、应用包的管理、电话管理、定位管理以及 Google Talk 服务等功能。

4）应用程序层

Android 自带的应用有主桌面（Home）、电子邮件（E-mail）、手机短信服务（SMS）、多媒体短信服务（MMS）、日历、地图、浏览器、联系人管理等。这些应用程序通常是用 Java 语言编写的，通过调用应用程序框架层所提供的 API 来完成。也允许使用 Java 调用 JNI 的方式，配合 Android Native Development Kit 来开发原生程序。

2. 系统结构

1）系统内核

Android 是运行于 Linux Kernel 之上的，但 Android 基本上没有支持在 GNU/Linux 中的功能。Android 的 Linux Kernel 控制包括安全（Security）、存储器管理（Memory Management）、程序管理（Process Management）、网络堆栈（Network Stack）、驱动程序模型（Driver Model）等。下载 Android 源码之前，先要安装其构建工具 Repo 来初始化源码。Repo 是 Android 用来辅助 Git 工作的一个工具。

2）硬件抽象层

硬件抽象层（Hardware Abstraction Layer，HAL）能在封闭源码状态下提供硬件驱动模块。HAL 的目的是把 Android Framework 与 Linux Kernel 隔开，让 Android 不过度依赖 Linux Kernel，以达成 Kernel Independent 的概念，也能在不考虑驱动程序实现的前提下，让 Android Framework 进行开发。

3）中介软件

中介软件是操作系统与应用程序的沟通桥梁，应用程序分为两层：函数层（Library）和虚拟机（Virtual Machine）。 Bionic 是 Android 改良 Libc 的版本。Android 同时包含了 Webkit。Webkit 是 Apple Safari 浏览器的引擎。Surface Flinger 是将 2D 或 3D 的内容显示在屏幕上。Android 使用的工具链（Toolchain）为 Google 自制的 Bionic Libc。

4）安全权限机制

Android 本身是一个权限分立的操作系统。在 Android 中，每个应用都用唯一的一个系统识别身份运行（Linux 用户 ID 与群组 ID）。系统各部分也分别使用各自独立的识别方式。这样，就将系统与应用、应用与应用完成隔离。Android 安全架构的核心设计思想是在默认设置下所有应用都没有权限对其他应用、系统或用户进行较大影响的操作。这其中包括读写用户隐私数据（联系人或电子邮件）、读写其他应用文件、访问网络或阻止设备待机等。

3. Android 系统应用组件

1）活动（Activity）

在 Activity 中运行着所有程序的流程，所以 Activity 是程序的根本。Activity 是

Android 的一个最基本模块，也是开发者遇到的最频繁的组件。在 Android 程序中，一般一个 Activity 代表手机的一个屏幕。

2）服务（Service）

Service 是与 Activity 级别相似的一种只能在后台运行的组件。它可以和其他组件进行交互，但是它没有用户界面。Service 是没有用户界面的长生命周期的代码。

3）广播接收器（Broadcast Receiver）

Broadcast 是一种运用广泛的、在应用程序之间传输信息的机制。而 Broadcast Receiver 是对发送出来的 Broadcast 进行过滤接收并响应的一类组件。可以使用 Broadcast Receiver 使应用程序对一个外部事件做出响应。

4）内容提供（Content Provider）

Content Provider 是 Android 提供的第三方应用数据的访问方案。Android 系统对数据的保护很严密，除了放在 SD 卡中的数据，一个应用程序所持有的数据内容是不允许其他应用程序直接访问的。但可以通过派生 Content Provider 类，封装成一个用 Uri 作为独立标识的 Content Provider，来为应用程序实现对外提供数据。

2.5.3 Android 系统平台优势及应用

1. Android 系统平台优势

1）开放性

开放性是指系统源代码是否向程序设计人员开放。在移动领域，开放系统比封闭系统更具有吸引力。通过谷歌公司的大力倡导，众多国际知名公司的积极参与，为开发一套面向全世界开放的系统，因而开发出 Android 系统。Android 系统开放性的理念使其市场份额超过 80%，从而占据移动市场的主导地位。

2）丰富的硬件与应用开发

谷歌公司倡导建立开放手机联盟，包括 34 家手机制造商、芯片制造商、软件开发商以及电信运营商。Android 平台提供给第三方开发商非常宽泛、自由且不受限制的开发环境，能够开发出各式各样丰富多彩的应用。

3）谷歌的支持

通过安装 Google Services Framework，能将 Android 系统无缝融合至如搜索、新闻、邮箱、地图等 Google 服务中。Google 服务如图 2-4 所示。

图 2-4 Google 服务

2. Android 系统的应用

1）智能手机

由于 Android 系统源代码的开放，智能手机厂商在使用 Android 平台时并不需要支付任何费用，这样能够极大地节约成本，很好地解决软件成本高昂的问题，使得智能手机的门槛急剧降低。手机进入智能时代，通过在 Android 平台上安装 APK（Android Package），可以使智能手机实现各种应用程序的功能，使得智能手机的应用非常广泛。

2）平板电脑

平板电脑是定位于笔记本电脑与智能手机之间的一种携带方便而且通信功能完善而强大的移动数据终端，能够随时移动、便于随身携带。通常以触摸屏（又称数位板技术），而不是传统的键盘或鼠标作为基本的输入设备。

Android 平板电脑功能强大，既能拨打电话、阅读短信、无线上网、收发邮件，又能进行商务办公、视频会议、音乐播放、游戏娱乐等其他应用。

3）Android 应用拓展

（1）电子商务市场：如淘宝、京东等。

（2）车载市场：多媒体功能、智能导航功能、无线通信功能等。

（3）实时证券投资。

（4）数字媒体传播。

2.5.4 Android 系统的发展趋势

1. 云端应用占据主流

云端应用将会占据 Android 系统应用的主流。对于用户来说，通过云端存储重要信息，当信息丢失或发生意外时能迅速找回相应信息。同时，用户还可以将自己应用程序的相关信息存储在云端，这样，为游戏后续开发提供升级更新服务创造便利的条件，将促进我国手机应用市场的可持续发展。

2. 手机应用盈利模式变化

（1）制作销售模式。根据需求方的具体需要，开发商生产出相应的产品或者提供相应的服务，之后直接售卖给客户，然后，客户支付给开发商一定的费用。这种模式非常简单，针对性强，能最大限度地满足特定用户的需求，但开发的产品或提供的服务价格一般比较高。

（2）转换消费模式。为吸引用户的关注，开发商将一款或几款已开发的产品免费提供给用户使用，从而抓住用户免费体验的心理，之后再间接销售需要付费的产品。

（3）广告推广模式。广告推广商给予软件开发商一定的资金，软件开发商在所开发的软件或所提供的服务中植入相关广告。开发商开发的 APP 等均免费提供给消费者使用，消费者不需要支付额外资金。消费者直接使用开发商的产品或者服务，以间接性或隐蔽性的方式接触广告。

3. 社交网络发挥重要作用

当前我国主要的社交网络包括 QQ、微信、微博等。许多手机游戏通过连接网络，发挥网络共享的优势，提升了游戏的可玩性。未来社交网络对手机应用的影响将会越来越明显，在手机应用开发中增加社交网络元素是十分必要的。

4. 新型技术的出现与发展

HTML 5 技术的出现对于移动市场来说意义重大。通常，浏览器中的 Web 技术与 HTML 之间的兼容性存在很多问题。因而，在手机端玩网页游戏与在 PC 端玩网页游戏存在极大的差距。但是 HTML 5 技术的应用能轻易实现这一功能，对用户的行为模式可能带来较大的影响。

2.6 苹果移动操作系统（iOS）

1. iOS 简介

iOS 是由苹果公司开发的属于类 UNIX 的移动操作系统。iOS 原名 iPhone OS，最初仅应用于 iPhone，后来逐渐推广至 iPod Touch、iPad 以及 Apple TV 等产品，因而更名为 iOS，其 Logo 如图 2-5 所示。从 2007 年 6 月发布第一版 iOS 操作系统开始，其版本不断升级，功能不断增强。

图 2-5 iOS Logo

2. iOS 的开发模式

iOS 系统的封闭开发模式属于“封闭式创新（the closed innovation）”。iOS 的封闭性体现在 iOS 系统完全由苹果公司控制和研发，开发的成果也仅用于苹果公司的产品。“封闭式创新”模式使得 iOS 系统数据量少，系统简洁，在功能和界面上能保持较高的统一性和唯一性，从而避免了系统更新造成用户体验差别过大，可使用户更快、更容易地适应系统更新。iOS 系统强调了用户对手机的学习和适应，降低了用户的自由度和个性化设置权限。

3. iOS 的优点及缺点

（1）优点：①操作稳定、运行流畅；②界面简洁、美观时尚；③硬件软件高度整合；④安全性高。

（2）缺点：相比于 Android 系统的开放性，iOS 比较封闭，开源性低，定制性差，支持的 APP 较少，在数据传输和激活时比较麻烦。

2.7 移动 APP

1. APP 简介

APP 是安装在智能手机上的第三方应用程序（application program）。随着科技的发展，APP 使智能手机的功能越来越强大。比较著名的 APP 商店有 Android 的 Android Market 以及 Apple 的 iTunes Store。APP 商店的出现，除了提供给手机用户直接下载使用，还为程序开发商提供销售移动应用程序的直接渠道。

2. APP 分类

（1）连接应用类 APP，如即时通信、电子邮件、GPS 导航、远程访问。
（2）商业应用类 APP，如移动银行、股市交易、文件处理、日程规划。
（3）生活应用类 APP，如电子商务、账单支付、健康监测、数字阅读与社交。
（4）娱乐应用类 APP，如新闻、游戏、多媒体播放器、照片及视频编辑器。

3. 常用移动 APP

1）腾讯 QQ

腾讯 QQ 支持在线聊天、语音聊天、视频聊天、点对点断点续传文件、传送离线文件、共享文件、网络硬盘、自定义面板、远程控制、QQ 邮箱等多种功能，并可与多种通信方式相连。1999 年 2 月，腾讯正式推出第一个即时通信软件——“OICQ”，后改名为腾讯 QQ。QQ Logo 如图 2-6 所示。

2）微信（WeChat）

微信是腾讯公司推出的一款为智能手机提供即时通信服务的免费应用程序。微信支持跨通信运营商、跨操作系统平台通过网络快速发送免费（需支付少量网络流量费用）语音短信、视频、图片和文字，支持多人群聊以及公众平台等手机聊天软件。微信 Logo 如图 2-7 所示。

3）新浪微博

新浪微博是由新浪网推出的提供微型博客服务类的社交网站。用户可以通过网页、WAP 页面、手机客户端、手机短信、彩信等发布消息或上传图片。用户可以将看到的、听到的、想到的事情写成一句话，或发一张图片，随时随地发微博，参与分享和讨论；还可以关注朋友，即时了解朋友发布的信息。新浪微博 Logo 如图 2-8 所示。

图 2-6　QQ Logo　　图 2-7　微信 Logo　　图 2-8　新浪微博 Logo

4）淘宝

淘宝网是由阿里巴巴集团在 2003 年 5 月 10 日投资创立的，经营 C2C、团购、分销、拍卖等多种电子商务模式的综合性零售商圈。淘宝网拥有近 5 亿的注册用户数，每天有超过 6000 万的固定访客，每天的在线商品数超过 8 亿件，平均每分钟售出 4.8 万件商品，目前已经成为世界范围的电子商务交易平台之一。淘宝 Logo 如图 2-9 所示。

5）支付宝

支付宝是国内最大的第三方支付平台，以“信任”作为产品和服务的核心，致力于提供“简单、安全、快速”的支付解决方案，有“支付宝”与“支付宝钱包”两个独立品牌。从 2004 年建立开始，支付宝一路发展壮大，现已与国内外 180 多家银行、VISA、MasterCard 等国际组织建立战略合作关系，成为全球最大的移动支付厂商。支付宝 Logo 如图 2-10 所示。

6）大众点评

大众点评 2003 年 4 月成立于上海，是国内最早开发本地生活移动应用企业，也是全球最早建立的独立第三方消费点评网站，不但提供商户信息、消费点评及消费优惠等信息服务，还提供团购、外卖、预订及电子会员卡等 O2O 交易服务。大众点评现已发展成本地生活信息及交易的平台，是生活必备的工具。大众点评 Logo 如图 2-11 所示。

图 2-9　淘宝 Logo

图 2-10　支付宝 Logo

图 2-11　大众点评 Logo

7）百度

2000 年，李彦宏在中关村创建百度公司。百度现已发展成全球最大的中文搜索引擎和最大的中文网站，是拥有尖端科学核心技术的中国高科技企业。百度拥有中国乃至世界顶级的技术研发团队，拥有最先进的中文搜索引擎技术。百度 Logo 如图 2-12 所示。

8）百度地图

百度地图是百度提供的一项网络地图搜索服务，覆盖国内近 400 个城市和数以千计的区县。百度地图能为用户提供查询地理位置的服务，还可以提供公交换乘的信息，还能提供驾车导航服务以及出行线路的规划。百度地图 Logo 如图 2-13 所示。

图 2-12　百度 Logo

图 2-13　百度地图 Logo

9）优酷

优酷是阿里巴巴文化娱乐集团大优酷事业群下的视频平台，最初由古永锵在 2006 年创建并上线运营。优酷平台拥有庞大的用户群、多元化的资源以及强大的技术优势，覆盖 5.8 亿多屏终端、日播放量 11.8 亿，服务 PC、电视、移动三大终端，涉及影视、综艺和资讯三大领域，支持视频制作、播出和发行三大环节，是真正意义的互联网媒体平台。优酷 Logo 如图 2-14 所示。

10）滴滴出行

滴滴出行是包含出租车、专车、大巴以及代驾等诸多领域在内的一站式出行平台。2015 年 9 月，“滴滴打车”更名为“滴滴出行”，并加入互联网营销服务平台（ImCC）。滴滴出行 APP 改变了传统打车乃至出行方式，引导出移动互联网时代下的现代化出行方式。滴滴出行 Logo 如图 2-15 所示。

图 2-14　优酷 Logo

图 2-15　滴滴出行 Logo

思　考　题

2-1　简述移动互联网的定义。

2-2　简述移动互联网的特点。

2-3　列举出移动互联网的关键技术。

2-4　移动互联网有哪些发展趋势？

2-5　移动互联网有哪些应用领域？

2-6　谷歌的 Android 与苹果的 iOS 分别有哪些优缺点？

2-7　什么是 APP？APP 有哪些分类？常见的 APP 有哪些？

第3章　物联网与云计算

随着互联网信息技术与各行业合作创新模式的不断涌现，“互联网+”理念指导的信息技术将促进企业间的实时信息交互，促进生产与经营的有效协同，成为成功企业的制造引擎，实现互联网与各行业的互通、协同和集成。物联网和云计算是“互联网+”新一代信息与通信技术中两个重要组成部分。

3.1　物　联　网

3.1.1　物联网起源与发展

物联网概念最早出现在美国麻省理工学院的Auto-ID中心1999年公开发布的文件中，其创始人之一凯文·艾什顿描绘了以射频识别技术为基础的物联网，因此被公认为物联网之父。其实早在1982年，卡内基梅隆大学就使用智能设备，实现了可乐贩售机之间的互联。1988年，马克·维瑟提出了普适计算的概念，指出在物理环境中提供多个传感器和嵌入式设备，使得用户在不察觉的情况下进行随时计算和通信的可能性，成为物联网的雏形。1995年，比尔•盖茨在《未来之路》一书中，也提及物物互联的概念。

物联网的思想产生于20世纪末，随即在21世纪初便得到了广泛的重视。2005年11月，在信息社会世界峰会（World Summit of Information Society，WSIS）上，国际电信联盟发布了《ITU互联网报告2005：物联网》。报告指出，无所不在的“物联网”通信时代即将来临。通过射频识别技术、传感器技术、纳米技术和智能嵌入技术，世界上所有的物体从轮胎到牙刷、从房屋到纸巾都可以通过互联网主动进行信息交换。

2008年11月，IBM提出“智慧地球”概念。2009年1月，美国奥巴马总统在工商业领袖“圆桌会议”上，对“智慧地球”战略给予了积极的回应：经济刺激资金将会投入到宽带网络等新兴技术中去，毫无疑问，这就是美国在21世纪夺回和保持竞争优势的方式。从此，奥巴马政府将“智慧地球”上升为国家战略，成为挽救危机、振兴经济、确立美国的未来竞争优势的关键所在。

同样在2009年，欧盟执委会发表了题为*Internet of Things-An action plan for Europe*的物联网行动方案，描绘物联网技术应用的前景。韩国通信委员会出台《物联网基础设施构建基本规划》，希望利用已有的平台构建世界最先进的物联网基础设施、发展物联网服务、研发物联网技术和营造物联网推广环境等。日本政府IT战略本部制定日本新一代信息化战略《i-Japan战略2015》，旨在让数字信息技术如同空气和水一般融入每一个角落。物联网概念如雨后春笋一般在世界各地生根发芽。

我国政府也在第一时间抓住物联网发展的机遇。2009年8月，时任国务院总理的温家宝在无锡视察时发表重要讲话，提出大力发展物联网技术，实现“感知中国”的战略构想。2009 年 11 月，温家宝总理向首都科技界发表题为《让科技引领中国可持续发展》的讲话，再次强调科学选择新兴战略性产业非常重要，并指示要着力突破传感网和物联网关键技术。2012 年，工业和信息化部、科学技术部、住房和城乡建设部再次加大支持物联网和智慧城市方面的力度。2014 年，无锡作为首个亚洲城市，进入 IEEE 智慧城市试点。

3.1.2 物联网基本概念

物联网概念的兴起，很大程度上得益于国际电信联盟的年度互联网报告，但是国际电信联盟的报告并没有对物联网给出一个清晰的定义。尽管可以在文章与著作中看到物联网的不同定义，但是确切地说，至今仍然没有形成一个公认和准确的定义。

物联网之所以定义困难，主要有两个原因：一是物联网技术研究与产业发展目前处于起步阶段，物联网体系结构不明晰，理论体系没有建立，很难确切地定义物联网的内涵，需要在不断地研究与应用的过程中深化认识；二是物联网涉及计算机、通信、电子、自动化等多个学科，涵盖的内容极为丰富，不同学科的学者从不同的角度提出物联网的定义都有其合理的一面，但是要达成共识会有一定的难度。

在比较各种物联网定义的基础上，根据目前对物联网技术特点的认知水平，普遍认为：物联网是在互联网、移动通信等通信网络的基础上，针对不同应用领域的需求，利用具有感知、通信与计算能力的智能物体自动获取物理世界的各种信息，将所有能够独立寻址的物理对象互联起来，实现全面感知、可靠传输、智能处理，构建人与物、物与物的智能信息服务系统。物联网就是“物物相连的互联网”，如图 3-1 所示。

图 3-1　物物互联：沟通物理世界与信息世界

理解物联网的定义时，需要注意以下三个方面。

（1）物联网是在互联网的基础上发展起来的，其核心和基础仍然是互联网，它与互联网在基础设施上有一定程度的重合，但它不是互联网概念、技术与应用的简单扩展。

（2）互联网扩大了人与人之间信息共享的深度和广度，而物联网更加强调它在人类社会生活的各个方面和国民经济的各个领域广泛且深入的应用。其用户端延伸扩展到任何物品与物品之间进行信息交换和通信。

（3）物联网的主要特点是全面感知、可靠传输、智能处理。即普通对象设备化、自治终端互联化和普适服务智能化。

物联网是由物理世界的互联需求与信息世界的扩展需求催生出的一类新型网络。伴随着信息技术的发展，物联网将会具有更广泛的互联互通、更透彻的感知以及更深入的智能。

物联网的出现扩展了互联互通主体。传统的网络旨在实现人与人之间的交流，主要依赖各种智能化程度较高的设备，如计算机、平板电脑和手机等。而在物联网的世界，万物都可以通过物联网进行交流。每件物品都拥有不同程度的智能，甚至可以将普通物品通过贴上射频识别标签而实现“被识别”的智能。

例如，将传感器或射频识别标签嵌入到电网、建筑物、桥梁、公路、铁路、隧道、汽车、手机、家电，以及周围的环境和各种物体中，并且将这些物体互联成网，形成物联网，实现信息世界与物理世界的融合，使人类对客观世界具有更透彻的感知能力、更全面的认知能力和更为智慧的处理能力。如果说计算机、互联网停留在信息世界，那么物联网将实现信息世界与物理世界的融合。物联网的出现也丰富了互联互通的方式。

3.1.3 物联网技术特征及体系结构

1. 物联网的主要技术特征

1）物联网中的智能物体具有感知、通信与计算能力

“智能物体”是对连接到物联网中的人与物的一种抽象，物联网中的“物体”（thing）或者是“对象”（object）是现实社会中物理世界的人或物，只是给它增加“感知”、“通信”和“计算”能力。例如，可以给商场中出售的微波炉贴上射频识别标签。当顾客打算购买这台微波炉时，他将微波炉放到购物车上，将购物车推到结算的柜台时，射频识别读写器就会通过无线信道直接读取射频识别标签的信息，知道这是一款什么型号的微波炉、哪个公司出产的、价格是多少。这样一台贴有射频识别标签的微波炉就是物联网中的一个具有“感知”、“通信”、“计算”能力的“智能物体”（smart thing）或者称为“智能对象”（smart object）。

在智能电网应用中，每一个用户家中的智能电表就是一个智能物体；每一个安装有传感器的变电器监控装置，使得这台变电器也成为一个智能物体。智能物体可以是很小到用肉眼几乎看不见的物体，也可以是一个很大的建筑物；它可以是固定的，也可以是移动的；它可以是有生命的，也可以是无生命的；它可以是人，也可以是动物。

2）物联网可以提供所有对象在任何时间、任何地点的互联

国际电信联盟在互联网的任何地方、任何时间互联的基础上增加“任何物体连接”，从时间、地点与物体三个维度对物联网的运行特点进行分析。物联网的一个重要特点：物联网中任何一个合法的用户（人或物）可以在任何时间（anytime）、任何地点（anywhere）与任何一个物体（anything）通信，减缓和共享信息，协同完成特定的服务功能。

3）物联网的目标是实现物理世界与信息世界的融合

现实社会中物理世界与网络虚拟世界是分离的，物理世界的基础设施与信息基础设施是分开建设的。随着社会发展将计算机与信息技术拓展到整个人类社会生活与生存之中，人类的物理世界与网络虚拟世界相融合，已经成为人类必须面对的选择。

物联网应用涵盖了小到家庭网络，大到工业控制系统、智能交通系统，甚至是国家级、世界级的应用，这种涵盖并不是物与物的简单互联，而是要催生很多具有“计算、通信、控制、协同和自治”特点的智能设备与智能信息系统。

物联网的目标就是要帮助人类获得对物理世界的“透彻的感知能力、全面的认知能力和智慧的处理能力”。物联网的发展符合社会与经济发展的方向，因此物联网在出现后立即受到各国政府、产业界与学术界的高度重视。

2. 物联网的体系结构

研究物联网的体系结构之前，有必要将物联网工作过程与人对于外部客观的物理世界感知和处理过程做一个比较。人的感官用来获取信息，人的神经用来传输信息，

人的大脑用来处理信息，使人具有智慧处理各种问题的能力。物联网处理问题同样要经过三个过程：全面感知、可靠传输与智能计算，因此有人将它比喻成人的感官、人的神经与人的大脑。

设计一个复杂的大系统必然要采用“化整为零，分而治之”的“分层结构”思想，计算机网络的体系结构就是一个典型的分层结构。物联网是一个形式多样、涉及社会生活各个领域的复杂系统。

从现实技术看，物联网的特点是：网络的异构性、规模的差异性、接入的多样性。物联网的传输网可能采用互联网中的虚拟专网（Virtual Private Network，VPN）结构、移动通信网、无线局域或无线自组网，也可能采用多种异构网络互联的结构。接入设备可能是射频识别标签与读写器、不同类型的传感器、智能手机，也可能是笔记本电脑、超级计算机或云计算平台。

物联网应用不同，其环境也千差万别。物联网应用系统的规划、设计与实现涉及多种技术，属于交叉学科的范畴。尽管物联网系统结构复杂，不同物联网应用系统的功能、规模差异很大，但是它们必然存在着很多内在的共同特征。

借鉴成熟的计算机网络体系结构模型的研究方法，一般将物联网从下至上分为感知层、网络层和应用层，如图 3-2 所示。

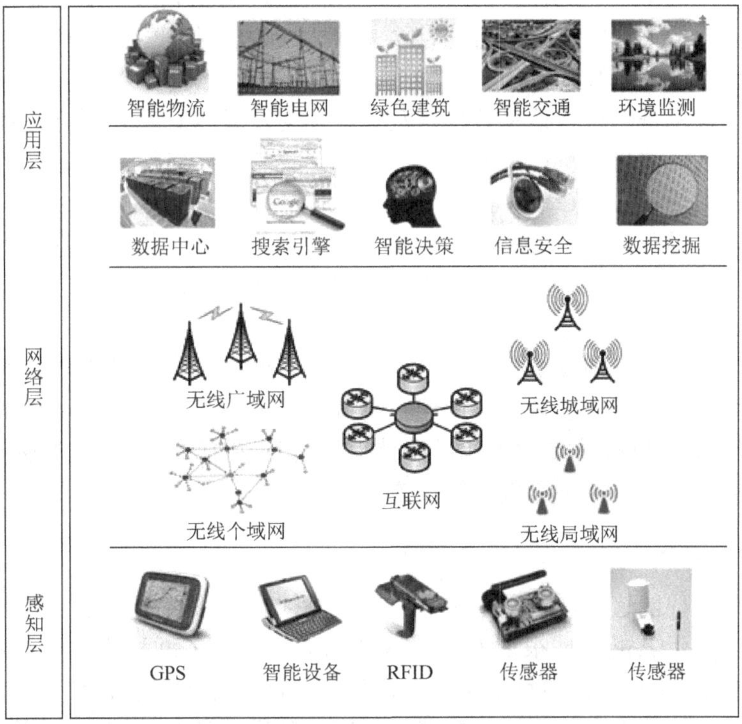

图 3-2　物联网的体系结构

感知层或感知识别层是物联网的基础，是联系物理世界与虚拟信息世界的纽带。感知层实现对网络世界的智能感知识别、信息采集处理和自动控制，并通过通信模块将物理实体连接到网络层和应用层。

网络层主要实现信息的传递、路由和控制，包括延伸网、接入网和核心网，网络层可依托公众电信网和互联网，也可以依托行业专用通信网络。

应用层包括应用基础设施、中间件和各种物联网应用。应用基础设施、中间件为物联网应用提供信息处理、计算等通用基础服务设施、能力及资源调用接口，以此为基础实现物联网在众多领域的各种应用。

3.1.4 物联网主要技术

物联网的多样化、规模化与行业化的特点，使得物联网涉及的技术种类非常多，从物联网应用系统涉及组建、运行与管理角度，将多种技术归纳为几项共性的关键技术，包括自动识别技术、传感器技术、定位技术、嵌入式技术、网络通信技术、信息安全技术以及数据处理技术等。

1. 自动识别技术

识别技术源远流长。最早的识别技术可以追溯到人类的诞生。那时，人类已经掌握利用自身的感知系统（如视觉、听觉、触觉以及味觉等）对外界物理对象进行有效识别的能力。从识别速度和准确性来说，人类自身的感知系统性能卓越，至今在许多方面都占据着不可替代的地位。但是，工业化的生产需要完成大量的识别任务。这些任务不但需要耗费大量的人力，有些甚至是人力所不能达到的。因此，利用机器代替人类的自动化识别技术登上了历史的舞台。

自动识别技术是一种将信息数据自动识读、自动输入计算机的方法和手段。这些信息数据既包括一些自然特征，如指纹、人脸、语言以及虹膜等，也包括某些第三方赋予的特征，如条形码、IC 卡和射频识别标签等。识别的方式既可以是接触式的压力感应，也可以是近距离的电磁感应、光学识别和计算机视觉技术，甚至可以利用射频识别技术实现。正是这个因素，导致物联网概念诞生于美国的 Auto-ID 中心——一个研究射频识别技术的实验室。

值得指出，射频识别技术是物联网最重要的基础之一。它基本融合其他自动识别技术的各项优点，具有非接触式、快速、精确、低成本、低功耗以及具备一定计算和存储能力的特点。射频识别技术的出现，为物联网应用中的“智能”、“唯一识别”、“低成本互联”等核心问题提供有效的解决方案。

2. 传感器技术

传感器是一种能感受被测量并按照一定的规律转换成可用信号（多为电信号）的器件或装置。由于其能实现很多人类五官的功能，被形象地称为“电五官”。最早的传感器出现在 1879 年，德国科学家霍尔在研究金属的导电机制时制作了磁场传感器，距今已有 100 多年历史。如今，传感器已经广泛应用于各个领域，如国防、航空、航天、交通、物流、能源、机械、石化、轻工、环保以及医学等。传感器的身影也出现在各种办公设备和家用电器中，如电饭锅、洗衣机、吸尘器、点钞机和饮水机等。传感器还应用在个人消费电子终端产品上。加载各种传感器的手机，除了有基本的通话功能，还提供各种娱乐和生活服务功能。因此，有人把传感器视为“支撑现代文明的科学技术”。

物联网应用促进传感器与其他技术的结合。传感器与微处理结合，就出现了智能传感器。美国宇航局在开发宇宙飞船的过程中，就提出使用智能传感器对飞船飞行参数（如速度、位置和姿态等）和舱内状态（如温度、湿度、气压和空气成分等）进行分布式的采集和处理，极大地减轻了中心计算机的工作压力。传感器和无线通信技术的结合诞生了无线传感器网络。

早在 1967 年，美国就在越南战争中利用振动感应传感器部署了“雪屋”系统，用于侦察和监视“胡志明小道”上的军事活动情况。这些传感器通过无线的方式进行通信，利用专门的移动车载数据收集系统定期将数据送到位于泰国的信息处理中心。

此外，传感器与半导体集成电路技术的结合实现传感器的集成化，降低传感器的尺寸、功耗和成本；利用微电子机械系统技术，可以生产各种尺寸为微米级的传感器。

3. 定位技术

位置信息不仅仅是空间的概念，它实际承载“空间”、“时间”、“人物”三大关键信息。利用位置信息，人们可以行走在陌生的城市，却可以轻松地找到附近的餐厅、景点、商场或者车站；利用位置信息，人们可以发现身边的朋友，形成基于地理位置的社群；利用位置信息，人们还可以把虚拟游戏与现实生活结合起来，完成各种基于地理位置的任务。当今，各种给予地理位置信息的应用层出不穷，极大地方便了人们的日常生活。

定位技术最早可追溯到 20 世纪早期出现的雷达和声呐系统。通过测量电磁波或者声波反射的延时、方向和频率信息，雷达或者声呐不仅能测定目标的位置信息，还能估计目标运动速度以及形状。此后，各国政府相继建设了罗兰（Long Range Navigation，LORAN）导航系统，为海上船只以及飞机提供导航服务。当今应用范围最广的当属 GPS，可视为罗兰导航系统的卫星版本。在相继 24 颗卫星发射升空后，GPS 的全球覆盖率高达 98%。2000 年，美国政府取消了选择可用性（Selective Availability，SA）干扰，使得民用定位精度达到 10m 左右，甚至可以通过手机基站和 WiFi 热点的辅助进一步提高精度。

GPS 定位精度会受树木和建筑物的影响。在高楼林立的市中心，卫星信号会被遮蔽或者反射，从而影响定位精度。特别是在室内，一般很难搜索到足够的卫星实现定位。而在各种物联网应用中，城市或者室内恰恰是典型场景。为此，设计准确可靠的物联网定位（特别是室内）方案成为当前研究的热点。

4. 嵌入式技术

即嵌入式系统，是一种完全嵌入受控器件内部，为特定应用而设计的专用计算机系统。事实上，所有带有数字接口的设备，如手表、微波炉、录像机、汽车等，都使用嵌入式系统。与通用计算机系统不同，嵌入式系统执行的是带有特定要求的预先定义的任务。针对特殊的任务，设计人员能够对嵌入式系统进行优化，减小尺寸，降低成本。

在物联网中，各种智能传感器、无线通信以及信息显示和处理装置都包含了大量嵌入式系统技术与应用。形象地说，嵌入式系统就是物联网的大脑，对接收到的信息进行分类处理。利用嵌入式系统，物理对象有了完整的物联界面。该界面向前联结传感器，向后联结控制设备，最终实现最广泛的人物交互和物物交互。

5. 网络通信技术

以互联网为核心的各种网络通信设施是实现万物互联的重要基础设施。围绕着互联网这个中心，各种无线通信技术为物联网提供了随时随地的网络接入服务。移动通信技术从最早的模拟通信系统发展了 2G、3G、4G 甚至 5G，通信带宽不断提高，通信方式从最早的语音和短信发展到现阶段的各种互联网多媒体应用。

以 WiMAX 技术为代表的无线城域网提供城域范围的高速数据传输服务，成为城市的神经中枢。广为流行的 WiFi 技术，通过构造无线局域网为家庭、校园、餐厅以及机场等提供了网络访问服务。智能终端的大量出现更促进各种无线个域网技术的发展，包括蓝牙、Zigbee 和近场通信在内的各种通信协议，为智能终端的互联提供了低功耗、低传输数据率和近距离的通信方式。各种类型的无线网络围绕着互联网应用，合力提供便捷的网络接入，成为实现物物互联的重要基础设施。

6. 信息安全技术

信息安全主要包括以下五方面的内容，即需保证信息的保密性、真实性、完整性、未授权复制和所寄生系统的安全性。在互联网环境中，信息安全主要通过网络安全、计算机系统安全、数据库安全以及应用安全等实现。物联网应用在保证互联网安全的前提下，更因其与物理世界的联系而有着特殊的一面。

借鉴互联网信息安全研究方法，物联网的信息安全研究从层次上可以分为以下方面。

（1）感知层安全。感知层安全技术研究涉及访问控制、信任值及数据加密、入侵检测与容侵容错机制等。

（2）网络层安全。网络层技术研究涉及无线信道数据传输安全性、安全传输协议、防火墙、入侵检测、入侵防护、网络取证技术等。

（3）应用层安全。应用层安全技术涉及数据加密与解密、数字签名、数字证书、内容审计、访问控制、数据备份与恢复、病毒防治、数据隐藏业务持续性规划技术与隐私保护技术等。

另外，隐私保护是物联网必须面对的重大问题。在物联网应用高度发展的时代，传感器与光学摄像设备无处不在，我们什么时候到过一家商场买过什么东西，都会被记录在数据库中。如果对我们在一段时间内到过的地方、打过的电话、网上购物与信用卡记录等信息进行挖掘，那么我们的姓名、职业、身份证号码、出生年月、收入、社会习惯、爱好、交友圈、健康状况等涉及个人隐私的信息都可能被分析出来。因此，确保个人隐私不被别有用心的攻击者利用是物联网重要的研究课题。

7. 数据处理技术

物联网通过覆盖全球的传感器、射频识别标签技术实时感知海量数据，然后需要从海量数据中通过汇聚、挖掘与智能处理，获取有价值的知识，为不同行业的应用提供智能服务。

针对物联网数据具有海量、多态、动态与关联等特征，物联网的数据处理需要重点解决以下几个关键技术。

（1）海量数据存储。如何利用数据中心与云计算平台存储物联网的海量数据，如何充分地利用好物联网信息，同时又要实现对隐私的保护，是物联网数据处理技术面对的一个首要问题。

（2）数据融合。针对物联网数据的多态性，需要研究基于多种传感器的数据融合技术，综合分析各种传感器的数据，从中提取有用的信息。

（3）数据查询、搜索与数据挖掘。物联网环境中的感知数据具有实时性、周期性与不确定性等特点。从感知数据的查询方法角度来看，目前的处理方法主要有快照查询、连续查询、基于事件的查询、基于生命周期的查询和基于精准度的查询。在物联网环境中，Web 搜索引擎已经成为网民查询各类信息的主要手段。传统的搜索引擎是通过搜索算法，在服务器、计算机上抓取人工生成的信息。

然而，在物联网环境中，由于各种感知手段获取的信息与传统的互联网信息共存，搜索引擎需要与各种智能的和非智能的物理对象密切结合，主动识别物理对象，获取有用的信息，这对于传统的搜索引擎技术是一个调整。银行、企业、政府等部门已经在数据库中存储大量的数据，用户不再满足于查询、搜索与报表统计等简单的数据处理，而是希望从数据库中发现有价值的信息，这就需要使用数据挖掘技术。例如，大型商业与零售连锁店可以根据不同地区、不同时段、不同商品销售信息，应用数据挖掘技术寻找销售规律，有针对性地扩张销售业务。

（4）智能决策。发展物联网的最终目标不是简单地将物与物互联，而是要催生很多具有“计算、通信、控制、协同和自治”特征的智能设备与系统，实现实时感知、动态控制和智能服务。从感知、通信、计算到提炼出知识，再到形成智能策略的过程称为智能决策。智能决策是物联网信息处理技术追求的最重要的目标。

3.1.5 物联网应用

1. 物联网的应用前景

物联网的应用前景非常广阔，它将极大地改变人们目前的生活方式。业内专家表示，物联网把人们的生活拟人化，万物成为人类的同类。在这个物物相联的世界中，物品（商品）能够彼此进行“交流”，而无需人的干预。物联网利用射频自动识别技术，通过计算机互联网实现物品（商品）的自动识别和信息的互联与共享。可以说，物联网描绘的是充满智能化的世界。在物联网的世界里，物物相连、天罗地网。研究机构预计，10 年内物联网就可能大规模普及，这一技术将会发展成为一个上万亿元规模的高科技市场，其产业要比互联网大 30 倍。

物联网产业链可以细分为标识、感知、处理和信息传送四个环节，每个环节的关键技术分别为 RFID、传感器、智能芯片和电信运营商的无线传输网络。EPOSS 在 *Internet of Things in 2020* 报告中分析预测，未来物联网的发展将经历四个阶段：①2010 年之前 RFID 被广泛应用于物流、零售和制药领域；②2010～2015 年物体互联；③2015～2020 年物体进入半智能化；④2020 年之后物体进入全智能化。

基于互联互通，物联网提供了更透彻的感知。尽管传感器是 19 世纪就有的设备，但是通信功能却是在近十年才发展起来的。通信功能让传感器不再单独工作，而是通过协同和自适应的方式实现分布式感知。2002 年，美国科学家为了监视大鸭岛海鸟的栖息情况，部署了大量带有无线通信功能的传感器。每个传感器拥有光、湿度、气压、红外线以及摄像头等 10 种检测功能，通过自组织无线网络，将数据传输到 300 英尺[①]外的基站，最后通过卫星传输至加利福尼亚州的服务器。之后，全球研究人员都可以通过互联网开展研究，掌握第一手的资料。

在互联互通和透彻感知的基础上，物联网拥有了更深入的智能。在森林防火的应用中，每个传感器都可以通过温度检测是否有火灾发生。尽管单个传感器可能出现故障而导致误警或者漏警，但是多个传感器通过协同感知，大大提高了火灾预警的可靠性。如果加上湿度、风速以及风向等多维传感数据，还可以监测火灾发展趋势，甚至可以判断火灾的发生条件，提供火灾预测。最后，利用上传到基站服务器中传感历史数据以及相关信息，科技人员还可以进行数据挖掘，开展各种科学研究。

2. 物联网的典型应用介绍

早在海湾战争时期，美国国防部开始大力建造以 RFID 技术为主的“联合全资产可视化（Joint Total Asset Visibility，JTAV）系统”。该系统覆盖全球，可以在 40 个国家的 400 个地点读取 RFID 信息，包括港口、军事基地以及铁路站点。1996 年，美国审计总署调查表明，如果国防部在沙漠风暴行动中使用基于 RFID 的 JTAV 系统，将会节省 20 亿美元，而 JTAV 系统的投资额只有 2 亿美元。陆军装备司令部 Paul J. Kern 将军指出：没有其他系统能够提供如此必要的可见的细节层次。RFID 是联合作战部队陆战司令部用以识别关键的货物、对货物进行定位，并预测其到来的唯一工具。

物联网用途广泛，除上述阐述的用于战争之外，还遍及智能交通、环境保护、政府工作、公共安全、平安家居、智能消防、工业监测、老人护理、个人健康、绿色农业、城市管理、远程医疗、智能家庭等多个领域。下面列举几个典型的应用。

1）环境监测

随着人们环保意识的加强，环境监测的范围越来越广。传统的环境监测以人工为主，在测量手段、采样频率、取样数量、分析效率和数据处理等诸多方面都存在局限性，不能实时反映环境变化，预测变化趋势。对一些突发事件的应急措施也不够及时迅速，往往造成较大的损失。

以无线传感器网络为代表的自主监测方式在 21 世纪初蓬勃发展起来。随着传感器技术、通信技术、计算机技术以及制造技术的进步，生产大量小尺寸、多功能和低成本的传感器成为可能。每个传感器节点拥有感知、计算、通信甚至发电功能，通过无线的方式互相联通，能够长期准确地监测环境，在污染监测、海洋探索、森林火灾监测、火山活动检测以及动物习性监测等领域有着广泛的应用。

美国夏威夷大学在夏威夷火山国家公园内铺设的无线传感器网络，可以监测濒临灭种的植物所在地的微小气候变化；俄勒冈州立大学研究生院在哥伦比亚河设置了 13 个监测站，用于监测流速、盐度、温度以及水位；英特尔的研究小组和加州大学伯克利分校以及佛罗里达州大西洋大学的科学家把无线传感器网络技术应用于监视大鸭岛海鸟的栖息情况；澳洲科学家利用无线传感器网络探测北澳大利亚蟾蜍的分布情

---

① 1 英尺=0.3048 米。

况，通过蟾蜍的叫声研究蟾蜍的分布和习性。

2）智能交通

智能交通是一个基于现代电子信息技术的面向交通运输的服务系统。当前，城市交通管理基本上是自发进行，独立管理。行车路线、交通信号标志以及交通指挥都是根据本地局部信息，进行静态的和有限的规划。这种方式并没有充分利用稀缺的城市道路资源。一方面，城市出现各种拥堵等交通问题，另一方面大量的交通资源被闲置浪费。据统计，目前我国交通拥堵造成的损失占 GDP 的 1.5%～4%。

物联网技术为智能交通提供了更透彻的感知、更全面的互联互通和更深入的智能化。利用道路基础设施中的传感器以及车载传感设备，交通管理部门能够获取足够的信息，实时监控交通流量和车辆状态。遍布于道路基础设施及车辆中的无线和有线通信技术不但是道路信息的传输通道，更为移动用户提供了广泛的网络服务，使人们在旅途中能够随时获得实时的道路信息，浏览周边环境咨询甚至在线收看电视节目。大量的感知数据需要智能化的处理方式。比如，智能化的交通管理和调度机制充分发挥道路基础设施的效能，最大化交通网络流量并提高安全性，优化人们的出行体验。未来的智能交通将是以人为本的：所有的车辆可以预先知道并避开交通堵塞，沿最快捷的路线到达目的地，甚至实现无人驾驶；乘客拥有实时的交通和天气信息，并欣赏各种娱乐节目；驾驭人能够随时找到最近的停车位，并且可以通过定位导航确定汽车停放位置。

3）智能物流

物流是以满足顾客需要为目的，从物品的源点到最终消费点，为有效的物品流通和存储，服务及相关信息而进行规划、执行与控制的过程。随着物联网的出现，物流行业也迎来了新的发展契机，所诞生的智慧物流成为物联网应用最成熟的领域之一。智慧物流利用信息生成设备，如 RFID、传感器以及全球定位系统等，与互联网结合起来形成一个巨大的网络，将物品、车辆和人员连入网络，实现智能化的信息管理。

4）智能电网

智能电网以先进的通信技术、传感器技术、信息技术为基础，以电网设备间的信息交互为手段，以实现电网运行的可靠、安全、经济、高效、环境友好和使用安全为目的的先进的现代化电力系统。智能电网在很少或无需人为干预的情况下，将电网系统中的问题元器件隔离，使系统恢复正常运行，并尽量避免用户的供电中断。通过先进的信息和监控技术优化设备与资源的使用效益，提高资产利用效率，并从整体上对网络运行和扩容进行优化，降低其运行维护成本和投资。

通过市场化运作提高电力系统的规划、运行和管理水平，利用市场供给和需求的互动，不断推动承办更低的解决方案，促进新技术的发展。通过物联网技术，可以对电网和用户的信息进行实时监控与采集，并可将已嵌入智能模块的各供电、输电和用电设备连接为一体，从而实现各设备的物理实体入网，通过智能化、信息化、网络化管理来实现能源替代以及对电能的最优配置和利用。

物联网的广泛应用，促进了物联网产业的发展。物联网产业能够形成从上游的“产品制造”、中游的“系统集成与软件开发”到下游的“应用服务”的完整产业链。

（1）上游的“产品制造”产业包括专用芯片的设计与制造、嵌入式系统开发、感知器件与控制设备生产、网络设备生产、无线通信设备生产与信息安全产品生产等。

（2）中游的“系统集成与软件开发”产业包括系统方案设计、系统软件业及系统集成业等。

（3）下游的“应用服务”产业包括物联网运营、移动通信运营、互联网服务、云计算服务、高性能计算服务与信息安全服务等产业。

随着物联网应用的发展，社会将对物联网产业不断提出新的需求，使得物联网上游的“产品制造”产业、中游的“系统集成与软件开发”产业与下游的“应用服务”产业之间形成相互依存、相互影响、相互促进的良性循环关系。

3.2 云 计 算

3.2.1 云计算起源与发展

现代的云计算模式诞生于 20 世纪 90 年代末的互联网大潮。1997 年，Ramnath Chellapa 在一次演讲中第一次提出了“云计算”这个词；1999 年成立的 Salesforce.com 公司是公认的云计算先驱，它主要向企业客户销售基于云的 SaaS 产品。

进入 21 世纪的第一个十年，Amazon 接棒 Salesforce.com 推动云计算的快速发展。Amazon 是在线零售商，在发展到一定规模后，它发现自己的数据中心大部分时间只有不到 10%的利用率，剩下 90%的资源都闲置着。于是 Amazon 开始寻找一种更有效的方式来利用自己庞大的数据中心，它的目的是将计算资源从单一的、特定的业务中解放出来，在空闲时提供给其他有需要的用户。Amazon 首先在内部实施这一计划，得到不错的回馈，接着将这个服务开发给外部用户，并命名为 AWS（Amazon Web Service，亚马逊网络服务）。初期 AWS 是一个简单线上资源库，并没有引起太大的关注，令 AWS 名声大噪的是 Amazon 在 2006 年发布的 EC2（Elastic Compute Cloud）。EC2 是业界第一款面向公众提供基础构架的云服务产品，它将云计算的服务对象带入更广阔的领域。除 EC2 之外，Amazon 还发布 S3、SQS 等其他云计算服务，组成一个完整 AWS 产品线，促使云计算成为 IT 产业的主流。

继 Amazon AWS 之后，各种云计算产品层出不穷，Microsoft、Google 等巨头纷纷涌进这个领域。除了数量的增长，云计算类型也日益丰富，Salesforce.com 和 AWS 分别代表 SaaS 和 IaaS 两种云计算服务，第三种服务 PaaS 也快速发展起来。例如，2009 年发布的 Google APP Engine 服务。此外，围绕在线资源的应用也快速出现。2009 年，第一个基于 Amazon AWS API（Application Program Interface）的私有云平台 Eucalyptus 出现。同年，信息研究机构 Gartner 预测企业用户将从基于设备的 IT 建设模型往基于单个用户需求的云计算模型转变。

进入 21 世纪的第二个十年，云计算进入百花齐放的时代。人们已经不再讨论云计算是否进行，主要的问题是云计算未来的发展方向，研究在大数据时代怎样将云计算的潜力充分发挥出来，从而更好地利用数据的价值。

3.2.2 云计算基本概念

什么是云计算？云计算本身是一个非常抽象的概念，要准确把握其内涵不是一件容易的事情。

维基百科中的解释是：云计算是继 20 世纪 80 年代大型计算机到客户端/服务器的大转变之后的又一种巨变，是一种基于互联网的计算方式，通过这种方式，共享的软硬件资源和信息可以按需求提供给计算机与其他设备。用户不再需要了解“云”中基础设施的细节，不必具有相应的专业知识，也无需直接进行控制。云计算描述了一种基于互联网的新的 IT 服务增加、使用和交付模式，通常涉及通过互联网来提供动态易扩展而且经常是虚拟化的资源。

百度百科中的解释是：云计算是基于互联网的相关服务的增加、使用和交付模式，通常涉及通过互联网来提供动态易扩展且经常是虚拟化的资源。云是网络、互联网的一种比喻说法。过去在图中往往用云来表示电信网，后来也用来表示互联网和底层基础设施的抽象。因此，云计算甚至可以让用户体验每秒 10 万亿次的运算能力，拥有这么强大的计算能力可以模拟核爆炸、预测气候变化和市场发展趋势。用户通过计算机、笔记本电脑、手机等方式接入数据中心，按自己的需求进行运算。

CSA（Cloud Security Alliance，云计算安全联盟）在 *Security Guidance For Critical Areas of Focus In Cloud Computing V3.0* 的解释：云计算的本质是一种服务提供模型，通过这种模型可以随时、随地、按需地通过网络访问共享资源池的资源，这个资源池的内容包括计算资源、网络资源、存储资源等，这些资源能被动态地分配和调整，在不同用户之间灵活地划分，凡是符合这些特征的 IT 服务都可以称为云计算服务。

CSA 的解释很好地说明云计算的本质，美国国家标准与技术学院（U.S. National Institute of Standards and Technology，NIST）提出一个定义云计算的标准：“NIST Working Definition of Cloud Computing/NIST800-145”，如图 3-3 所示。

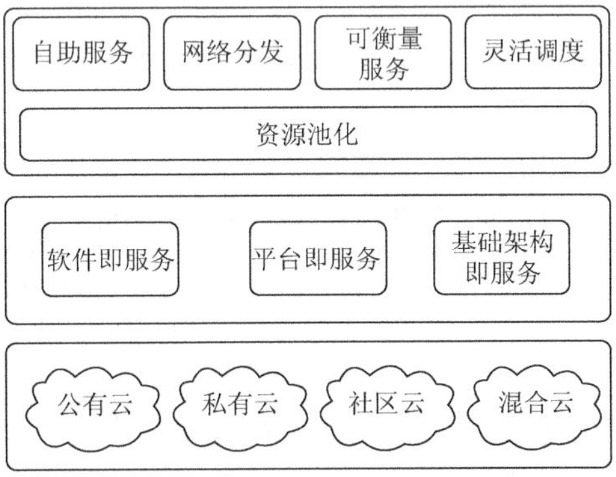

图 3-3　NIST 提出的云计算标准

（1）云计算服务的五个基本要素：资源池化、自助服务、网络分发、可衡量服务及灵活调度。

（2）云计算服务模式可分三类：基础设施即服务（IaaS）、平台即服务（PaaS）和软件即服务（SaaS）。

（3）云计算部署模式分为四种：公用云、私有云、社区云和混合云。

NIST800-145 被业界普遍接受的原因是其提出的云计算五个基本要素非常简练地说明一个云计算系统的特征，通过这五个特征能够快速地将云计算系统同传统 IT 系统区分开来。

3.2.3 云计算基本特征

1. 资源池化

在云计算中，计算资源——CPU、存储、网络等具有新的组织结构，称为资源池。所有设备的运算能力放在一个池内，再进行统一分配。对于IT部门来说，计算资源不再以单台服务器为单位，云计算打破服务器机箱的限制，将所有的CPU和内存等资源解放出来，汇集到一起，形成一个个CPU池、内存池、网络池，当用户产生需求时，便从这个池中配置能够满足需求的组合。

2. 自助服务

在云计算服务中，用户通过自助方式获取服务。自助式服务是区分简单的B/S架构与真正云计算的重要标准。自助式服务充分发挥了云计算后台架构强大的运算能力，用户也获得了更加快捷、高效的体验。

例如，WebEx公司推出的在线会议系统，用户自助挑选会议类型、设定参会人数、上传会议资料，然后单击“确定”即可。WebEx的后台服务器会在指定时间将与会人员连接到一个虚拟在线会议室中。云服务提供商并不需要人工干预这个流程，所有的细节都是由用户自己在网页上选择决定的。而以往的会议服务仅仅将提供多方会议服务的设备从分散的用户机房集中到统一的中心机房，其软硬件设施仍然是僵化的传统框架，无法自动跟上用户需求的快速变更，需要人工干预来完成资源的重新划分和调整。

3. 网络分发

提供网络分发服务打破地理位置的限制，打破了硬件部署环境的限制，实现只要有网络就有计算，革命性地改变使用计算机的习惯。

以书写为例，当云计算真正普及后，只需要在诸如iPad的终端上登录Google Docs，就能够进行在线写作。Google Docs提供大部分的电子文档编辑功能，不需要新添置计算机，不需要购买Office软件，只需要通过任何带Web浏览器的设备就可进行工作。

4. 可衡量服务

一个完整的云计算平台会对存储、CPU、带宽等资源保持实时跟踪，并将这些信息以可量化的指标反映出来。基于这些指标，云计算平台运营商或管理企业内部私有云的IT部门，能够快速地对后台资源进行调整和优化。

5. 灵活调度

资源的灵活调度是资源池化的下一步发展。由于计算资源已经被池化，云计算供应商可以非常快速地将新设备添加到资源池中，满足不断增长的需求。对于用户来说好像只要愿意付账单，就可以即时要求无限制的资源。

例如，WebEx、Amazon EC2等总是可以满足用户不断增长的需求。在WebEx平台上，已经召开过同时上千人参与的全球视频会议，而WebEx表示人数仍然没有达到上限。

NIST 提出的五个特征非常形象地提炼出不同云计算模式的共性。在绝大部分获得成功的云服务身上，都能轻易找到这五点特征。

3.2.4　云计算主要技术

要实现云计算必须要实施不同的技术，这里从云计算应用加上其具体实现技术的角度来讨论云存储、云服务、云终端和云安全技术。

1. 云存储

云存储是在云计算概念上延伸和发展出来的一个新的概念，是指通过集群应用、网格技术或分布式文件系统等功能，将网络中大量各种不同类型的存储设备通过应用软件集合起来协同工作，共同对外提供数据存储和业务访问功能的一个系统。

当云计算系统运算和处理的核心是大量数据的存储与管理时，云计算系统中就需要配置大量的存储设备，那么云计算系统就转变成为一个云存储系统。因此，云存储是一个以数据存储和管理为核心的云计算系统。云存储的简易结构如图 3-4 所示。

在图 3-4 中，存储节点（storage node）负责存放文件，控制节点（control node）则完成文件索引，并负责监控存储节点间容量和负载的均衡，这两个部分合起来便组成一个云存储。存储节点与控制节点都是单纯的服务器，只是存储节点的硬盘多一些，控制节点服务器不需要具备 RAID 的功能。只要能安装高级操作系统即可。每个存储节点和控制节点至少要有两片网卡，一片负责内部存储节点与控制节点的沟通、数据迁移，另一片负责对外应用端的数据读写，如果对外一片不够，则可以多装几片。

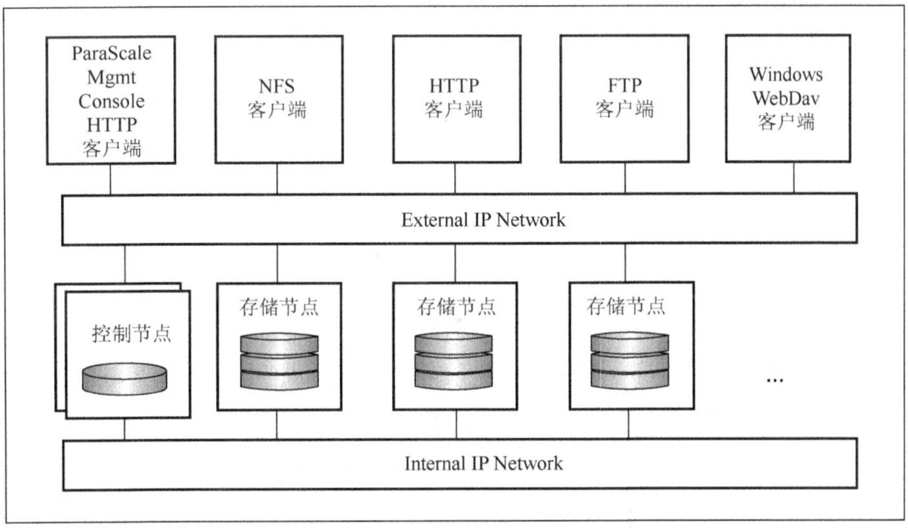

图 3-4　云存储的简易结构

NFS、HTTP、FTP 和 WebDav 等是应用端，图 3-4 左上角的 Mgmt 负责云存储中存储节点的管理，一般为一台个人计算机。从应用端看来，云存储只是一个文件系统，而且一般支持标准的协议，如 NFS、HTTP、FTP 和 WebDav 等，很容易将旧有的系统与云存储结合，而应用端不需要做什么改变。

与传统的存储设备相比，云存储是一个网络设备、存储设备、服务器、应用软件、公用访问接口、应用软件、公用访问接口、接入网和客户端程序等多个部分组成的复杂系统。各部分以存储设备为核心，通过应用软件对外提供数据存储和业务访问服务。

随着云存储技术的进一步革新，云存储涉及的领域越来越广泛。备份、归档、分配和共享协作是云存储广泛应用的领域。同样，在云存储方面，安全仍是首要考虑的问题，对于想要进行云存储的客户来说，安全性通常是首要的商业考虑和技术考虑。

2. 云服务

云服务是基于互联网的相关服务的增加、使用和交付模式，通常涉及通过互联网来提供动态易扩展且经常是虚拟化的资源。云是网络、互联网的一种比喻说法。它通过网络以按需、易扩展的方式获得所需服务。这种服务可以是IT和软件、互联网相关，也可以是其他服务，如计算能力也可作为一种商品通过互联网进行流通。云服务所秉持的核心理念是“按需服务”，就像人们使用水、电、天然气等资源的方式一样。云服务形态如图3-5描述。

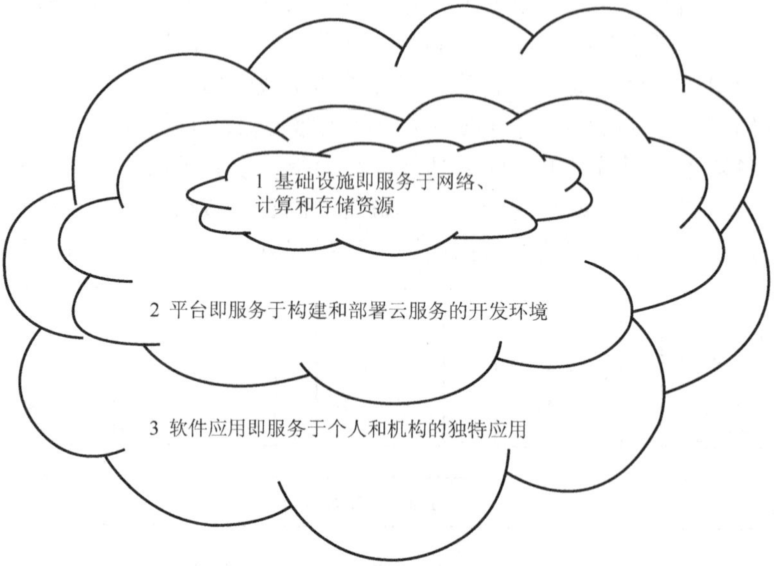

图3-5　云服务形态

云计算可描述从硬件到应用程序传统层级上所要求提供的服务，如图3-6所示。

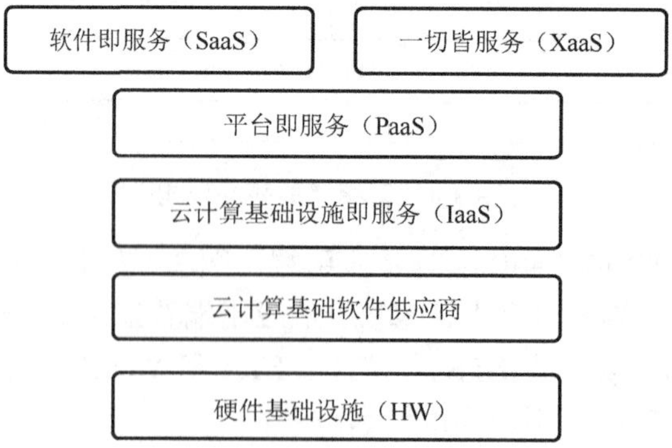

图3-6　云计算服务层次划分

实际上，云服务提供商倾向于提供基础设施即服务、平台即服务和软件即服务三个类别的服务。

1）基础设施即服务

基础设施即服务（IaaS）：消费者通过 Internet 可以从完善的计算机基础设施获得服务。

云计算是一种对消费者提供处理、存储、网络及计算基础资源的能力。其中，消费者可以部署和运行任意软件，包括操作系统和应用软件。消费者不必管理、控制云中的设施，但必须在操作系统和存储上部署应用并且可以选择网络单元（如防火墙、负载平衡设施）。

IaaS 是一个纯粹的技术组件，经常是一个服务的部署，如 Google、Amazon 按需提供的所谓“虚拟机”。这意味着实际安装机器的过程和时间成本没有了，而是通过网络得到一个可用的机器。“虚拟机”的意思对于用户方面来讲，就是服务集群的一部分或作为一个独立服务器上的计算网络的可用部分。在 IaaS 模式下，每一个增长的需求是通过增加可用的资源来匹配的，如果用户不再使用（快速弹性）即可释放这些资源。用户消费资源时可以记账，这些账包括连接 CPU 的时长、每秒的指令数、带宽以及存储量。

寻求运行已存在的应用、降低技术设施成本方式等就是通常所指的 IaaS。详细地讨论这些应用可以被安全迁移到防火墙外，部署到基础设施云上，这是中小企业应用的一个趋势。但大型企业可以建立自己的私有云或利用服务商提供的虚拟私有云（虚拟机）。

2）平台即服务

平台即服务（PaaS）实际上是指将软件研发的平台作为一种服务，以 SaaS 的模式提交给用户。因此，PaaS 也是 SaaS 模式的一种应用。但是，PaaS 的出现可以加快 SaaS 的发展，尤其是加快 SaaS 应用的开发速度。

PaaS 借助一些简单的技术对操作系统或平台进行必要的配置以引入一个较高的标准。它提供直接加载一些服务到平台的能力。就像在标准的环境下被预配置成为一个支持指定的编程语言平台。在一个企业或行业平台可以建成一个指定的应用，以进行管理。然而，大多数类型的 PaaS 典型地提供一个关键服务集，通过升级这一核心服务集以提供一个宽范围的服务。例如，Force.com 平台提供 Force.com CRM 作为一个核心服务集，而用户可以开发一些附加的服务作为个性化用途来扩展服务核心集。

3）软件即服务

软件即服务（SaaS）：是一种通过 Internet 提供软件的模式，用户无需购买软件，而是向提供商租用基于 Web 的软件，来管理企业经营活动。

具体来说，SaaS 服务提供商将应用程序统一部署在自己的服务器上，用户需求通过互联网向厂商订购应用软件服务，服务提供商根据客户所定软件的数量、时间等因素收费，并且通过浏览器向客户提供软件。

这种服务模式的优势是：由服务提供商维护和管理软件、提供软件运行的硬件设施，用户只需拥有能够接入互联网的终端即可随时随地地使用软件。这种模式下，客户不再像传统模式那样花费大量资金在硬件、软件、维护上，只需要支出一定的租赁服务费用。对于小型企业来说，SaaS 是采用先进技术的最好途径。目前，Salesforce.com

是提供此类服务最有名的公司，Google Doc，Google Apps 也属于这类服务。

3. 云终端

云终端使用虚拟化技术，使得任何联入互联网或物联网的终端设备都可以访问云计算平台。基于虚拟化的云终端技术极大地减轻了终端设备对本地操作系统、硬件平台版本的依赖性，将引发终端设备使用方式的变革。国际咨询机构 IDC、Gartner 预测，未来全球 6.6 亿台个人计算机都能成为虚拟化的云终端，超过 50%的智能手机将成为云终端。

目前有关云终端的研究包括三种思路：基于程序资源远程执行的云终端、基于 WebOS 的云终端、基于虚拟机的云终端。

（1）基于程序资源远程执行的云终端。基于程序资源远程执行的云终端是最早出现的一种云终端，它类似于瘦客户机，只能实现应用程序的远程虚拟显示功能。这类云中端通过远程访问的方式，获取服务器程序运行的结果，将有更多的智能终端设备成为云终端资源，为用户呈现一个用户熟悉的运行环境。

（2）基于 WebOS 的云终端。在基于 WebOS 的云终端模式中，用户通过浏览器登录到一个虚拟桌面上，就可以在网络上提供的 WebOS 上运行应用程序。这种情况下，用户可以摆脱本地存储空间的限制，直接在服务器上运行应用程序。

（3）基于虚拟机的云终端。典型的基于虚拟机的云终端是 VMWare 公司的虚拟化桌面基础设施，它在服务器端为每一个用户分配一个虚拟机环境，终端的数据处理与存储均在这个虚拟机环境中完成。服务器完成用户所有的功能，而云终端只需要起显示结果的作用。基于虚拟化的云终端改变了传统计算机的管理方式，利用虚拟化技术对操作系统与应用软件进行集中管理与高效分发迁移，使得用户在任何时间、任何地点都可以访问云计算平台。基于虚拟化的云终端为物联网设备的设计提供了一种新思路。

4. 云安全

云计算拥有庞大的计算能力与丰富的计算资源，它在改变 IT 世界的同时也催生新的安全问题。在给人们带来更多便利的同时，也给恶意攻击者提供更多发动攻击的机会。

影响云计算安全的因素主要包括以下几点。

（1）云计算的强大计算能力让密码破解变得简单、快速。同时，云计算里的海量资源给了恶意软件更多传播的机会。

（2）云端聚集大量用户的数据，虽然利用虚拟机予以隔离，但对于恶意攻击者而言，云端数据仍极具诱惑，一旦虚拟防火墙被攻破，会诱发连锁反应，所有存储在云端的数据都面临被窃取的威胁。

（3）数据迁移技术在云端的应用也给恶意攻击者窃取用户数据的机会，恶意攻击者可以冒充合法数据进驻云端，挖掘其所在区域里前面用户的残留数据痕迹。

在技术方面，按照 Google 的理念，如果云计算得以实现，那么未来人们在本地硬盘上几乎不保存数据，所有的数据都在“云”里，一旦发生由于技术方面的因素导致的服务中断，那么用户只能束手无策。

（4）“云”对外部来讲其实是不透明的。云计算的服务提供商并没有对用户给出许多细节的具体说明，如其所在地、员工情况、所采用的技术以及运作方式等。当计算服务是由一系列的服务商来提供（即计算服务可能被依次外包）时，每一家接受外包的服务商基本上是以不可见的方式为上一家服务商提供计算处理或数据存储的服务，这样，每家服务商使用的技术其实是不可控的，甚至有可能某家服务商会以用户未知的方式越权访问用户数据。

（5）虽然每一家云计算方案提供商都强调使用加密技术（如 SSL）来保护用户数据，但即使数据采用 SSL 技术进行加密，也仅仅是指数据在网络上是加密传输的，数据在处理和存储时的保护仍然没有解决。尤其是在数据处理的时候，数据肯定已解密，如何保护，很难解决，即使采用进程隔离类的技术一定程度解决了，也很难赢得用户的信任。

隐私与安全问题是云计算使用者最大的顾虑，也是目前云计算技术所面临的最大的问题。当别人掌握了用户的资料时，用户要担心的问题就不只是故障问题，隐私和安全都是必须考虑的问题，云计算的安全问题是全球问题，目前很多云服务提供商还缺乏实际和完善的安全规划。

从 IT 网络和安全专业人士的视角出发，可以用一组分类且简洁的词汇来描述云计算对安全架构的影响。图 3-7 描述云计算环境下的安全参考模型。云安全架构的一个关键特点是云服务提供商所在的等级越低，云服务用户自己所要承担的安全能力和管理职责就越多。

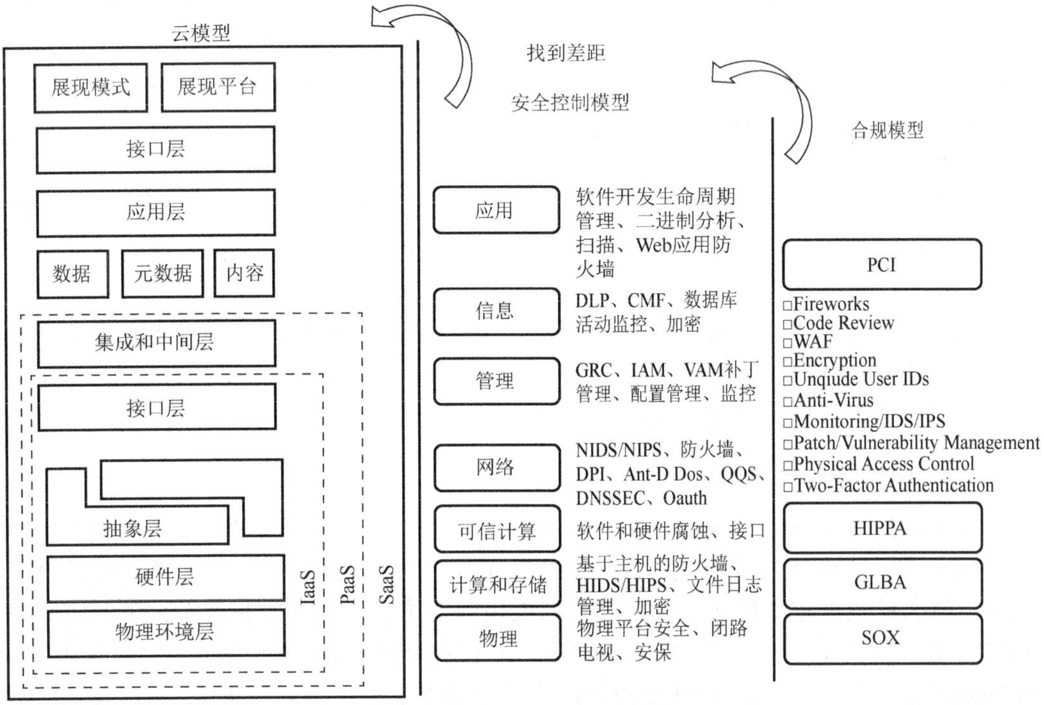

图 3-7　云模型、安全控制和合规模型的映射

云计算的趋势已经不可逆转，但企业真正要部署云计算时，却依然顾虑重重。今天，大家可以放心地把钱存在银行，却不敢放心地将自己的数据放到遥远的“云”端。

要保证云计算的安全，涉及很多新的技术问题，但更涉及政策方面的问题。不少专家认为，要做好云计算安全，需要寻找一种机制。在这一机制下，提供云计算服务各厂商会面临第三方的监督，这个第三方和用户并没有利益关系，且受到相关法律、法规的制约。只有在这种情况下，云计算的应用企业才可以获得中立的第三方的担保。也只有在这个时候，用户才可能放心地将数据放到云端．就像放心地把钱存到银行中一样。

因此，从云计算安全的角度，非技术的手段也许比技术的手段更为棘手和迫在眉睫。

3.2.5 云计算典型应用

云计算为用户提供动态、可扩展的计算资源，即用户享用的计算资源可以根据客户流量需要随时增减。云计算的特点对于现有的企业，特别是对计算资源要求随时间变化的企业具有相当大的吸引力。利用云计算的弹性资源，企业解决了因需求量突然增加而出现计算资源不足的问题，同时避免了因闲置过剩计算资源而造成的浪费。人们开发的软件将会越来越多地借助互联网的强大功能，更多的软件将在互联网上直接为用户提供服务。如果软件开发者有自己的思想和创意，那么在没有很多经费购买硬件和软件的情况下，借助云计算就有望开发出独特的软件。总之，随着云计算的不断发展，云计算的应用越来越广泛，下面列举一些身边的云计算应用。

1. 电子邮箱服务

电子邮箱自诞生之日起就是互联网的基础应用之一，它弥补了一般邮政和电话通信的不足，极大地满足了信息社会中大量存在的人与人通信的需求。基于万维网的电子邮件服务 Webmail 的诞生，使得用户可通过任何联网计算机获得邮件服务。互联网上最早的 Webmail 服务是于 1996 年 7 月开始商业运作的 Hotmail，至 1997 年 12 月被 Microsoft 收购时，Hotmail 已拥有 850 万用户。传统的电子邮箱使用物理内存来存储通信数据，而云计算使得电子邮箱可以使用云端的资源来检查和发送邮件，用户可以在任何地点、任何设备和任何时间访问自己的邮件，企业可以使用云技术让它们的邮箱服务系统变得更加稳固。2007 年 Yahoo.cn 推出全球首款无限量的免费网络邮箱，并引起各大邮箱服务商的跟进。目前，网络邮箱逐渐加入网络日历、即时通信、音乐汇、相册、新闻、博客、天气预报、理财、网络硬盘等多种服务，呈现出整合应用的趋势。Webmail 使用网页浏览器在互联网上来阅读或发送电子邮件、拥有海量的用户、整合多种服务等已具有鲜明的云计算特点。

2. 网络搜索服务

目前，搜索引擎是互联网网民使用最为广泛的应用。万维网出现之前，为查找网络上的文件，1990 年初曾出现过 Archie、Gopher 等搜索工具。1994 年，Lycos 推出了基于机器人的数据挖掘技术，支持搜索结果相关性排序，并开始在搜索结果中使用网页自动摘要。1995 年出现的 Alta Vista 第一个支持自然语言和图片搜索。1998 年 9 月，Google 诞生，它以网页分级（PageRank）技术为基础，大大增强了搜索结果的相关性，成为目前世界上最流行的搜索引擎之一。为了处理来自全世界的网页和用户需求，Google 利用上百万的服务器组建了它的“云”网络，并摸索出一套适合的云计算技术。搜索引擎的主流商务模式，如竞价排名，是一种“后向”的方式，通过在搜索结果页面放置广告，依靠用户的点击向广告业主收费。百度是全球最大的中文搜索引擎、致力于让网民更便捷地获取信息，找到所求。百度超过千亿的中文网页数据库，可以瞬间找到相关的搜索结果。在应对海量信息处理和海量用户需求的挑战过程中，搜索引擎服务提供商在技术上和商业模式上都积累了大量的宝贵经验，从而成为云计算领域的先行者。

3. 云教育

视频云计算应用在教育行业的实例：流媒体平台采用分布式架构部署，分为 Web 服务器、数据库服务器、直播服务器和流服务器。如有必要可在信息中心架设采集工作站搭建网络电视或实况直播应用，在各个学校已经部署录播系统或直播系统的教室配置流媒体功能组件，这样录播实况可以实时传送到流媒体平台管理中心的全局直播服务器上，同时录播的学校也可以上传存储到信息中心的流存储服务器上，方便今后的检索、点播、评估等各种应用。

4. 电子商务

电子商务已经逐步成为中国核心消费人群重要的消费渠道，据中国市场调查网（www.cnscdc.com）发布的《2015—2020 年中国电子商务行业市场调研及投资趋势研究报告》显示，2016 年上半年，中国网购用户规模达 4.8 亿人，同比增长 15.1%，电子商务交易额达 10.5 万亿元，同比增长 37.6%。其中，B2B 市场交易规模 7.9 万亿元，网络零售市场交易规模 2.6 万亿元。此外，中国跨境电商的发展也取得了新突破。据统计，2016 年上半年中国跨境电商交易规模达 2.6 万亿元，同比增长 30%。其中，出口跨境电商交易规模 2.09 万亿元，占比达 80.4%。从商业模式看，跨境 B2B 交易占比 90.7%，跨境 B2C 交易占比 9.3%。人们从对网络购物的新奇到自己尝试在网上开店，渐渐信任与习惯网络交易这种形式。电子商务为基于互联网的云计算服务培养了用户习惯和群众基础。

作为云计算倡导者之一的 Amazon，其“登云”之路就是从网上商店开始的。作为一家主营图书的电子商务零售企业，Amazon 在设计和规划自身 IT 系统架构的时候，不得不为了应对“圣诞节狂潮”这样的销售峰值而购买大量的 IT 设备。但是，这些设备平时却处于空闲状态。因此，Amazon 在 2002 年 7 月推出免费的 Amazon 电子商务（Amazon E-commerce Service），让零售商可以将自己的商品放在 Amazon 网络商店中，储存产品价格、顾客评估等资料，进行后台处理。目前，Amazon 拥有一套完整的云计算服务平台，它不再仅仅卖书，而是当上了电子商务零售业的“包租公”，利用其在电子商务网站建设上的优势，将设备、技术和经验作为一种打包产品为其他企业服务。

5. 网络相册服务

随着数码摄影技术的进步，数码相机、拍照手机、各类摄像头随处可见，如何有效地存储和共享平时拍摄的照片成为新的市场关注点。网络相册（E-file Services Photo）很好地解决了与朋友、家人一起在网站、社区、讨论区分享照片的问题。随着博客、RSS、SNS 等 Web 2.0 应用的流行，网络相册不只是简单的图片文件存储和交流，也迅速成为个性化展示的有效手段。

6. 云会议

云会议是基于云计算技术的一种高效、便捷、低成本的会议形式。使用者只需要通过互联网界面，进行简单易用的操作，便可快速高效地与全球各地团队及客户同步分享语音、数据文件及视频，而会议中数据的传输、处理等复杂技术由云会议服务商帮助使用者进行操作。

目前国内云会议主要集中在以软件即服务（SaaS）模式为主体的服务内容，包括电话、网络、视频等服务形式，基于云计算的视频会议称为云会议。云会议是视频会议与云计算的完美结合，带来了最便捷的远程会议体验。及时语移动云电话会议，是云计算技术与移动互联网技术的完美融合，通过移动终端进行简单的操作，提供随时随地高效地召集和管理会议。

7. 维基百科

2001 年，维基百科（Wikipedia）正式上线发布，其目标及宗旨是为全人类提供自由的百科全书——由大众书写的、动态的、可自由访问和编辑的全球知识体，因此也称作“人民的百科全书”。中文维基百科正式开始于 2002 年 10 月。目前维基百科的大部分页面都可以由任何人使用浏览器进行阅览和修改，英语维基百科的普及也促成了其他计划，如维基新闻、维基教科书等的产生。维基百科是一种网络化的群体智能。基于互联网的多向交互性，维基百科为人们提供了一个巨大的群体智能的实现环境，也成为对云计算的大众参与特征的最好体现。

8. 云呼叫

云呼叫中心是基于云计算技术而搭建的呼叫中心系统，企业无需购买任何软、硬件系统，只需具备人员、场地等基本条件，就可以快速拥有属于自己的呼叫中心，软硬件平台、通信资源、日常维护与服务由服务器商提供。具有建设周期短、投入少、风险低、部署灵活、系统容量伸缩性强、运营维护成本低等众多特点；无论是电话营销中心、客户服务中心，企业只需按需租用服务，便可建立一套功能全面、稳定、可靠、坐席可分布全国各地，全国呼叫接入的呼叫中心系统。

3.2.6 云计算优势及带来的变革

1. 云计算的优势

1）优化产业布局

进入云计算时代后，IT 产业已经从以前那种自给自足的模式转化为具有规模化效应的工业化运营模式，一些小规模的单个公司专有的数据中心将被淘汰，取而代之的是规模巨大且充分考虑资源合理配置的大规模数据中心。而正是这种更迭，生动地体现了 IT 产业的一次升级，从以前分散、高耗能的模式转变为集中、资源友好的模式，顺应了历史发展的潮流，优化了产业布局。

2）推进专业分工

通过云计算服务提供商，一些中小型企业不用构建自己的数据中心，或者说是投入大量的基础设施服务，只需要通过互联网访问云技术服务提供商提供的服务即可，自己也不需要考虑一些成本投入、维护投入等。云服务提供商提供大量的专业人员和科研团队来完成这些工作，因此带来专业分工的优势。这里的云服务提供商的优势是相对中小企业来说的，云服务提供商更专业，更具有经验。而且从投入和成本的角度来说，云服务提供商的价格更低廉。云计算服务提供商提供软件管理方面的专业化，使同一个人的效率更高，这也减少人力成本的投入。云计算使得专业分工更加明显，进一步优化IT产业的布局，通过一些手段，让更多的企业专注自己的领域，扬长避短，减少内耗，同时也带来商机。

3）提高资源利用率、降低管理开销

云计算中心在对资源和服务进行统一调配的基础上，通过监控管理机制保持对用户状态和资源使用情况的跟踪和记录并实时地反馈到前端的运营系统，以此实现应用、数据和IT资源以服务的方式通过网络提供给用户动态使用的目的。云计算平台会根据用户应用的业务需求，来动态地增减资源分配，完成资源的动态管理，并且对用户增减模块时进行自动资源配置、自动资源释放等操作，包括自动的冗余备份、安全性等。用户仅需要按实际IT资源使用量为所用的服务付费。而无需事先投入大量资金从头到尾地去建设自己的数据中心和IT支撑体系，无需自行面对支撑服务的各种复杂IT技术问题，更不需要负担日益高昂的数据中心管理成本。从而大量节省设备投资和后期的运维管理费用，满足企业期待降低成本且专业化运营的需求。云计算中心可以将IT基础设施变成如水电一样按需付费使用的社会公用基础设施，将IT产业变成像传统工业一样高效的流水产业，极大地简化企业的IT管理，有效地降低企业的IT基础设施成本，全面地提高社会整体的信息化水平。

2. 云计算带来的变革

云计算作为一种新兴的IT运用模式，带来IT产业的调整和升级，也催生一条全新的产业链。这条产业链主要包含硬件提供商、基础软件提供商、云提供商、云服务提供商、应用提供商、企业机构用户和个人用户等角色。

在云计算产业结构中，位于中心的是云提供商。云提供商为云服务提供商搭建公有环境，为企业和机构用户搭建私有云环境。云提供商从硬件提供商和基础软件提供商那里采购硬件和软件，向上提供构建云计算环境所需的资源来开发和运营自己的应用，为个人用户和企业机构用户提供服务。除了从云提供商那里获得私有云，从应用提供商那里获得随时可用的软件，企业机构用户还可以直接从云服务提供商那里获得计算和存储资源来运行企业机构内部的自有应用。云计算产业结构中的角色如图3-8所示。

当然，也有很多争论说云计算并不适合所有的企业和机构，例如，对于安全性、可靠性都要求极高的银行、金融企业，还有涉及国家机密的军事单位等。另外，如何将现有的系统迁入云也是一个难题。尽管如此，很多普通制造业、零售业等类型的企业都是潜在的能够受益于云计算的企业。而且，对于那些对安全性和可靠性要求很高的企业与机构，它们也可以选择在云提供商的帮助下建立自己的私有云。随着云计算的发展，必将有更多的企业、用户从不同方面受益于云计算。

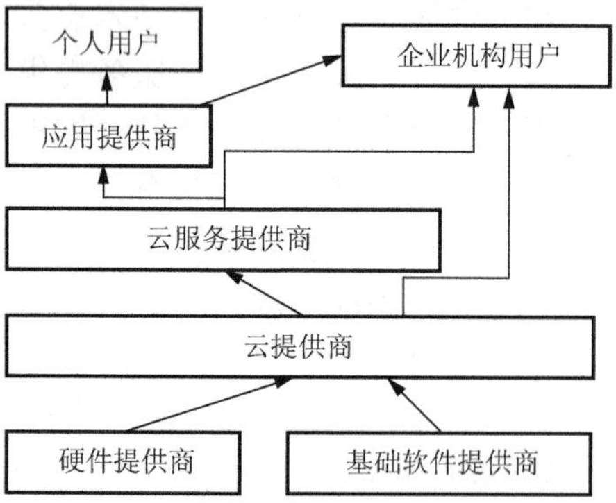

图 3-8　云计算产业结构中的角色

3.2.7　云计算在物联网中应用

1. 云计算与物联网的联系

物联网与云计算都是基于互联网的，可以说互联网就是它们互相连接的纽带。人类是从对信息积累搜索的互联网方式逐步向对信息智能判断的互联网方式前进的，而且这样的信息智能是结合不同的信息载体进行的。互联网教会人们怎么看信息，物联网则教会人们怎么用信息，更具智慧性是物联网的特点。把信息的载体扩充到“物”，因此，物联网必然是一个大规模的信息计算系统。物联网最终目标就是对物理世界进行智能化管理，这一使命决定了它必然要由一个大规模的计算机平台作为支撑。

同时，从结构上，物联网和云计算在很多方面有对等的可比性，例如，云计算有 SPI（即 SaaS、PaaS、IaaS）的三层划分，物联网也有 DCM（即感知层、传输层、应用层）的三层划分。美国国家标准技术研究院（NIST）把云计算的部署模式分为公有云、私有云、社区云和混合云，物联网的存在方式分为内网、专网和外网；也可和云计算一样，把物联网的部署模式分为公有物联网（Public IoT）、私有物联网（Private IoT）、社区物联网（Community IoT）和混合物联网（Hybrid IoT）。

由于云计算从本质上来说就是一个用于海量数据处理的计算平台，因此，云计算技术是物联网涵盖的技术范畴之一。随着物联网的发展，未来物联网将势必产生海量数据，而传统的硬件架构服务器将很难满足数据管理和处理的要求。如果将云计算运用到物联网的传输层与应用层，采用云计算的物联网将在很大程度上提高运行效率。

2. 云计算在物联网中的应用

云计算在物联网中的应用主要涉及以下三个方面。

（1）一些刚刚运行的用于物流、位置服务、环境监测等服务的物联网应用系统，它们需要完成复杂的物流运输路线规划与供应链分析，大量用户的位置信息的感知、存储与分析，大量环境数据的存储、分析与计算。但是，出于经济或其他原因，这些单位不打算买大型计算机、服务器与专用软件，而是希望社会上有一类能够满足其计算与存储需求的企业，用户可以按需租用计算资源。能够按需为用户提供计算资源的企业就是云计算服务提供商。

（2）随着物联网应用的深入，用户终端设备开始从计算机向各种家庭电器、智能手机与各种移动终端设备方向发展。智能手机的计算资源与存储资源十分有限，但是，人们已经习惯用手机去浏览新闻、搜索信息。如果在手机上键入一个搜索某个智能交通系统的应用请求，那么整个应用请求的执行过程需要物联网中大型服务器集群来协同进行。随着基于智能手机等移动终端设备的物联网服务的不断增加，提供新的物联网服务系统就可以不需要在硬件设施上进行大量的重复性建设，而且只要按需租用云计算服务提供商的计算资源与存储资源，就可以快速组建应用系统，提供物联网服务，满足包括智能手机在内的各种移动终端设备访问物联网应用系统的需求。

（3）随着物联网应用的扩大，各种公共事业部门（如医院、社保、企业、交通管理与公安）或个人需要存储的信息量不断增长，他们需要通过物联网将部门或个人的信息存储或备份到一个安全的地方，云计算服务提供商能够帮助他们完成这项工作。当然，如果物联网的应用规模达到一定程度，也可以考虑组建部门、企业或公司专用的私有云平台。

云计算是一种典型的“胖服务器”/“瘦客户机”的计算模式。在云计算模式中，系统对用户端的设备要求很低。客户使用一台普通的个人计算机，甚至是一部智能手机或智能终端设备，就能够完成用户需要的计算与存储任务。对于云计算用户来说，他们只需要提出服务需求，而不需要了解“云”中基础设施的细节，不必具备相应的专业知识，也无须直接进行控制，只需要关注自己真正需要什么样的资源，以及如何通过网络来得到相应的服务。组建任何一种物联网应用系统，如大型零售与物流企业的 RFID 应用系统时，无须像早期组建互联网应用系统那样，首先要购置大量的服务器，建立专用的服务器集群，而是按照要求租用云计算平台提供的计算资源与存储资源，就能够快速地部署和运行应用系统了。因此云计算必然会在物联网中得到广泛应用。

思 考 题

3-1 简述物联网的基本概念。

3-2 物联网的核心技术有哪些？

3-3 简述物联网的典型应用。

3-4 什么是云计算？云计算的典型应用有哪些？

3-5 简述云计算的基本特征。

3-6 查找资料说明用户使用“云”的优缺点。

第 4 章　大数据与人工智能

各行各业积累了大量的数据，并且正在以一种难以想象的速度增长着，虽然存储设备的容量、CPU 处理能力及网络带宽都得到了很大提升，但还远远不能匹配数据量的增长速度。随着人类的科技的发展，人们对生活质量的要求也越来越高，人工智能将对提高人们的生活质量起到重要推动作用。本章将从大数据的存储、处理与分析、应用等方面介绍大数据，并从人工智能的发展、机器学习、挑战和问题的求解等方面介绍人工智能。

4.1　大　数　据

大数据是指无法在一定时间范围内用常规软件工具进行捕捉、管理和处理的数据集合，是需要新处理模式才能具有更强的决策力、洞察发现力和流程优化能力的海量、高增长率和多样化的信息资产。

4.1.1　大数据概述

随着以博客、社交网络、基于位置的服务（LBS）为代表的新型信息发布方式的不断涌现以及云计算、物联网等技术的兴起，数据正以前所未有的速度在不断地增长和累积，大数据时代已经到来。早在 1980 年，著名未来学家托夫勒在其所著的《第三次浪潮》中就热情地将“大数据”称颂为“第三次浪潮的华彩乐章”。*Nature* 杂志在 2008 年 9 月推出了名为“Big Data”的封面专栏。从 2009 年开始“大数据”成为互联网技术行业中的热门词汇。

1. 大数据的概念

维克托·迈尔·舍恩伯格和肯尼斯·克耶编写的《大数据时代》中提出“大数据”的 4V 特点：Volume（数据量大）、Velocity（数据处理速度快）、Variety（数据类型多样性）、Value（数据的价值密度低），这些特点已经得到大数据领域内绝大多数人的认可。

（1）数据量大。人类进入信息社会以来，数据爆炸性增长，基本每两年增长一倍，这也称为“大数据摩尔定律”。易安信（EMC）公布委托国际数据公司（IDC）调查的研究报告指出，全球的数据资料存储量到 2020 年将达到 40ZB，比先前的预估高出 14%。

（2）数据处理速度快。大数据要求能够对用户请求进行快速响应，遵循一秒定律。而数据挖掘却不要求进行实时响应，大数据既要求能够实现海量存储，又能够保证快速处理。

（3）数据类型多样性。海量数据包括了越来越多不同格式的数据，这些不同格式的数据也需要不同的处理方法。从简单的电子邮件、数据日志和信用卡记录，再到仪器收集到的科学研究数据、医疗数据、财务数据以及丰富的媒体数据（包括照片、音乐、视频等）。

（4）数据价值密度低。各个领域积累的数据量往往非常大，但是真正有价值的数据所占比重却非常少。如汽车的行车记录仪，当未发生交通事故等异常时，监控信息都是无用的，发生交通事故的视频才是有价值的。

2. 大数据对人们思维方式的影响

大数据的发展，对人类思维方式的影响主要体现在以下三个方面。

（1）全部数据而非部分样本。在过去的科学研究中，由于处理能力的限制，通常要求从大量样本中抽样出部分有代表性的样本进行研究，这些样本具有片面性。随着大数据时代的到来，大数据技术可以实现对海量数据的存储与处理分析，能够支持对所有样本而非部分样本的处理和分析。因此，用户不必再担心数据处理问题。

（2）高精确性转向高效性。以前，为了保证抽样数据的预测精度应用到全局的时候误差仍然可以接受，要求抽样预测精度必须足够高。现在大数据集上的数据量非常大，需要有较快的处理速度，而对精度的要求可以适当放低，因此，从高精度已经转向高效性。并且抛弃我们对有条理和纯净的数据的偏爱，转而接受杂乱无章、多结构类型的数据——在越来越多的情形下，少许的不精确是可以容忍的。

（3）相关性而非因果关系。维克托·迈尔·舍恩伯格的思想中认为，在大数据时代，人类逐渐脱离了传统的将关注度放在寻求因果关系上，而是更加注重对于相关关系的认识。也就是说，对于事物的本身，知道就够了，而不需要知道为什么。在如今的大数据时代，电子计算机技术是支撑大数据发展的根本，寻求数据之间的关系，忽略因果关系能够做出事物发展的科学预测。例如，在淘宝网上购买了运动鞋，淘宝网会提示你，与你购买了相同物品的其他客户还购买了运动护膝、护腕等物品，也就是说，淘宝会告诉你“购买运动鞋”与“购买运动护膝、护腕”之间存在相关性，但并不会告诉你为什么其他客户购买了运动鞋之后还会购买运动护膝、护腕。

3. 大数据处理框架 Hadoop

Hadoop 是一个开源的、由 Apache 基金会所开发的、可运行于大规模集群上的分布式系统基础架构。用户可以在不了解分布式底层细节的情况下，开发分布式程序。充分利用集群的威力进行高速运算和存储。Hadoop 的框架最核心的设计是：HDFS 和 MapReduce。HDFS 为海量的数据提供了存储，而 MapReduce 为海量的数据提供了计算。

1）Hadoop 的特性

Hadoop 是一个能够让用户轻松架构和使用的分布式计算平台。用户可以轻松地在 Hadoop 上开发和运行处理海量数据的应用程序。它主要有以下几个优点。

（1）高可靠性：Hadoop 按位存储和处理数据的能力值得人们信赖。

（2）高扩展性：Hadoop 是在可用的计算机集簇间分配数据并完成计算任务的，这些集簇可以方便地扩展到数以千计的节点中。

（3）高效性：Hadoop 能够在节点之间动态地移动数据，并保证各个节点的动态平衡，因此处理速度非常快。

（4）高容错性：Hadoop 能够自动保存数据的多个副本，并且能够自动将失败的任务重新分配。

（5）低成本：与一体机、商用数据仓库以及 QlikView、Yonghong、Z-Suite 等数据集市相比，Hadoop 是开源的，项目的软件成本因此会大大降低。

（6）支持多种编程语言：Hadoop 上的应用程序可以用 Java 编程，也可以用其他语言编程，如 C++等。

2）Hadoop 的项目结构

（1）Hadoop Common：在 0.20 及以前的版本中，包含 HDFS、MapReduce 和其他项目公共内容，从 0.21 开始 HDFS 和 MapReduce 被分离为独立的子项目，其余内容为 Hadoop Common。

（2）HDFS：Hadoop 分布式文件系统（Distributed File System）。

（3）MapReduce：并行计算框架，0.20 前使用 org.apache.hadoop.mapred 旧接口，0.20 版本开始引入 org.apache.hadoop.mapreduce 的新 API。

（4）HBase：类似 Google BigTable 的分布式 NoSQL 列数据库。（HBase 和 Avro 已经于 2010 年 5 月成为顶级 Apache 项目。）

（5）Hive：数据仓库工具，由 Facebook 贡献。

（6）Zookeeper：分布式锁设施，提供类似 Google Chubby 的功能，由 Facebook 贡献。

（7）Avro：新的数据序列化格式与传输工具，将逐步取代 Hadoop 原有的 IPC 机制。

（8）Pig：大数据分析平台，为用户提供多种接口。

（9）Ambari：Hadoop 管理工具，可以快捷地监控、部署、管理集群。

（10）Sqoop：是一款开源的工具，主要用于在 Hadoop（Hive）与传统的数据库（mysql、postgresql…）间进行数据的传递，可以将一个关系型数据库（例如，MySQL，Oracle，Postgre SQL 等）中的数据导进到 HDFS 中，也可以将 HDFS 的数据导入关系型数据库中。

4.1.2　大数据存储

1. Hadoop 分布式文件系统，即 HDFS

并行数据库是指那些在无共享的体系结构中进行数据操作的数据库系统。这些系统大部分采用了关系数据模型并且支持 SQL 语句查询，但为了能够并行执行 SQL 的查询操作，系统中采用了两个关键技术：关系表的水平划分和 SQL 查询的分区执行。

水平划分的主要思想就是根据某种策略将关系表中的元组分布到集群中的不同节点上，这些节点上的表结构是一样的，这样就可以对元组并行处理。现有的分区策略有哈希分区、范围分区及循环分区等。例如，哈希分区策略是将表 T 中的元组分布到 n 个节点上，可以使用统一的哈希算法对元组中的某个或某几个属性进行哈希，如 hash（T.attribute1）mod n，然后根据哈希值将元组放置到不同的节点上。

在分区存储的表中处理 SQL 查询需要使用基于分区的执行策略，如获取表 T 中某一数值范围内的元组，系统首先为整个表 T 生成总的执行计划 P，然后将 P 拆分成 n 个子计划 $\{P_1, P_2, \cdots, P_n\}$，子计划 P_i 在节点 n_i 上独立执行，最后每个节点将生成的中间结果发送到某一选定的节点上，该节点对中间结果进行聚集产生最终的结果。

并行数据库系统的目标是高性能和高可用性，通过多个节点并行执行数据库任务，提高整个数据库系统的性能和可用性。最近几年不断涌现一些提高系统性能的新技术，如索引、压缩、实体化视图、结果缓存、I/O 共享等，这些技术都比较成熟且经得起时间的考验。与一些早期的系统如 Teradata 必须部署在专有硬件上不同，最近开发的系统如 Aster、Vertica 等可以部署在普通的商业机器上，这些数据库系统可以称为准云系统。

并行数据库系统的主要缺点就是没有较好的弹性，而这种特性对中小型企业和初创企业是有利的。人们在对并行数据库进行设计和优化的时候认为集群中节点的数量是固定的，若需要对集群进行扩展和收缩，则必须为数据转移过程制订周全的计划。这种数据转移的代价是昂贵的，并且会导致系统在某段时间内不可访问，而这种较差的灵活性直接影响到并行数据库的弹性以及现用现付商业模式的实用性。

并行数据库的另一个问题就是系统的容错性较差，过去人们认为节点故障是个特例，并不经常出现，因此系统只提供事务级别的容错功能，如果在查询过程中节点发生故障，那么整个查询都要从头开始重新执行。这种重启任务的策略使得并行数据库难以在拥有数千个节点的集群上处理较长的查询，因为在这类集群中节点的故障经常发生。基于这种分析，并行数据库只适合于资源需求相对固定的应用程序。不管怎样，并行数据库的许多设计原则为其他海量数据系统的设计和优化提供了比较好的借鉴。

2. NoSQL 数据管理系统

NoSQL 一词最早出现于 1998 年，它是 Carlo Strozzi 开发的一个轻量、开源、不提供 SQL 功能的关系型数据库。（他认为，由于 NoSQL 背离传统关系数据库模型，因此，它应该有一个全新的名字，如“NoREL”。）

2009 年，Last.fm 的 Johan Oskarsson 发起了一次关于分布式开源数据库的讨论，来自 Rackspace 的 Eric Evans 再次提出了 NoSQL 的概念，这时的 NoSQL 主要指非关系型、分布式、不提供 ACID 的数据库设计模式。

2009 年，在亚特兰大举行的“no:sql（east）”讨论会是一个里程碑，其口号是“select fun，profit from real_world where relational=false”。因此，对 NoSQL 最普遍的解释是“非关系型的”，强调键值存储和文档数据库的优点，而不是单纯地反对关系型数据库。

传统关系型数据库在处理数据密集型应用方面显得力不从心，主要表现在灵活性差、扩展性差、性能差等方面。最近出现的一些存储系统摒弃了传统关系型数据库管理系统的设计思想，转而采用不同的解决方案来满足扩展性方面的需求。这些没有固定数据模式并且可以水平扩展的系统现在统称为 NoSQL（有些人认为称为 NoREL 更为合理），这里的 NoSQL 指的是“Not Only SQL”，即对关系型 SQL 数据系统的补充。

NoSQL 系统普遍采用的一些技术如下。

（1）简单数据模型。不同于分布式数据库，大多数 NoSQL 系统采用更加简单的数据模型，这种数据模型中，每个记录拥有唯一的键，而且系统只需支持单记录级别的原子性，不支持外键和跨记录的关系。这种一次操作获取单个记录的约束极大地增强了系统的可扩展性，而且数据操作就可以在单台机器中执行，没有分布式事务的开销。

（2）元数据和应用数据的分离。NoSQL 数据管理系统需要维护两种数据：元数据和应用数据。元数据是用于系统管理的，如数据分区到集群中节点和副本的映射数据。应用数据就是用户存储在系统中的商业数据。系统之所以将这两类数据分开是因为它们有着不同的一致性要求。若要系统正常运转，元数据必须是一致且实时的，而应用数据的一致性需求则因应用场合而异。因此，为了达到可扩展性，NoSQL 系统在管理两类数据上采用不同的策略。还有一些 NoSQL 系统没有元数据，它们通过其他方式解决数据和节点的映射问题。

（3）弱一致性。NoSQL 系统通过复制应用数据来达到一致性。这种设计使得更新数据时副本同步的开销很大，为了减少这种同步开销，弱一致性模型如最终一致性和时间轴一致性得到广泛应用。

通过这些技术，NoSQL 能够很好地应对海量数据的挑战。相对于关系型数据库，NoSQL 数据存储管理系统的主要优势如下。

（1）避免不必要的复杂性。关系型数据库提供各种各样的特性和强一致性，但是许多特性只能在某些特定的应用中使用，大部分功能很少使用。NoSQL 系统则提供较少的功能来提高性能。

（2）高吞吐量。一些 NoSQL 数据库系统的吞吐量比传统关系数据管理系统要高很多，如 Google 使用 MapReduce 每天可处理 20PB 存储在 Bigtable 中的数据。

（3）高水平扩展能力和低端硬件集群。NoSQL 数据库系统能够很好地进行水平扩展，与关系型数据库集群方法不同，这种扩展不需要很大的代价。而基于低端硬件的设计理念为采用 NoSQL 数据系统的用户节省了很多硬件上的开销。

（4）避免了昂贵的对象-关系映射。许多 NoSQL 系统能够存储数据对象，这就避免了数据库中关系模型和程序中对象模型相互转化的代价。

NoSQL 向人们提供高效便宜的数据管理方案，许多公司不再使用 Oracle 甚至 MySQL，他们借鉴 Amazon 的 Dynamo 和 Google 的 Bigtable 的主要思想建立自己的海量数据存储管理系统，一些系统也开始开源，如 Facebook 将其开发的 Cassandra 捐给了 Apache 软件基金会。

虽然 NoSQL 数据库提供高扩展性和灵活性，但是它也有自己的缺点。

（1）数据模型和查询语言没有经过数学验证。SQL 这种基于关系代数和关系演算的查询结构有着坚实的数学保证，即使一个结构化的查询本身很复杂，但是它能够获取满足条件的所有数据。由于 NoSQL 系统都没有使用 SQL，而使用的一些模型还未有完善的数学基础。这也是 NoSQL 系统较为混乱的主要原因之一。

（2）不支持 ACID 特性。这为 NoSQL 带来优势的同时也带来缺陷和缺点，毕竟事务在很多场合下还是需要的，ACID 特性使系统在中断的情况下也能够保证在线事务准确执行。

（3）功能简单。大多数 NoSQL 系统提供的功能都比较简单，这将增加应用层的负担。

（4）没有统一的查询模型。NoSQL 系统一般提供不同查询模型，这在一定程度上增加了开发者的负担。

3. HBase

HBase 是一个分布式的、面向列的开源数据库，该技术来源于 Fay Chang 所撰写的 Google 论文“Bigtable：一个结构化数据的分布式存储系统”。就像 Bigtable 利用 Google 文件系统（File System）所提供的分布式数据存储一样，HBase 在 Hadoop 之上提供类似于 Bigtable 的能力。HBase 是 Apache 的 Hadoop 项目的子项目。HBase 不同于一般的关系数据库，它是一个适合于非结构化数据存储的数据库。另一个不同是 HBase 是基于列的而不是基于行的存储模式。

HBase，即 Hadoop Database，是一个高可靠性、高性能、面向列、可伸缩的分布式存储系统，利用 HBase 技术可在廉价 PC Server 上搭建起大规模结构化存储集群。

与 FUJITSU Cliq 等商用大数据产品不同，HBase 是 Google Bigtable 的开源实现，类似 Google Bigtable 利用 GFS 作为其文件存储系统，HBase 利用 Hadoop HDFS 作为其文件存储系统；Google 运行 MapReduce 来处理 Bigtable 中的海量数据，HBase 同样利用 Hadoop MapReduce 来处理 HBase 中的海量数据，Google Bigtable 利用 Chubby 作为协同服务，HBase 利用 Zookeeper 作为对应。

Hadoop HDFS 为 HBase 提供高可靠性的底层存储支持，Hadoop MapReduce 为 HBase 提供了高性能的计算能力，Zookeeper 为 HBase 提供了稳定服务和 failover 机制。Pig 和 Hive 还为 HBase 提供高层语言支持，使得在 HBase 上进行数据统计处理变得非常简单。Sqoop 则为 HBase 提供方便的 RDBMS 数据导入功能，使得传统数据库数据向 HBase 中迁移变得非常方便。

4.1.3 大数据处理与分析

1. MapReduce

MapReduce 是一种编程模型，用于大规模数据集（大于 1TB）的并行运算。概念“Map（映射）”和“Reduce（归约）”，是它们的主要思想，都是从函数式编程语言中借鉴而来的，还有从矢量编程语言里借来的特性。它极大地方便了编程人员在不会分布式并行编程的情况下，将自己的程序运行在分布式系统上。

随着数据量的不断增大，网络传输开销将非常大。因此，MapReduce 的设计理念是“计算向数据靠拢”，移动计算比移动数据能节省开销。MapReduce 的核心思想是“分而治之”，即将大的 MapReduce 作业分片，在多台机器上并行执行，每个 Map 任务通常运行在数据节点上，实现计算与数据在一起运行节省数据传输开销。

Map 结束后会产生多个中间结果，中间结果再送到 Reduce 任务处，Reduce 对其进行汇总计算，然后输出结果。其具体执行流程如图 4-1 所示。

2. 流计算

数据包含静态数据和动态数据两种类型，在传统的数据处理流程中，总是先收集数据（静态数据，即静止不动的数据），然后将数据放到数据库中。当人们需要的时候通过数据库对数据作查询，得到答案或进行相关的处理。这样看起来虽然非常合理，但是在处理一些实时搜索应用环境中某些具体问题，类似于 MapReduce 方式离线处理并不能很好地解决问题。比如，近年来在 Web 应用、网络监控、传感监测、电信金融、生产制造等领域兴起一种新的数据密集型应用——流数据（动态数据，即数据以大量、快速、时变的流形式持续到达）。这就引出一种新的数据计算结构——流计算方式。流计算秉承一个基本理念，即数据的价值随着时间的流逝而降低。

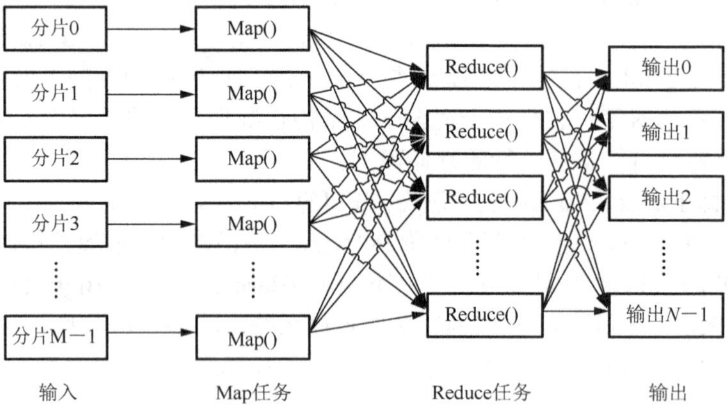

图 4-1　MapReduce 执行流程图

流计算系统应具备高性能、海量规模、实时性、分布式、易用性、可靠性等性能，可以很好地对大规模流动数据在不断变化的运动过程中进行实时分析，捕捉到可能有用的信息，并把结果发送到下一计算节点。

流计算主要包含三个阶段：实时数据采集、实时数据处理及实时数据查询。其中，在数据采集与数据处理中通常要求达到秒级水平，具体流计算系统的要求可能稍有不同。统一计算平台下的流式计算框架如图 4-2 所示。

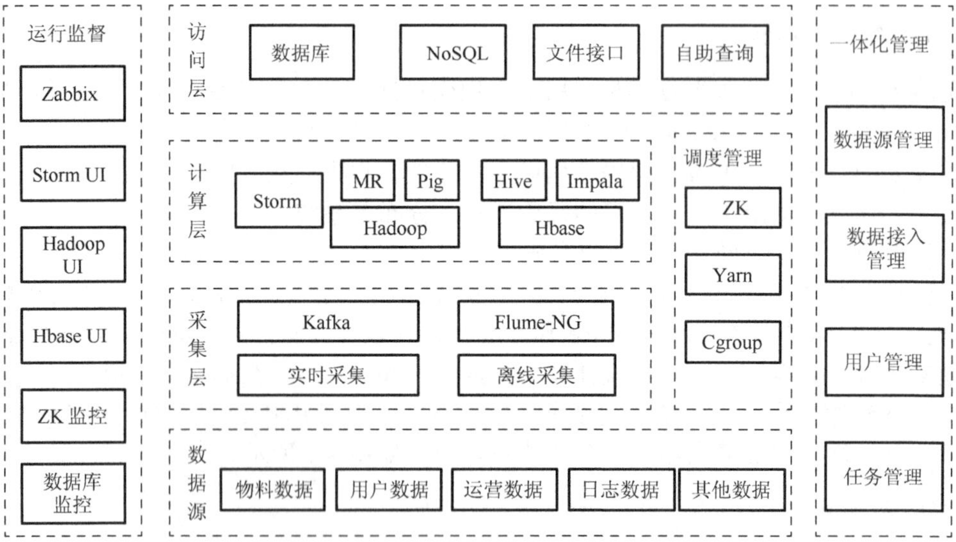

图 4-2　统一计算平台下的流式计算框架

3. 图计算

相比起“Hadoop”、“Spark”这种流行的大数据处理平台，说起“图计算”，可能许多人还比较陌生。甚至有人会误把它当成专门进行“图像”处理的技术。

首先我们使用互联网上通常的定义来说明一下“图计算”。“图计算”是以“图论”为基础的对现实世界的一种“图”结构的抽象表达，以及在这种数据结构上的计算模式。

通常，在图计算中，基本的数据结构表达为 G =（V，E，D），其中，V=vertex（顶点或者节点），E = edge（边），D = data（权重）。

比如，对于一个消费者的原始购买行为，有用户和产品两类节点，边就是购买行为，权重是边上的一个数据结构，可以是购买次数和最后购买时间。对于我们面临的物理世界的数据问题，都可以利用图结构来抽象表达。比如，社交网络，网页链接关系，用户传播网络，用户网络点击、浏览和购买行为，甚至消费者评论内容，内容分类标签，产品分类标签等。

图数据结构很好地表达数据之间的关联性（dependencies between data），关联性计算是大数据计算的核心——通过获得数据的关联性，可以从存在大量噪声的海量数据中抽取有用的信息。比如，通过为就餐者之间的关系建模，就能很快找到口味相似的用户，并为之推荐菜品；或者在社交网络中，通过传播关系发现意见领袖。但现有的并行计算框架像 MapReduce 还无法满足复杂的关联性计算。

图计算需要面临的业务上现实技术挑战包括大数据量、动态变化、实时性、关联性等。

4. 数据可视化

数据可视化指将大型数据集中的数据以图形图像形式表示，并利用数据分析和开发工具发现其中未知信息的处理过程。随着大数据时代的到来，人类每天面对海量数据，数据类型多种多样，需要以更加直观、生动和易理解的方式呈现给人们，才能使人们更好地理解数据、处理数据。

因此，数据可视化对于大数据的分析处理，具有非常重要的作用，主要表现在以下几个方面。

（1）观测、跟踪数据。大数据时代，数据源源不断产生，人类要记住并理解不断更新的大量参数几乎是不可能的，而利用变化的数据生成实时变化的可视化图表是非常有价值的，有利于人们分析各参数的变化趋势及相互影响。

（2）分析数据。使用可视化技术显示数据的处理结果，为用户参与分析提供支持，用户可以通过可视化工具与可视化系统进行交互，以更好地理解和分析数据。

（3）辅助理解数据。帮助用户快速理解数据。

（4）增强数据吸引力。枯燥的数据被制作成具有强大视觉冲击力和说服力的图像，可以大大提升读者的阅读兴趣。大量的文字数据可以融入到很少的图像中，使得读者更愿意阅读和使用。

4.1.4 大数据应用

1. 大数据技术在医学领域中的应用

2003 年全球爆发 SARS（非典）疫情，全球经济总损失达到 590 亿美元，其中，中国总损失 179 亿美元。世界卫生组织发布数据称，2013 年 8 月 7 日，全球累计“非典”病例8422例，中国5327例。

在传统的公共卫生管理中，一般要求医生在发现新型病例时上报给疾病控制与预防中心，疾病控制与预防中心对各级医疗机构上报的数据进行汇总分析，发布疾病流行趋势报告。在此过程中，从患者患病到发布预警将延迟一到两周时间，这期间可能又有了快速的扩散蔓延，进而导致错过最佳防控期。

大数据时代较经典的案例是谷歌流感趋势预测。谷歌设计人员认为，人们输入的搜索关键词代表了他们的即时需要，反映出用户情况。为便于建立关联，设计人员编入“一揽子”流感关键词，包括温度计、流感症状、肌肉疼痛、胸闷等。只要用户输入这些关键词，系统就会展开跟踪分析，创建地区流感图表和流感地图。为验证“谷歌流感趋势”预警系统的正确性，谷歌多次把测试结果与美国疾病控制和预防中心的报告做比对，证实两者结论存在很大相关性。

但随后又出现大数据谷歌流感趋势预测失败的情况，主要问题存在于两个方面：大数据“自大”和算法变化。大数据“自大”指的是这样一种观点：即认为大数据可以完全取代传统的数据收集方法，而非作为后者的补充。这种观点的最大问题在于，绝大多数大数据与经过严谨科学试验得到的数据之间存在很大的差异。谷歌搜索引擎的算法并非一成不变的，谷歌对算法会进行不断的调整和改进。而搜索引擎算法的改变和用户的搜索行为会影响谷歌流感趋势的预测结果，比如，媒体对于流感流行的报道会增加与流感相关的词汇的搜索次数，进而影响谷歌流感趋势的预测。另外，相关搜索（people also search for）的算法也会对谷歌流感趋势造成影响。例如，搜索“发烧”，相关搜索中会给出关键词“流感”，而搜索“咳嗽”则会给出“普通感冒”。

除此以外，搜索建议（recommended search）也会进一步增加某些热门词汇的搜索频率。因为谷歌流感趋势会在它的模型中使用相对流行的关键词，所以搜索引擎算法对谷歌流感趋势的预测结果会产生不利影响。奇怪的是，谷歌流感趋势在构建时是基于这样一种假设：特定关键词的相对搜索量和特定事件之间存在相关性，问题是用户的搜索行为并不仅仅受外部事件影响，它还受服务提供商影响。

总体来说，大数据流行病预测将为疾病防治和投放医疗物资提供重要参考。随着医疗信息化的快速发展，实现智慧医疗将是医疗发展的主要目标。

2. 大数据技术在电子商务领域中的应用

电子商务作为当今互联网时代最具发展潜力的一种商业模式，以电子和信息技术为基础，以商务为核心，打破空间与时间的束缚，使生产、销售、管理各环节的水平得到极大的提高，降低了贸易活动的成本，并且因为服务个性化、方便、快捷等特点，使得客户的满意度大幅度提升。此外，在“互联网+”的时代背景下，新一代互联网技术在电子商务中得到广泛应用，无线互联网功能不断完善，大批优秀的电子商务平台服务功能完成了向移动端的移植。大数据和云计算技术被大型电子商务平台广泛应用。

其中，大数据技术在电子商务领域的应用主要体现在以下方面。

（1）应用于客户体验。电子商务平台网站的界面结构和功能是吸引大量客户的关键，多数电商企业为提高客户在交易过程中的第一体验，根据大数据技术分析客户消费行为的历史记录建模，然后在此基础上使用Web挖掘技术改进关键字加权法，有效地将用户输入的关键字合理地拓展延伸，提高商品信息检索功能的精准率，并且针对不同的消费习惯，动态地调整页面布局，全方位地把握客户的实际需求，实现对商品的合理聚类和分类，呈现商品信息的初步浏览效果，如淘宝网根据客户关心某些产品的访问比例和浏览人群的分类来决定广告的排版布局，增加广告的投资回报率。通过大数据技术的应用，能满足消费者个性化的需求，改善了客户的购物体验，有利于提高客户的购物满意度。

（2）应用于市场营销。电商企业引进了先进的大数据技术，在市场营销各环节最大限度地降低人力、财力以及时间成本。技术部门可构建分布式存储系统，运用 Web 数据挖掘技术，将客户在不同网络平台上的个人信息以及动态的浏览习惯贴上“标签”，根据不同格式的数据选取不同的存储策略，再针对性、大范围地对潜在的客户进行商品与服务推销。

（3）应用于库存管理。在零售业中，库存销量比是一种重要的效率指标，数据仓库可以使管理人员实时追踪商品库存的流入与流出，并通过在线的市场供求变化数据分析，准确把握预期的市场供求动态，制订合理的生产计划，降低库存积压风险，提高企业的资金周转能力。

（4）应用于客户管理。客户管理的实质是为消费者提供可持续的产品和服务。运用大数据分析的优势，电商可以划分普通用户群和核心用户群，并且建立会员信誉度级别。在各大电商平台的领军企业，技术人员利用大数据技术根据买家的消费行为定量定性地评定买家信用，同时也能够通过跟踪商家的服务质量和产品销量来评定商家的信用，这样买卖双方都尽可能地遵守交易规范，以此促进电商交易平台的良性发展。

3. 大数据技术在社交网络研究中的应用

随着网络使用用户的数量越来越多，社交网络的不断普及，网页交友网站以及移动交友软件等的普及，用户可以通过网络进行社交活动，伴随着用户社交的过程，也会产生海量的数据。微信每分钟 395833 人登录，19444 人在进行视频或语音聊天；新浪微博每分钟发出（或转发）64814 篇微博；Facebook 用户每天共享的东西超 40 亿；Twitter 每天处理的数据量超 3.4 亿；Tumblebr 博客作者每分钟发布 2.7 万个新帖；Instagram 用户每天共享 3600 张新照片。这些数据从传统的只是数据通过大数据技术变得更加有趣，我们可以通过大数据技术图文并茂地得到我们的社交网络结果。

社交网络大数据的几个经典案例如下。

（1）社交大数据颠覆美国总统竞选定律。号称“世界上最民主的国家”的美国，有着这样的总统选举铁律：谁花的钱越多，赢得选举的概率就越大。但是，2012 年美国总统奥巴马的再次当选创造了一个奇迹：在他获胜前的 70 年时间里，还没有一位美国总统能够在全国失业率高于 7.4%的情况下连任成功；而在整个竞选过程中，奥巴马团队的花销不到 3 亿美金，竞争对手罗姆尼花了近 4 亿美金却仍然败选！显然奥巴马团队正是通过使用社交网络的各种数据功能完成了竞选。

（2）社交大数据为股市“风口”提供路标。据了解，华尔街已经依靠大量分析 Twitter 上的投资者情绪信息数据进行自动交易且获得巨大收益，但国内股民对于股票分析依然只基于基本面和技术面的个人臆断。股票雷达的创始人冯月，笃定地认为社交力量会重塑投资行为，于是，股票雷达从创立开始就关注到了社交网络与投资的关联。时时刻刻充斥在我们的生活中的社交大数据，看似司空见惯，却能为变幻莫测的股市提供新的理念与技术，为众多投资者预测投资风向。

（3）耐克借社交大数据玩转营销变革。根据微信、微博以及耐克社区等社交媒体平台反馈的数据，耐克发现用户多数在夜间跑步锻炼，于是他们的研发部门就在设计鞋和衣服时，都加上了反光材料，提高了可见度和安全性；借助社交圈的数据反馈，发现用户对于速度有着迫切的需求，对此推出了“Nike+教练”产品，通过集合 Nike 教练资源与顶尖运动员的意见，根据每个跑步爱好者的比赛目标和能力，定制专属的跑步计划。

（4）沃尔玛利用社交大数据抢得电商发展先机。在“啤酒与尿布”中饱尝甜头后，沃尔玛开启了大数据挖掘的大幕，陆续并购大数据企业，增强数据分析与运营实力。特别是在 2011 年，专门成立大数据公司@Walmart labs，旨在通过深度挖掘消费者在社交网站上产生的峰值数据预测商品和消费需求，将这些数据转为有助于决策的信息，通过移动终端向用户进行精准推送。

（5）福特汽车研发，社交大数据说了算。通过社交媒体获得的数据，将使汽车厂商能更准确地了解现有车型的缺陷，并能更好地满足消费者的需求。为此，福特汽车视数据为资产，借助大数据提升驾驶体验。福特的数据团队曾分析社交网络数据，帮助公司了解为什么北美的福特嘉年华车主不喜欢变道转向灯自动三闪的设计。社会化数据分析显示，用户并非不喜欢三闪这个功能，而是对转向灯拨杆在转向柱上的位置不满意。

4. 大数据技术在能源领域中的应用

能源大数据理念是将电力、石油、燃气等能源领域数据及人口、地理、气象等其他领域数据进行综合采集、处理、分析与应用的相关技术与思想。能源大数据不仅是大数据技术在能源领域的深入应用，也是能源生产、消费及相关技术革命与大数据理念的深度融合，将加速推进能源产业发展及商业模式创新。

能源大数据的应用模式主要有三类。

（1）能源数据综合服务平台。通过建设一个分析与应用平台，集成能源供给、消费、相关技术的各类数据，为包括政府、企业、学校、居民等不同类型参与方提供大数据分析和信息服务。

（2）为智能化节能产品研发提供支撑。主要将能源大数据、信息通信与工业制造技术结合，通过对能源供给、消费、移动终端等不同数据源的数据进行综合分析，设计开发出节能环保产品，为用户提供付费低、能效高的能源使用和生活方式。

（3）面向企业内部的管理决策支撑。能源大数据对能源企业自身同样具有重要价值。通过将能源生产、消费数据与内部智能设备、客户信息、电力运行等数据结合，可充分挖掘客户行为特征，提高能源需求预测准确性，发现电力消费规律，提升企业运营效益。

5. 大数据技术在金融行业中的应用

对于金融行业中所要处理的各项工作，如客户关系管理、交易执行管理等所需的业务分析都需要借助大数据分析与挖掘。

当前大数据在金融行业中的实践应用来看，其创造的业务价值主要体现在以下几点。

（1）风险管理。大数据技术应用于金融行业中，可以通过采集更为全面、及时、真实的数据来分析数据之间不同变量的相关关系，以此来帮助金融行业迅速识别出其存在的风险并及时进行风险控制，进而帮助金融行业提高其风险管理效率。

（2）客户管理。随着社会的不断发展，金融机构在业务上也有新的增长，且金融机构的客户也随之变得越来越多。但是如何在这样的情形下有效处理这些复杂且繁杂的客户关系，则成为了当前金融机构首当其冲的事情。而利用大数据技术对其客户进行各种信息处理，则可以最大限度地了解顾客的倾向，并为其提供良好的服务，以更好地留住顾客。

（3）市场营销。在市场竞争激烈，客户需求不断变化的新时代，金融机构如何正确分析出客户的需求，并且制定出一条合理的营销策略是在竞争市场上寻求可持续发展需要面对的问题。借助大数据来提升营销策略水平是金融机构立足于市场中的一种先进手段，能为金融机构提升营销效率。

6. 大数据技术在体育领域中的应用

近年来，大数据已经不仅局限在纯粹的IT领域，也日渐渗透于体育科学领域。

大数据在体育领域的应用主要体现在以下几个方面。

（1）全民体质健康方面的应用。21世纪，国家国民体质监测系统逐步建立并完善。体质监测中心官网，囊括了两大数据库，即国民体质数据库和群众体育调查现状数据库，现阶段已积累了海量体质监测数据。体质监测官网在数据评分和分析下，均有对应的运动处方和专家建议，具体到实施步骤、操作风险，将大数据的价值真正应用到百姓的生活中，对运动健身颇具积极意义。

（2）大数据在体育传媒业的应用。新闻传媒业由于其发展特点，成为第一个真正感受到互联网影响的行业。大数据的来临，无疑又带给体育传媒业颠覆性的冲击。从目前的信息技术发展趋势看，以数字传播为手段的新媒体模式渐入佳境。特别是云端数字化平台的发展，使体育传播告别了单一化的模式束缚，走向社会化和互动化，从固定化迈向了智能移动化的新模式。在大数据背景下，随着信息技术短时间内的迅速变革，涌现出了多元的体育信息平台。

（3）大数据在科学选才中的应用。运动选才是体育强国的战略保证，如今体育强国间的训练手段、方法、技战术水平相差越来越小，天赋对于赛绩影响的比重越来越大，运动员硬件的选材环节被无限放大，找到好的苗子，被认为是成功的一半。

科学选才是以现代科学方法和手段，依据项目的发展特点和要求，通过综合测评，将适合参与专项运动的人才遴选出来，系统培养并不断地监测其发展的过程。信息化的大背景下，基于大数据分析的运动选才，是对传统静态选才的很好补充。大数据下的科学选才是教练员强有力的决策保证，是目前评价运动员较为客观的理论依据。

（4）大数据在赛绩提升中的应用。传统竞赛分析以观察、数理统计为主，具有局限性。随着网络技术的兴起，减少人为投入和技战术的细化深化等需求推动了动作采集和运动员评估系统的产生。大数据分析的引入，使教练和运动员有机会从另一个维度深度剖析运动项目，从中获得持之有故的洞察，进而调整策略，由此制订科学合理的训练计划。以美国职业篮球联赛为例，据统计，在聘请数据分析师的球队当中，球队的平均胜率高达 59.3%，而没有分析师的球队胜率只有 40.7%，数据分析的作用不言而喻。从 20 世纪 80 年代至今，球员的表现和各项数据都被量化存储于数据库中，如今可以即时分析出任何一名球员的优势和弱势，对教练在战术安排和训练方面帮助极大。正负值和 PER 值是衡量一名球员的重要指标。

7. 大数据技术在影视领域中的应用

将大数据应用于影视产业，利用其强大的数据分析能力，可以为影视剧生产和销售提供有力的数据参考。具体而言，就是通过对海量数据的分析和挖掘，得到观众对某部影视剧的具体评分以及该部影视剧营销业绩等一系列客观数据。这些数据对于边拍边播的电视剧来说是极为重要的，它极有可能影响剧目下一步的演员主次、剧情走向、拍摄手法、后期制作及宣传手段等。此外，对于电影或其他无法边拍边播的电视剧，通过分析之前相同类型剧目的数据，也能够帮助决策者更好地进行选择，从而对收视率和票房成绩产生影响。毫无疑问，在影视产业的发展过程中，大数据正发挥着越来越关键的作用。大数据应用给传统影视产业带来的帮助如下。

（1）剧本优化。将大数据应用于剧本创作，可让其创作方向更加明确，也可实现剧本内容（情节、桥段等）评估，有效地把握观众对题材的兴趣度，避免创作出现太多违背观众意愿的个人化思路，从而实现商业意义上的剧本优化。

（2）演员选择。虽然时下的国产青春电影屡遭诟病，但它们所创造的高票房成绩却是无可争议的。简单地通过微博平台，我们就能体会到时下青春明星强大的社会影响力。政治题材电视剧《纸牌屋》除了在剧本优化方面利用大数据，把数据分析的方法应用于演员选择也是它的一大亮点。在刚播完第一季时，它就被提名并成功获得“第 65 届艾美奖”的多项大奖，在此之前，从来没有网络剧入围过艾美奖的提名。这是一次成功的尝试，也是对大数据在剧本以及演员优化选择上影响非凡的有力佐证。

（3）营销策略。通过对社交媒体上的海量用户所产生的信息进行大数据分析，可以得到某一地域观众的年龄、性别、职业等各种维度的信息。依据这些信息，制片方可以向不同地域或不同观众群提供个性化的宣传策略，将宣传信息最大限度地辐射至目标观众，而不再是全国千篇一律的“首发视频”。

（4）票房预测。几年前，谷歌公司根据用户在互联网上的搜索次数来进行电影票房预测，据验证，此方法能提前一个月预测出电影的首周票房收入，且准确度高达 94%。而现在，可以通过收集微博、微信上的话题量、各大平台所发布的相关新闻，甚至结合文本调查对各用户进行情感倾向分析，从而对电影票房做出更加精确的预测。

8. 大数据在创新创业中的应用

2014 年 9 月 10 日在夏季达沃斯论坛上，李克强总理第一次提出“大众创业、万众创新”，强调要形成“万众创新”“人人创业”的新态势。2015 年《政府工作报告》中提出，要把“大众创业、万众创新”打造成推动中国经济继续前行的“双引擎”之一。随着大数据技术的快速发展以及国家对创新创业需求的迫切，大数据将对企业创新及大众创业起到很好的推动作用。大数据技术发展对创新创业具有很好的导向作用，通过大数据计算对社交信息数据、客户互动数据等进行分析，可以帮助企业进行品牌信息的水平化创新设计和碎片化扩散。

（1）沃尔玛将蛋挞与飓风用品摆放在一起。通过对历史交易记录这个庞大数据库进行观察，沃尔玛注意到，每当季节性飓风来临之前，不仅手电筒销量增加，而且美式早餐含糖零食蛋挞销量也增加了。因此，每当季节性飓风来临时，沃尔玛就会把蛋挞与飓风用品摆放在一起，从而增加销量。大数据技术带来了销售模式的创新。

（2）日本先进工业技术研究院的坐姿研究与汽车防盗系统。日本先进工业技术研究院把每个驾驶人的坐姿量化为精确的数据，使其对驾驶人识别的正确率高达98%。这项技术作为汽车防盗系统，一旦识别驾驶人不是车主，就会自动熄火。这一技术还可汇集事故发生前驾驶人的姿势变化数据，分析坐姿与行驶安全的关系，在驾驶人疲劳驾驶时发出警示或自动制动。

4.2 人 工 智 能

人工智能（Artificial Intelligence，AI）是研究、开发用于模拟、延伸和扩展人的智能的理论、方法、技术及应用系统的一门新的技术科学。人工智能是计算机科学的一个分支，它企图了解智能的实质，并生产出一种新的能以人类智能相似的方式做出反应的智能机器，该领域的研究包括机器人、语言识别、图像识别、自然语言处理和专家系统等。

4.2.1 人工智能概述

人工智能影响着人类生活的方方面面，可以归结为对经济、文化、社会三个角度的影响。

1. 人工智能对经济的影响

1）专家系统的效益

成功的专家系统能为它的建造者、拥有者和用户带来明显的经济效益。用比较经济的方法执行任务而不需要有经验的专家，可以极大地减少劳务开支和培养费用。由于软件易于复制，所以专家系统能够广泛传播专家知识和经验，推广应用数量有限的和昂贵的专业人员及其知识。

如果保护得当，软件能被长期地、完整地保存。领域专业人员（如医生）难以同时保持最新的实际建议（如治疗方案和方法）。而专家系统却能迅速地更新和保存这类建议，使终端用户（如患者）从中受益。

2）人工智能推动计算机技术发展

人工智能研究已经对计算机技术的各个方面产生并将继续产生较大影响。人工智能应用要求繁重的计算，促进了并行处理和专用集成片的开发。

算法发生器和灵巧的数据结构获得应用，自动程序设计技术将开始对软件开发产生积极影响。所有这些在研究人工智能时开发出来的新技术，推动了计算机技术的发展，进而使计算机为人类创造更大的经济实惠。

2. 人工智能对文化的影响

1）改善人类语言

根据语言学的观点，语言是思维的表现和工具，思维规律可用语言学方法加以研究，但人的下意识和潜意识往往“只能意会，不可言传”。由于采用人工智能技术，综合应用语法、语义和形式知识表示方法，我们有可能在改善知识的自然语言表示的同时，把知识阐述为适用的人工智能形式。

随着人工智能原理日益广泛传播，人们可能应用人工智能概念来描述他们生活中的日常状态和求解各种问题的过程。人工智能能够扩大人们交流知识的概念集合，为我们提供一定状况下可供选择的概念，描述我们所见所闻的方法以及描述我们的信念的新方法。

2）改善文化生活

人工智能技术为人类文化生活打开了许多新的窗口。比如，图像处理技术必将对图形艺术、广告和社会教育部门产生深远的影响；现有的智力游戏机将发展为具有更高智能的文化娱乐手段。

综上分析可知，人工智能技术对人类的社会进步、经济发展和文化提高都有巨大的影响。随着时间的推进和技术的进步，这种影响将越来越明显地表现出来。还有一些影响，可能是我们现在难以预测的。可以肯定，人工智能将对人类的物质文明和精神文明产生越来越大的影响。

3. 人工智能对社会的影响

1）劳务就业问题

由于人工智能能够代替人类进行各种脑力劳动，将会使一部分人不得不改变他们的工种，甚至造成失业。人工智能在科技和工程中的应用，会使一些人失去介入信息处理活动（如规划、诊断、理解和决策等）的机会，甚至不得不改变自己的工作方式。

2）社会结构变化

人们一方面希望人工智能和智能机器能够代替人类从事各种劳动，另一方面又担心它们的发展会引起新的社会问题。实际上，近十多年来，社会结构正在发生一种静态的变化。“人-机器”的社会结构，终将为“人-智能机器-机器”的社会结构所取代。智能机器人就是智能机器之一。现在和将来的很多本来是由人承担的工作将由机器人来担任。因此，人们将不得不学会与有智能的机器相处，并适应这种变化了的社会结构。

3）思维方式与观念的变化

人工智能的发展与推广应用，将影响到人类的思维方式和传统观念，并使它们发生改变。例如，传统知识一般印在书本报刊或杂志上，因而是固定不变的，而人工智能系统的知识库的知识却是可以不断修改、扩充和更新的。又如，一旦专家系统的用户开始相信系统（智能机器）的判断和决定，那么他们就可能不愿多动脑筋，变得懒惰，并失去对许多问题及其求解任务的责任感和敏感性。那些过分依赖计算器的学生，他们的主动思维能力和计算能力也会明显下降。过分地依赖计算机的建议而不加分析地接受，将会使智能机器用户的认知能力下降，并增加误解。在设计和研制智能系统时，应考虑到上述问题，尽量鼓励用户在问题求解中的主动性，利用其智力积极参与问题求解过程。

4）心理上的威胁

人工智能还使一部分社会成员感到心理上的威胁，或叫做精神威胁。人们一般认为，只有人类才具有感知精神，而且以此与机器相别。如果有一天，这些人开始相信机器也能够思维和创作，那么他们可能会感到失望，甚至感到威胁。他们担心：有朝一日，智能机器的人工智能会超过人类的自然智能，使人类沦为智能机器和智能系统的奴隶。

对于人的观念（更具体地指人的精神）和机器的观念（更具体地指人工智能）之间的关系问题，哲学家、神学家和其他人之间一直存在着争论。按照人工智能的观点，人类有可能用机器来规划自己的未来，甚至可以把这个规划问题想象为一类状态空间搜索。当社会上一部分人欢迎这种新观念时，另一部分人则发现这些新观念是惹人烦恼的和无法接受的，尤其是当这些观念与他们钟爱的信仰和观念背道而驰时。

5）技术失控的危险

任何新技术最大危险莫过于人类对它失去了控制，或者是它落入那些企图利用新技术反对人类的人手中。有人担心机器人和人工智能的其他制品威胁人类的安全。为此，著名的美国科幻作家阿西莫夫（I.Asimov）提出了“机器人三守则”。

（1）机器人必须不危害人类，也不允许它眼看人类受害而袖手旁观。

（2）机器人必须绝对服从人类，除非这种服从有害于人类。

（3）机器人必须保护自身不受伤害，除非为了保护人类或者是人类命令它作出牺牲。

4.2.2 知识表示及搜索智能

人工智能是用知识及符号进行问题求解的，首先要用某种方法或者某几种方法的集成来表示问题。表示问题的方法主要有状态空间法、问题归约法、谓词逻辑法及语义网络法等。

1. 状态空间法

1）问题状态描述

状态（state）是为描述某类不同事物间的差别而引入的一组最少变量 $q_0, q_1, \cdots, q_n$ 的有序集合，其矢量形式如下：

$$Q = [q_0, q_1, \ldots, q_n]^{\mathrm{T}} \tag{4.1}$$

式中，每个元素 $q_i (i = 0,1,\ldots,n)$ 为集合的分量，称为状态变量。给定每个分量的一组值就得到一个具体的状态如：

$$Q_k = [q_{0k}, q_{1k}, \ldots, q_{nk}]^{\mathrm{T}} \tag{4.2}$$

算符：使问题从一种状态变化为另一种状态的手段称为操作符或算符。操作符可为走步、过程、规则、数学算子、运算符号或逻辑符号等。

问题的状态空间（state space）是一个表示该问题全部可能状态及其关系的图，它包含三种说明的集合，即所有可能的问题初始状态集合 S、操作符集合 F 以及目标状态集合 G。因此，可把状态空间记为三元状态（S，F，G）。

状态空间表示法在进行一个问题的状态描述时，必须确定该状态描述方式（特别是初始状态描述）、操作符集合及其对状态描述的作用、目标状态描述的特性。

2）状态图示法

图的基本概念如下：图由节点（不一定是有限的节点）的集合构成。一对节点用弧线连接起来，从一个节点指向另一个节点。这种图叫做有向图（directed graph）。

某个节点序列$(n_{i1},n_{i2},\ldots,n_{ik})$当$(j=2,3,\ldots,k)$时，如果对于每一个$n_{i,j-1}$都有一个后继节点$n_{i,j}$存在，那么就把这个节点序列叫做从节点$n_{i1}$至节点$n_{ik}$的长度为$k$的路径。

代价（cost）是给各弧线指定数值以表示加在相应算符上的代价。图的显式说明是指各节点及其具有代价的弧线由一张表明确给出。图的隐式说明是指各节点及其具有代价的弧线不能由一张表明确给出。

2. 问题归约法

1）问题归约描述

问题归约法是指已知问题的描述，通过一系列变换把此问题最终变为一个子问题集合；这些子问题的解可以直接得到，从而解决了初始问题。

该方法也就是从目标（要解决的问题）出发逆向推理，建立子问题以及子问题的子问题，直至最后把初始问题归约为一个平凡的本原问题集合。这就是问题归约的实质。

问题归约法的组成部分包括一个初始问题描述、一套把问题变换为子问题的操作符、一套本原问题描述。问题归约方法是应用算符来把问题描述变换为子问题描述。可以用状态空间表示的三元组合（S、F、G）来规定与描述问题。

2）与或图表示

与或图中一个可解节点的一般定义可以归纳如下。

（1）终叶节点是可解节点（因为它们与本原问题相关联）。

（2）如果某个非终叶节点含有或后继节点，那么只有当其后继节点至少有一个是可解的时，此非终叶节点才是可解的。

（3）如果某个非终叶节点含有与后继节点，那么只要当其后继节点全部为可解时，此非终叶节点才是可解的。

不可解节点的一般定义归纳如下。

（1）没有后裔的非终叶节点为不可解节点。

（2）如果某个非终叶节点含有或后继节点，那么只有当其全部后裔为不可解时，此非终叶节点才是不可解的。

（3）如果某个非终叶节点含有与后继节点，那么只要当其后裔至少有一个为不可解时，此非终叶节点才是不可解的。

由此可知，与或图构图规则如下。

（1）与或图中的每个节点代表一个要解决的单一问题或问题集合。图中所含起始节点对应于原始问题。

（2）对应于本原问题的节点，叫做终叶节点，它没有后裔。

（3）对于把算符应用于问题A的每种可能情况，都把问题变换为一个子问题集合；有向弧线自A指向后继节点，表示所求得的子问题集合。

（4）一般对于代表两个或两个以上子问题集合的每个节点，有向弧线从此节点指向此子问题集合中的各个节点。

（5）在特殊情况下，当只有一个算符可应用于问题A，而且这个算符产生具有一个以上子问题的某个集合时，由上述规则（3）和规则（4）所产生的图可以得到简化。

3. 谓词逻辑法

1）谓词演算

谓词逻辑的基本组成部分是谓词符号、变量符号、函数符号和常量符号，并用圆括弧、方括弧、花括弧和逗号隔开，以表示论域内的关系。原子公式是由若干谓词符号和项组成的，只有当其对应的语句在定义域内为真时，才具有值T（真）；而当其对应的语句在定义域内为假时，该原子公式才具有值F（假）。

2）谓词公式

在谓词演算中合适公式的递归定义如下：

（1）原子谓词公式是合适公式；

（2）若A为合适公式，则～A也是一个合适公式；

（3）若A和B都是合适公式，则（A∧B），（A∨B），（A=>B）和（A←→B）也都是合适公式；

（4）若A是合适公式，x为A中的自由变元，则（Vx）A和（∃x）A都是合适公式；

（5）只有按上述规则（1）至（4）求得的那些公式，才是合适公式。

3）合一

寻找项对变量的置换，以使两表达式一致，叫做合一（unification）。如果一个置换s作用于表达式集$\{E_i\}$的每个元素，则用$\{E_i\}s$来表示置换例的集。称表达式集$\{E_i\}$是可合一的。如果存在一个置换s使得：$E_{1s}=E_{1s}=E_{1s}=\cdots$那么称此$s$为$\{E_i\}$的合一者，因为$s$的作用是使集合$\{E_i\}$成为单一形式。

4. 语义网络法

1）二元语义网络的表示

语义网络是知识的一种结构化图解表示，它由节点和弧线或链线组成。节点用于表示实体、概念和情况等，弧线用于表示节点间的关系。

语义网络表示由下列4个相关部分组成。

（1）词法部分：决定表示词汇表中允许有哪些符号，它涉及各个节点和弧线。

（2）结构部分：叙述符号排列的约束条件，指定各弧线连接的节点对。

（3）过程部分：说明访问过程，这些过程能用来建立和修正描述，以及回答相关问题。

（4）语义部分：确定与描述相关的（联想）意义的方法即确定有关节点的排列及其占有物和对应弧线。

用两个节点和一条弧线可以表示一个简单的事实，对于表示占有关系的语义网络，通过允许节点既可以表示一个物体或一组物体，也可以表示情况和动作。每一情况节点可以有一组向外的弧（事例弧），称为事例框，用以说明与该事例有关的各种变量。

在选择节点时，首先要弄清节点是用于表示基本的物体或概念的，或是用于多种目的的。否则，如果语义网络只被用来表示一个特定的物体或概念，那么当有更多的实例时就需要更多的语义网络。

选择语义基元就是试图用一组基元来表示知识。这些基元描述基本知识，并以图解表示的形式相互联系。

2）多元语义网络的表示

语义网络是一种网络结构。节点之间以链相连。从本质上讲，节点之间的连接是二元关系。语义网络从本质上来说，只能表示二元关系，如果所要表示的事实是多元关系，则把这个多元关系转化成一组二元关系的组合，或二元关系的合取。具体来说，多元关系 $R(x_1,x_2,\cdots,x_n)$ 总可以转换成 $R_1(x_{11},x_{12})\wedge R_2(x_{21},x_{22})\wedge\cdots\wedge R_n(x_{n1},x_{n2})$。要在语义网络中进行这种转换需要引入附加节点。

3）连词和量化的表示

可以用语义网络表示谓词逻辑法中的各种连词及量化。

5. 其他表示法

其他知识表示法还包括框架表示法、剧本表示法和过程表示法，限于篇幅，本书不再赘述，读者可自行查阅其他参考书目。

4.2.3 机器学习

1. 机器学习的概念

机器学习（Machine Learning，ML）是一门多领域交叉学科，涉及概率论、统计学、逼近论、凸分析、算法复杂度理论等多门学科。专门研究计算机怎样模拟或实现人类的学习行为，以获取新的知识或技能，重新组织已有的知识结构使之不断改善自身的性能。它是人工智能的核心，是使计算机具有智能的根本途径，其应用遍及人工智能的各个领域。

2. 机器学习的常见算法简介

1）决策树

决策树（decision tree）是在已知各种情况发生概率的基础上，通过构成决策树来求取净现值的期望值大于等于零的概率，评价项目风险，判断其可行性的决策分析方法，是直观运用概率分析的一种图解法。由于这种决策分支画成图形很像一棵树的枝干，故称决策树。

在机器学习中，决策树是一个预测模型，代表对象属性与对象值之间的一种映射关系。决策树是一种监管学习。所谓监管学习就是给定一堆样本，每个样本都有一组属性和一个类别，这些类别是事先确定的，那么通过学习得到一个分类器，这个分类器能够对新出现的对象给出正确的分类。

2）BP 神经网络

BP 算法（反向传播算法）的学习过程，由信息的正向传播和误差的反向传播两个过程组成。输入层各神经元负责接收来自外界的输入信息，并传递给中间层各神经元；中间层是内部信息处理层，负责信息变换，根据信息变化能力的需求，中间层可以设计为单隐层或者多隐层结构；最后一个隐层传递到输出层各神经元的信息，经进一步处理后，完成一次学习的正向传播处理过程，由输出层向外界输出信息处理结果。当实际输出与期望输出不符时，进入误差的反向传播阶段。误差通过输出层，按误差梯度下降的方式修正各层权值，向隐层、输入层逐层反传。周而复始的信息正向传播和误差反向传播过程，是各层权值不断调整的过程，也是神经网络学习训练的过程，此过程一直进行到网络输出的误差减少到可以接受的程度，或者预先设定的学习次数。

3）支持向量机

在机器学习中，支持向量机（Support Vector Machine，SVM）是与相关的学习算法有关的监督学习模型，可以分析数据，识别模式，用于分类和回归分析。给定一组训练样本，每个标记为属于两类，一个 SVM 训练算法建立了一个模型，分配新的实例为一类或其他类，使其成为非概率二元线性分类。一个 SVM 模型的例子，如在空间中的点、映射，使得所述不同的类别的例子是由一个明显的差距且尽可能宽划分的表示。新的实例则映射到相同的空间中，并预测基于它们落在所述间隙侧上属于一个类别。除了进行线性分类，支持向量机可以使用所谓的核技巧，它们的输入隐含映射成高维特征空间中有效地进行非线性分类。

4）贝叶斯分类器

贝叶斯分类器的分类原理是通过某对象的先验概率，利用贝叶斯公式计算出其后验概率，即该对象属于某一类的概率，选择具有最大后验概率的类作为该对象所属的类。贝叶斯网络是一个带有概率注释的有向无环图，图中的每一个节点均表示一个随机变量，图中两节点间若存在着一条弧，则表示这两节点相对应的随机变量是概率相依的，反之则说明这两个随机变量是条件独立的。网络中任意一个节点 X 均有一个相应的条件概率表（Conditional Probability Table，CPT），用以表示节点 X 在其父节点取各可能值时的条件概率。若节点 X 无父节点，则 X 的 CPT 为其先验概率分布。贝叶斯网络的结构及各节点的 CPT 定义了网络中各变量的概率分布。

5）聚类

将物理或抽象对象的集合分成由类似的对象组成的多个类的过程称为聚类。由聚类所生成的簇是一组数据对象的集合，这些对象与同一个簇中的对象彼此相似，与其他簇中的对象相异。“物以类聚，人以群分”，在自然科学和社会科学中，存在着大量的分类问题。聚类分析又称群分析，它是研究（样品或指标）分类问题的一种统计分析方法。聚类分析起源于分类学，但是聚类不等于分类。聚类与分类的不同在于，聚类所要求划分的类是未知的。聚类分析内容非常丰富，有系统聚类法、有序样品聚类法、动态聚类法、模糊聚类法、图论聚类法及聚类预报法等。

4.2.4 人工智能遇到的挑战

人工智能已经深入到人类生活的方方面面，即使在世界最复杂的棋类游戏中，“阿尔法狗围棋”4∶1 战胜人类职业围棋高手，人工智能取得令人瞩目的进展。这是否意味着机器即将获得类人智能了呢？得到这样的结论还为时过早。

人工智能还将面临如下三个方面的挑战。

（1）让机器在没有人类教师的帮助下学习。人类有很多学习经历是一个隐性学习过程，即根据以前学到的知识进行逻辑推理，以掌握新的知识。然而，目前的计算机并没有这种能力。“监督学习”是迄今为止最成功的机器学习方式，它需要人类在很大程度上参与机器的学习。

（2）让机器像人类一样感知和理解世界。在对自然界的丰富表征和理解方面，人类无疑是所有生物中的“佼佼者”。如果做不到这一点，人类便无法生存和发展。因此，感知能力是智能最重要的组成部分。提高机器的感知能力依赖于器件和新型传感技术的进步。

（3）使机器具有自我意识、情感以及反思自身处境与行为的能力。这是实现类人智能最艰难的挑战。人类具有自我意识以及反思自身处境与行为的能力，这种能力才使人类区别于世间万物。另外，人类大脑的脑皮层的能力是有限的，将智能机器设备与其相连接，人类的能力就会提高，机器也由此产生“灵感”。使机器有一天能具有自我意识、情感和反思能力，无论对科学和哲学来说，这都是一个引人入胜的探索领域。

思　考　题

4-1　大数据技术的特征有哪些？

4-2　大数据的主要应用领域有哪些？

4-3　大数据对人类思维方式有了哪些改变？

4-4　大数据发展将面临哪些挑战？

4-5　什么是人工智能？

4-6　常用的知识表示方法有哪些？

4-7　人工智能遇到的挑战有哪些？

第 5 章 “互联网+”企业营销平台

一个优秀“互联网+”创业营销平台，能够根据企业战略和关键流程选择适当的管理软件，数据与流程整合应用，充分利用互联网技术，打通企业内外部资源，避免形成信息孤岛。将互联网从单一的辅助工具，转变为企业管理方法、转型思路，踏入“互联网+”深入融合发展的进程。本章主要介绍“互联网+”创业营销平台的基本概念、特点优势及其运营模式。

5.1 概 述

2015 年 3 月 5 日，在十二届全国人大三次会议上，李克强总理在政府工作报告中首次提出“互联网+”行动计划。2015 年 7 月，国务院印发《关于积极推进“互联网+”行动的指导意见》。2015 年 10 月 29 日，中国共产党第十八届中央委员会第五次全体会议指出：实施网络强国战略，实施“互联网+”行动计划，发展分享经济，实施国家大数据战略。

“互联网+”战略就是利用互联网的平台，利用信息与通信技术，把互联网和包括传统行业在内的各行各业结合起来，在新的领域创造一种新的生态。“互联网+”创业创新，充分发挥互联网对创业创新的支撑作用，利用线上网络和线下实体的优势，推动各类要素资源集聚、开放和共享，形成大众创业、万众创新的浓厚氛围。

“互联网+”背景下的创业营销应该突出其信息变化的节奏与客户要求多样性的特点。创业营销的发展是通过“由外而内”的方式进行的，借助互联网的优势以一种有机的方式整合企业内外资源、顾客价值等来实现市场的驱动。其中，价值创造、注重创新、资源整合等各类因素在互联网的营销模式下彼此融合，赋予创业营销更强大的活力和生命力。

5.2 互联网广告

互联网广告是目前基于互联网开展商业营销、产品推广、活动宣传的主要手段之一，也是互联网时代下大学生创新创业的主要形式之一。

5.2.1 互联网广告定义

互联网广告是通过网络广告平台在网络上投放广告，利用网站上的广告横幅、文本链接、多媒体等方法，在互联网刊登或发布广告，通过网络传递到互联网用户的一种高科技广告运作方式。

与传统的四大传播媒体（报纸、杂志、电视、广播等）广告及备受垂青的户外广告相比，互联网广告具有得天独厚的优势，是实施现代营销媒体战略的重要一部分。可以追踪、研究用户的偏好，这是互联网相对传统媒体营销的优势，也是其精准营销的基础。这几乎是互联网的天然优势——比起传统媒体，每个 IP 背后的网民的上网行为、浏览习惯、注册的个人信息，都可通过技术手段获取、挖掘，通过对上述内容的长期积累和深度分析，广告商便有机会深入了解用户行为和喜好，按照每个用户的行为特点、地域、兴趣爱好等挑选最匹配的广告信息。比如，一个旅游爱好者与一个汽车爱好者，在访问同一个网站的页面时，看到的广告并不相同，因为系统已经记录了他们的行为习惯和喜好，使得广告的设定不再千篇一律。

5.2.2 互联网广告表现形式

随着互联网的发展，网络给我们提供了丰富的广告创意平台，互联网广告的互动性是报刊、广播、电视等任何传统媒体所无可比拟的，如今中国互联网技术的发展迅速，互联网的互动特质将在网络广告中得到充分利用。

从广告内容上来看，互联网广告可以分为：品牌广告以展现品牌形象为主、促销/产品广告以提升销售业绩为主、用户/活动广告以发展新用户量为主等，其表现形式多种多样、特色鲜明，以下简要介绍目前互联网广告的主要表现形式。

（1）Banner 条广告。Banner 条广告是出现比较早的网络广告形式，是以 GIF、JPG、Flash 等格式建立的图像文件，定位在网页中用来展现广告内容，同时还可使用 Java 等语言使其产生交互性，用 Shockwave 等插件工具增强表现力。常见的 Banner 条广告展现形式有通栏、对联及浮动等。

Banner 条广告可分为三种：静态、动态和交互式。①静态广告制作简单，就是在网站上显示一幅固定的广告图片。②动态广告拥有各种元素，可以传递更多的广告信息。③交互式广告形式多样，可以让用户参与进来。

（2）文本链接广告。文本链接广告是以一排文字作为一个广告，单击可以进入相应的广告页面。这是一种对浏览者干扰最少，但却较为有效果的网络广告形式。

（3）富媒体广告。随着网络技术的发展和普及，网络广告的形式出现的多样化的特征。具有声音、图像、文字等多媒体组合的媒介形式，这种组合统称为富媒体广告。富媒体广告表现形式多样、内容丰富、冲击力强，但是通常费用比较高。

（4）弹出式广告。弹出式广告（又称插播式广告）是指用户在浏览网页时，强制插入一个广告页面或弹出一个广告窗口。最典型的弹出式广告就是网页弹窗，当用户打开网页时弹出各种尺寸的广告，有全屏的也有小窗口的，而且互动的程度也不同，从静态的到全部动态的都有。这种广告突击弹出，没有任何征兆，肯定会被浏览者看到，但是用户可以通过关闭窗口不看广告。

（5）电子邮件广告。电子邮件广告具有针对性强、费用低廉的特点，且广告内容不受限制。它可以定向投放客户感兴趣或者是需要的广告及促销内容，以及派发礼品、调查问卷，并及时获得目标客户的反馈信息，为其他网络广告方式所不及。

（6）赞助式广告。赞助式广告多种多样，比传统的网络广告给予广告主更多的选择。

（7）与内容相结合的广告。广告与内容的结合可以说是赞助式广告的一种，从表面上看起来它们更像网页上的内容而并非广告。在传统的印刷媒体上，这类广告都会有明显的标识，指出这是广告，而在网页上通常没有清楚的界限。

（8）定向广告。可按照人口统计特征，针对指定年龄、性别、浏览习惯等的受众投放广告，为客户找到精确的受众群。

（9）精准营销广告。精准营销广告是定向广告的一种，其综合利用大数据资源优势，采用多维度定向技术和智能优化算法，为广告主提供最佳一站式在线营销解决方案。互联网精准营销广告是主动地展现在有需求的客户面前，而不是被动地等待客户单击，能实现让真正的用户看到所需要的广告，具有实时收集、多维定向、高效投放、实时优化等特点。

（10）其他新型广告。视频广告、路演广告、巨幅连播广告、翻页广告、祝贺广告、论坛版块广告等。

5.2.3 互联网广告投放策略

1. 确定业务目标

业务目标必须明确如下问题。

（1）确定目标市场，企业服务的顾客是哪一类？在什么地方？市场规模有多大？顾客有什么需求？这是制定营销策划方案的基础数据。

（2）对企业营销效果的确定。这里的效果不仅包括企业的获利能力指标，而且包括其他一些企业追求的目标，如企业知名度、企业信誉等。

2. 营销策划方式设计

企业产生营销方案的途径是多种多样的。常用的方法如下。

（1）自己企业的经验。在长期的营销活动中，每一个企业都积累了一定的市场营销经验，这是企业无形的财富。借鉴过去营销活动成功的经验，分析当前的营销环境，产生新的营销策划方案。

（2）向竞争对手学习。本企业的竞争对手特别是市场领袖的企业，他们掌握着大量的市场信息资料，所进行的活动很值得企业研究。认真分析竞争对手的营销策略，不仅可以发现竞争对手的弱点，还可以利用他们的经验，取他人之长，补自己之短。

（3）自我创新。企业在产品设计、服务方式、价格、销售、促销等各方面采取新措施，使得营销效果更好。

5.3 微信公众平台

微信公众平台是腾讯公司在微信的基础上新增的功能模块，通过这一平台，个人或组织都可以建一个微信公众号，并实现在线群体内的文字、图片、语音、视频等的全方位沟通、互动。随着 4G 网络业务的飞速发展以及智能手机在大学生群体中的普及，微信公众平台被越来越多的学生群体使用，特别是微信支付的接入，使得微信和微信公众平台更适用大学生低成本、高效率地开展创新创业，成为一个集社交、传媒、娱乐、购物于一体的综合性信息服务平台。

5.3.1 微信公众平台定义

微信公众平台，简称公众号，是腾讯公司为微信用户提供资讯和服务的平台，于2012年08月23日正式上线，曾命名为“官号平台”和“媒体平台”，主要面向名人、政府、媒体、企业等机构推出的合作推广业务。通过微信渠道将品牌推广给线上平台用户，可以减少宣传成本，提高品牌知名度，打造更具影响力的品牌形象，创造优质的用户体验，形成一个不一样的生态循环。平台用户可以将看到的精彩内容分享给微信好友或分享到微信朋友圈。利用公众账号平台也可开展自媒体活动，即进行一对多的媒体性行为活动，如商家通过申请公众微信服务号进行二次开发，以展示商家微官网、微会员、微推送、微支付、微活动、微报名、微分享、微名片等，微信公众平台已经成为目前主流的线上线下互动营销方式。

微信的主要价值在于让企业的服务意识提升，在微信公众平台上，企业可以更好地提供服务，运营方案有多种，可以是第三方开发者模式，也可以是简单的编辑模式。其基本功能如下。

（1）群发推送：公众号主动向用户推送重要通知或趣味内容。

（2）自动回复：用户根据指定关键字，主动向公众号获取常规消息。

（3）1对1交流：公众号针对用户的特殊疑问，为用户提供1对1的对话解答服务。

5.3.2 微信公众平台账号类型

微信公众账号的用途非常广泛，政府、媒体、企业、明星等都开始纷纷建立独立的微信公众账号平台，以进行个人、企业等文化活动的宣传营销。

微信公众平台账号可分成服务号、订阅号和企业号等三种类型。

1. 服务号

公众平台服务号，主要面向企业、媒体、政府或其他组织等，为企业和组织提供更强大的业务服务与用户管理能力，偏向服务类交互。

（1）服务号1个月（自然月）内仅可以发送4条群发消息。

（2）服务号发给订阅用户（粉丝）的消息，会显示在对方的聊天列表中。并且在发送消息给用户时，用户将收到即时的消息提醒。

（3）服务号会出现在订阅用户（粉丝）的通讯录中。通讯录中有一个公众号的文件夹，点开可以查看所有服务号。

（4）服务号可申请自定义菜单。

2. 订阅号

公众平台订阅号，主要针对媒体、政府及事业单位、其他组织、社会团体、民办非企业组织、其他营利组织、艺人等，旨在为用户提供信息。

（1）订阅号每天（24小时内）可以发送1条群发消息。

（2）订阅号发给订阅用户（粉丝）的消息，将会显示在对方的“订阅号”文件夹中。点击两次才可以打开。在发送消息给用户时，用户不会收到即时消息提醒。

（3）在订阅用户（粉丝）的通讯录中，订阅号将被放入订阅号文件夹中。

备注：若个人申请，则只能申请订阅号。

3. 企业号

公众平台企业号，也是公众平台的一种账号类型，旨在帮助企业、政府机关、学校、医院等事业单位和非政府组织建立与员工、上下游合作伙伴及内部 IT 系统间的连接，并能有效地简化管理流程、提高信息的沟通和协同效率、提升对一线员工的服务及管理能力。

5.3.3 微信公众平台运营策略

1. 明确平台的服务定位

必须制定一个适合自身发展的定位，明确平台服务和产品的受众群体，这样才能打造出富有特色，具有与众不同个性风格的微信公众平台。为此，需要做大量的数据收集和调查统计，研究分析目标客户的需求，根据消费者的需求，制定个性化的服务和提供适销对路的产品。

2. 注重与用户的互动

微信公众平台的运营不能仅仅流于表面形式，即只是推送产品销售信息，平台的价值是通过与用户的互动来体现的，当平台具有吸引用户的内容，并与用户实现良好的沟通和建立密切关系时，平台才可能变成有效的营销手段。因此，平台的运营者应该首先需要了解用户的需求，报道的新闻和宣传的内容应该投其所好，推送消费者有可能感兴趣的饮食养生、娱乐、职场等信息，构思能引起用户共鸣的话题，还可以把企业的公司活动、公益活动、关注度高的活动在平台上进行推介，增加品牌在消费者中的影响力，同时还可定时策划一些打折销售或抽奖活动，提高消费者的福利。

3. 注意平台信息推送的时间

微信公众平台每天只能推送一次信息，受此限制，运营者要重视每次推送信息的时间，把握好平台用户查阅微信消息的时间，就能赢得更多的潜在客户。年轻人一般都习惯晚睡，在晚上九点至十一点使用微信的频率很高，还有在校大学生及上班一族在中午及下午放学和下班时间段也是使用微信的高频段，周末更是平台推送重要信息的黄金时间。平台运营者根据消费者的生活作息习惯，灵活制定信息发布的时间非常重要。

5.4 移动 APP 营销

随着移动设备的不断普及，人们上网方式由 PC 端逐渐转换到移动端，移动 APP 得到人们的宠爱。时至今日，手机网民规模已经超过互联网网民规模，手机成为第一大上网终端。传统的产品营销和品牌营销在移动互联网的冲击下也显得无力，营销界迎来第三代体验营销、移动营销时代。牢牢把握并利用好自己进入移动互联网营销的工具，才是赖以生存的移动互联网营销之道。其中移动 APP 成为决胜移动互联网营销的关键手段。

5.4.1 移动 APP 定义

移动 APP（APPlication，移动应用服务），也叫手机客户终端、移动软件、手机应用软件等，就是针对手机这种移动终端连接到互联网的业务或者无线网卡业务而开发的应用程序服务，简单的说就是手机或无线工具的应用服务，属于移动设备上运行的一款终端软件。

随着移动智能终端的广泛应用，移动终端正向功能增强化、多模化、定制化、平台开放化的方向发展，而移动终端营销（APP）——作为 SNS 新的开拓渠道，正逐渐崭露头角。作为移动互联网时代新兴的营销模式，移动 APP 营销凭借精准互动和个性化的特点正在被企业所推崇。

与传统营销手段相比，移动 APP 具有如下突出优势。

（1）APP 用户增长速度快、经济能力强、思维活跃。

（2）APP 可整合 LBS、QR、AR 等新技术，带给用户前所未有的体验。

（3）APP 基于手机的随时随身性、互动性特点，容易通过微博、SNS 等方式分享和传播，实现裂变式增长。

（4）APP 的开发成本，相比传统营销手段成本更低。

（5）通过新技术以及数据分析，APP 可实现精准定位企业目标用户，实现低成本快速增长。

（6）用户手机安装 APP 以后，企业即埋下一颗种子，可持续与用户保持联系。

5.4.2 移动 APP 营销模式

移动 APP 营销作为一种新型的移动营销模式，不同专家学者对其有不同的分类方式。综合起来看，移动 APP 营销模式可概括为以下四类：APP 广告植入、APP 广告投放、品牌 APP 以及联盟 APP。

（1）APP 广告植入。与传统营销不同，APP 广告植入是指广告商策略性地将品牌或产品信息融入到 APP 中，给用户留下深刻印象，来达成一定广告效果的广告形式。

（2）APP 广告投放。APP 广告投放是指广告商将产品信息以广告的形式投放到 APP 中，当用户点击广告内容时就会链接到指定界面，了解产品详情或进行试用甚至购买。APP 广告投放与广告植入最大的区别在于，是否有网址链接到指定页面，广告植入的主要目的是让消费者认识产品，提升品牌知名度；而广告投放的主要目的在于使消费者对产品进行深入了解，并增加销售。

（3）品牌 APP。品牌 APP 即企业根据自身特色开发和推广属于自己的 APP，具有娱乐、互动、社交和购物等一种或几种功能，帮助消费者了解企业产品和服务，强化品牌形象。

（4）联盟 APP。联盟 APP 是指基于一个软件平台，多个商家共同进行营销活动，如淘宝网、大众点评网等。这种营销模式的费用较低，还能够联合多种行业，聚集人气，实现各商家之间的顾客共享。

5.4.3 移动 APP 营销策略

（1）广告植入功能性或游戏类应用。在众多的功能性应用和游戏应用中，植入广告是最基本的模式。广告主通过植入动态广告栏形式进行广告植入，当用户点击广告栏的时候就会进入网站链接，可以了解广告主详情或者参与活动，这种模式操作简单，只要将广告投放到那些下载量比较大的应用上，就能达到良好的传播效果。

（2）开发现有电子商务网站的移动 APP。这类应用能够满足智能手机用户快速浏览网站的需求，手机用户利用此类应用可以随时随地浏览网站，快速及时地达到和计算机同样的使用感受。这类网站多以购物网站居多，如淘宝、京东、聚美优品等以及一些团购类网站，满足用户随时随地查询信息及购物的乐趣。

（3）借助社交网络等实现整合营销。借助微信等社交网络的广泛传播性，顺应 APP 营销的多元化发展趋势，整合其他营销手段，整合多方技术，带给消费者突破性的体验，延伸移动营销的价值是企业 APP 营销的有效手段。企业的 APP 营销可以与传统广告、视频营销、店面促销、事件营销等独立营销方式进行整合，形成整体协同效应，最大化营销效果。而 LBS（Location Based Service，基于位置的服务）位置定位、手机身份识别、增强现实、重力感应、陀螺仪等新技术的不断出现，让 APP 营销可以通过多方技术整合拥有以前很多营销不能实现的技术特征，引爆消费者眼球。

（4）与 LBS 相结合开展本地营销。LBS 是通过定位方式获取移动终端用户的位置信息，为用户提供相应服务的一种增值业务。LBS 营销就是企业借助无线网络，在移动用户之间完成定位和服务销售的一种营销方式，通过这种方式，可以让目标客户更加深刻地了解企业的产品和服务，最终实现宣传企业品牌、加深市场认知度。移动营销的本质，是线下营销：一是将户外的手机在线用户引导到线下消费场所；二是即时激发已经身处线下商圈的用户的购买行为。LBS 是移动营销中最有代表性的一种应用，基于用户所处的具体位置，提供有针对性的服务。LBS 中的“签到+点评”模式，把线上与线下的营销很好地结合在一起，安装在智能手机等移动终端上的 APP，可以将定位、扫描等技术整合，这种融合了 APP、LBS 和增强现实技术的新颖的互动营销形式，既能将 APP 的个性化、互动性和移动性特点，与 LBS 结合起来，提升活动的真实体验性；也能通过增强现实来强化互动感受，实现线上与线下的无缝互连，以更具创意的形式来吸引年轻时尚人群的参与。

（5）开发品牌应用。这类应用是指企业根据自己的客户定位，研发手机应用，以达到营销目标。企业可以用趣味兼创意的内容与品牌或产品的核心概念相融合，反映产品主旨或品牌理念，让消费者在使用 APP 的过程中自然而然地了解产品和品牌信息，让用户在娱乐或获取价值的同时对品牌形成一定的黏性，提升品牌的亲和力，树立品牌的良好口碑。

5.5 微博营销

微博营销，是继微博产生之后诞生的一种新型网络营销方式。每个人都可以注册一个微博，然后更新自己的微博。微博内容可以是一句话心情，可以是时事热点，甚至可以是广告。如果更新的话题能够引起网友的兴趣，就可以与网友进行交流、沟通，这样就可以达到营销的目的。

5.5.1 微博营销定义

微博营销是指通过微博平台为商家、个人等创造价值而执行的一种营销方式，也是指商家或个人通过微博平台发现并满足用户的各类需求的商业行为方式。

微博营销以微博作为营销平台，每一个用户（粉丝）都是潜在的营销对象，企业利用更新自己的微博向用户传播企业信息、产品信息，树立良好的企业形象和产品形象。每天更新内容就可以跟大家交流互动，或者发布大家感兴趣的话题，这样来达到营销的目的。

微博营销注重价值的传递、内容的互动、系统的布局、准确的定位，微博的火热发展也使得其营销效果尤为显著。

5.5.2 微博营销的特点

（1）成本低廉。发布门槛低，成本远小于广告，效果却不差。例如，140 个字发布信息，远比博客发布容易，对于同样效果的广告则更加经济。与传统的大众媒体（报纸、流媒体、电视等）相比受众同样广泛，前期一次投入，后期维护成本低廉。

（2）覆盖广泛。微博信息支持各种平台，包括手机、计算机与其他传统媒体。同时传播的方式有多样性，转发非常方便。利用名人效应能够使事件的传播量呈几何级放大。

（3）效果良好。针对性强，利用后期维护及反馈。微博营销是投资少、见效快的一种新型的网络营销模式，其营销方式和模式可以在短期内获得最大的收益。

（4）多样性与人性化。从技术上，微博营销可以方便地利用文字、图片、视频等多种展现形式。从人性化角度上，企业品牌的微博本身就可以将自己拟人化，更具亲和力。

（5）开放性。微博是几乎什么话题都可以进行探讨，而且没有什么拘束的平台。微博就是要最大化地将信息获取、传播及分享开放给客户。

（6）拉近距离。在微博上面，美国总统可以和平民点对点交谈，政府可以和民众一起探讨，明星可以和粉丝互动，微博其实就是在拉近距离。

（7）传播速度快。传播迅速是微博最显著的特征之一。一条微博在触发微博引爆点后短时间内互动性转发就可以抵达微博世界的每一个角落，达到短时间内极多的目击人数。

（8）便捷性。微博只需要编写简短的文案，通过微博小秘书审查即可发布，从而节约大量的时间和成本。

（9）高技术性。微博营销可以借助许多先进多媒体技术手段，从多维角度等展现形式对产品进行描述，从而使潜在消费者更形象直接地接受信息。

（10）互动性强。能与粉丝即时沟通，及时获得用户反馈。

5.5.3 微博营销分类

（1）个人微博营销。很多个人的微博营销是由个人的知名度来得到别人的关注和了解的，以明星、成功商人或者是社会中比较成功的人士为例，他们运用微博往往是通过这样一个媒介来让自己的粉丝更进一步地去了解自己和喜欢自己，微博在他们手中也就是平时抒发感情，功利性并不是很明显，他们的宣传工作一般是由粉丝跟踪转帖来达到营销效果的。

（2）企业微博营销。企业一般是以盈利为目的的，他们运用微博往往是想通过微博来增加自己的知名度，最后将自己的产品卖出去，企业微博营销往往要难许多。因为知名度有限，短短的微博不能给消费者一个直观的商品感受，而且微博更新速度快，信息量大，企业微博营销时，应当建立起自己固定的消费群体，与粉丝多交流、多互动、多做企业宣传工作。

5.5.4 微博营销基本策略

1. 注重价值的传递

企业博客经营者首先要改变观念——企业微博的“索取”与“给予”之分，企业微博是一个给予平台。2011 年以后，微博数量已经以亿计算，只有那些能对浏览者创造价值的微博才有价值，此时企业微博才可能达到期望的商业目的。企业只有认清这个因果关系，才可能从企业微博中受益。

2. 注重微博个性化

微博的特点是“关系”、“互动”。因此，虽然是企业微博，但也切忌仅是一个官方发布消息的那种冷冰冰的窗口模式。要给人感觉像一个人，有感情、有思考、有回应、有自己的特点与个性。这样的微博才具有很高的黏性，可以持续积累粉丝与专注，彰显微博独特的魅力。

3. 注重发布的连续性

微博就像一本随时更新的电子杂志，要注重定时、定量、定向发布内容，让大家养成观看习惯。当用户登录微博后，能够第一时间看看你的微博有什么新动态，这无疑是成功的最高境界，虽很难达到，但我们需要尽可能出现在他们面前，先成为他们思想中的一个习惯。

4. 注重互动性加强

微博的魅力在于互动，拥有一群不说话的粉丝是很危险的，因为他们慢慢会变成不看你内容的粉丝，最后更可能是离开。因此，互动性是使微博持续发展的关键。第一个应该注意的问题就是，企业宣传信息不能超过微博信息的 10%，最佳比例是 3%～5%。更多的信息应该融入粉丝感兴趣的内容之中。

“活动内容+奖品+关注（转发/评论）”的活动形式一直是微博互动的主要方式，但实质上奖品比你那个企业所想宣传的内容更吸引粉丝的眼球，相比赠送奖品，你的微博能认真回复留言，用心感受粉丝的思想，才能换取情感的认同。如果情感与“利益”（奖品）共存，那就更完美了。

5. 注重系统性布局

任何一个营销活动，想要取得持续而巨大的成功，都不能脱离系统性，单纯当作一个点子来运作，很难持续取得成功。微博营销虽然看起来很简单，对大多企业来说效果也很有限，从而被很多企业当作可有可无的网络营销小玩意儿。其实，微博这种全新形态的互动形式，它的潜力又有多少人能看清，发挥的作用小是因为你本身投入的精力与重视程度本就不高。企业要将微博纳入整体营销规划中，这样它才有机会发挥更多作用。

6. 注重准确的定位

微博粉丝众多当然是好事儿，但是，对于企业微博来说，“粉丝”质量更重要。因为企业微博最终的商业价值，或许就需要这些有价值的粉丝。这涉及微博定位的问题，很多企业抱怨：微博人数都过万了，可转载、留言的人很少，宣传效果不明显。这其中一个很重要的原因就是定位不准确。假设自己从事玩具行业，那么就围绕目标顾客关注的相关信息来发布，吸引目标顾客的关注，而并非只考虑吸引眼球，导致吸引来的都不是潜在消费群体。在这个起步阶段很多企业博客陷入这个误区当中，完全以吸引大量粉丝为目的，却忽视粉丝是否是目标消费群体这个重要问题。

7. 企业微博专业化

企业微博定位专一很重要，但是专业更重要。同场竞技，只有专业才可能超越对手，持续吸引关注目光，专业是一个企业微博重要的竞争力指标。

微博不是企业的装饰品，如果不能做到专业，只是流于平庸，倒不如不去建设企业微博，因为，作为一个“零距离”接触的交流平台，负面的信息与不良的用户体验很容易迅速传播开，并为企业带来不利的影响。

8. 注重控制的有效性

微博不会飞，但是其传播速度却快得惊人，当极高的传播速度结合传递规模，所创造出惊人的力量有可能是正面的，也可能是负面的。因此，必须有效管控企业微博这把双刃剑。

9. 注重方法与技巧

想把企业微博变得有声有色，持续发展，单纯在内容上传递价值还不够，必须讲求一些技巧与方法。比如，微博话题的设定，表达方法就很重要。如果你的博文是提问性的，或是带有悬念的，能够引导粉丝思考与参与，那么浏览和回复的人自然就多，也容易给人留下印象。反之新闻稿一样的博文，会让粉丝想参与都无从下手。

5.6 视觉营销

视觉营销是市场营销的一个新概念与新领域。它建立在市场营销学和心理学基础之上，科学地将视觉识别设计与视觉传达设计原理、终端卖场设计与商品展示技术运用于产品设计、传播策划和空间设计领域，由此对目标顾客及潜在顾客形成强大的视觉冲击力，并对其产生心理层面的影响，以此向顾客传达商品信息、服务理念和品牌文化，达到促进商品销售、树立品牌形象的目的。

5.6.1 视觉营销定义

视觉营销（visual merchandising）归属营销技术的一种方法，更是一种可视化的视觉体验，指通过视觉达到商品营销或品牌推广的目的。它是通过视觉的冲击和审美视觉感观提高顾客（潜在的）兴趣，达到商品（或服务）的推广。

视觉营销作为一种营销技术，是一种视觉呈现，最初起源于20世纪70～80年代的美国，通过大众直观的视觉广告进行商品的营销，从而发展到今天的“视觉营销”。视觉营销的目的是最大限度地促进商品（或服务）与消费者之间的联系，最终实现销售（购买），同时提升视觉冲击，成为影响品牌文化的手段之一。

在发达国家，视觉营销通过下述一系列的视觉传达来表现视觉营销的理念及核心部分。

（1）空间：通过空间立体视觉效果营造品牌氛围。

（2）平面：通过平面视觉以及海报等来作为一种视觉效应。

（3）传媒：通过推广形式来表达视觉营销的概念。

（4）陈列：完成内部的构造变化。

（5）造型：完善形象的优化整合。

一般而言，在互联网上，视觉营销就是利用色彩、图形、声音、文字、动画及视频等造成的视觉冲击力吸引访问者的关注，加深访问者对网站的兴趣，增加网站点击率，增强访问者对企业的好感及信任度，从而促成商品销售或服务推广。

5.6.2 视觉营销基本策略

1. 有清晰准确的品牌阶段性战略思想做指引

视觉是我们看到的表象，思想才是隐藏背后的核心和灵魂。特别是推广品牌，每段时间都会有不同的主题作为核心思想，比如，劲霸一开始就是把夹克做大做强，后来以点带面，由夹克单品成功带动整体业绩的增长，从而拉动整个品牌的良性发展。今天，当我们走进夹克的终端，依然可以看见金色的夹克道具附在墙面上。这是劲霸的战略思想，从开始到现在，坚持不懈，因而获得成功。

2. 形成广告视觉和终端视觉高度统一

通常把电视广告、网络广告、户外广告、纸类广告等统称为“媒体”，它们让消费者对品牌产生初步印象；而此品牌的产品到底好不好，只有使用后才知道。因此广告、终端与产品之间形成一种无形的链，即名副其实。

终端在表现的时候，也要注意与广告主题或品牌阶段性主题的吻合，尽量避免主题不符或顾左右而言他。广告界有句有名的话：反复刺激、加深记忆。脑白金广告现象说明，在资讯过剩的年代，不断重复重复再重复，就能让人永远记住。柒牌推中华立领，不仅广告猛打，而且终端宣传跟进、陈列跟进、产品跟进，这样就构成统一的视觉营销链。

3. 注重终端的视觉艺术

法国人有一句经商谚语：即使是水果蔬菜，也要像一幅静物写生画那样艺术地排列，因为商品的美感能撩起顾客的购买欲望。

随着人们消费观念的改变，消费者要购买的已不只是服装本身，他们开始关心品牌所体现的文化、带来的精神诉求。有句开玩笑的话说，中国整体生活质量已经上升到一个高度，因为就服装消费而言，人们在淘汰一件衣服时，绝大多数是因为衣服已经过时，而不是因为衣服旧了或者破掉。

终端店铺是品牌与消费者的窗口，它的形象直接决定消费者是否购买该品牌产品。有人说陈列就是从细小的地方体贴顾客，使他们在感受陈列环境的同时愿意逗留并购买产品。因此，很多人直接把终端的陈列艺术称为“视觉营销”。据统计，店面如能正确运用商品的配置和陈列技术，销售额可以在原有基础上提高10%以上。

5.6.3 视觉营销设计技巧

1. 漫画

你会经常看到他们，甚至很有可能你就是他们当中的忠实粉丝。但也许你从来没有考虑过去使用它们。无论它是一个像 SEOmoz 公司的罗杰 mozBot 这样可爱的吉祥物，一个像小企业趋势周五卡通这样的常用功能，还是许多关于麦克劳德 gapingvoid 艺术的一切事情，漫画都应该是视觉营销的秘密武器。

2. 巧用图片

初创公司往往会在“关于我们”的页面中加入他们团队的照片，看起来很平常，但却足够吸引人的眼球。人们会立即被人脸所吸引，并作出相应的行动，因为这会让他们觉得很真实，因此网站应该在页面上适当地添加一些自己团队的照片，让用户看到你们那最真实、最充满朝气的一面。

3. 巧用独特视觉

当在市场上推出一种新的产品时，面临的主要挑战之一就是如何才能让用户记住你的产品，并能很容易地向他人介绍。使用一个图形或其他独特的视觉效果是最好的方式。例如，MailChimp 将滑稽的猴子形象表现邮递员，DropBox 用带有童趣色彩的插图作为视觉语言，并通过这样做，与其他存储服务有了显著的区别。而 Heroku 选用日本有关折纸的传说，使人们在该产品上也添加了某种感情色彩。因此要想使人们记住你的产品，需要让你的产品看起来不同。怎么才能看起来不同呢？可以在广告的表现形式上、宣传形式上等进行创新。总之，通过独特的视觉效果可以让用户眼前一亮。

4. 置于真实环境

看着你的产品，想象一下用户会在什么情况下使用。是办公室？家里？还是户外？将产品融入到某种真实的环境中时，会使用户在短短几秒里就对产品的性能有所了解，这样不仅让用户记住了产品，还起到了宣传效果。如在一个网页中，将一个产品置于农贸市场的环境下，仅仅是一幅图片，没有文字，但是用户还是能一眼就知道它是干什么的。

5.6.4 视觉营销设计案例

商业化的传播从来都是着眼于人们的碎片化时间，想更吸引眼球，就要有足够的创意，把创意和信息有效结合起来，视觉营销就能在速食时代展示出精彩，在信息分享追求效率和个性化的今天，图片正在成为平面设计的替代品。

视觉内容的效果可以说是一图胜千言。图片和短视频在作为营销传播手段的威力，正在日益彰显。因此，我们认为视觉营销正在进入“一键式”视觉设计新时代，图片和短视让品牌传播更加“快狠准”。

下面介绍在多个社交媒体平台上以新颖独特的方式进行视觉营销的3个品牌案例。

1. 耐克的 Instagram

耐克公司很早就采用 Instagram 打造品牌形象，对 Ins 的巧妙使用也说明他们熟稔社交网络背后的心理学，洞悉目标受众心态。从使用打上#字标签短语鼓舞人心的策略，到始终传递“以粉丝为先”的信息，耐克公司将继续拓展以客户为中心的使命。

如#NeverNotRunning 和#MakeitCount 这样的内容很容易让粉丝感到备受鼓舞。耐克的图片（图 5-1）记录下日常生活中的运动瞬间，用“Just Do It”这样的话语激励普通人。

图 5-1　耐克的 Instagram

耐克公司的创意点子还不仅限于对 Instagram 的简单运用。通过 PHOTOID，粉丝可以将自己的 Instagram 照片作为自己所欣赏的耐克鞋背景。PHOTOID 使得粉丝能够构思、设计并分享他们的创意。耐克也由此获得更多的内容，调动粉丝参与的积极性。

如何在创业中使用这个战术？创作激励人心、能够与粉丝对话的内容。可以与粉丝接触，向他们提问。记住这一点并且分享他们的热情。不要忘了使用相关的#字标签以延长 campaign 的周期。 此外，使用 Instagram 众包照片激发更多的互动也不失为一个好办法。普通粉丝很有可能会路转粉，乐于为你的公司进行口碑宣传。

2. IHOP 餐厅的 Tumblr

当你在 IHOP 的 Tumblr 页面驻足时，即使你已经享用过了丰盛的一餐，还是会被一系列诱人的美食图片（图 5-2）轰炸得肚子咕咕叫。从外观甜美的草莓松饼到一次性可以吃下一堆的美味煎饼，IHOP 的 Tumblr 页面实在是名副其实的（或至少是早餐）吃货天堂。也许一开始只是浏览照片，但你很快就会被吸引住。除了诱人的美图，IHOP 同样充满着敏锐的幽默细胞。他们的语言风格乐观且充满吸引力，赋予了品牌充满活力、青春洋溢的气息。

IHOP 一直密切关注着受众的动态。他们为吸引年轻粉丝群体做足了功课。流行 meme、狂热吃货的新发现、来自社交网络的客户上传内容都是他们用来迎合受众需求的小心机。

如何在创业中使用这个战术？正如以上品牌案例所呈现的，关于社交媒体的形象识别还有很多值得讨论之处。比如，Instagram 侧重于图像，而 Tumblr 的图片和文本则占据着大致相当的比重。在这些因素和你的优势中间找到平衡点，交叉运用其他的营销渠道。分享你的产品美图或者捕捉产品的日常使用瞬间。使用 SavePublishing 之类的工具，从最新博客文章中获取引用，打上水印并将此内容链回你的博客。

图 5-2 IHOP 餐厅的 Tumblr

3. 塔可钟在 Snapchat

大概没有比塔可钟（Taco Bell，世界上规模最大的提供墨西哥式食品的连锁餐饮品牌，隶属于百胜全球餐饮集团）更愿意冒风险的品牌了，因为它使用 Snapchat 为自己打造影响力。只有为数不多的品牌愿意拥抱这个神秘的社交网络，塔可钟从短小精悍、定位精准的视频广告 campaign 中发现了价值。Snapchat 背后的理念是“阅后即焚”。你的内容或者“故事”只能在线保存 24 小时。塔可钟成为首个使用 Snapchat 为品牌打造第一支电影的品牌，该片宣告了新产品 Doritos Loco taco 的上市。

此次 campaign 的成功以及对于 Snapchat 的使用归功于塔可钟一贯的承诺：提供社交网络上的独家精彩内容。由于 Snapchat 的特性，它并不是对所有的企业都有效。不过任何将 25 岁以下人群视为目标用户的公司应该考虑将 Snapchat 纳入社交媒体战略中。

如何在创业中使用这个战术？让你的客户觉得自己很特别。用 Snapchat 发布公司的独家新闻或幕后花絮影片。让你的受众从你独特的故事中了解你的业务。此外，定期向你的受众发出挑战，并设法把他们从已有的社交媒体渠道中引流到 Snapchat 中。

总之，了解所有可视化网络的不同之处，为受众打造独特的体验，你的企业便可以玩转视觉营销，在信息噪声的海洋中创造差异化。

5.7 “互联网+”产业构建模式

2015 年国务院总理李克强在作政府工作报告时明确提出，“制定‘互联网+’行动计划，推动移动互联网、云计算、大数据、物联网等与现代制造业结合，促进电子商务、工业互联网和互联网金融健康发展，引导互联网企业拓展国际市场。”

随后，全国便掀起了一股“互联网+”、“大众创业、万众创新”之风。“互联网+”是互联网融合传统行业并且将其改造成具备互联网属性的新商业模式的一个过程。将传统产业与互联网结合创新发展，利用互联网技术对传统产业数据收集、分析、处理，用精准的大数据提供高效的、全面的解决方案，从而提高生产效率，促进传统产业快速发展。

“互联网+”是连接、开放、协作、共享的互联网思维的现实运用，也是产品价值和用户价值的融合，确立了以消费者为导向的新经济理念，为我国产业、商业、对外经贸发展重塑了一个新的生态环境，产生了跨界融合的质变。

未来，我国的“互联网+”将主要呈现5大发展趋势。

（1）“互联网+”将渗透至所有传统产业领域。其模式不仅在于传统企业利用互联网技术改造生产流程，更在于产生更多互联网与传统产业相融合、相促进的新生产、流通和商业模式。

（2）“互联网+”将催生O2O（Online-to-Offline）的全渠道融合模式。线上服务将促进线下生产、销售、服务的实体经济进行根本性变革。

（3）“互联网+”的综合服务业将兴起。这些综合服务企业通过整合产业链、贸易链、监管链和数据链，在原有信息与交易服务的基础上向涵盖支付、物流、信用、产品质量保险和金融等方向发展，为全流程在线交易提供全方位的集成服务。

（4）“互联网+”的产业链将逐步完善。平台电商与自建网站协同发展，各类平台将进一步整合，逐步完善服务功能，更多的制造业企业将建立以互联网为载体的全产业链生产和营销模式。

（5）电子商务将获得长足发展。我国电子商务将进入服务集约化、产业链协同发展阶段，电子商务企业会在商业模式和技术产品方面不断创新，电子商务从规模到质量都会有大幅度的提高，电子商务综合服务体系将逐步建立。

“十三五”规划纲要也明确提出，发展现代互联网产业体系，形成网络化、智能化、服务化、协同化的产业发展新形态。当前，全球新一轮互联网革命进入爆发期，互联网已远远超出单一的技术工具范畴，演进到重构产业生态和价值创造阶段，成为新经济的新兴力量，对整个社会的经济、文化、环境和资源都产生着深远的影响。随着互联网与各行各业融合渗透的日益深入，互联网跃升为新的信息生产力，并不断创造出新产品、新业态、新模式、新平台，推动各行业优化、增长、新生，形成现代互联网产业体系。

与传统ICT产业相比，现代互联网产业出现三类新的特征。

（1）随着互联网技术自身的创新与融合加速，智能化、个性化、微型化、移动化、服务化和交互式将是新一代互联网技术发展的核心，互联网技术创新将直接衍生新的业态，包括移动互联网、云计算、大数据、物联网等产业，这些新兴产业未来的复合年增长率均在20%以上，在国民经济中的比重不断上升，使产业结构呈现出高技术密集度的特征。

（2）依托互联网技术的高度倍增性、广泛渗透性和深度产业关联性，互联网技术在农业、工业及服务业等产业领域广泛应用，推动基于网络化、智慧化的多元产业融合，催生“互联网+制造”、“互联网+商贸”、“互联网+金融”及“互联网+农业”等新型业态，使传统产业从研发、生产、经营、管理方面发生本质的改变。

（3）互联网思维极大地促进了包括产业技术创新、商业模式创新、产业文化创新等全方位创新，推动产业发展模式向创新驱动转型。

5.7.1 “互联网+”产业模式剖析

1.“互联网+”是什么？

“互联网+”战略是全国人大代表、腾讯董事会主席兼 CEO 马化腾向人大提出的四个建议之一。“互联网+”战略就是基于互联网的平台，利用信息与通信技术，把互联网和包括传统行业在内的各行各业结合起来，在新的领域创造一种新的生态。

“互联网+”绝不是什么新鲜事物。比如，互联网+传统集市有了淘宝，互联网+传统百货卖场有了京东，互联网+传统银行有了支付宝，互联网+传统的红娘有了世纪佳缘，互联网+传统交通有了快的、滴滴等。

真正意义上的“互联网+”，应该是移动通信网络+大数据收集、挖掘、分析、整合+智能感应能力形成的新的业务体系和新的商业模式，而不是简单地把一些互联网的营销和互联网的业务与传统行业结合。

2. 互联网+市场营销

“互联网+市场营销”不纯粹是在互联网上交易，在网上推广产品和品牌，而是通过“免费”对用户开放，提升用户体验后，让用户产生依赖，从而聚集大量的“人气”，通过“人气”营造销售的氛围，进而达到产品销售的目的。

互联网思维的渗入实际上不仅对消费者入住体验有跨越式的便利，对开发商的利润从某种意义上也有巨大的扩展空间。传统的品牌营销方式已经不再适应互联网时代的要求，以产品、用户体验为中心，以 OTA（Online Travel Agent）、自主 APP 为主要渠道，用互联网思维来推广和塑造品牌，方能在时代大潮中前进。

3. 互联网+房地产业

在房地产市场调整的过程中，“互联网+”为房地产提供一个机会，电商、众筹、O2O 等模式日渐成为房地产营销新宠。目前来看，“互联网+房地产”主要突破点是前端的销售环节，以解决当下开发商最头痛的销售低迷的现状。

除了利用微信、微博、网络社区的直接营销，目前“互联网+房地产”主要有以下几种营销模式：一是理财型，如认筹理财、首付款理财等；二是变相降价；三是众筹型，简单来说，就是购房者通过互联网平台认购投资份额成为众筹人，不买房就可以获得收益，买房就可以获得较低的折扣；四是低息贷款型，如平安好房推出的首付零息贷；五是概念型。目前，不少房地产商打出社区 O2O 的概念，并将其延伸到开发环节。

4. 互联网+金融业

从公布的银行年报来看，多家银行都明确把互联网作为核心战略，布局互联网金融，希望在“互联网+”大潮引领下，转型成为新金融载体。光大银行、平安银行、浦发银行、招商银行、中信银行等纷纷用专门篇幅介绍了各自结合互联网技术推出的创新产品，如橙 e 网、网贷通、闪电贷等，将产品研发、平台建设与新业务拓展融为一体。

5. 互联网+绿色建筑

近年来，我国绿色建筑的数量逐年提升，尤其是三星、二星级绿色建筑的增长幅度都将近 1 倍以上。同时，绿色建筑目前发展遇到瓶颈，大众化、普及化是关键。让绿色建筑走出设计室，让民众可感知、可监督，激发居住者节能、节水的积极性。将绿色建筑与互联网相融合，将虚拟技术与实体建筑相结合，通过新技术、互联网、物联网、云计算、大数据等，可以提高节能、节水、节材、降低温室气体的实效，进而全面提升绿色建筑的质量，使未来的建筑更加生态和友好。

6. 互联网+旅游

什么是 21 世纪旅游出行必不可少的要素？出行攻略、特价信息、定位导航、随身 WiFi 外加随叫随到的专车接送……，现在，借助发达的科技及互联网，这些方便于游客的出行“助手”已经应用于大部分旅程中。旅游行业中能拥抱互联网的已不仅仅是酒店、门票和机票这些单项产品，“互联网+”将使整个旅游产业更加丰富、繁荣。

在线旅游网站发展前期，是以携程网、去哪儿网、艺龙网等为代表的传统 OTA 模式。如今途牛网、蚂蜂窝等新一批旅游网站兴起。途牛网依然主推跟团游，其方式是从国内众多旅行社、航空公司及酒店等采购旅游度假产品，进行打包或组合，定价后卖给消费者。而蚂蜂窝则主打自由行，用符合自由行用户沟通习惯的语义分析系统，把 UGC（User Generated Content）里有价值的部分识别出来，再和相应目的地的酒店、景点、餐厅等点评数据相匹配，通过用户产生的信息记录去判断用户可能感兴趣的目的地、旅行方式、消费习惯等，并将“旅游大数据”计算出来的信息送达对应的用户。

对于渠道、平台、产品、服务而言，稀缺的就是有价值的。现在旅游业呈现出“闪客化”模式，过去以观光、追求差异化为主，现在是以追求目的地、生活体验为主，为了适应这种分散的、多元的、体验性的需求，旅游业需要更多创新。

5.7.2 “互联网+”产业模式构建策略

1. 推动技术创新型互联网新兴产业发展

通过业态创新、商业模式创新以及网络平台效应下的品牌塑造和生产经营，可以更好地促进产业转型升级，提升存量、创造增量，迈向创新驱动之路。

瞄准互联网前沿技术创新衍生的新业态，结合互联网产业链关键环节，加快制定新一代互联网产业发展路线图，选准产业发展突破口，明确重点突破技术，以技术创新带动移动互联网、云计算与大数据、智能机器人、物联网、3D 打印、5G、下一代互联网、卫星导航应用等领域核心技术的研发和产业化，以关键领域重大项目为抓手，分阶段有序推动互联网相关产业发展。

重点构建移动互联网产业集群并鼓励移动商务模式创新，形成包括设备制造、网络运营、软件和信息服务等环节的移动互联网产业链；实施国家大数据战略，推进数据资源开放共享，扶持发展大数据集成应用与数据挖掘服务；重点开发面向制造业及中小企业的云计算服务，打造国际云计算数据中心及云设备制造基地；发展物联网技术和应用，加快建设国际领先的物联网产业集聚区；鼓励建立3D打印产业联盟及企业孵化器；加快建设高速宽带、泛在融合的新一代网络基础设施。

2. 发展融合型互联网产业

加快落实国家“互联网+”行动计划，发展分享经济，推动互联网与制造、服务、农业、能源等领域的深度融合。

重点支持“互联网+制造”新业态，尽早应对工业4.0变革浪潮，对接“中国制造2025”，大力发展智能制造、智能机器人及智能装备、可穿戴智能设备；加快工业互联网建设，利用互联网技术帮助传统制造业优化生产环节和供应链；在数控机床、工程机械设备等装备制造领域，应用推广感知技术、再制造技术，研制高端数控产品、流程工业成套装备等智能装备。

积极培育“互联网+服务”新兴业态，深化电子商务与实体经济的融合，发展化工、钢铁、轻纺等行业电子商务平台，壮大提升网上交易市场；推动移动电子商务在商贸流通等领域的应用，引导传统百货、酒店餐饮企业培育发展O2O电子商务；促进“互联网+金融”有序发展，支持发展互联网信贷、第三方支付、众筹等互联网金融新业态；加快发展“智慧物流”，鼓励大数据、云计算在物流领域的应用，建设智能仓储系统，完善智能物流配送调配体系；加强“智慧文化”建设，以互联网科技创新推动文化业态创新，鼓励发展跨网络平台、跨终端的数字内容产品。

此外，还应加快发展基于互联网的医疗、健康、养老、教育、旅游等新兴服务。

3. 培育互联网平台型产业

鼓励跨平台融合发展，扶持互联网新业态骨干企业（平台），做大做强互联网转型升级示范企业（平台），支持互联网龙头企业建立全产业链贯通、开放式的互联网平台，辐射带动互联网中小企业协同发展。

在产业链关键环节重点培育引进一批拥有核心关键技术及自主品牌的互联网企业，并重点在优势传统产业、智能制造等领域开展“两化”与“两业”深度融合的试点示范工作。推进产业组织、商业模式、供应链、物流链创新，支持基于互联网的各类创新。

4. 发挥宽带网络、大数据及云计算技术优势

“互联网+”时代的生产资料就是大数据，新的计算及计算技术与应用正在将过去以“流程”为核心带向以“大数据”为核心，作为最为重要的生产要素，大数据及大数据处理能力会成为每个企业、每个行业的“新大脑”。

宽带网络的不断升级、数据存储的便捷以及云计算的普及将造就“互联网+”产业的“辉煌”，表现出来的是企业数据化，实现的是生产、交易、流通、融资的更高效，使得企业在生产制造、运营效率和资源配置方面得到大幅度提升。

5. 创造良好的条件和环境

为实现“互联网+”产业的快速发展，必须努力创造良好的条件和环境。

在企业层面，首先是企业思维和观念的改变，观念的变化决定了是否能够运用互联网思维进行变革；其次，要整合互联网技术的人才和资源。

在政府层面，应努力创造更加宽松的政策环境。在“中国制造2025”的指引下，还需要有具体的支持产业互联网发展的政策体系，加快构建以金融服务、信息服务、科技服务、商务服务、流通服务为主的生产性服务体系，推动“互联网+传统产业”的发展，促进我国产业互联网有更大的提升。

5.8 “互联网+”企业构建模式

“互联网+”企业就是企业互联网化。“企业”是指企业的方方面面，从战略到管理、从组织到文化、从生产到营销，可以归纳为四个关键要素：商业模式、管理模式、生产模式、营销模式。“互联网+”企业就是要通过互联网技术（大数据、云计算等）和互联网思维以及“平等、开放、协作、分享”的互联网精神来优化升级或颠覆重构企业的整个价值链和价值链上的人。

在互联网时代，任何一个企业都面临着如何转型发展的问题。而商业模式的变化、战略方针的选择、营销方式的改变都离不开“互联网化”。目前“互联网+”企业四大落地要素（即商业模式、管理模式、生产模式、营销模式）已初步形成，有效促进了“互联网+”企业的健康、良性发展。

5.8.1 “互联网+”企业商业模式

现代管理学之父彼得·德鲁克说过，当今企业之间的竞争，不是产品之间的竞争，而是商业模式之间的竞争。“互联网+”企业商业模式，就是要通过互联网思维和技术打造一个开放的平台，改变原来的盈利模式。

“互联网+”企业四大落地要素中最核心的就是商业模式的互联网化，目前来看主要分为六种商业模式。

1.“工具+社区+电商”模式

互联网的发展，使信息交流越来越便捷，志同道合的人更容易聚在一起，形成社群。同时，互联网将散落在各地的星星点点的分散需求聚拢在一个平台上，形成新的共同需求，并形成规模，解决重聚的价值。未来商业边界的核心是社群，而不是产品，每个行业中的商业创新，都源自于对同质性消费族群的痛点挖掘，以及在此基础上构建产品与服务要素的重新组合。例如，小米从一开始就是通过手机软件系统来构建用户社区，而不是卖产品。

如今互联网正在催熟新的商业模式，即“工具+社区+电商”的混合模式。“工具+社区+电商”的三位一体化模式将成为移动互联网时代的主流模式，如大姨妈、美妆心得、妈妈帮、陌陌等，最开始就是一个工具，都是通过各自工具属性/社交属性的核心功能过滤到了大批的目标用户，然后才培养出自己的社群，成长为社区，并开始逐步嫁接电商业务。

简单来说，工具如同一道锐利的刀锋，它能够满足用户的痛点需求，但它无法有效沉淀粉丝用户，社区就成为沉淀用户的必需品，而电商化则是衍生盈利点的有效方式。三者看上去是三张皮，但内在融合的逻辑是一体化的。例如，微信就是一个非常典型的案例，它从一个社交工具，加入朋友圈点赞与评论等社区功能，继而添加微信支付、精选商品、电影票及手机话费充值等功能。

互联网商业模式包含三个层次，最底层以产品为中心，其次以平台为中心，而最高层是以社区为中心。这样就会出现社区商业：内容+社区+商业。内容是媒体属性，用来做流量的入口；社区是关系属性，用来沉淀流量；商业是交易属性，用来变现流量价值。用户因为好的产品、内容及工具而聚合，然后通过社区来沉淀，因为参与式的互动，共同的价值观和兴趣形成社群而有了深度链接，用定制化 C2B（Customer-to-Business），用交易来满足需求，水到渠成。

2. 长尾型商业模式

长尾概念由克里斯·安德森提出，描述媒体行业从面向大量用户销售少数拳头产品，到销售庞大数量的利基产品的转变，虽然每种利基产品相对而言只产生小额销售量。但利基产品销售总额可以与传统面向大量用户销售少数拳头产品的销售模式媲美。未来的商业模式会逐步演化成 C2B，也就是从大规模生产走向大规模定制，最后走向个性化定制，这个速度会越来越快。通过 C2B 实现大规模个性化定制，核心是“多款少量”。因此，以长尾型商业模式需要低库存成本和强大的平台，并使得利基产品对于兴趣买家来说容易获得。例如，服装业的 ZARA。

3. 跨界商业模式

互联网预言帝凯文·凯利表示：“不管你们是做哪个行业的，真正对你们构成最大威胁的对手一定不是现在行业内的对手，而是那些行业之外你看不到的竞争对手。”马云曾经说过一句很任性的话，他说，如果银行不改变，那我们就改变银行，于是余额宝就诞生了，余额宝推出半年，规模就接近 3000 亿。

跨界商业模式从本质上来讲是一种商业模式的新探索与新变革，是对于一个企业进行商业模式的创新与重塑，尤其是对于广大的创业大学生来讲具有对传统行业的颠覆性价值。但是，想要完成这种颠覆性，是需要有一些条件与因素的作用的。对于大学生而言，需要具有良好的综合素质、宽松的市场环境、有力的政策与措施等。

总之，在天时地利人和等综合性因素的作用下，才可能完成这种创新与变革。在进行这种跨界商业模式的探索中，大学生需要对原来具有低效率的产业进行资源的整合，重构生产关系、提升资源运用的效率。比如，减少中间流通环节、降低生产成本，利用互联网进行产业信息资源的收集、分析、发布，扩大市场的影响力和增强本公司产品的信誉等。

众所周知，美国的苹果公司利用现代的网络科技与商业模式的重塑由软件行业跨界到手机制造行业，短短几年间就在国际市场中占有广阔的市场空间、获得巨大的经济效益。而国内的小米公司从风投行业跨界到手机制造业，获得非常不错的发展。

跨界思维的核心是颠覆性创新，且往往来源于行业之外的边缘性创新。因此，要跳出行业看行业，建立系统的、交叉的思维方式。用跨界的思维，突破传统的惯性思维，超越传统的经营理念和商业模式，重新构建商业价值链就有机会获得成功。

4. 免费商业模式

小米科技董事长雷军说过，互联网行业从来不打价格战，它们一上来就免费。传统企业向互联网转型，必须要深刻理解这个“免费”背后的商业逻辑的精髓。

“互联网+”时代是一个“信息过剩”的时代，也是一个“注意力稀缺”的时代，怎样在“无限的信息中”获取“有限的注意力”，便成为“互联网+”时代的核心命题。注意力稀缺导致众多互联网创业者开始想尽办法去争夺注意力资源，而互联网产品最重要的就是流量，有了流量才能够以此为基础构建自己的商业模式。因此，互联网经济就是以吸引大众注意力为基础，去创造价值，然后转化成赢利。

很多互联网企业都是以免费、好的产品吸引到很多的用户，然后通过新的产品或服务给不同的用户，在此基础上再构建商业模式。例如，360 安全卫士、QQ 用户等。互联网颠覆传统企业的常用打法就是在传统企业用来赚钱的领域免费，从而彻底把传统企业的客户群带走，继而转化成流量，然后再利用延伸价值链或增值服务来实现盈利。

免费作为一种营销策略乃至商业模式，已经越来越多地被那些具备洞察力的企业和品牌所认知及广泛运用，并创造着可观的利润，不仅仅是数字经济领域，在传统实体市场同样如此。免费模式打破固有的“交易”一词的概念。

但不是所有人都能理解免费背后的真正内涵。传统企业做影响力的方式是投放广告，或者在客流大的地方租下铺面，让消费者知道自己。互联网企业大多通过提供免费但有价值的服务让用户体验并传播。互联网的一个核心观念是用户体验至上，创造机会让用户去体验，在这过程中感受到价值，把商业价值建立在用户价值之上。

5. O2O 商业模式

2012 年 9 月，腾讯 CEO 马化腾在互联网大会上演讲中提到，移动互联网的地理位置信息带来一个崭新的机遇，这个机遇就是 O2O。二维码是线上和线下的关键入口，将后端蕴藏的丰富资源带到前端，O2O 和二维码是移动开发者应该具备的基础能力。

O2O 狭义来理解就是线上交易、线下体验消费的商务模式，主要包括两种场景。

（1）线上到线下，用户在线上购买或预订服务，再到线下商户实地享受服务。目前，这种类型比较多。

（2）线下到线上，用户通过线下实体店体验并选好商品，然后通过线上下单来购买商品。

广义 O2O 就是将互联网思维与传统产业相融合，未来 O2O 的发展将突破线上和线下的界限，实现线上线下、虚实之间的深度融合，其模式的核心是基于平等、开放、互动、迭代、共享等互联网思维，利用高效率、低成本的互联网信息技术，改造传统产业链中的低效率环节。

1 号店联合董事长于刚认为，O2O 的核心价值是充分利用线上与线下渠道各自优势，让顾客实现全渠道购物。线上价值就是方便、随时随地，并且种类丰富，不受时间、空间和货架的限制。线下价值在于商品看得见摸得着，且即时可得。从这个角度看，O2O 应该把两个渠道的价值和优势无缝对接起来，让顾客觉得每个渠道都有价值。

6. 平台商业模式

平台商业模式是一种新型的网络商品交易运行方式，从产生以来到现在已经展现出巨大的影响力。其突出的特点是运用现代的网络信息技术进行产品的线上营销与服务，带动线下产品的生产与消费。非常具有代表性的网络商业平台有淘宝、阿里巴巴、京东商城、天猫商城等。

这种商业模式的出现，极大地改变传统的商业运行方式，使产品的生产、营销、服务有机融合在一起，减少产品的中间流通环节、降低产品的成本、增强产品的流通效率。同时，这种商业模式的发展也使电子货币与电子支付方式迅速发展。例如，微信、支付宝、余额宝等都可以进行电子货币支付，极大地方便人们的生活。

互联网的世界是无边界的，市场是全国乃至全球。平台商业模式的核心是打造足够大的平台，产品更为多元化和多样化，更加重视用户体验和产品的闭环设计。在互联网时代，用户的需求变化越来越快，越来越难以捉摸，单靠企业自身所拥有的资源、人才和能力很难快速满足用户的个性化需求，这就要求打开企业的边界，建立一个更大的商业生态网络来满足用户的个性化需求。通过平台以最快的速度汇聚资源，满足用户多元化的个性化需求。所以平台模式的精髓，在于打造一个多方共赢互利的生态圈。

对于传统企业而言，不要轻易尝试做平台，尤其是中小企业不应该一味地追求大而全、做大平台，而是应该集中自己的优势资源，发现自身产品或服务的独特性，瞄住精准的目标用户，发掘出用户的痛点，设计好针对用户痛点的极致产品，围绕产品打造核心用户群，并以此为据点快速地打造一个品牌。

5.8.2 “互联网+”企业管理模式

“互联网+”企业管理模式就是要围绕怎样才能有效地为用户提供产品和服务而展开。企业管理模式的互联网化主要体现在组织结构的互联网化、企业文化的互联网化和管理平台的互联网化等三个方面，进而通过互联网技术来改善管理、提高效率、降低成本。

1. 组织结构互联网化

现代管理学之父德鲁克在谈到 21 世纪的管理时预言，管理将会从传统的多层次走向更加扁平、更加网络、更加生态的方式。

随着移动互联网的发展，传统组织结构的弊端日益暴露，内部各自为政，决策效率低下，用户反馈机制不灵活。这种决策效率低下不是因为信息传播速度慢，而是因为它需要底层反馈、中层传导、高层决策，然后再原路返回，由底层执行。

在互联网时代，用户需求呈长尾分布，企业需要更多地接触用户、粉丝与市场。因此，必须要有更灵活的组织模式与之匹配。企业需要利用互联网思维重新梳理公司的战略、文化、组织，重新审视僵化的企业文化和传统金字塔式或矩阵式组织结构，重新定义公司的产品和服务，必须彻底全面转向以用户为中心的组织。组织的真正核心是用户，谁贴近用户，谁最了解用户，谁拥有更多的话语权和资源支配权，谁最接近企业价值最终变现的环节，谁就拥有决策权，谁就可能成为组织的核心。

“互联网+”时代，企业的核心竞争优势来源于企业对用户需求的敏感度和满足度。每个公司要想成功，必须更加广泛地与用户沟通，给用户授权，让用户成为发号施令者，让一线员工成为决策者，使用户广泛参与产品和公司的改进，让用户以吐槽或赞扬来驱动员工进步，这样企业才会更加有活力。

2. 企业文化互联网化

企业文化将对企业员工的工作状态、工作效率、团队凝聚力、企业生产率等产生直接而深远的影响，以至于决定整个企业的发展前景。企业转型过程中非常重要的一点就是文化转型，是人的思维转型，如果这些转型没有完成，企业转型将会困难重重，甚至失败。因此，互联网时代下，企业需要建立以互联网精神为土壤的文化氛围，解决内部员工的观念转变，进而改变企业战略。

企业是否具有互联网思维，能否遵循“平等、开放、协作、分享”的互联网精神，是否具有互联网基因，是“互联网+”时代下企业能否取得成功的关键因素。它们是企业对待外部环境、对待顾客、对待内部员工以及其他相关主体的基本态度和原则，是企业成长的命脉和动力，也是企业成长的指南和约束。因此，所有转型都要固化成企业文化，因为只有文化上的转型才是真正意义上的精神传承。只有企业具有互联网基因，人人奉献互联网精神，员工的创造性、积极性、主观能动性都充分发挥出来，才是真正意义上的企业互联网化。其实，爱因斯坦很早就说过，我们对于因为旧思维而造成的问题，不可能用造成这些问题的思维方式去解决，要解决这些问题，我们必须改变原有的思维方式。

3. 管理平台互联网化

“互联网+”企业积极尝试协同管理模式，建立协同管理平台，实现产品平台化、移动互联化、企业社交化、应用共享化，借助该平台将快速打通企业中各个异构系统的互联互通，让企业决策者及时掌握各种准确有效的数据，提升企业竞争力；借助该平台将整合企业、员工、客户及合作伙伴之间的各种应用，并打通相互之间数据交互、信息共享，实现事务的大协同；借助移动互联技术帮助企业更好地利用移动互联打造业务应用的移动化、协同化和云端化，让员工更多地利用碎片化时间，随时随地处理工作事务，从办公桌上解脱出来，同时提升企业价值。

当今移动互联网使得传统的办公场景向企业社交化过渡，让团队执行力、创造力得以提升。协同管理中的企业社交化，将为工作流程注入移动化、生活化、人性化等创新元素，同时将更好地促进企业内部沟通，凝聚企业共识，激发员工创新，共享团队知识，最终提高协作效率；今后企业将基于移动互联网、物联网、云计算、大数据等新一代信息技术实现智能化，形成个性化、柔性化、数字化的制造与服务模式，进入工业 4.0 阶段。

5.8.3 “互联网+”企业生产模式

移动互联网让所有人随时随地都可以通过手机分享全媒体信息、进行产品比较，直接导致信息控制权的转移。也正是在信息控制权转移的过程中，彻底打破用户与厂家之间因信息不对称而构建的市场格局，同时也意味着用户主权时代的到来。这就要求企业要在更高层面上来实现“以用户为中心”，不是简单地听取用户需求、解决用户的问题，更重要的是让用户参与到商业链条的每一个环节，从需求收集、产品构思到产品设计、研发、测试、生产、营销和服务等，汇集用户的智慧，企业才能和用户共同赢得未来。

1.“互联网+”制造业背景下的 C2B 模式

传统企业做产品的路径是不断完善产品，等到完美的时候再投向市场，再修改完善就要等到下一代产品。而互联网时代讲究的是快，尽快地将产品投向市场，让用户参与产品体验、验证，并倾听用户的反馈进行改进。互联网大大削减产销之间的信息不对称，加速生产端与市场需求端的紧密连接，并催生出一套新的商业模式：C2B 模式，即用户驱动的商业模式。

C2B 模式的本质是以个性化定制和柔性化生产搭建起来的一个由用户驱动，而不是厂家驱动的全新的商业模式。移动互联网时代的用户需求将变得更加个性化和碎片化，同质化的产品已无法满足用户，特别是年轻用户的需求。用户需要一对一的产品和服务，这就要求企业必须提供定制化的产品和服务。

企业产品体系的重塑，是对以用户需求为导向的产品体系重构。一切围绕着市场趋势的变化，围绕着用户社群的个性化归属。未来的制造业是用户、生产者、产品供应商都可以参与每个环节。全流程、全产业链、全生命周期会给制造业一个更好的未来。

制造业“互联网+”行动计划是现代制造业与移动互联网、云计算、大数据、物联网的结合。数字化技术深刻改变制造业的生产模式和产业形态，可以帮助企业以更有效的流程应对市场需求，提高反应速度，并帮助企业优化能源效率。“互联网+”令现代制造业管理更加柔性化，更加精益制造，更能满足市场需求。关于制造企业向互联网转型，众说纷纭。但有一点可以肯定的是制造企业的转型，不是要把自己转型成互联网企业，而是要转型成为“具有互联网基因的制造企业”，用互联网的思维、技术和模式生产符合互联网时代要求的产品。

互联网思维的核心在于用户，互联网思维得以重塑生产模式的根源在于用户的需求通过互联网改变企业的生产模式。原来企业的品牌附加价值都是建立在信息不对称基础上的，利益分配层层剥皮。互联网的出现打破信息不对称，真正实现去中介化和去中心化。现在不少企业都在逐步去掉中间商，通过互联网与客户直接接触，客户的需求直接成为企业生产的依据，这其实是用户在改变企业。

2. 网络下的定制化生产模式

随着德国工业 4.0 等先进制造业战略思潮“西学东渐”，我国也实施“中国制造 2025”，并制订“互联网+”行动计划，推动移动互联网、云计算、大数据、物联网等与现代制造业结合。在这样的背景下，企业开始从传统的大规模生产向网络下的定制化生产模式转变。在这个生产模式根本性转变中，“互联网+”起到关键性作用。

网络下的定制化生产就是运用信息技术，柔性化的生产过程和组织结构，以接近大规模生产模式的产品成本，向客户提供广泛的能够满足其需要的产品和服务的生产系统。

网络下的定制化生产与传统的量化生产模式存在着根本的区别，企业以自身为中心的制造模式转变为以客户为中心的制造战略，实施以客户为中心的定制化生产制造战略，对客户需求做出快速响应，并在短时间内交付高质量和低成本的成品，企业要根据客户的需求快速重组业务流程，以减少业务中的无用作业，一切着眼于快速完成整个商务过程，把从供应商到客户的全部环节都集成管理起来，面向整个供应链，采用以客户为中心的拉动式生产方式。未来，基于网络的定制生产将是一种趋势。

5.8.4 “互联网+”企业营销模式

“互联网+”背景下，企业营销模式也要跟上时代发展步伐。尽管企业营销看上去千头万绪、纷繁复杂，各种理论也层出不穷，从4P到4C，从4R到4L，但最终归结于三个因素：营销环境、营销对象和营销方式。

1. 营销环境的嬗变：移动化、碎片化、场景化

互联网时代下，企业的营销环境趋于“移动化、碎片化、场景化”。大家已经不再局限于每周、每月的固定时间里，在固定的购物场所进行消费。而是转变为随心所欲的全天候、多渠道的消费，消费者可以在任何时间、任何地点，通过任何方式购买他们所喜欢的商品。无论是智能手机销量的暴增还是人们花在智能手机上时间越来越长，都足以证明整个营销环境的移动化。而如今人人都是自媒体，个个都是消息源，大家的注意力被分散在各个媒体。因此，加剧用户的碎片化趋势：消费地点的碎片化、消费时间的碎片化、消费需求的碎片化。此外，很多时候营销要触动消费者，一定要有匹配的情景，因为人是受环境影响的，场景化可以激发消费者的购买欲。

2. 消费主体的蜕变：个性化、社交化、娱乐化

当今，“80后、90后”作为一个正在不断崛起的消费群体，其数量已超过4亿，他们的消费观念、消费权利、消费意识、消费话语正在深刻影响着整个商业环境。普遍认为“80后、90后”心理特点就是追求自我张扬、有与众不同的个性。他们重视产品消费体验中是否能给自己带来心灵、情感上的最大满足，并获得差异性、个性化、多样化的体验。于是，参与感成为小米手机大获全胜的成功秘诀。

“80后、90后”这一群体接受市场经济、全球化、互联网进程的洗礼，他们的人生观、价值观和世界观以及由此衍生出的消费观，呈现出与其父辈迥然不同的特征。腾讯QQ发布的《中国90后青年调查报告2014》显示，90后是孤独与集体孤独的一代，他们有强烈的社交需求，孤独的他们习惯沉溺于虚拟社交圈，由此可以理解各种社交媒体工具的火热流行的原因。

调查数据表明：“玩”是80后生活的主体，“玩”的开支可达他们日常消费的1/3。而娱乐的价值就是教会他们“怎样玩”以及通过何种载体让他们觉得“好玩”。90后宣称“我每天可以吃的有限，穿的有限，花的有限，但是开心必须无限”，娱乐成为他们生活中不可或缺的一部分。

3. 营销方式的迭变：大数据营销、社群营销、场景化营销

美国互联网营销专家ChuckBrymer认为，互联网营销的本质就是用最小的投入，准确链接目标顾客，用完美的创意，实现强大的口碑以影响目标群体。

面对“移动化、碎片化、场景化”营销环境和“个性化、社交化、娱乐化”消费主体，同时还必须满足“最小的投入，最精准的链接，最完美的创意”，互联网企业该如何应对？

（1）大数据营销。移动互联网时代，企业的经营策略已从传统的以产品为中心转向以用户为中心。以用户为中心，前提是必须清楚地掌握用户的喜好、行为习惯等特点，了解用户的真实需求与潜在需求，而大数据可以让这一切成为可能。大数据营销就是通过实时监测或者追踪消费者在互联网上产生的海量行为数据，借助数据库的筛选、分析和挖掘，找寻目标客户，实施有效的推广策略，实现精准销售，并解决营销中最小投入、最精准的链接问题。

（2）社群营销。互联网的发展使信息交流越来越便捷，志同道合的人更容易聚在一起形成社群。互联网时代消费者的社群变强，移动互联技术的发展使企业与消费者之间的关系变得更加紧密。因此，移动互联网时代传播的核心就是要找到合适的影响点，在合适的时机影响那些在社群中有影响的人，以取得品牌增值的杠杆效应。例如，小米赖以成功的“粉丝经济”的核心，就在于营建一个活跃的社群，社群营销摆平社交化的消费需求。因此，谁掌握社群，谁就可能成为商业价值链中的主导力量。

（3）场景化营销。移动互联网时代，用户的消费场景发生巨大变化，用户的消费行为不再是完全静止和计划的。用户在分散的媒体接触中，不断吸收广告和营销信息，因此，很多消费行为会由于特定品牌设定的广告、体验或者互动场景而实时触发。而新技术的发展，让随时捕获这种情景变得容易，如移动互联网和任意的广告屏幕以及终端的无缝链接。

因此，营销如何“场景化”以及如何通过可以谈论的内容+场景的匹配，成为所有企业都需要面对的问题。产品要能够制造出让消费者关注的内容话题，并通过不同的媒介制造出短时间内的话题场景，才能引爆品牌。例如，斯巴鲁的健身会所广告就考虑到与健身人群的场景匹配性“为你的坚持买单”。

总之，碎片化的渠道、碎片化的时间、移动化的行为、个性化的价值观、娱乐化的诉求决定“互联网+”背景下的企业营销向着场景化、数据化、社群化的趋势发展。

思　考　题

5-1　目前常见的“互联网+”创业营销平台有哪些？你认为哪种“互联网+”创业营销平台更有发展潜力？

5-2　互联网广告相对于传统媒体广告有何优势？

5-3　互联网广告有哪些表现形式？

5-4　互联网精准营销广告如何实现？需要哪些相关技术？

5-5　简述微信公众平台的运营策略。

5-6　移动 APP 的营销策略有哪些？

5-7　简述微博营销的特点。

5-8　简述微博营销的基本策略。

5-9　简述视觉营销的基本策略。

5-10　简述视觉营销的设计技巧。

5-11　简述“互联网+”产业模式构建的基本策略。

5-12　目前常见的“互联网+”企业商业模式有哪些？

5-13　相对于传统企业营销模式，你认为“互联网+”企业营销模式有何变化？

第6章 “互联网+医疗”创新创业案例

互联网技术应用于健康医疗，一直是互联网发展的重要方向和应用领域。“互联网+智慧医疗”通过互联网的连接作用和大数据的集聚效应，可以实现随时随地、快捷高效、个性化和精准化的医疗服务。通过健康医疗数据，可以把医学专家积累的宝贵经验转化成标准化知识，做到数据驱动医疗服务。因此，“互联网+医疗”大大提高供给端的服务能力和效率，解决健康医疗领域存在的诸多需求，包括从提高疾病的诊疗服务效率、降低医疗费用，到提高诊疗精准性、提供疑难病罕见病的会诊服务等。本章首先概述“互联网+医疗”相关知识，然后介绍三个“互联网+医疗”创新创业案例，可为读者在编写创新创业计划书、模拟创新创业流程等方面提供一些借鉴。

6.1 “互联网+医疗”概述

近年来，我国医疗卫生信息化建设步伐加快，医疗卫生信息化建设已经从医院药房管理信息系统、体检管理信息系统、护理管理信息系统、影像存储与通信系统（Picture Archiving and Communication System，PACS）等单一科室的业务系统发展到以医院管理和临床医疗服务为重点的多个科室业务系统互联覆盖全医院的医院信息平台，以及以临床信息共享、区域医疗协同、居民电子健康档案为应用的区域卫生信息平台。其中，以患者电子病历（Electronic Medical Records，EMR）、电子处方服务（Electronic Prescription Service，EPS）为主的医院信息平台和以居民电子健康档案（Electronic Health Records，EHR）为核心的区域卫生信息平台等为代表的医疗卫生信息化发展战略，实现了医疗信息资源共享及利用。

特别是近年来，随着互联网新一代信息技术与医疗卫生行业的深度融合，“互联网+医疗”产业发展势头迅猛。互联网+医疗可以通过将专业人员、信息、设备及资源等连接起来并实现良性互动，提供更加便捷化、个性化和精准化的健康医疗服务。

6.1.1 “互联网+”时代下生物医学信息学

随着移动互联网、物联网、云计算、大数据等新兴信息技术与医疗卫生行业产业紧密融合，海量的生物信息与医学信息融合在一起，推进了生物医学信息学学科的迅速发展，促使人类能够系统地认识生命机制、复杂疾病机理以及基因型和表型之间的相关性，并为疾病的预防、诊断、治疗以及预后提供决策依据。生物医学信息学覆盖生物分子、基础医学、影像医学、临床医学、公共卫生等多种生物医学领域的研究和应用。其中，生物信息学侧重于在分子和细胞层面上研究人类健康与疾病相关信息，分析生物分子序列、结构、功能以及细胞内各种活动；医学信息学则在组织、器官、个体、群体层面上研究人类健康与疾病相关信息，侧重于分析医学影像、电子处方、电子病历以及电子健康档案等。

根据美国人工智能及生物医学信息学专家肖特利弗（Edward H.Shortliffe）等提出的生物医学信息学知识框架，生物医学信息学覆盖了从微观的生物分子与细胞尺度到宏观的社会群体尺度，以及处于两者之间的介观尺度，即人体组织与器官尺度、患者个体尺度。针对生物医学信息学不同尺度领域的研究而出现的差异，逐步衍生出以尺度为划分边界的生物医学信息学的四大核心分支学科，即生物信息学、影像信息学、临床信息学和公共卫生信息学，如图 6-1 所示。

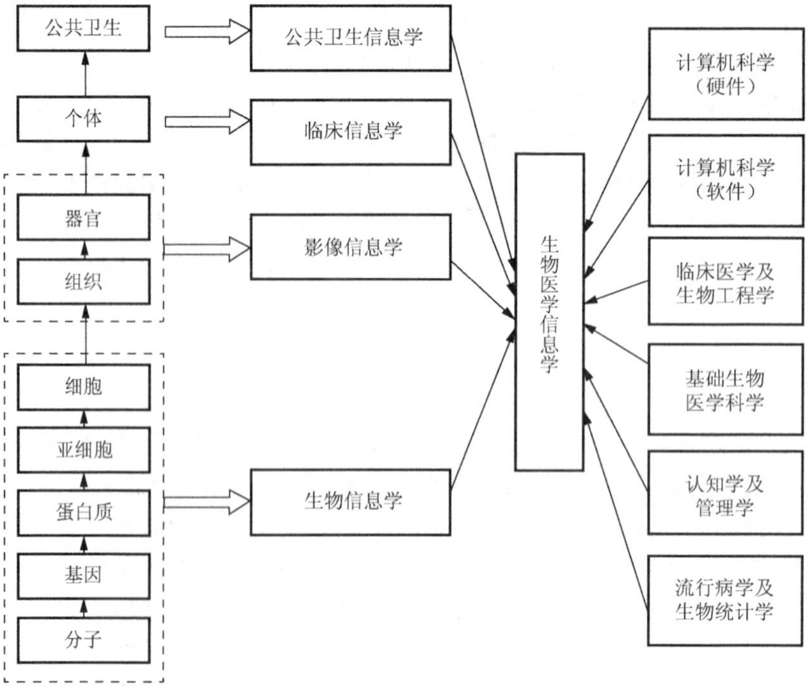

图 6-1　生物医学信息学知识架构

（1）生物信息学是医学信息学领域中一个重要学科分支，它是以计算机科学与技术为重要工具对生物信息进行采集、存储、处理和分析，重点关注基因组学和蛋白质组学等生物分子数据，即从核酸序列及蛋白质序列出发，处理和分析该序列中表达的有关生物分子结构及功能的生物信息。

（2）影像信息学是目前医学信息学领域中发展最为成熟的分支学科，主要以组织和器官为研究对象，关注临床诊疗过程中医学影像操作、处理和管理相关的基础理论和应用机制。目前，影像存储与通信系统（PACS）广泛应用于医院影像科室。

（3）临床信息学是目前医学信息学领域中应用最广泛的分支学科，重点关注患者个体，即是以患者为中心实现临床相关信息的采集、存储、处理、分析和应用。目前，临床信息学在医院的深入应用是以电子病历（EMR）和电子处方（EP）为核心的医院信息平台。

（4）公共卫生信息学是以大众健康管理和服务为目标，重点关注群体流行病监控与预警。目前公共卫生信息学在医疗机构的应用是以临床信息共享、区域医疗协同、居民电子健康档案（EHR）为主的区域卫生信息平台。

以移动互联网、物联网、云计算、大数据、人工智能等为代表的新一代信息技术与生物医学信息学的紧密融合，催生移动医疗、医疗物联网、健康医疗云、健康医疗大数据及智能医疗等应用。

（1）移动医疗（Mobile Health，mHealth）是指通过移动通信技术（PDA、移动电话和卫星通信等）提供医疗管理和服务，主要以基于 Android 和 iOS 等移动操作系统的健康医疗类 APP 应用为主。

（2）医疗物联网（Internet of Health Things，IOHT）是指将各种智能传感设备（如医学传感器、红外感应系统、RFID、激光扫描器、全球定位系统等）与互联网融合而形成的巨大网络，进而实现健康医疗资源的智能化、信息共享与互联。医疗物联网由三部分组成：一是感知层，主要承担医疗信息的采集（通过智能卡、RFID 电子标签、条码、传感器等）；二是网络层，主要承担医疗信息的传输（通过无线网、移动网、有线网、RFID 网等）；三是应用层，主要完成医疗信息的分析处理和决策支持（医生工作站、护士工作站、IP 通信终端）。

（3）健康医疗云是指通过利用云计算分布式、并行计算特征，将计算资源虚拟化，并根据健康医疗信息服务提供者与相关客户事先沟通协商而确定的云服务协议，提供动态的健康医疗服务。主要包括基于云计算健康医疗模式应用到健康医疗方案、健康医疗流程管理、健康医疗云平台等。通常，健康云服务是以 SaaS（软件即服务）方式，向云计算产业基地所在区下属所有医院和相关医疗机构，提供医院管理和居民健康档案管理等应用服务。

（4）健康医疗大数据是指以电子病历、电子处方、居民电子健康档案等为核心的健康医疗信息系统与大数据技术深度融合。健康医疗大数据是国家重要的基础性战略资源。通过健康医疗大数据利用可以辅助医生进行更准确的临床诊断，发现潜在的药物不良反应；可以更精确地预测治疗方案的成本、疗效以及降低花费；可以整合临床数据和基因数据帮助实现癌症的风险评估、预防和个性化治疗；可以发现潜在的流行病，预测疾病暴发等。

（5）智能医疗又称智慧医疗，是指通过临床医疗服务与大数据、云计算、物联网及人工智能等技术的深度融合，以医疗云数据中心为载体，为各方提供健康医疗大数据服务，实现医生与患者、医生与护士、大型医院与社区医院、医疗与保险、医疗机构与卫生管理部门、医疗机构与药品管理之间的六个协同，逐步构建智慧化医疗服务体系。智能医疗是医疗信息化的升级发展。

6.1.2 国内“互联网+医疗”发展史

自卫生部于 1995 年开始实施“金卫”工程以来，国内医疗卫生信息化建设经历了“金卫”工程、区域卫生信息化工程、“3521+2”工程、“4631+2”工程和“互联网+医疗”等阶段。

1．“金卫”工程

1995 年，卫生部着手建设国家医疗卫生信息产业工程（简称“金卫”工程）。“金卫”工程是与国家一系列金字工程相关的工程，是国家信息化建设的重要组成部分，是我国医疗卫生系统的重要基础建设，其总体目标是建立一套以科学管理为基础、以计算机技术为手段的现代化国家卫生信息系统。“金卫”工程建设内容包括医疗卫生信息高速公路建立、现代化医院信息系统开发、卫生保健卡和医疗保险卡推广应用等，其中，医院信息系统是“金卫”工程的重要组成部分。卫生部分别于 1997 年、2002 年印发《医院信息系统软件基本功能规范》和《医院信息系统基本功能规范》，推动了各级医院信息化建设。

2. 区域卫生信息化工程

2003 年，卫生部印发《全国卫生信息化发展规划纲要 2003—2010 年》，推动卫生系统各专业领域信息化建设，主要涉及医院信息系统、区域化卫生信息系统、社区卫生服务信息系统、预防保健信息系统、医疗服务信息系统、卫生信息化标准体系等。其中，医院信息系统逐步实现从以经济财务为主线的管理信息系统，向以患者为中心的临床信息系统拓展。

2009 年，《中共中央国务院关于深化医药卫生体制改革的意见》将“建立实用共享的医药卫生信息系统”作为支撑深化医药卫生体制改革“四梁八柱”的八柱之一。随后，卫生部分别于 2009 年、2011 年印发《基于健康档案的区域卫生信息平台建设技术解决方案（试行）》和《基于电子病历的医院信息平台建设技术解决方案（1.0 版）》，促进医院信息化、公共卫生信息化和区域卫生信息化跨越式发展。

3.“3521+2”工程

2012 年，卫生部、国家中医药管理局发布《关于加强卫生信息化建设的指导意见》，提出卫生信息化建设“3521+2”工程总体架构，如图 6-2 所示。

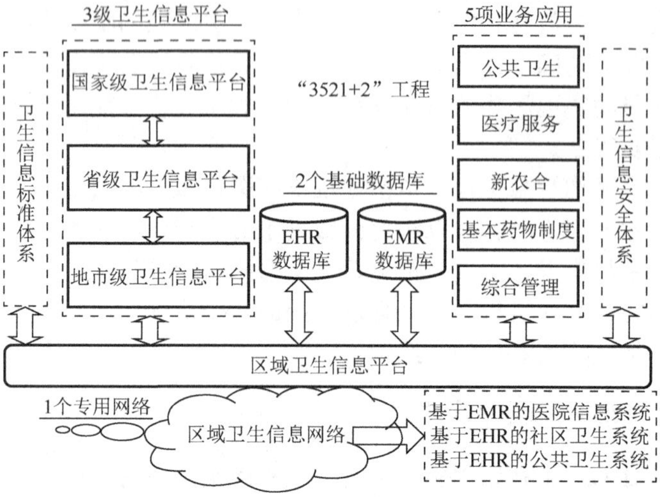

图 6-2　医疗卫生信息化“3521+2”工程架构

（1）“3”代表建设国家、省、地市（区域或县级）3 级卫生信息平台。

（2）“5”代表指公共卫生、医疗服务、新农合、基本药物制度和综合管理等 5 项业务应用系统。

（3）“2”代表电子病历（EMR）、居民电子健康档案（EHR）等 2 个基础数据库。

（4）“1”代表 1 个专用网络，实现互联互通、资源共享。

（5）“+2”代表卫生信息标准体系和卫生信息安全体系。

“3521+2”工程是“十二五”期间国家医疗卫生信息化建设重点内容。

4.“4631+2”工程

2014 年 7 月，在云南昆明召开的卫生信息技术交流大会上，国家卫生和计划生育委员会统计信息中心主任孟群介绍国家卫生、计生资源整合顶层设计规划“4631+2“工程架构，如图 6-3 所示。

（1）“4”代表 4 级人口健康信息平台：国家级人口健康管理平台、省级人口健康信息平台、城市人口健康信息平台及区县人口健康信息平台。

（2）“6”代表 6 项业务应用：公共卫生、医疗服务、医疗保障、药品供应、计划生育及综合管理。

（3）“3”代表 3 个基础数据库：电子健康档案数据库、电子病历数据库和全员人口个案数据库。

（4）“1”代表 1 个融合网络，即人口健康统一网络。

（5）“+2”代表人口健康信息标准体系和人口健康信息安全体系。

“十三五”期间，国内医疗健康信息化依然遵循“4631+2”工程架构，依托中西医协同公共卫生信息系统、基层医疗卫生管理信息系统、医疗健康公共服务系统打造全方位、立体化的国家卫生计生资源体系。

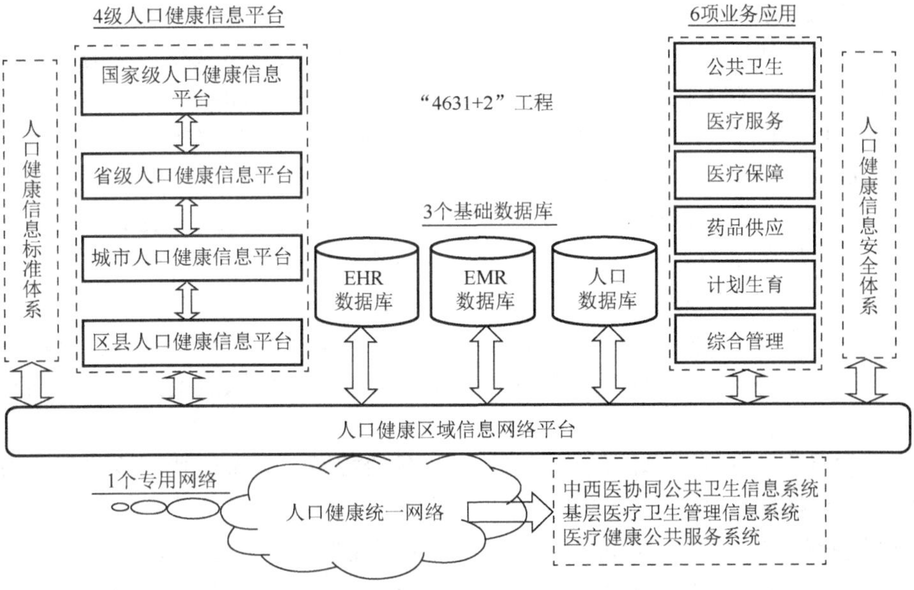

图 6-3 医疗卫生信息化“4631+2”工程架构

5.“互联网+医疗”

近年来，我国医疗卫生信息化建设步伐加快，医疗卫生信息化建设已经从单一科室的业务系统发展到以医院管理和临床医疗服务为重点的多个科室业务系统互联覆盖全医院的医院信息平台，以及以临床信息共享、区域医疗协同、居民电子健康档案为应用的区域卫生信息平台。特别是云计算、物联网、移动互联网及大数据等信息通信技术的快速发展，为优化医疗卫生业务流程、提高服务效率提供了条件，必将推动医疗卫生服务模式和管理模式的深刻转变。

2015年3月，国务院办公厅《全国医疗卫生服务体系规划纲要（2015—2020年）》（国办发〔2015〕14号），提出“互联网+医疗”信息资源配置总体布局。

（1）开展健康中国云服务计划，积极应用移动互联网、物联网、云计算及可穿戴设备等新技术，推动惠及全民的健康信息服务和智慧医疗服务，推动健康大数据的应用，逐步转变服务模式，提高服务能力和管理水平。

（2）加强人口健康信息化建设，到2020年，实现全员人口信息、电子健康档案和电子病历三大数据库基本覆盖全国人口并信息动态更新。

（3）全面建成互联互通的国家、省、市、县四级人口健康信息平台，实现公共卫生、计划生育、医疗服务、医疗保障、药品供应、综合管理等六大业务应用系统的互联互通和业务协同。

（4）积极推动移动互联网、远程医疗服务等发展。

（5）普及应用居民健康卡，积极推进居民健康卡与社会保障卡、金融IC卡、市民服务卡等公共服务卡的应用集成，实现就医“一卡通”。

（6）依托国家电子政务网，构建与互联网安全隔离，联通各级平台和各级各类卫生计生机构，高效、安全、稳定的信息网络。

（7）建立完善人口健康信息化标准规范体系。

（8）加强信息安全防护体系建设。

（9）实现各级医疗服务、医疗保障与公共卫生服务的信息共享与业务协同。

2015年7月，国务院《关于积极推进“互联网+”行动的指导意见》（国发〔2015〕40号），在第6项重点行动（即“互联网+”益民服务）中提出“推广在线医疗卫生新模式”，“促进智慧健康养老产业发展”。

推广在线医疗卫生新模式进一步明确“互联网+医疗”行业发展的五大方向，即医疗信息共享服务平台、移动医疗便捷服务、远程医疗服务、“互联网+”公共卫生服务以及“互联网+”健康服务，具体指导意见包括以下几点。

（1）通过基于互联网的医疗卫生服务，第三方机构可以构建医学影像、健康档案、检验报告及电子病历等医疗信息共享服务平台，逐步建立跨医院的医疗数据共享交换标准体系。

（2）利用移动互联网提供在线预约诊疗、候诊提醒、划价缴费、诊疗报告查询及药品配送等便捷服务。

（3）医疗机构面向中小城市和农村地区开展基层检查、上级诊断等远程医疗服务。

（4）互联网企业与医疗机构合作建立医疗网络信息平台，加强区域医疗卫生服务资源整合，充分利用互联网、大数据等手段，提高重大疾病和突发公共卫生事件防控能力。

（5）积极探索互联网延伸医嘱、电子处方等网络医疗健康服务应用。

（6）有资质的医学检验机构、医疗服务机构可以联合互联网企业，发展基因检测、疾病预防等健康服务模式。

促进智慧健康养老产业发展的指导意见包括以下几点。

（1）支持智能健康产品创新和应用，推广全面量化健康生活新方式。

（2）健康服务机构利用云计算、大数据等技术搭建公共信息平台，提供长期跟踪、预测预警的个性化健康管理服务。

（3）第三方在线健康市场调查、咨询评价、预防管理等应用服务，提升规范化和专业化运营水平。

（4）依托现有互联网资源和社会力量，以社区为基础，搭建养老信息服务网络平台，提供护理看护、健康管理、康复照料等居家养老服务。

（5）养老服务机构应用基于移动互联网的便携式体检、紧急呼叫监控等设备，提高养老服务水平。

2016 年 3 月，国务院办公厅《关于促进医药产业健康发展的指导意见》（国办发〔2016〕11 号）从政策层面推动互联网与医疗的结合，推动医药行业健康发展，要求建设智能示范工厂、开展智能医疗服务。

建设智能示范工厂的指导意见包括以下几点。

（1）推进医药生产过程智能化，开展智能工厂和数字化车间建设示范。

（2）加快人机智能交互、工业机器人等技术装备在医药生产过程中的应用，推动制造工艺仿真优化、状态信息实时反馈和自适应控制。

（3）应用大数据、云计算、互联网、增材制造等技术，构建医药产品消费需求动态感知、众包设计、个性化定制等新型生产模式。

（4）加快医疗器械产品数字化、智能化，重点开发可穿戴、便携式等移动医疗和辅助器具产品，推动生物三维（3D）打印技术、数据芯片等新技术在植介入产品中的应用。

（5）推进医药生产装备智能化升级，加快工控系统、智能感知元器件等核心技术装备研发和产业化，支撑医药产业智能工厂建设。

开展智能医疗服务的指导意见包括以下几点。

（1）发挥优质医疗资源的引领作用，鼓励社会力量参与，整合线上线下资源，规范医疗物联网和健康医疗应用程序（APP）管理。

（2）积极开展互联网在线健康咨询、预约诊疗、候诊提醒、划价缴费及诊疗报告查询等便捷服务。

（3）加强区域医疗卫生服务资源整合，鼓励医疗服务机构建立医疗保健信息服务平台，积极开展互联网医疗保健信息服务。

（4）引导医疗机构运用信息化、智能化技术装备，面向基层、偏远和欠发达地区，开展远程病理诊断、影像诊断、专家会诊、监护指导及手术指导等远程医疗服务。

2016 年 8 月中国卫生信息技术交流大会上，专家获得如下共识。

（1）医疗行业核心：分级诊疗，把最优质的医疗支援下沉到基层。

（2）加强改革创新：数据开放共享，推动健康大数据应用。

（3）加强重点攻关：信息安全，互联网+医疗管理办法。

（4）加强培训教育：医务工作者继续教育，民众科普知识。

（5）加强协同服务：推进远程医疗，互联网医疗建设。

（6）医疗卫生信息化将沿着图 6-4 所示的方向发展。

显然，大医院发展将面临以下挑战。

（1）在政策方面，响应国家“医疗+互联网”政策，推进医院信息化建设。

（2）在竞争方面，各大医院都在通过协作医院的网络布局来争夺医疗资源。

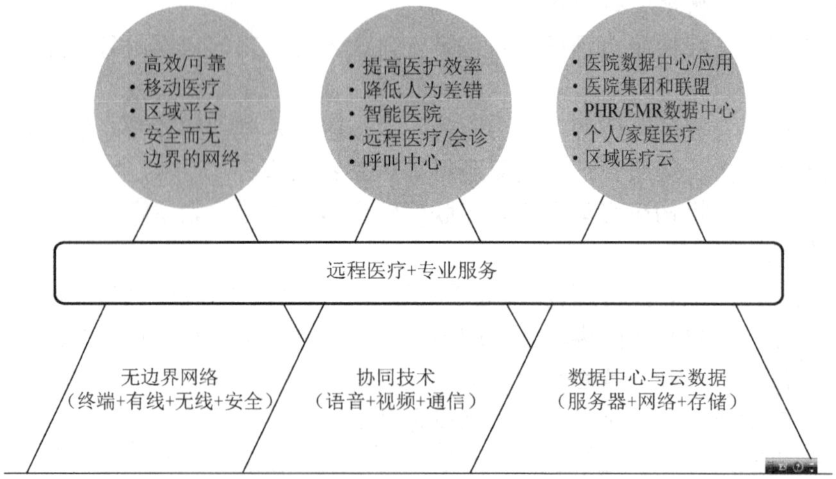

图 6-4　医疗卫生信息化发展方向

（3）在服务方面，服务内容从“院内”向“院内+院外”转变；服务形式不断提升，优化患者就医体验。

6.1.3　健康医疗大数据

1. 健康医疗大数据简介

大数据是以容量大、类型多、存取速度快、应用价值高为主要特征的数据集合，正快速发展为对数量巨大、来源分散、格式多样的数据进行采集、存储和关联分析，从中发现新知识、创造新价值、提升新能力的新一代信息技术和服务业态。大数据与云计算、物联网、移动互联网等新一代信息技术融合发展，以及大数据与传统产业协同发展的新业态、新模式，将进一步促进传统产业转型升级和新兴产业发展，培育新的经济增长点。

大数据成为推动经济转型发展的新动力，正在成为新的经济增长点，将对未来信息产业格局产生重要影响。

（1）以数据流引领技术流、物质流、资金流、人才流，将深刻影响社会分工协作的组织模式，促进生产组织方式的集约和创新。

（2）大数据推动社会生产要素的网络化共享、集约化整合、协作化开发和高效化利用，改变了传统的生产方式和经济运行机制，可显著提升经济运行水平和效率。

（3）大数据持续激发商业模式创新，不断催生新业态，已成为互联网等新兴领域促进业务创新增值、提升企业核心价值的重要驱动力。

2015 年 8 月，国务院《关于印发促进大数据发展行动纲要的通知》（国发〔2015〕50 号）提出“健康医疗服务大数据工程”，具体包括以下几点。

（1）构建电子健康档案、电子病历数据库，建设覆盖公共卫生、医疗服务、医疗保障、药品供应、计划生育和综合管理业务的医疗健康管理和服务大数据应用体系。

（2）探索预约挂号、分级诊疗、远程医疗、检查检验结果共享、防治结合、医养结合及健康咨询等服务，优化形成规范、共享、互信的诊疗流程。

（3）鼓励和规范有关企事业单位开展医疗健康大数据创新应用研究，构建综合健康服务应用。

健康医疗大数据是国家重要的基础性战略资源。健康医疗大数据应用发展将带来健康医疗模式的深刻变化，有利于激发深化医药卫生体制改革的动力和活力，提升健康医疗服务效率和质量，扩大资源供给，不断满足人民群众多层次、多样化的健康需求，有利于培育新的业态和经济增长点。

2016 年 12 月，国务院办公厅《关于促进和规范健康医疗大数据应用发展的指导意见》（国办发〔2016〕47 号）要求顺应新兴信息技术发展趋势，规范和推动健康医疗大数据融合共享、开放应用。

健康医疗大数据应用发展目标包括以下几点。

（1）到 2017 年底，实现国家和省级人口健康信息平台以及全国药品招标采购业务应用平台互联互通，基本形成跨部门健康医疗数据资源共享共用格局。

（2）到 2020 年，建成国家医疗卫生信息分级开放应用平台，实现与人口、法人、空间地理等基础数据资源跨部门、跨区域共享，医疗、医药、医保和健康各相关领域数据融合应用取得明显成效；统筹区域布局，依托现有资源建成 100 个区域临床医学数据示范中心，基本实现城乡居民拥有规范化的电子健康档案和功能完备的健康卡，健康医疗大数据相关政策法规、安全防护、应用标准体系不断完善，适应国情的健康医疗大数据应用发展模式基本建立，健康医疗大数据产业体系初步形成、新业态蓬勃发展，人民群众得到更多实惠。

2. 健康医疗大数据应用任务

1）夯实健康医疗大数据应用基础

（1）加快建设统一权威、互联互通的人口健康信息平台。

（2）推动健康医疗大数据资源共享开放。

2）全面深化健康医疗大数据应用

（1）推进健康医疗行业治理大数据应用。

（2）推进健康医疗临床和科研大数据应用。

（3）推进公共卫生大数据应用。

（4）培育健康医疗大数据应用新业态。

（5）研制推广数字化健康医疗智能设备。

3）规范和推动“互联网+健康医疗”服务

（1）发展智慧健康医疗便民惠民服务。

（2）全面建立远程医疗应用体系。

（3）推动健康医疗教育培训应用。

4）加强健康医疗大数据保障体系建设

（1）加强法规和标准体系建设。

（2）推进网络可信体系建设。

（3）加强健康医疗数据安全保障。

（4）加强健康医疗信息化复合型人才队伍建设。

3. 健康医疗大数据应用“4641+2”架构

未来健康医疗大数据应用可以采用“4641+2”架构（图 6-5）。

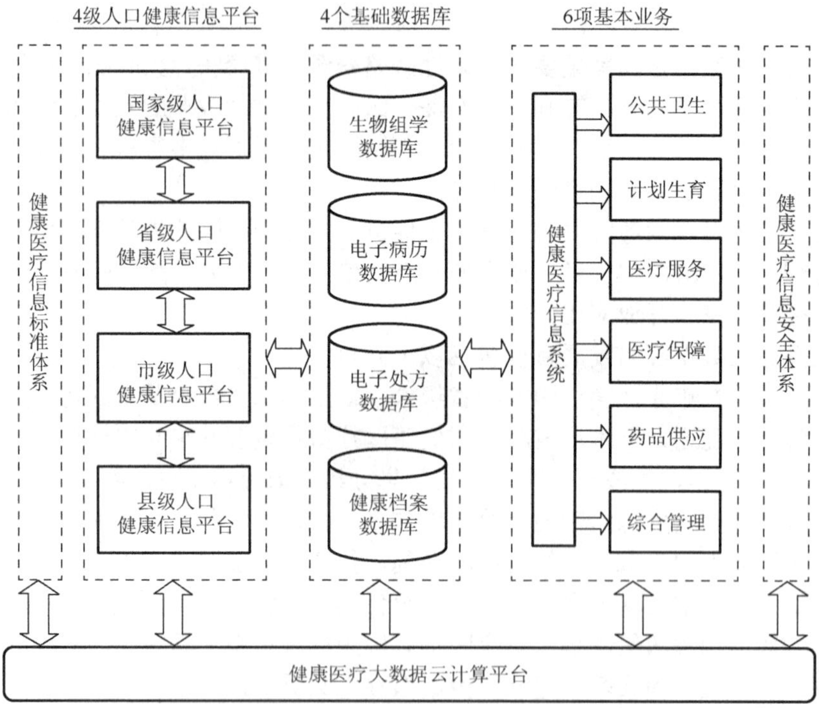

图 6-5 健康医疗大数据应用“4641+2”工程架构

（1）“4”是指“4 级人口健康信息平台”，即国家、省、市、县等 4 级互通共享的人口健康信息平台。

（2）“6”是指“6 项基本业务”，即公共卫生、计划生育、医疗服务、医疗保障、药品供应、综合管理等基本业务的健康医疗信息系统及数据采集、集成共享和业务协同。

（3）“4”是指“4 个基础数据库”，即生物组学、电子病历、电子处方和健康档案数据库。

（4）“1”是健康医疗大数据云计算平台。

（5）“+2”是指“2 个体系”，即健康医疗信息标准体系和健康医疗信息安全体系。

4. 健康医疗大数据应用领域

1）语音识别领域

梅奥诊所与以色列语音分析公司 Beyond Verbal 合作研究，发现 13 个语音特征和冠心病存在相关性，其中一个语音特征与冠心病存在强相关。

2）自然语言处理领域

IBM 的沃森机器人能够在 17 秒内，阅读 3469 本医学专著、248000 篇论文、69 种治疗方案、61540 次实验数据、106000 份临床报告，并根据医生输入的患者指标信息，最终提出优选的个性化治疗方案。

3）医疗影像智能诊断领域

健康医疗大数据中有超过 90%的数据来自医疗影像，医疗影像领域拥有孕育深度学习的海量数据，也存在着借助深度学习提高医生“看片子”诊断的效率的需求。

（1）借助深度卷积神经网络（Convolutional Neural Network，CNN）技术，2016 年斯坦福大学研究者在谷歌用于识别猫和狗算法基础上，经过 13 万张皮肤病变的图像训练后，可用于识别皮肤癌。该系统与 21 位皮肤科医生进行的角质细胞癌与良性脂溢性角化病、恶性黑色素瘤和普通的痣对比测试，表明人工智能系统的皮肤癌鉴定水平与皮肤科专家医生相当。

（2）2016 年，谷歌（Google）研究者利用深度学习创建一种能够检测糖尿病视网膜病变和黄斑水肿的算法，能够通过眼部扫描图像判断患者的视网膜是否发生了病变，辅助医生在有限的医疗条件下进行诊断。为了训练该算法，研究者从 EyePACs 数据库搜集 128175 例注释图片，每张图片都记录 3～7 名眼科医师的评估结果。为了验证算法的准确度，研究者使用两个独立数据集进行验证，一个 9963 例图像、一个 1748 例图像。与 8 名眼科医生诊断结果对比，谷歌的这款算法甚至超过人类医师。

6.1.4 智慧健康养老产业

当前我国正处于工业化、城镇化、人口老龄化快速发展阶段，生态环境和生活方式不断变化，健康、养老资源供给不足，信息技术应用水平较低，难以满足人民群众对健康、养老日益增长的需求。智慧健康养老利用物联网、云计算、大数据、智能硬件等新一代信息技术产品，能够实现个人、家庭、社区、机构与健康养老资源的有效对接和优化配置，推动健康养老服务智慧化升级，提升健康养老服务质量效率水平，创新发展慢性病管理、居家健康养老、个性化健康管理、互联网健康咨询、生活照护及养老机构信息化服务等健康养老服务模式。

2017 年 2 月，工业和信息化部、民政部、国家卫生和计划生育委员会《关于印发智慧健康养老产业发展行动计划（2017—2020 年）》（工信部联电子〔2017〕25 号）提出到 2020 年的发展目标。

（1）基本形成覆盖全生命周期的智慧健康养老产业体系，建立 100 个以上智慧健康养老应用示范基地，培育 100 家以上具有示范引领作用的行业领军企业，打造一批智慧健康养老服务品牌。

（2）健康管理、居家养老等智慧健康养老服务基本普及，智慧健康养老服务质量效率显著提升。

（3）智慧健康养老产业发展环境不断完善，制定 50 项智慧健康养老产品和服务标准，信息安全保障能力大幅提升。

智慧健康养老产业发展行动计划的重点任务包括推动关键技术产品研发、推广智慧健康养老服务、加强公共服务平台建设、建立智慧健康养老标准体系、加强智慧健康养老服务网络建设和网络安全保障。

智慧健康养老产业关键技术产品研发包括以下几点。

（1）适用于智能健康养老终端的低功耗、微型化智能传感技术，室内外高精度定位技术，大容量、微型化供能技术，低功耗、高性能微处理器和轻量操作系统。

（2）适用于健康管理终端的健康生理检测、监测技术。

（3）针对家庭、社区、机构等不同应用环境，研发健康管理类可穿戴设备、便携式健康监测设备、自助式健康检测设备、智能养老监护设备、家庭服务机器人等，满足多样化、个性化健康养老需求。

（4）运用互联网、物联网、大数据等信息技术手段，实现智慧健康养老应用系统集成，建立老年健康动态监测机制，整合信息资源，为老年人提供智慧健康养老服务。

（5）健康状态实时分析、健康大数据趋势分析等智能分析技术，研发健康养老数据管理和智能分析系统，实现健康养老大数据的智能判读、分析和处理，提供便捷、精准、高效的健康养老服务。

6.2 "互联网+医疗"创新创业案例一：互联网+医院

2016 年 11 月，中共中央办公厅、国务院办公厅转发《国务院深化医药卫生体制改革领导小组关于进一步推广深化医药卫生体制改革经验的若干意见》要求：充分利用互联网技术，改善群众就医体验；把大力推进便民惠民服务作为国家医改重点，包括优化诊疗流程，改善就医环境，统筹安排预约、检查、诊疗、转诊、支付结算等环节，推进互联网预约分诊、移动支付、诊间结算、结果查询等应用；建立健全检查检验结果互认机制，放大优质资源辐射作用，方便群众就近看病就医；利用移动客户端、物联网等技术，搭建医患双方交流平台，为健康咨询、患者反馈、健康管理等提供便利。"互联网+医院"正是响应国家政策号召的医疗卫生信息化产品之一。

6.2.1 项目简介

"互联网+医院"包括掌上医院 APP、支付宝服务窗、微信公众号和小程序、门户网站等四个平台，打通医生和患者、医院和药店、院内院间的医疗资源、患者数据，结合线上线下业务，为医院重构并优化移动互联网时代的新型医疗服务流程。"互联网+医院"包括以互联网为载体和技术手段的健康教育、医疗信息查询、电子健康档案、疾病风险评估、在线疾病咨询、电子处方、远程会诊及远程治疗和康复等多种形式的健康医疗服务，如图 6-6 所示。

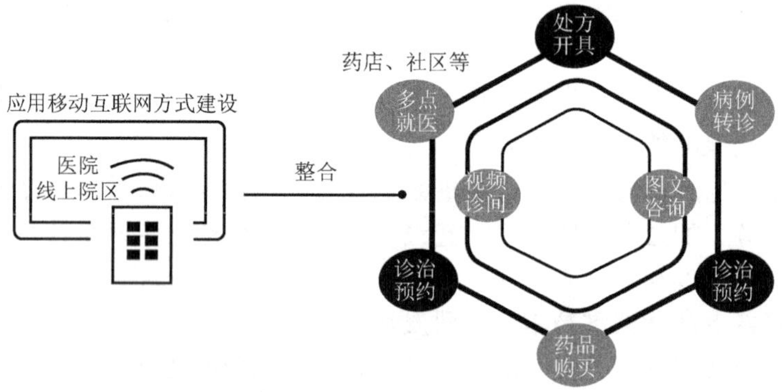

图 6-6 "互联网+医院"健康医疗服务

"互联网+医院"代表医疗卫生行业新的发展方向，有利于解决中国医疗资源不平衡和人们日益增加的健康医疗需求之间的矛盾，是国家卫生部门积极引导和支持的医疗发展模式。

6.2.2 市场分析及定位

随着中国人口结构改变，劳动人口总数增长率持续走低，老年人抚养比逐年升高，家庭规模变小，慢性病患者增加，给医疗健康体系带来巨大压力。

从服务体系和收入来源来看，医院仍然是医疗体系中心，人均医疗资源更少，我国每千人仅拥有医疗技术人员 5.1 人，远低于世界平均水平的 10.6 人。此外，分级诊疗体系异常，为倒三七模式，医疗信息化发展属于第二阶段初期，部分医院领先，远程医疗仅在医疗机构之间实现，健康管理是医疗健康互联网化的主要切入点。

从发展环境来看，政府主导着医疗体系变革和发展，2015 年发布的《全国医疗卫生服务体系规划纲要（2015—2020 年）》，强调推动惠及全民的健康信息服务、实现智慧医疗服务，政策规定 2020 年医疗健康产业总规模 8 万亿以上。国家卫生计生委发布数据显示，目前中国一年约有 70 多亿人次的门诊量，其中将近 60%是复诊；而医学界分析认为 2/3 以上的复诊可以通过在线完成，互联网医院的市场空间十分巨大。业内人士分析，“药店+网络医院模式”从患者角度提供最便捷的一站式就医；从产业角度为药店提升处方药收入，降低诊所牌照资质获取成本，若整个医疗产业链打通将释放巨大商业价值。有关资料显示，2017 年中国移动医疗市场规模预测数据为 200 亿元。

2014 年 10 月，我国首家网络医院——广东省网络医院上线，主要通过第三方开发商搭建的远程医疗平台，在药店落地，通过安装在连锁药店的网络就诊点的视频终端，患者可向在线医生求医问诊。之后，网络医生的处方通过打印机打印出来，患者持处方去药店买药。2015 年 12 月，乌镇互联网医院上线，南方医科大学深圳医院开业，并推出移动互联网医院。2016 年，互联网医院的上线速度明显加快，微医、好大夫在甘肃、银川上线互联网医院；七乐康与广州市荔湾区中心医院达成合作，共建荔湾七乐康互联网医院；阿里健康网络医院落户甘肃金昌。

据中国网财经记者根据公开资料整理，截至 2016 年 8 月，国内新成立的互联网+医院多达 17 家，湖北、浙江、河南、甘肃、广西、河北、贵州、上海等省（自治区、直辖市）医疗机构纷纷宣布加入“互联网+医院”大军，如表 6-1 所示。

表 6-1　2016 年挂牌的 17 家互联网医院（来源：中国网财经）

成立时间	发起方	“互联网+医院”名称	主要线下依托	所在地
2016 年 1 月	阿里健康、武汉市中心医院	阿里健康网络医院	武汉市中心医院	湖北
2016 年 2 月	浙江大学附属第一医院	浙江一院互联网医院	浙江大学第一附属医院	浙江
2016 年 3 月	广东省医院协会、广东省靶辉科技有限公司	广东云医院	广东省医院协会旗下医院	广东
2016 年 4 月	微医、甘肃省人民第二医院	甘肃互联网医院	甘肃省人民第二医院	甘肃
2016 年 4 月	好大夫、银川市政府	银川智慧互联医院	银川智慧医院线下实体医院	甘肃
2016 年 5 月	微医、广西自治区人民医院	广西互联网医院	广西壮族自治区人民医院	广西
2016 年 5 月	七乐康、广州市荔湾区政府	荔湾七乐康互联网医院	荔湾区中心医院	广东
2016 年 6 月	苔提医疗	苔提医疗云	青岛市市立医院	山东
2016 年 6 月	福瑞股份、保定市政府、阿里健康	保定市网络医院	合作医院	河北

续表

成立时间	发起方	"互联网+医院"名称	主要线下依托	所在地
2016 年 7 月	岗岭集团、贵州省政府	安顺西南互联网医院	合作医院	贵州
2016 年 7 月	岗岭集团、广州市越秀区政府	华南互联网医院	越秀区中医医院	广东
2016 年 7 月	朗玛信息	39 互联网医院	合作医院	贵州
2016 年 7 月	信邦制药、贵阳医学院附属医院	遵义云医院	贵阳医学院附属医院	贵州
2016 年 7 月	金蝶医疗、长海医院	上海长海移动互联网医院	长海医院	上海
2016 年 7 月	寻医问药网、邢台市桥西区第二医院	邢台互联网医院	河北省邢台市桥西区第二医院	河北
2016 年 8 月	平安健康互联网股份有限公司、第三军医大学西南医院	西南平安互联网医院	西南医院及周边社区医院	江苏
2016 年 8 月	名医生网、陕西省肿瘤医院	陕西肿瘤互联网医院	陕西省肿瘤医院	陕西

当前，掌上医院平台陆续推出很多，如图 6-7 所示。其中，做 1 家医院的公司占比 29%；卓健科技占比 29%；深圳宁远占比 4%；医享网络占比 4%；苏州智康占比 8%；上海民康占比 13%；恒生芸泰占比 13%。

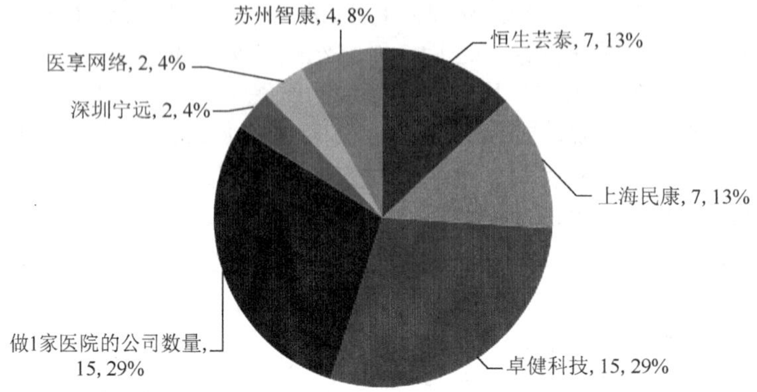

图 6-7　移动医疗 APP 产品分布情况

根据国内上线的互联网医院的实践来看，"互联网+医院"主要分预约挂号中心、远程问诊中心、检查检验中心和电子处方中心，提供服务包括精准预约、远程诊疗、检查检验、电子处方等。"互联网+医院"可以看作在贯彻国家"互联网+"行动计划指导意见下一种新兴的远程疾病问诊模式的诞生，其意义在于打破地域界限，既可以让偏远地区患者享受高水平的医疗服务，又可以提高大城市的医疗服务水平，还可以提高医学自身的水平，更合理地配置医疗资源。

"互联网+医院"解决最迫切需要解决的问题，给各方带来实质性的受益，如表 6-2 所示。

"互联网+医院"的定位如下。

（1）在医院品牌形象方面，除了基本功能服务，还提供医院动态展示。

（2）在扩展能力方面，支持集成主流医疗产品，结合医院实际线下流程提供解决方案。

（3）在个性定制方面，根据医院实际线下流程，提供个性化解决方案。

（4）在医疗资源方面，利用检验检查预约、药物配送、手术资源等实体医疗优质资源，实现医疗闭环。

（5）在运行模式方面，摒弃“互联网+医疗”自外而内虚拟医疗服务，搭建医院平台，提供“医疗+互联网”自内而外全流程医疗服务。

表 6-2 “互联网+医院”需求和受益分析

受益方	需求	受益点
医院	医院移动互联网化升级 更好地服务患者 就医体验同业竞争 医院品牌形象提升 医院发展业绩 医院信息化战略	提升医疗信息化水平，节约人力资源 推广医院，扩大医院业绩 创新协作模式，为医院提升流量 优化医院服务流程，践行以患者为中心
医生	患者管理和诊断决策 医患、医生、医护间交流 远程数据处理和采集 移动办公 医生著名度	提升医生服务价值 提高工作效率 便利获悉病情 服务评价公平、公开 医生自我提升的动力
患者	一站式便捷就诊（导诊，预约挂号，缴费，候诊，取报告单……） 信息共享和在线咨询医生	减轻就医难，较少就医盲目 降低医疗成本 提升服务感知
政府	医疗政策和医改决策 信息共享和医疗监管	提高医疗服务运行监测能力 以数据辅助医疗改革决策
社会	信息公开和社会监督 医疗资源共享	促进医疗资源向基层及各界流动 辅助解决因病致贫，因病返贫问题

6.2.3 产品介绍

1. “互联网+医院”技术方案

1）“互联网+医院”产品总体架构

“互联网+医院”产品总体架构如图 6-8 所示。“互联网+医院”是对传统医院及医院信息系统（HIS）的扩充，包括网络医院和掌上医院，通过前置机与 HIS 进行数据交换（LIS、PACS、财务等也通过 HIS 对接），以便数据写入 HIS，完成相应诊疗流程或存储记录。

2）“互联网+医院”技术架构

“互联网+医院”技术架构如图 6-9 所示。移动客户端通过 HTTP 和 HTTPS 安全链接访问服务端 APP，服务端 APP 分别与 DB、卫生局平台进行通信，系统前端服务用户，管理平台提供系统维护、运维及数据决策报表，采用 Velocity 页面框架、Spring 作为控制层、Spring AOP 事务处理、Mybatis 操作数据库。

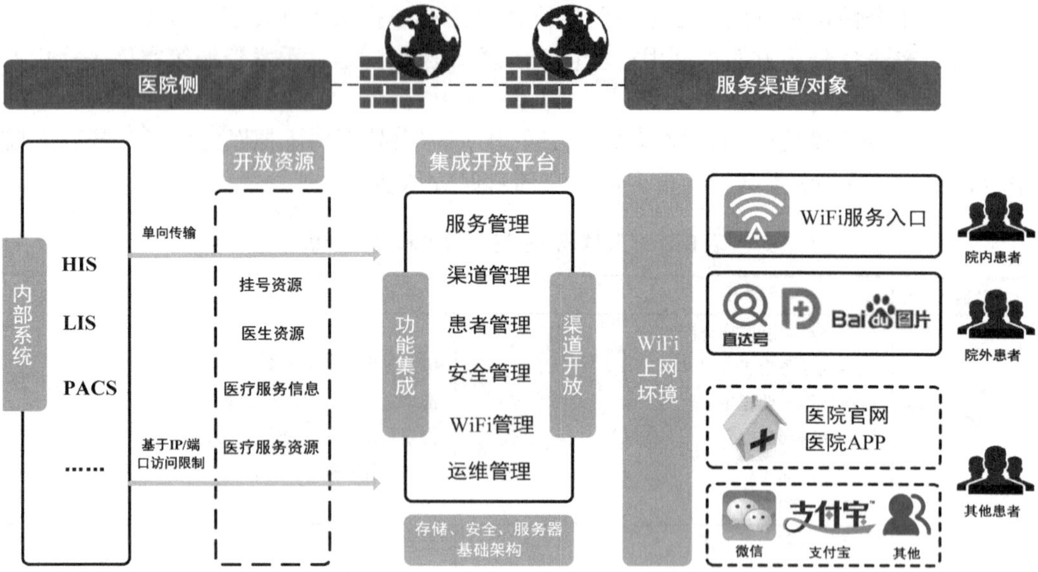

图 6-8 “互联网+医院”总体架构

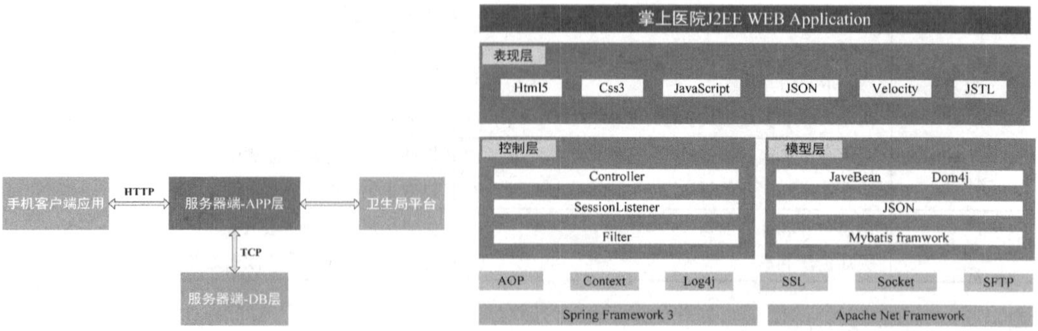

（a）技术组成　　（b）技术平台

图 6-9 “互联网+医院”技术架构

2. “互联网+医院”产品特色

1）完善的业务及功能体系

在医院服务方面，采用统一运营管理，建立网络门诊运营管理系统（排班、叫号、项目价格、医保结算、收费标准、对账、信息维护、数据统计等）和第三方合作者管理系统等。

在患者服务方面，优化医疗流程，实现远程视频门诊、便捷图文咨询、多种取药方式与诊疗预约系统、便捷支付系统、个人云上病历、初复诊识别、实名认证及信用体系等。

在医护服务方面，提升工作效率，支持一键叫号、视频诊间、图文咨询、查询患者院内外病历、线上医嘱系统、CA 认证等功能。

“互联网+医院”包含大众版、医护版掌上医院和门户网站，其形态包括掌上医院APP、支付宝服务窗、微信公众号和小程序、门户网站，其功能分布如表 6-3 所示。掌上医院相当于医院自有宣传、推广渠道，可实时将医院的各种信息推送给掌上医院用户，可带来更多患者资源；掌上医院可提供在线支付、在线沟通等功能，降低付费窗口运行成本、（医医、医护、医患）沟通成本，无纸化办公降低运营成本；医护版提高医护工作效率，大众版提升患者就医效率与体验，医患互动大大提升双方沟通效率，更能留住患者；为医院提供具有自有版权的资源数据库资源，彰显专业实力。

表 6-3 “互联网+医院”平台及功能分布

平台	功能					
大众版掌上医院	预约挂号	报告查询	候诊叫号	就诊记录	门诊缴费	住院预缴
	医院介绍	医院导航	新闻公告	智能导诊	健康资讯	健康百科
	健康宣教	意见反馈	统计报表	信息维护	订单管理	消息推送
医院版掌上医院	通讯录	消息推送	意见箱	排班管理	患者评价	问卷调查
	医学工具	移动诊室	患者管理	宣教干预	知识库	信息查询
门户网站	医院门户	医院概况	医院导航	新闻公告	科室导航	医疗服务
	智能导诊	医学教育	科学研究	党群工作	健康教育	底部导航

（1）大众版掌上医院。大众版掌上医院采用微信公众号形态发布，利用微信小程序实现，如图 6-10 所示。微信小程序不是 HTML5，而是通过微信视图层描述语言 WXML 和 WXSS+JSP 实现原生体验，拥有离线能力，丰富的 API、各种组件、通信能力，一次开发，多端兼容。支持个性化的业务流程快速部署，旨在提高用户黏度抓落实强体验，一体化的数据挖掘和用户运营方案，10 个工作日开发即可快速上线。

图 6-10 微信公众号和小程序

微信公众号支持众多功能，例如，预约挂号支持多院区、多级科室、多门诊类型、分时段、搜索、智能绑卡、在线建卡、停诊通知、就诊记录查询、取消预约、就诊状态和地点提醒、再挂一次号、就诊人管理等功能，报告查询支持单张或批量查询、支持常规报告和微生物等多种报告、报告即时推送到患者，候诊叫号支持查询就诊进度、提前设置提醒，全流程支付支持挂号费、检查检验费、药品费、就诊卡充值、住院预缴、退款、清分结算管理、报表管理，支付手段支持微信支付、支付宝支付、银联支付、医保支付，提供智能分诊、健康档案、健康资讯、健康百科、满意度调查、数据与用户统计管理等服务。

浙大妇院、掌上浙一、浙大儿院等标杆型大众版掌上医院操作界面，可供用户免费下载使用，如图 6-11 所示。

图 6-11　标杆型掌上医院操作界面

通过大众版掌上医院，可获得较为完备的各项医疗及相关服务。例如，停车缴费功能在手机上就能完成缴费，可有效改善院内车况；产检自录功能支持线上填写产检信息，提高录入效率；健康档案功能搭建全面的健康数据，实现云病历功能，如图 6-12 所示。

图 6-12　大众版掌上医院功能

（2）医护版掌上医院。医护版掌上医院如图 6-13 所示，支持医护注册登录管理（医护注册、医护登录、个人描述、修改密码）、消息推送及查看（系统消息、通知公告、讨论组、消息群发）、通讯录（员工号码查询、员工详细名片、科室号码查询、值班号码查询、常用联系人、消息发送、我的讨论组、新建讨论组、通知群发）、检查查询、药物手册、医学工具等功能。

特别地，其独特的医生工作间方便医生进行工作管理，如图 6-14 所示，例如，专家在线交流、患者管理、院内服务、随身小工具等功能均集成在医护版 APP 中。

图 6-13　医护版 APP

图 6-14　医生工作间

（3）门户网站。传统网站以法规政策、医院行政信息展示为主的传统医院门户网站模式。本产品采用 Web+构建门户网站，以“患者为中心”，与掌上医院 APP 无缝对接，增加预约挂号、智能分诊、医学数据介绍分析、医患互动、个人健康档案管理等一系列服务，完美适配从 Web 端到移动端的页面展示，从而提高门户网站的访问量和用户活跃度。

2）线下业务多种解决方案

针对医院服务、患者服务和医护服务，“互联网+医院”提供线上线下（O2O）多种解决方案。以患者服务为例，如图 6-15 所示，患者可获得线上和线下多种服务。

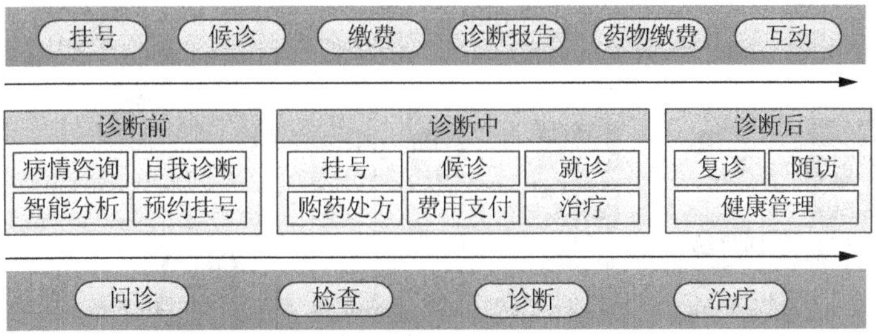

图 6-15　患者线上和线下服务

以药品服务为例，表 6-4 中显示可通过医院自取、药店自取和在线配送等三种解决方案提供药品服务。

表 6-4　药品服务解决方案

药品服务方式	医院自取	药店自取	在线配送
发药机构	医院药房	合作药店	医院药房或合作药企
发药系统	HIS	互联网医院	互联网医院
取药方式	患者到院自取	患者就近药店自取	物流配送
支付方式	线上支付/线下医院支付	线下药店支付	线上支付
收款单位	医院	医院或合作方	医院或合作方
是否支持医保	是	是	否

3）智能医嘱系统

智能医嘱系统符合线下 HIS 使用习惯，可以在线书写门诊病历、开具药物医嘱、检查检验单，如图 6-16 所示。标准的数据存储方式使其具有对接不同厂家的 HIS 能力。

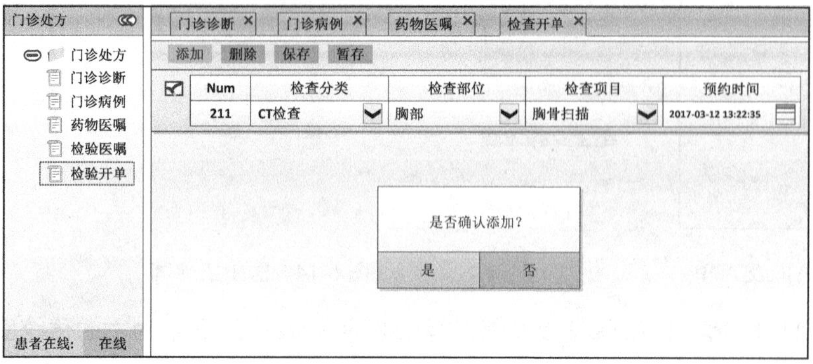

图 6-16　智能医嘱系统

4）医疗安全保障服务

“互联网+医院”提供 CA 签名服务、实名认证方案、初复诊分流方案等拓展模块，对核心数据备份及加密机制达到系统安全和数据存储安全，通过防火墙实现医院内外网隔离达到网络安全，对通信接口数据加密传输并采用用户敏感隐私数据和服务保护机制达到数据传输安全，采用成熟软件应用开发和维护安全规范达到应用安全，制定严格项目管理制度和保密机制达到管理安全，实现最终保障医疗安全，如图 6-17 所示。

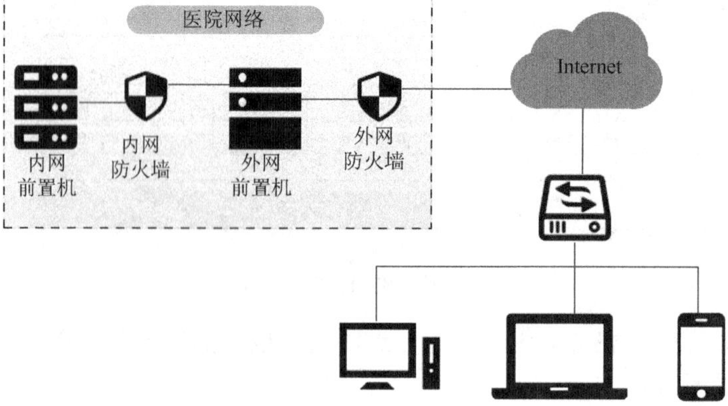

图 6-17　“互联网+医院”硬件与安全

此外，还提供其他更多安全保障服务模块。

（1）视频录播服务，存储医疗记录。

（2）智能医嘱与药事审核系统保证用药安全。

（3）业务状态、处方流转等每个业务节点进行记录，避免重复取药。

（4）系统经过接口压力、数据安全、负载均衡、压力测试、系统故障等性能测试，并制定整体保障机制。

为了保障“互联网+医院”的安全运营，通过构建技术问题、反馈解决渠道，提供技术保障；通过构建合理制度，统筹协调各医院上线科室的医生排班，提供在线医生保障；基于大型综合医院运营经验，提供全面的“互联网+医院”运营规则及解决方案，如《互联网医院各部门相关职责与运行制度》、《互联网医院检验检查预约缴费解决方案》、《互联网医院药品配送解决方案及规则》、《互联网医院医生排班及坐诊制度》等，为业务服务提供保障。

6.2.4 商业模式

“互联网+医院”运营服务蓝图如图6-18所示，整合远程门诊、线上付费、检查预约、住院床位预约、药物自取、慢病随访、药事咨询门诊、检验检查咨询门诊等全流程功能，联合药店、社区、协作医院等医疗合作服务点，深开渠，广铺网，方便患者实现极简就医。

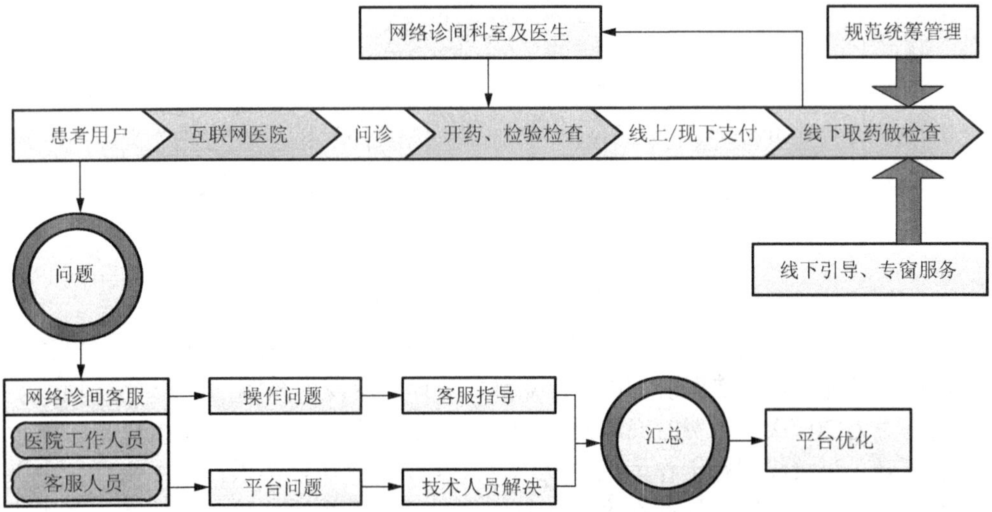

图6-18 “互联网+医院”运营服务蓝图

1. 建立院内和互联网连接，实现闭环服务

“互联网+医院”首先得建立“连接”，连接是基础，通过将医院、医生、患者、支付等多方的院内ID和互联网ID（APP、微信、支付宝、百度直达号、健康之路）的有效连接，打通线上线下（O2O）全流程就医体验的闭环服务。有效连接院内、院外患者，避免患者失联。将患者转变为可持续运营的患者资产，解决“医患失联”问题。

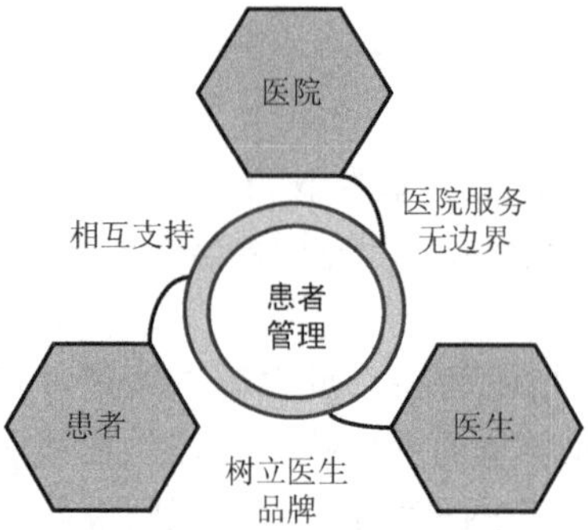

图 6-19　医院、医生和患者互动关系

2. 院级互动+医生级互动，发起有针对性的服务

对互联网医院的医院、医生和患者等主要关系方，建立互动信息，如图 6-19 所示。

（1）医院发起健康教育、满意度和意见反馈、随访、针对性营销等服务。

（2）医生发起诊断、处方、治疗等服务；患者获取相关服务，并借助网络平台和移动平台实现挂号、咨询、付费等活动。

（3）医院和医生可主动发起与患者的交互，实现患者就诊流程的线上迁移与简化重构，提高患者与医院、医生的互动黏性，解决“看病烦琐”和“缺乏沟通”问题。

3. 银医合作

利用银行在信息化、自助化建设方面的经验，整合双方的系统、渠道和服务资源，银行业务系统和医院诊疗系统技术连接，如图 6-20 所示。双方系统间进行数据交换，为医院搭建自助服务平台，创新各种付费模式。同时，开放银行网点、网上银行、电话银行及手机银行等作为医院窗口的延伸，为患者提供预约挂号等就医服务。

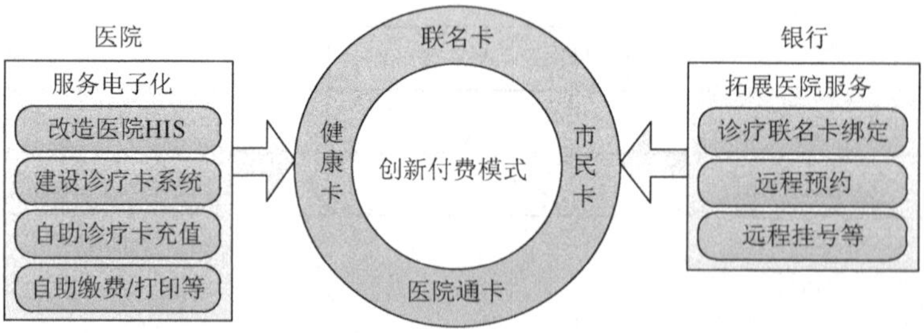

图 6-20　银医合作模式

针对单个医院，为解决“看病难”的问题，通过银行提供的一系列自助设备，创新了门诊自助流程，改造医院 HIS，建立预付费诊疗卡发卡系统，如图 6-21 所示。挂号时间缩短为 20s/次，缴费时间缩短为 10s/次，自助看病时间缩短 50%以上，就诊效率显著提升。直接将银行卡作为医院就诊卡，实现患者在合作银行网上银行、全国任意一家网点、银行自助终端或在家中拨打客服电话均可预约挂号，医院就诊费用由发生科室直接扣费。

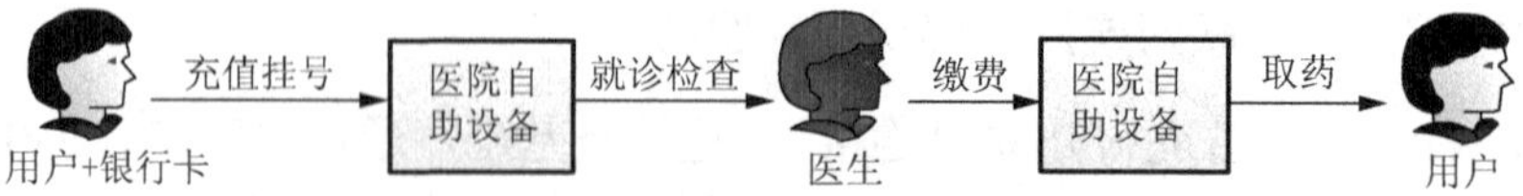

图 6-21　医院自助设备

针对多医院，在单医院合作的基础上，扩大合作医院范围，如图 6-22 所示。IC 卡芯片分区，客户持卡可在银行所有合作医院就诊使用，且能支持不同医院的使用需求，如交易设密、不同缴费方式；同时能在银行柜台、自助终端、网上银行等各种渠道享有绑定充值、预约挂号等就医增值服务。

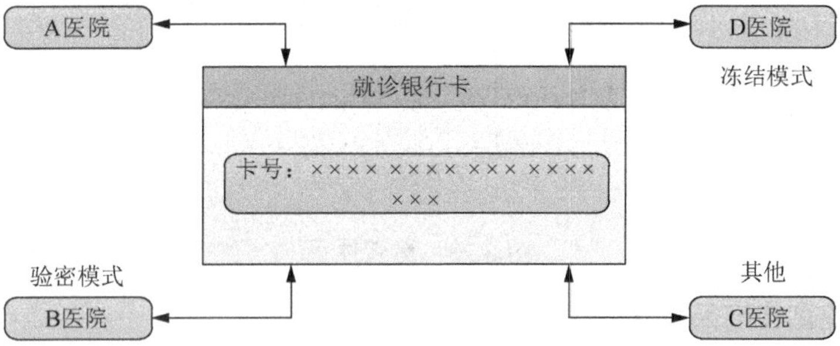

图 6-22　就诊银行卡

4. 网医+医院合作

“互联网+医院”作为研发单位和运营单位，医院作为使用单位，合作成立互联医院子公司，共同面向患者提供医疗服务，医院提供部分产品研发费用，“互联网+医院”平台供其免费使用。

“互联网+医院”通过平台服务，从医院服务中收取比例少于 1%的相关费用，以维持平台运营。

6.2.5　营销策略

本项目以丰富的运营经验支撑，以提高公众对智慧医院的认知，提升医院与时俱进的品牌形象、医院知名度和影响力，提升软件用户量、访问量、挂号取单等业务量，提升医院行业竞争力等为运营目标。

以产品运行和用户运行为重点，为本项目量身定制如图 6-23 所示包括线上（应用市场、主流新媒体、公众论坛/贴吧宣传、微信/微博宣传、视频网站宣传和搜索引擎推广）和线下（宣传册/单页、诊间名片、易拉宝等全套院内宣传物料支持、二维码宣传，不定期节假日活动、义诊活动结合推广等活动专题，各大报纸新闻报道、医疗行业媒体宣传等线下媒体推广，现场推广和服务）的全方位运营体系。

其中，产品运营方面，结合产品上线后运营过程中院方和用户反馈的问题、需求、建议，通过数据分析等手段，对产品的功能进行持续的优化，并按需追加新的功能模块，同时对已有模块的使用流程进行优化。

用户运营方面分三个阶段。

（1）让用户发现它，提升 APP 下载量和注册量。

（2）让用户喜欢它，提升用户活跃度与黏度。

（3）让用户依赖它，如个性化服务。

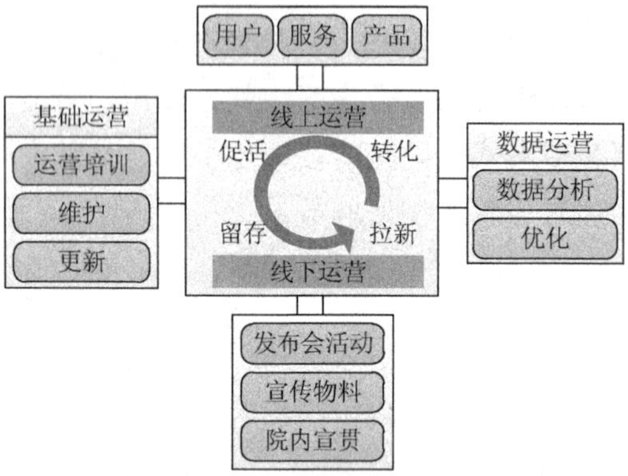

图 6-23　运营体系

1. 多渠道宣传产品优势

透过行业推广，进行多渠道宣传，与地方医院深度合作，突出本产品如下优势。

（1）行业领先。全国首个掌上医院创始者，2012 年全国首发，持续深入功能研发，国内掌上医院成熟度最高，功能最齐全，包括大众版分门诊，住院及出院随访管理版。与医护版结合开展医患互动及慢病管理，大大提升患者用户体验。

（2）引领医患友好度建设。2014 年国内首次提出“医院友好度”，持续引领以患者为中心的医院信息化建设，被《健康报》及国家卫生计生委确定为行业标准。

（3）医学背景团队。近 30 余位医学专业团队，深度挖掘医患需求，梳理医疗流程；以强大的医学专业知识库及图文宣教知识库为依托，做好医学专业的科学指导。

（4）诸多标杆。已有覆盖全国 30 多个省的超过 400 家医院，其中 180 多家三甲医院，包括浙大一院、湖南湘雅医院、湖南省人民医院、浙江省人民医院等。

（5）医学数据库。拥有自主知识产权医学数据库，包括智能导诊知识库、疾病库、药物库、急救库等。

（6）完整的产品体系。成功开发移动掌上医院 APP（含大众版和医护版）、微信公众号及支付宝账号、以患者服务为中心的医院网站建设等，该体系后台管理系统完美结合，大幅提升医院对外宣传效率。

（7）成功的运营模式。例如，掌上浙一用户量达 30 万，医护版渗透率超 80%；浙一微信全国医院内排名第一；浙一网站全省排名第一；双免挂号活动行业影响力较大。其中，湖南省人民医院运营推广案例如表 6-5 所示。

（8）网络及数据安全。多套数据安全保障机制的建立，确保医院数据安全（包括目前落地的 10 余家部队医院）；院内部署自有专属服务器，不采集及运营医院数据。

（9）诸多行业殊荣。近两年内得到 10 余项行业大奖，包括 2014 中国移动医疗产业论坛“十佳医疗/健康 APP”，2014 十大优秀移动医疗健康案例（掌上长海项目），2014“年度创新医疗大奖”，2015 中国创新创业大赛互联网与移动互联网企业组三等奖等。

（10）持续的功能优化和深入。医护在线学习、移动远程、远程病理、医联体分级诊疗等持续推出。

表 6-5　湖南省人民医院运营推广案例

序号	项目	基本情况
1	运营时间	全流程支付整体上线运营 12 个月
2	上线平台	微信服务号、手机 APP、支付宝服务窗开通
3	支付手段	移动支付功能全流程开通；扫码即可支付功能开通
4	提升	用户量、挂号占比、支付笔数、缴费金额大幅提升；医院就诊效率、医患关系及品牌美誉度明显优化；爽约率超低（0.0001%），挂号占比过半（60%），日支付笔数高（2800 笔），日支付金额多（70 万）
5	宣传品	基本宣传品、活动宣传品、功能详解补充宣传品、特定平台宣传品形式包括丽屏展架、易拉宝、不干胶贴、台卡、三折页、海报等总计 39 种
6	基础宣传	基本功能类（挂号缴费）宣传，重点部署门诊大厅及楼层服务台，用于普及功能，吸纳首次用户
7	活动宣传	微信支付 95 折，用于特定活动期间，强调活动主题及力度，刺激用户参与，提高用户活性。形式：结合微信支付优惠活动，开展现场推广演示。效果：大幅吸收新用户，普及使用方法，提升各项数据
8	功能宣传	功能详解补充（住院预缴金、扫码支付），用于具体场景的功能细分宣贯，分解需求，促进用户留存
9	平台宣传	特定平台宣传（微信支付）和主流新闻媒体宣传，针对相关平台开展定向集中推广。形式：微信、微博等新媒体资源软文、活动推广。效果：吸引关注度，扩大影响力，促成线上自主扫码/搜索下载
10	院内宣传	院内物料印刷（病历本、登记表、小票等），医院配合在日常消耗量极大的院内物料上作宣传，用户院内院外随身携带，信息传播广，目标精准
11	宣传视频	定制宣传视频和动画，直观传达掌上医院给患者就诊带来的便捷与省心

2. 夯实产品技术水平，培养多方客户

（1）按角色集成开放平台，造入口，引起用户关注。针对互联网医院的用户角色，提供专业技术支持，设计医院、医生和患者网络平台、掌上平台等多种操作平台，为用户提供便利入口，实现线上和线下活动。

例如，以微信为例的运营 O2O 模式，线上支持增粉活动专题策划、热点事件借势营销、资讯推送（医院动态、医生科普、线下活动资讯）、就医指引和操作方法、典型故事实例，线下支持关注有礼活动、现场摇一摇等抽奖活动、支付减免健康月、联合义诊和讲座、明星院区、科室和医生打造评选活动。

（2）发展用户数和支付数。建立医疗“互联网+”联盟体系和专业客服团队，发展用户，量化运营目标。

（3）培养使用习惯。运用大数据、云计算等新技术，进行运营数据分析，针对不同患者群，应用相应医疗资源，实现运营资源支持。

3. 项目维护保障

产品免费发布与更新、终身维保承诺、本地化技术支撑、3 天以上集中培训、重大问题 3 小时内应急响应、提供年度运营报表。

6.2.6 财务分析

1. 投资分析

1）股本规模与结构

互联网医院预计注册资本 1000 万，股本结构和规模如表 6-6 和图 6-24 所示。

表 6-6 股本结构和规模

	团队资金	A 风险投资公司	B 医院
金额/万元	510	250	240
比例/%	51	25	24

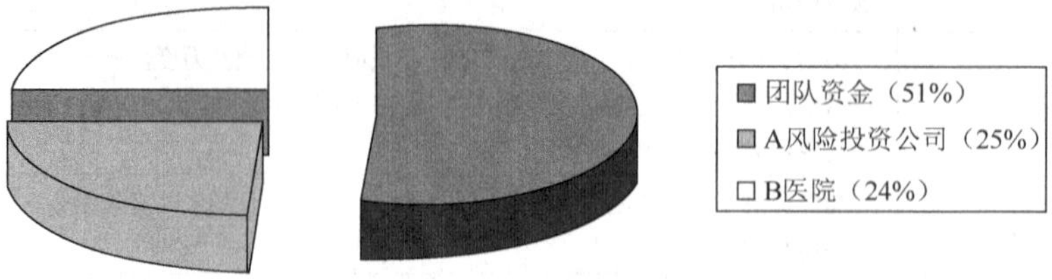

图 6-24 股本结构和规模

2）资金来源与运用

资金主要用于租赁公司办公区、技术开发经费、产品生产费用，形成主营业务成本，同时购置固定资产及装修，形成固定资产。

3）投资收益分析

（1）投资回收分析，如表 6-7 所示。

表 6-7 贴现投资回收期计算表 （单位：万元）

	初始投资	项目运营收益				
		第 1 年	第 2 年	第 3 年	第 4 年	第 5 年
净现金流量	−250.00	80.00	120.00	200.00	180.00	170.00
现值系数	1.000	0.850	0.815	0.745	0.7145	0.770
现值	−250.00	68000	97.80	149.00	128.52	165.40
累计现值	−250.00	−182.00	−84.20	64.80	193.32	308.58

（2）风险投资分析。按风险调整贴现率 K，如表 6-8 所示。

按风险报酬率模型来调整贴现率，一项投资的总报酬可分为两部分：无风险投资报酬率和风险报酬率，其中风险报酬率 K 计算公式为

$$K = R \times f + B \times v$$

其中，$R \times f$ 为无风险报酬率，B 为风险的报酬系数，v 为风险的标准离差率。根据市场调查和同行业的市场分析，估计 K 值为 13.5%。

按阶段盈利分析，第 1 年估计盈利 140.00 万人民币，以后每年销售利润率 50%左右。第 2 年资产报酬率为 65.37%，投资回收期为两年零七个月。预测 5 年后由于公司规模的扩大，相关经营政策的更改，宣传力度、知名度提升会给公司带来以每年 20%的净利润。本项目可以在较短的时间内收回成本，并且企业的盈利存在着潜力，一旦

规模形成，将会带来非常可观而又未定的利润。

表 6-8　按风险调整贴现率 K 分析

相关因素	投资项目的风险状况及得分									
	A		B		C		D		E	
	状况	得分	状况	得分	状况	得分	状况	得分	状况	得分
市场竞争	无	1	较弱	2	一般	5	较强	8	很强	14
战略协调	很好	1	较好	2	一般	5	较弱	7	很差	13
投资回收期	2 年	3	2.5 年	4	3.5 年	7	4 年	10	5 年	14
资源供应	一般	6	很好	1	较好	6	很差	17	较差	10
总分	\	11	\	9	\	23	\	32	\	51
总分	风险等级					调整后的贴现率				
0～9	很低					6%				
10～17	较低					10%				
18～25	一般					12%				
26～35	较高					15%				
36～45	很高					17%				
46 分及以上	最高					27%以上				
K_A=10%　K_B=6%　K_C=12%　K_D=17%　$K_E \geqslant$27%										

根据表 6-8 及实际情况可确定互联网医院风险报酬率约为 14%。有上述两种方法对本项目的风险报酬率的分析，本项目的风险等级及风险报酬率均是较理想的。

2. 财务分析

根据国家促进互联网+产业有关优惠政策，国有金融机构为互联网+创业提供贴息贷款、免费风险评估、无偿贷款担保和部分税费减免。考虑到目前通货膨胀的经济形势，通过充分的市场调查和相关行业的研究，预计了财务报表中的各类基础数据。

从而进一步采用财务预算的方法，并结合敏感性分析，做出公司未来 5 年的利润表、现金流量表和资产负债表，分别如表 6-9、表 6-10 和表 6-11 所示。

表 6-9　“互联网+医院”未来 5 年利润表　　（单位：万元）

项目	第 1 年	第 2 年	第 3 年	第 4 年	第 5 年
一、营业收入	200	300	600	450	900
减：营业成本	150	150	170	130	180
营业税金及附加	6	9	18	13.5	27
销售费用	100	80	90	70	120
管理费用	30	29	35	30	40
财务费用	10	25	42	35	40
二、营业利润	-96	7	245	183.65	493
加：营业外收入	0	0	50	35	60
减：营业外支出	50	41	44	13.63	120.6
三、利润总额	-146	-34	251	205.02	432.4
减：所得税费用	34	51	102	76.5	153
四、净利润	-112	-85	149	128.52	279.4
销售净利率			0.24833	0.2856	0.31044

表 6-10 “互联网+医院”未来 5 年现金流量表 （单位：万元）

项目	第 1 年	第 2 年	第 3 年	第 4 年	第 5 年
一、经营活动产生的现金流量：					
会计利润	-112	-85	149	128.52	279.4
加：应付账款增加额	12	10	15	20	27
无形资产摊销	10	12	15	18	21
固定资产折旧	6	8	13	20	26
财务费用	10	25	42	35	40
减：应收账款额	10	12	15	14	20
经营活动产生的现金流量净额	-84	-42	79	49.52	185.4
二、投资活动产生的现金流量					
构建固定资产、无形资产支付的现金	300				
支付的其他与投资活动有关的现金	350				
投资活动产生的现金流量净额	-650				
三、筹资活动产生的现金流量					
吸收权益性投资所收到的现金	510	0	0	0	50
借款所收到的现金	200	100	200	200	150
现金流入小计	710	100	200	200	100
偿还债务所支付的现金	0	80	70	100	40
分配股利、利润的现金	0	0	50	60	90
偿付利息所支付的现金	10	25	42	35	40
支付其他与筹资活动相关现金	10	5	15	12	20
现金流出小计	-20	-105	-177	-207	-190
筹资活动产生的现金流量净额	490	-5	23	-6	10
四、现金及现金等价物净增加额	406	-47	102	43.52	195.4

表 6-11 “互联网+医院”未来 5 年资产负债表 （单位：万元）

项目	第 1 年	第 2 年	第 3 年	第 4 年	第 5 年
一、资产					
流动资产：					
货币资金	450	421	627.5	1100	2150
预付账款	50	100	120	190	280
应收账款	70	80	100	200	310
存货	120	150	200	280	320
非流动资产：					
固定资产净值	250	180	210	260	300
开发支出	150	150	200	200	270
无形资产净值	30	119	180	210	260
资产合计：	1120	1200	1637.5	2440	3890
二、负债及所有者权益					
短期借款	80	100	270	400	0
应付账款	30	75	126	105	120
应付利息	10	25	42	35	40

续表

项目	第 1 年	第 2 年	第 3 年	第 4 年	第 5 年
实收资本（或股本）	1000	1000	1000	1000	1000
盈余公积	0	0	40	120	430
未分配利润	0	0	159.5	780	2300
负债及所有者权益总计	1120	1200	1637.5	2440	3890

3. 风险分析

1）内部风险

近年来信息、科技等产业发展迅猛，“互联网+医院”以信息科技技术为支撑，通过利用现有的传感设备、网络等实现对各类环境空间的实时监控，在如今科技公司海洋中面临着资本风险、成本风险、财务风险、技术风险及安全风险等，还会存在场地实际调研不清楚导致产品达不到预期的工作效果、技术人员的意外疏忽、系统出现 bug 以及内部人员管理疏忽等情况发生。因此，健全公司内部的管理机制，使对外有强有力的防御能力十分重要。

2）市场风险

随着市场的不断变化，市场因素也会发生改变，牵动着公司的未来发展，必须要提前分析这些风险的存在，未雨绸缪。

在公司的经营过程中可能会出现以下市场风险。

（1）在本项目开发阶段的风险，市场上可能会同时出现提供该类服务科技公司的行业。

（2）项目在经营过程中，若需求较大，收益良好，很可能会导致一系列相似经营项目的诞生，加剧了市场竞争压力。

（3）在公司经营中，市场需求也会发生变动，若科技的发展有更好的项目取代该类系统，市场需求就会发生转移，投向更多功能的高科技产品，产品将会“卖不出去”。

（4）经济市场的变动会严重影响市场的交易和人们的消费。在经济滑坡的情况下，人们只会考虑到基本的温饱问题，而忽略安全方面的问题，以节省开支，这样公司的项目就无法运营。

3）应对措施

应对措施如表 6-12 所示。

4）风险投资退出方式

构建良好的退出机制是创业投资取得成功的前提条件和实现手段，公司计划采取协议转让、回购和清算三种退出机制。

（1）协议转让。协议转让的实质是创业投资者通过非公开市场出售其所持股份，从而退出企业并得到收益。公司选择把股份转让给其他创业投资者的形式，其优点是不影响企业的股权结构，操作程序也较简单。

（2）回购。通过企业家或风险企业的管理层购回风险资本家手中的股份，使风险资本退出，该收购的行为人是风险企业的内部人员，风险企业被完整地保存下来，风险企业家掌握了更多的主动权和决策权，对风险企业家更为有利。

（3）清算。当公司陷入危机时，通过清算的方式果断退出。具体的操作方式为：

将企业的资产进行公开拍卖，由所得的拍卖款来清算自己所持有的股份。这样做可以最大可能地减少损失，但破产清算一般导致风险资本受损，收益率较小。因此，万不得已时才选择破产清算的退出方式，但是却是避免身陷泥潭的最佳选择。

表 6-12　应对措施

风险类型	风险因素	风险来源	风险后果	防范和应对措施
内部风险	资本风险	企业资金管理不合理	企业管理成本加大，账目混乱，增大企业资本危机	做好资金来源、资金占用、资金分配和资金回收的测算与平衡，保证资金流动的安全性、效益性
	成本风险	难以确定的位置市场的投资开发，系统维护经营费用	公司的经营成本超出了预计成本	加强系统的管理，尽量最大限度地减少公司的各项成本
	财务风险	财务管理结构不完善，决策缺乏科学性	可能丧失偿债能力而导致预期收益下降	完善财务分析指标体系，建立短期预警系统，决策者要提高风险意识，做出科学决策
	技术风险	事先对监控环境的技术复杂性估计不足	出现难以解决的技术困难，导致公司的正常运行受损	集中力量解决技术难题；采取备案方式
	安全风险	监控系统抗侵袭、防破坏性差	感知数据遭到丢失、泄露、篡改；监控系统崩溃	合理设计系统结构，提高监控系统的健壮性；对重要的数据进行必要的加密
市场风险	需求风险	消费者和客户的需求发生转移	造成公司的商品短缺或商品积压	公司运营期间做好市场调查和需求分析，在公司成长过程中时刻关注市场的变动，并对公司内部进行适应市场的调整
	竞争风险	市场现存的同类公司或是相同性公司的出现	公司的业务分割遭到冲击，公司利润下降	提高公司的服务质量，努力提升自己的优势项目，同时扩展其他突出业务
	经济风险	经济滑坡	公司的商品短缺或者产品滞留	削减开支，进行裁员，减少公司规模，保存公司实力
金融风险	金融风险	利率的变动，经济的紧缩及变动	公司的银行贷款利息、公司的债务负担加重，公司的融资渠道阻塞	采用金融工具如期权等进行金融风险控制

6.3　“互联网+医疗”创新创业案例二：私人医生

6.3.1　项目简介

为解决现行医疗服务的弊端，提高人们的生活水平，私人医生 APP 应运而生。私人医生 APP 是一款基于医学的综合性软件，为用户提供便利而又科学的疾病自我诊断、疾病预防、疾病治疗方法以及医学知识的科普等。

私人医生 APP 提供完整的三维人体模型，利用三维模型将正常人体部位与发生病变的部位进行对比，更直观地反映出病理过程，并推荐相应的药物和治疗方法，帮助人们解决相应病症，能够极大地改善未来大众的生活质量。同时，在一定程度上分担医疗机构的负担。通过介绍相关疾病的治疗方法推荐可靠的药物、治疗仪器并支持在线专家问诊、嵌入支付方式、与当地医院或政府达成协议，实现一定的盈利。

6.3.2 市场分析及定位

1. APP 软件市场基本情况描述

Android 市场上 APP 数量众多，但是“互联网+医疗”类软件却尤为少见，很多都是专用型，而非综合型软件。对 Android 市场及网站的调查结论如下。

（1）娱乐软件普遍能够吸引人们，健康医疗的理念仍未深入人心，人们缺乏对健康医疗的重视和正确的引导，私人医生这类软件应运而生。

（2）医疗软件稀缺，目前市场上有部分医疗相关软件，但是医学知识不够全面，不够专业。例如，骨骼系统 APP，虽然在人体解剖学方面做得极为出色，但内容单一，未涉及健康医疗方面，不具备解决人们日常生活的常见疾病的功能。而私人医生 APP 由具备专业医学知识的人员开发，科学全面，很好地融合了人体模型和健康医疗两方面，在未来市场中占有一席之地。

（3）涉及医疗的软件服务对象单一。例如，智慧医疗 APP，只针对于医疗机构管理，为人们解决医院预约挂号问题，未涉及普及医学专业知识，也不能解决日常生活的常见疾病。而私人医生 APP 服务于普通群众，将健康医疗理念根植其中，融合“互联网+医疗”，是未来医疗发展不可缺少的一部分。

近年来，手机软件市场发展很快，软件下载简便快捷、方式多样、费用便宜，受到消费者普遍欢迎。在中国互联网体制改革的深入和政府的大力支持下，国家对软件市场正在逐步开放，软件行业面临着巨大发展机遇和挑战。要想提高产品市场占有率，必须具有一定的竞争优势，才能立于不败之地。

2. 市场环境特点分析

市场容量大且集中，从软件下载情况来看，近年来出现了一些新的发展趋势。

（1）发展模式不断演变。各大软件市场整合，由信息平台向交易平台转变。

（2）软件快速发展趋势日益明显。具体包括三种情况：追求全品类覆盖的综合型平台；专注细分市场的垂直型平台；大型企业自营网站逐渐向第三方平台转变。

（3）平台之间竞争激烈，市场日益集中。各医疗软件公司为赢得顾客的青睐，采取了很多措施，彼此之间竞争激烈。

3. 未来市场分析

1）总体分析

伴随着传统企业转型升级的深入推进和产业结构的优化调整，以平台经济为核心的集约型发展模式得到快速推广，Android 平台为代表的经济格局初现雏形。从趋势上看，未来的软件市场是平台经济的时代。通过对资源的整合，互联网软件公司都处于快速发展的势头，商业机会明朗，商业价值逐渐攀升。

2）互联网软件企业快速成长的原因

（1）“互联网化”成为推动软件全行业向前发展的原动力。互联网正在改变餐饮行业、旅游行业、汽车行业和房产行业，互联网对软件行业低效、混乱的局面重塑必然是大势所趋。

（2）计算机的快速发展催生了软件行业的初步崛起。软件在未来市场业务中，扮演着重要的角色，直接决定未来各公司的服务水平和市场竞争力。“互联网+”代表的新经济形态已然深刻影响到软件全行业。在网络化世界里，互联网化将追求更高效、更精细的分工。“互联网+”不仅是一种技术手段与传统行业的融合，而是将互联网思维深植于传统行业。

6.3.3 产品介绍

1. 产品简介

私人医生 APP 是集人体解剖和健康医疗于一体的专业软件。软件打开后首页输入框中输入病症，软件会根据患者所输入的内容自动搜索相应的病症，供用户获取疾病的相关知识。如图 6-25 和图 6-26 所示，分别是输入相关病症和查询出的结果界面。

图 6-25 运行界面

图 6-26 查询结果界面

在能满足用户使用的基础上对科室进行简化、归类。对应每个人体部位发生的疾病引入三维模型，融合 3D 旋转、放大及缩小功能，可以全方位立体性地观察疾病病变过程，同时与正常人体模型进行对比，方便用户了解完整的病理过程。如图 6-27 和图 6-28 所示。

用户查询到相应疾病，给出相关的疾病介绍、预防、治疗方法、药物推荐，分别如图 6-29 和图 6-30 所示。

私人医生 APP 界面清晰简洁，功能丰富健全，依据“互联网+医疗”的基本原理，融合了医学知识学习和健康医疗两方面，能提高医疗水平，改善医疗机构管理，提高人们的生活质量。

2. 产品特点及功能

私人医生 APP 作为一款医疗综合型软件，是现代化医院运营的必要技术支撑，而软件的发展同样会改善当前的医疗质量，避免人们病急乱投医的情况。

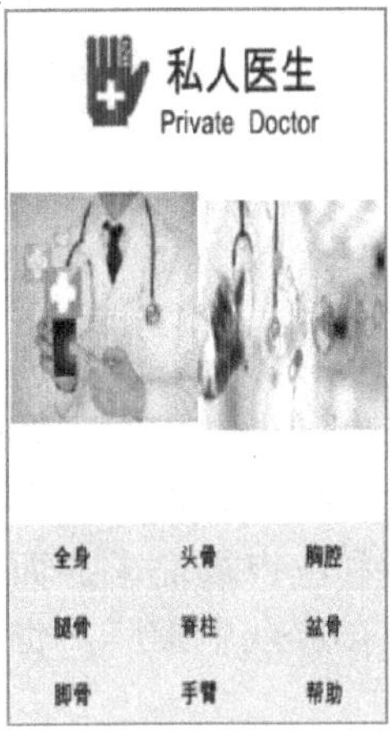

图 6-27　疾病相关部位界面

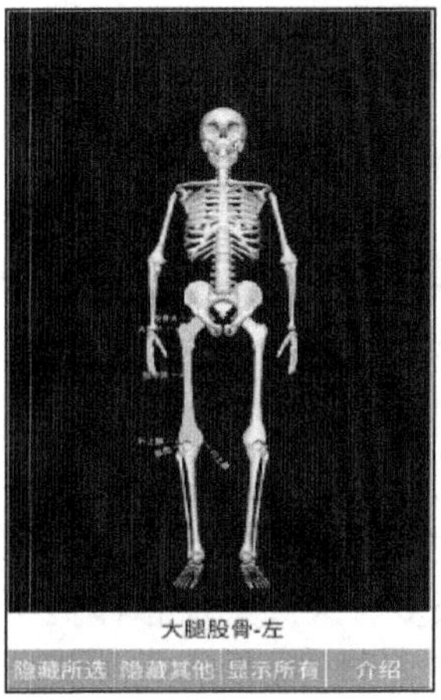

图 6-28　三维模型界面

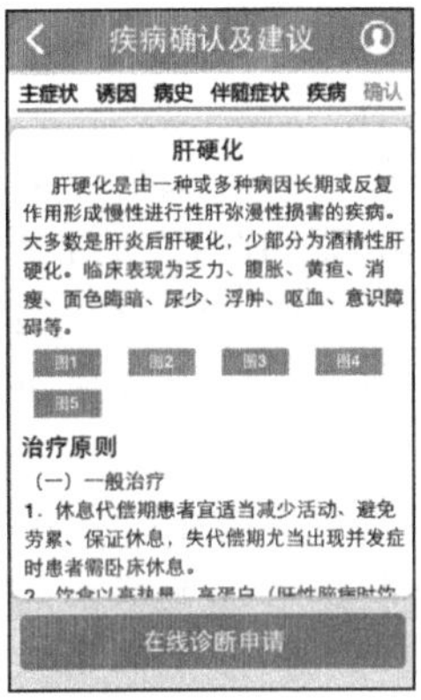

图 6-29　具体疾病介绍界面

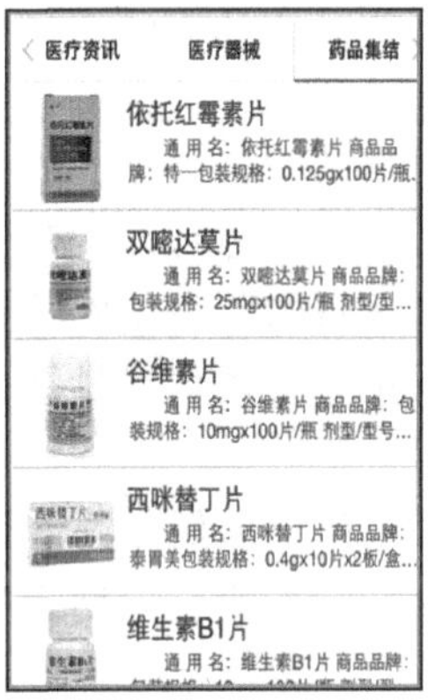

图 6-30　疾病治疗界面

本产品主要功能和特点如下。

（1）私人医生 APP 是一款三维交互软件，提供了一整套三维人体数字模型，不仅数据翔实，而且操作功能强大。

（2）软件将医院的科室进行简化、归类，人体部位与科室一一对应，操作简单，易于上手。

（3）软件中增设有隐藏和显示按钮，可通过这些按钮选择观察某一具体部位或显示全部部位。从而能够分析了解发生在这些部位的常见疾病。

（4）将正常人体部位与发生病变的部位进行对比，更直观地反映出病理过程，并推荐适当药物和治疗方法，有助于人们客观解决相应病症。

3. 产品作用及其前景

这款软件帮助人们从身体状况以及健康的直接感官感受投射到具体的分析了解，不仅在医学方面具有极大作用，而且能够极大地改善未来大众的生活质量，将健康医疗的理念根植于人们心中，正如远程医疗逐渐走进人们视野一样，私人医生正以健康医疗软件的姿态，帮助人们足不出户地解决一般的健康问题，开始了逐步渗透人们生活的步伐。同时，私人医生 APP 在一定程度上分担医疗机构的负担，在国内庞大的人口基数的前提下，人们解决常见病症的方式有了新的突破口，面对常见疾病时，私人医生APP能够提供科学全面的治疗方案，这对未来医疗的发展起着“风向标”的作用。

6.3.4 商业模式

1. 盈利模式

1）项目在市场中面对的现状

本项目所要解决的问题是密切联系群众的生活，通过软件，将医学知识普及给群众，为医务工作人员提供参考。目前，在医药市场这款软件具有很大的发展前景，一方面可改善医疗的条件，另一方面也给医院管理带来便利，市场需求显而易见。在我国人口众多、医疗条件总体仍待改善的情况下，不仅可在群众中推广，也可为改善医院管理方面作出贡献。

2）实现盈利的方法

（1）通过介绍相关疾病的治疗方法，宣传可靠的医药或设施，对第三方医药或设备提供方收取一定的宣传费用来增加收益。例如，出现青少年驼背需要纠正等现状，可通过宣传某些矫正的设施，向商家收取一定的宣传费用。

（2）可嵌入支付方式，对于某些更为细致的人体部位采取一定程度的费用收取，同样可模拟网络中虚拟币的形式进行商品之间的交易，增加商品的新鲜感和生命力。

（3）基于目前国内就医形势严峻的问题，政策上医疗方面必然有一定的支持，可通过沟通申请等手段与当地医院或政府达成协议，以资金支持的方式提供服务给当地群众。

（4）当软件在人群中得到普及并运行一段时间后，可对人群中使用的数据量进行统计分析，向需要进行调研考察的公司有偿提供，同时在此基础上基于对人群使用情况的了解，开发其他功能。

2. 基本业务模式

1）资源模式

资源模式是建立在对某项政策资源或自然资源基础上形成的业务模式。在企业通过某种方式获得这些资源，形成对资源的利用优势后，业务模式也就自然而然建立起来。一般来说，对国家发展具有重要战略意义的国有大型企业多采用此种模式，例如，淘宝、天猫等就是利用这种互联网平台的优势实现高利润。

2）规模效应模式

虽然小的规模并不一定意味着具有较强的竞争力和较高的利润水平，但是对于一些行业，如客户需求量非常大、产品高度同质化，采用规模效应模式可以帮助企业获得较强的市场应变能力，增强对销售渠道的议价能力，降低成本和吸收更多的稀缺资源。本项目符合规模小、市场应变能力强、客户需求量大等特点，较其他产品具有明显的优势。

3）资源规模效应模式

在某个市场上存在多个用户和供应商，如果各自单独交易则资源的利用效率太低，进而带来交易成本增加。企业可以将多项资源整合在一起，形成资源的规模化，然后按照各方所需对资源进行重新分配。本项目充分调动医药公司，推荐合适的药品及医疗器械，达到双方共赢。

4）市场份额模式

企业凭借自身优势，可占有较高的市场份额，有效降低广告等营销费用，能够吸引更多的技术和人才，同时保持现金流的充足，在市场波动的时候受到的影响也最小。

6.3.5 营销策略

1. 战略概述

1）项目定位

根据市场现状和软件自身特点，本项目定位如下。

（1）市场定位：各大软件平台、医疗服务机构等。

（2）消费定位：医学相关人员、医疗消费水平不高的普通群众。

（3）形象定位：医疗机构的管理层、软件开发创新者。

2）客户群定位

本项目面对医院和普通群众两类客户，结合软件自身特点和客观的市场情况，客户群定位如下。

（1）医疗服务机构。

（2）就医需求的普通群众。

（3）医疗软件开发者。

3）战略核心

让健康医疗的理念深入人心，为广大客户提供科学系统的便利医疗途径，减轻医疗机构的负担。

2. 市场推广

1）基础上线

推广首先是上线，然后逐步推广，覆盖面越广，产品推得越好。通过各大手机厂商市场、第三方应用商店、大平台、PC 下载站、手机 WAP 站、收录站、移动互联网应用推荐媒体等基本覆盖 Android 版本发布渠道。

2）校内推广与完善

由于本项目还未成熟需要不断地完善，所以下一步会进行校内推广，比如，老师推荐、校园宣传（如在教室和寝室）、广告宣传牌等。尤其对于医学院校，可以说是一举两得，APP 兼具医疗与学习功能，可以大大促进医学生的学习和兴趣。

同时，收集用户反馈的意见，逐步进行修改和完善。

3）网络推广

通过流行的网络平台进行推广，在论坛、贴吧、微博、QQ 空间、微信朋友圈等广泛宣传，并通过奖励机制——转发并下载抽取幸运用户进行奖励。这样就会在不经意间通过各自的手机和计算机散播开来。

4）与国内外知名品牌合作

由于 APP 会针对各种疾病给出不同的治疗器械和药物，所以可以联系国内外知名品牌赞助，达到互相宣传的作用。当然，我们只会和一些值得信任的厂家合作，为人民服务是我们的宗旨，绝不赚黑心钱，保证良好信誉。

5）制造舆论话题

有了一定的人气积累，我们可以利用这一点对 APP 进行推波助澜式的宣传。比如，在新浪微博上制造舆论，通过大家的转发以引导往好的方向发展，以舆论的力量帮助我们 APP 覆盖面更上一层楼。

6.3.6 财务分析

1. 融资运作

公司的融资主要分为债务融资和股权融资，公司常用到的融资渠道如下。

（1）自然人担保贷款。作为大学生创业项目，公司前期的融资大部分来自个人的贷款。我们以个人的房产为担保来向银行贷款。银行向公司提供的个人贷款为 15 万，占总融资额的 30%。

（2）基金支持。大学生创业基金是近年来比较热门的基金，这也是我们创业资金来源的一项重要途径。另外，公司还可以以指导教师为介绍人，来赢得其他基金的支持，如天使湾创投等。此途径可以为公司提供的资金为 10 万，占总融资额的 20%。

（3）政府扶持。现在中国的就业行情越来越严峻，创业不失为毕业生的一个睿智选择，近年来国家也出台相应的政策来支持大学生创业，如无息贷款等。此途径可以为公司提供的资金为 5 万，占总融资额的 10%。

（4）其他投资人的投资。在创业的期间，公司还会在一定程度上得到其他企业的支持，此途径可以为公司提供的资金为 20 万，占总融资额的 40%。

融资预算表如表 6-13 所示。本表列示的是公司第 1 年的融资结果。

表 6-13　融资预算表　　（单位：万元）

项目	前期累计数	预计本期融资	预计本期还款	预计本期累计数
银行借款	—	30.00	—	30.00
其中：短期借款	—	30.00	—	30.00
长期借款	—	50.00	—	50.00
应付票据	—	—	—	—

2. 资金的使用

融资的合理利用是企业良性发展的重要前提。好钢用到好刃上，才能发挥资金的最大作用，下面是公司日常运营中资金的使用状况，如表 6-14 所示。

表 6-14　资金使用表　　（单位：万元）

项目	第 1 年	第 2 年	第 3 年
办公费	1.50	1.50	1.50
人员工资	10.80	12.60	14.40
差旅费	2.00	2.50	3.00
各类税金	3.30	4.29	6.62
企业所得税	7.14	10.12	16.81
社会保险费	3.78	3.78	3.78
员工住房公积金	0.75	0.75	0.75
其他	1.00	2.00	2.00
合计	30.27	37.54	48.86

6.4 “互联网+医疗”创新创业案例三：医链

6.4.1 项目简介

当前，医疗服务行业存在以下共性问题。

（1）医学分科过于细化，一些病症需要多学科联合会诊和跨区域医疗资源高效整合。

（2）医疗资源丢失严重，客观上需要有效的医学智慧沉淀，快捷分享优质医学资源。

（3）医学教学管理困难，需要精细化、标准化的教学管理，提升医生业务技能。

医链项目以“沉淀医学智慧，链接有情怀和理想的医生”为宗旨，主要包含远程协同诊治（多学科协同会诊、远程病理会诊、远程影像会诊）和医学教学管理（医学教学直播、临床病例库、影像病理交流、医链云学院），有助于医生协同诊治和医生专业技能提升。

医链项目业务模型如图 6-31 所示，包括知识库（10000 多例病例、2000 多份专业教学课件）、会诊（30000 多例会诊，其中河南平台每月 1000+例会诊）、教学（数百场读片会、学术会议为多家医院提供医护教学平台）。

图 6-31 医链业务模型

6.4.2 市场分析及定位

医链项目针对医院、医生和患者的客观需求，在转诊、远程医疗、院后医疗服务和医疗教学等方面提供更精准的医疗信息服务，提升服务品质。

1. 双向转诊实现分级诊疗信息化

双向转诊产品定位为提供一体化分级诊疗信息化解决方案，为卫生主管部门构建基层首诊、预约诊疗、双向转诊制度提供重要工具和手段，以管理和业务需求为引擎，构建基于家庭医生签约的区域分级诊疗信息支撑体系，提供便捷高效的转诊和分级诊疗管理服务。其流程如图 6-32 所示，具有如表 6-15 所列各项功能。

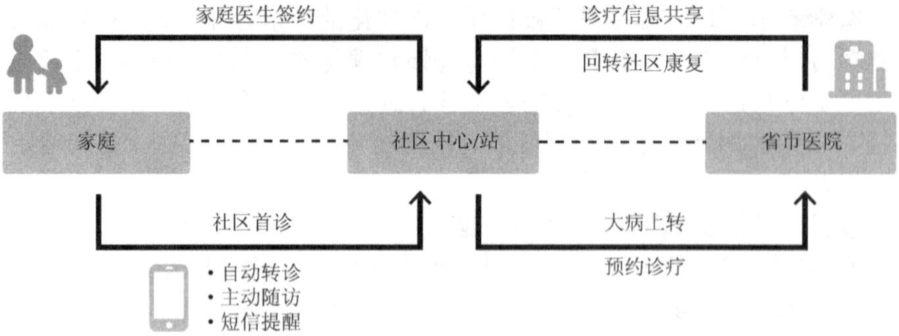

图 6-32　双向转诊流程

表 6-15　双向转诊功能

功能	功能介绍
家庭医师签约	责任医生签约管理系统，整合签约/医保/考核一体化解决方案
整合诊疗预约	门诊转诊业务整合挂号预约、检验检查项目的预约，住院转诊整合床位预约、检查预约等
患者信息上传	HIS 与 EMR 直连省市医院接诊患者过程可在诊间 HIS/EMR 内调阅患者在基层机构的诊疗情况、近期用药情况等
诊疗信息回传	社区医生可实时查看患者在上级医院的就诊状态（是否已就诊，是否住院，是否出院）及就诊结果（门诊诊疗结果、处方、住院情况、出院情况等）
满意度评价	双向转诊满意度综合评价，评价指标：转诊合理性、就诊满意度等
统计分析	丰富的统计功能，主管部分及各医疗机构对本机构的转诊信息进行统计、分析
数据挖掘	转诊记录、信息的数据挖掘功能，为卫生统计、制定政策提供数据基础

2. 移动远程医疗实现多方协作

移动远程医疗产品价值在于契合移动医疗未来发展趋势，扩大医院品牌和医生影响力，缓解医院服务压力，提升医院和医生效率，满足医院信息化发展需求，分级诊疗实现优质医疗资源下沉，从而促进优质医疗资源共享，发挥中心医院的医疗资源优势医院医疗服务水平，实现不同等级疾病的精准治疗。

该产品业务流程如图 6-33 所示，总体包括三层业务框架。

（1）最底层为远程医疗服务站点，实现患者管理、专家管理、课件管理、服务申请、服务接收、医学教育和系统运行与维护。

（2）中间层为区域远程医疗监管与资源服务中心，实现服务业务（远程会诊、远程影像诊断、远程心电诊断、远程预约、远程双向转诊、远程医学教育、远程重症监护、远程病理诊断、远程手术示教）和监管业务（运行情况、业务监管、财务管理）。

（3）最顶层为省远程医疗监管与资源服务中心，实现业务监管、统计分析和服务注册等。

图 6-33 移动远程医疗业务流程

3. 提升院后医疗服务

当前，院后医疗服务面临如下问题。

（1）医院方面。医院没有统一的院后服务平台，出现患者对医疗服务有争议的时候无处诉说，最终导致问题恶化出现医闹事件；对出院患者缺少相应的后续健康指导、病情跟踪以及人文关怀而导致优质患者的流失。

（2）医生方面。医生缺乏对院后患者跟踪观察，了解预后情况、远期疗效及新技术临床应用效果，无法掌握第一手资料；医生临床工作繁重，难以长期以纸质和 Excel 表格的方式进行随访，而且数据统计困难，无法充分利用随访数据，缺少方便、快捷、有效的系统对院后患者的管理。

（3）患者方面。患者在出院后的居家康复过程中面临生活护理、用药、饮食、运动、禁忌等各方面困惑，得不到专业的指导；病急乱投医，浪费人力财力，耽误最佳治疗时机。

为构建全程医疗服务，院后医疗服务系统需要在随访、客服和患者应用三个方面强化工作。

（1）随访中心以出院患者的临床随访管理为主、单病种科研数据管理为辅的临床科研随访中心。

（2）客服中心以呼叫中心 CTI 为技术基础，为出院患者提供专业的电话回访、随访服务。

（3）患者应用以消息推送的方式对患者进行随访提醒、院后病情变化跟踪和健康教育指导的医疗服务。

医院在院前、院中服务方面已经有了长足发展，但院后服务目前仍十分薄弱。

院后医疗服务系统的意义如下。

（1）构建全程医疗服务——结合院前和院中，院后医疗服务系统致力于构建一个全程的医疗服务就医体验，在预约挂号/检查、入院治疗、出院加入随访、满意度调查、问卷调查、院后随访等方面，有效补充院后环节，提升医院服务质量，提升医院知名度和影响力，提升随访的质量和效率，降低随访成本，丰富科研价值。

（2）满足多方需求——引入汽车 4S 店的服务理念，完善传统医院院后医疗服务的薄弱环节，科学有效地管理院后患者，从而使多方受益，对于医院，提升医患友好度，缓解医患纠纷，提高患者忠诚度，吸收优质患者，增加医院业务量，创新医院管理思路，增强医院竞争力，提高出院患者的随访率，满足示范医院评审要求；对于医生，延长对患者观察周期，提升医技水平，协助科研项目，跟踪治疗方案效果；对于患者，实现院外健康指导，督促合理用药及康复治疗，完善健康档案，记录更全面的数据。

（3）拓展产品价值——简化患者就医流程和慢病管理，提升医院品牌，优化医疗资源配置，减低运营成本，提高服务质量，促进健康管理，提升医患满意度。

4. 在线教学培训管理平台智能化

院内智能化培训平台需要无缝对接医院官网、APP 以及微信公众号，进行轻松教学管理，保证有序教学，主要业务架构需求如图 6-34 所示。

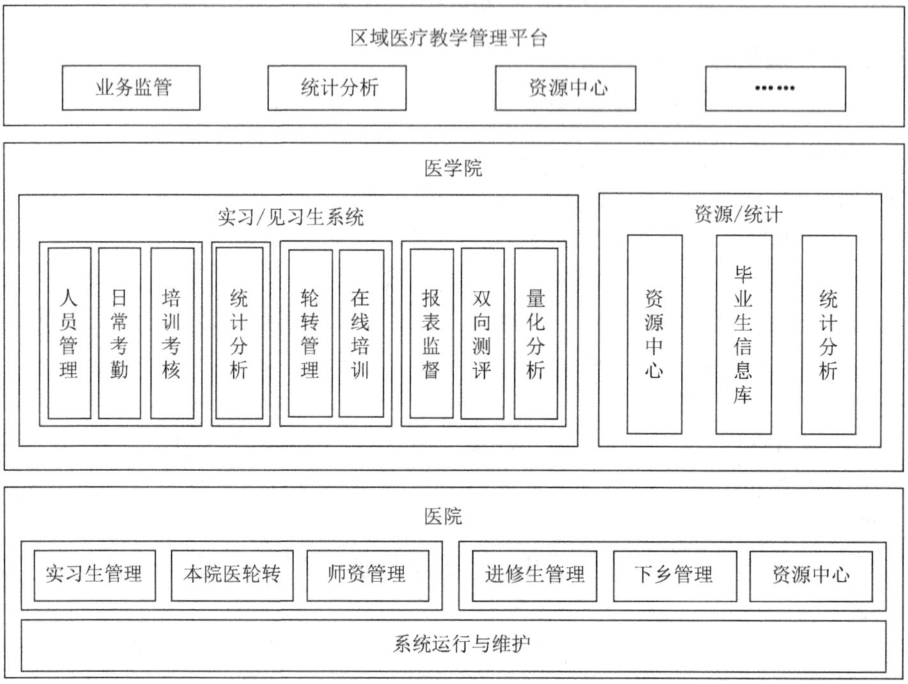

图 6-34　在线教学培训管理平台业务架构

6.4.3 产品介绍

主要包括双向转诊和移动远程医疗两大类。

1. 双向转诊

该产品包括 PC 端和移动端，通过签约转诊平台，实现 HIS/EMR/LIS、区域卫生平台、医保以及其他业务之间的高度信息共享功能，包括上转（转诊日期、诊疗医生、患者资料、医保信息、医保备案、诊断信息、处方信息、预约信息、转诊要求等住院患者补充：住院诊断、医嘱、检查检验结果、出院小结等）和下转（转诊日期、诊疗医生、患者资料、医保信息、医保备案、诊断信息、处方信息、检验检查结果，转诊要求等住院患者补充：入院诊断、出院诊断、出院医嘱、检查检验记录、病程记录、出院小结等）两种业务流向。其技术标准如表 6-16 所示。

表 6-16 技术标准

技术	技术标准
软件架构	系统采用 B/S 架构设计，客户端采用 C/S 封装以适应读卡、医保交互业务
数据源标准	依据国家卫生计生委区域卫生信息化技术标准设计，产品通过区域卫生信息互联互通标准化成熟度测评，内置数据交换平台数据源兼容体系
接口标准	系统需采用 SOA 体系架构，服务层采用 WebService 等形式的接口，支持 XML 等开放的技术标准
业务规范	采用标准与 HIS/EMR/EHR 等系统互联互通疾病分类代码，采用国家卫生计生委发布的 ICD-10

本产品具有如下优势。

（1）规范化、高效的转诊流程：满足标准化的转诊流程符合医疗机构间的转诊业务要求，基于国家及地方签约管理规范，深入门诊工作站为临床医生和患者提供便利的转诊操作，支持一键智能转诊、全程后台信息对接。

（2）平台与现有系统整合：平台与业务整合，不再是新增独立的“信息孤岛”，业务请求统一在诊间 HIS 工作站发起，用户操作便利，转诊信息回传医院系统，提供基础诊疗数据。

（3）资源整合型业务系统：完全整合诊疗预约功能，转诊同时完成挂号、住院预约，并行提供检查预约，转诊过程智能提醒与导诊，避开庞大的排队队伍。

（4）资源整合型业务系统：上、下级医院信息系统互联互通，转诊同时完成挂号、住院预约，并行提供检查预约，转诊过程智能提醒与导诊，避开庞大的排队队伍。

签约管理流程、转诊管理流程分别如图 6-35 和图 6-36 所示。

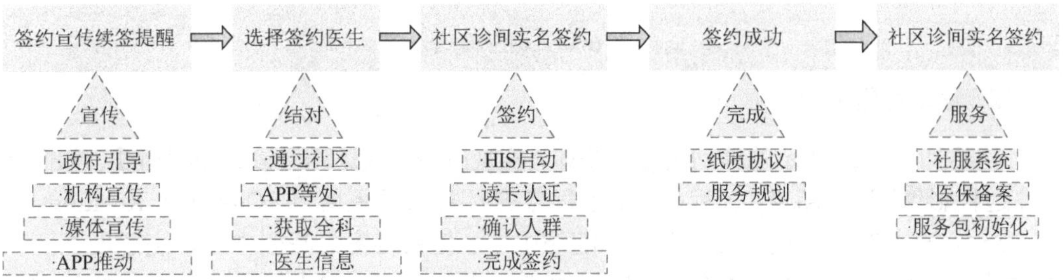

图 6-35 签约管理流程

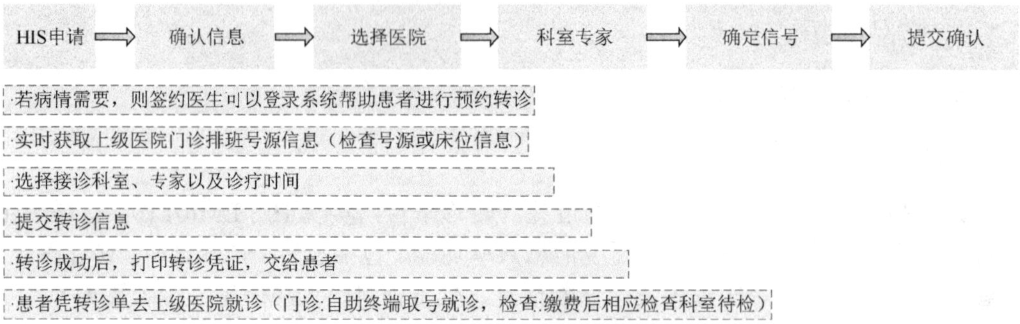

图 6-36　转诊管理流程

对比图 6-37 和图 6-38 两种就诊模式，信息模式缩短时间、节约资源。

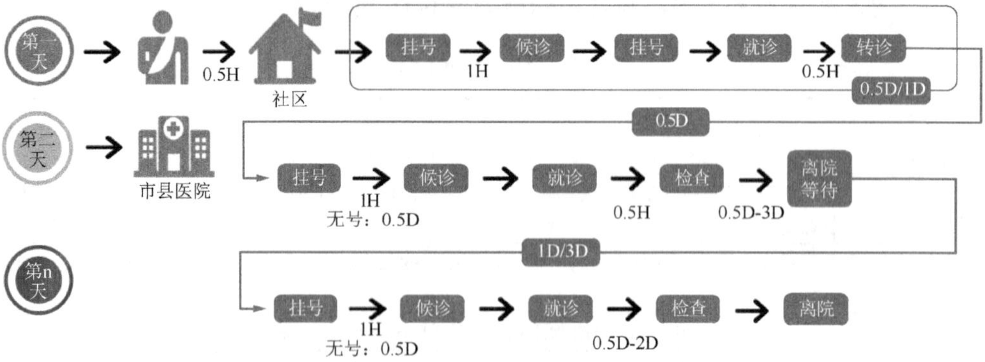

图 6-37　传统模式

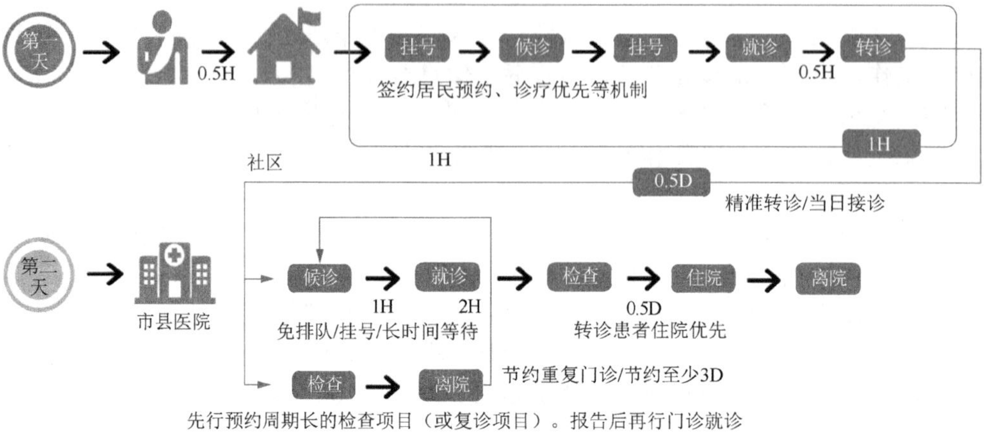

图 6-38　信息模式

2. 移动远程医疗

构建如图 6-39 所示的移动远程医联体，实现医协作（远程会诊、远程病理、双向转诊、远程影像、远程超声、远程门诊、远程监护）、患者关系管理（Customer Relationship Management，CRM，包括慢病管理、随访中心、健康档案、呼叫中心、满意度调查）、学协作（远程教学、学科协作、临床资源库、资质认证）和人协作（医院进修管理、医师下基层系统、人才招聘、医院教学管理）。

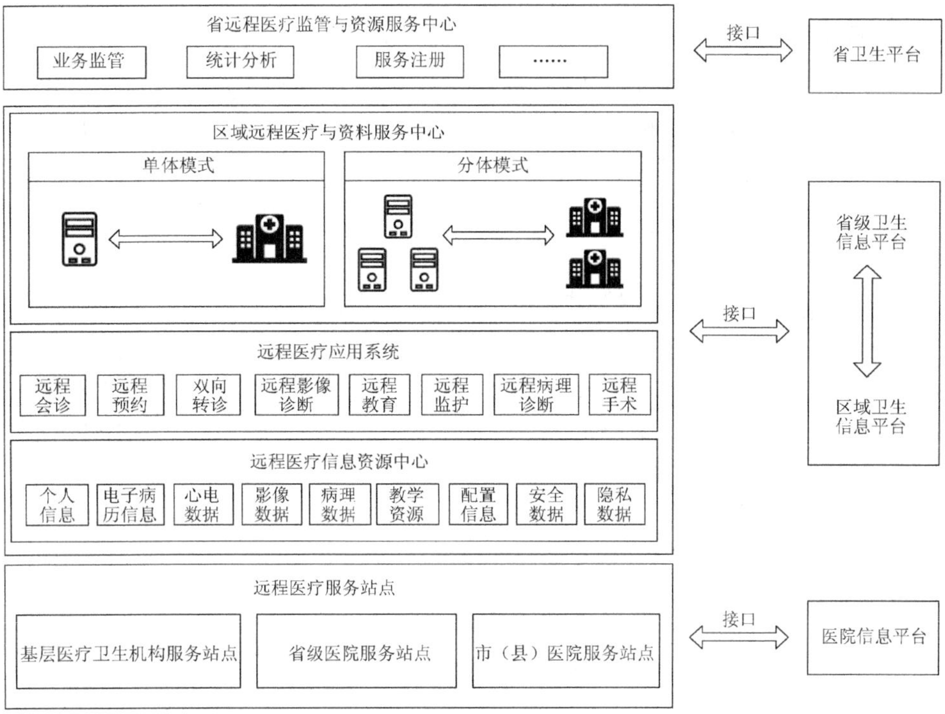

图 6-39　移动远程医疗总体架构

移动远程医疗技术架构如图 6-40 所示。

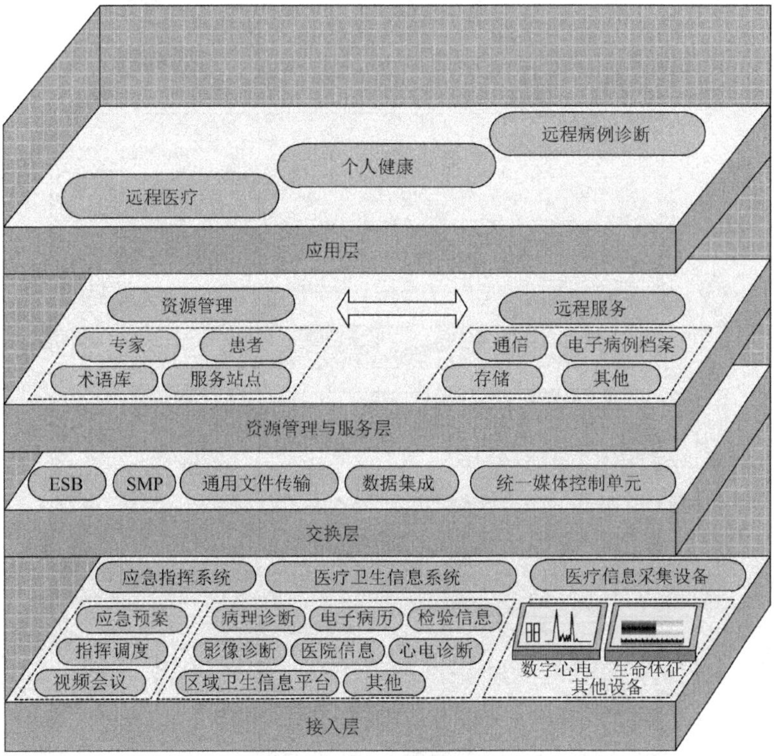

图 6-40　移动远程医疗技术架构

3. 院后医疗服务系统

作为医疗信息化平台的有益补充，院后医疗服务系统在随访中心、客户服务中心、院后患者和 HIS、EMR 等医院信息化系统架起信息沟通的桥梁，进一步提升医疗信息服务品质。其系统架构如图 6-41 所示。

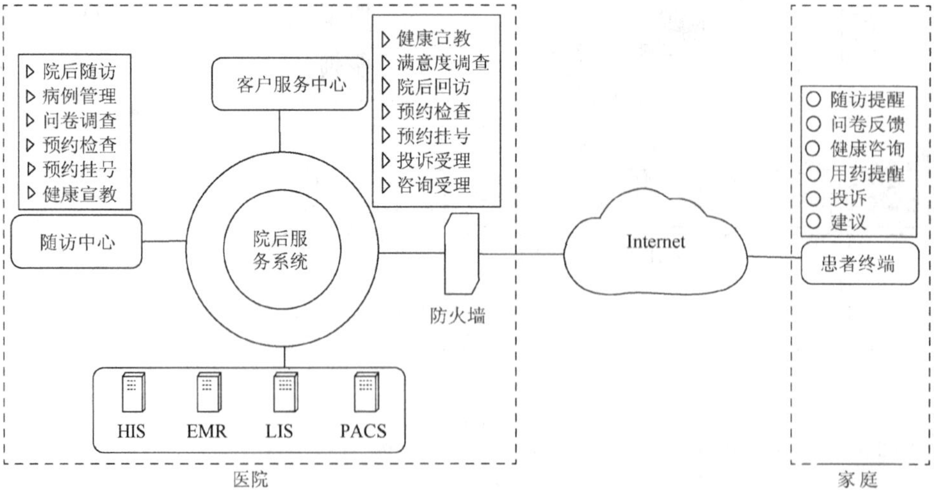

图 6-41 院后医疗服务系统架构

该产品通过接入层连接院内系统和呼叫中心，通过交换层实现院后医疗服务系统与院内医疗系统等的信息交换和业务协同，通过服务与资源层实现资源管理、系统服务、通信服务、存储服务和档案服务，并在随访服务网站、客户服务网站、患者应用 APP 等应用层平台提供院后医疗服务，如图 6-42 所示。

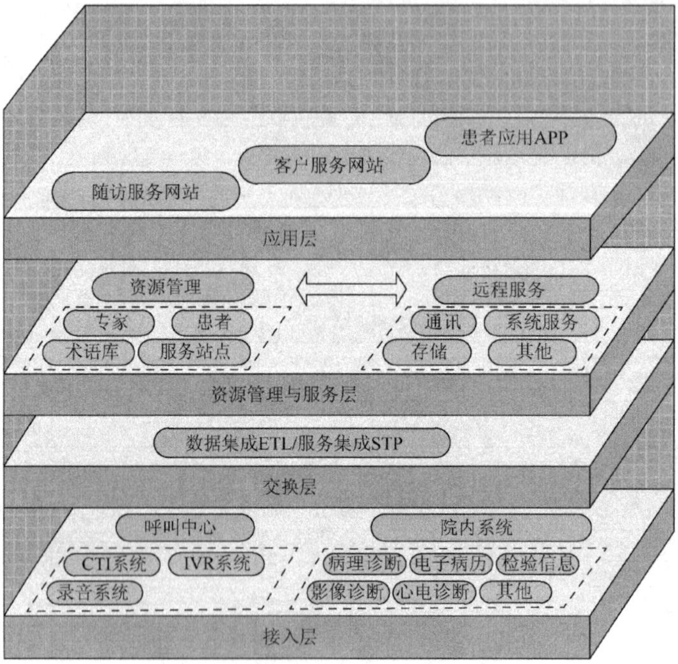

图 6-42 院后医疗服务系统技术架构

1）随访服务网站——随访中心

以医生为主体，以服务患者为核心，随访中心内置 10 多个科室、40 多个病种的专业随访模板，提供预约挂号、预约检查、院后随访、病例管理、问卷调查、健康宣教等功能，全面满足医院实际随访工作需求、优化随访工作流程、减轻随访工作人员劳动强度、提升随访工作效率，帮助医生或者医院从繁杂无序的随访工作中解放出来。

图 6-43 所示为专科随访流程。随访中心全方位、多维度的统计分析功能，也为医疗研究人员课题和论文提供系统全面的数据支撑，其所见即所得的随访模板配置，满足不同科室个性化差异需求。该产品实现随访模板专业化，减轻临床医生随访工作负担，轻松构建专科资料数据库，显著提高临床科研效率，实现专业随访与服务随访的完美集成。

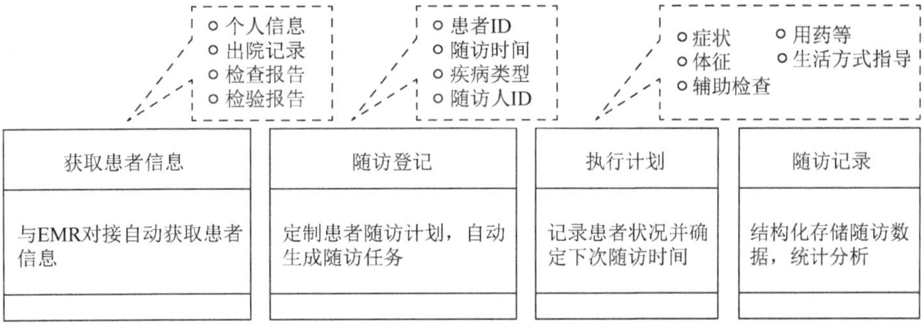

图 6-43　专科随访流程

2）客户服务网站——客户服务中心

客户服务中心作为医院电子化服务窗口，充分利用最新的通信手段，结合计算机技术的现代化服务方式，帮助医院有效改善服务质量，优化服务流程，降低医院服务成本，减少人工挂号压力，节约人力资源，开辟新的增值服务，提高用户的满意度。

客户服务中心按照如图 6-44 所示的业务流程，依托医院实体资源，以专业医学团队为业务流程引领，利用互联网音视频、身份识别、一键弹屏等技术，为大型医院提供全智能医院客服系统及完善的院后服务。

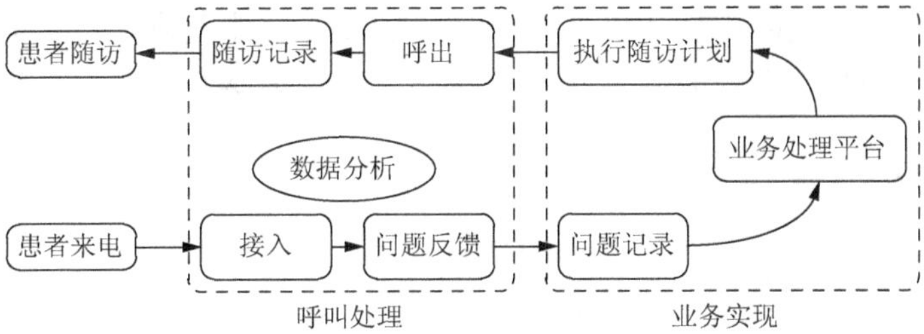

图 6-44　客户服务中心业务流程

为实现该产品工程，搭建包含设备接入层和系统维护管理的业务架构。设备接入层主要负责接入智能语音交换、多媒体接入一体机数据服务器和业务服务器等。系统维护管理自下而上包括呼叫中心系统平台（CTI 系统平台、本地坐席服务、IVR 系统、录音系统、远程坐席服务、外呼回访管理系统、呼叫统计分析）、业务支撑层（患者关系管理、系统配置管理、知识库 FAQ 管理、数据访问管理、健康档案管理）、业务应用层（预约服务、院后回访、满意度调查、健康咨询、投诉建议受理）。

3）患者应用 APP——患者终端应用

患者终端应用为患者提供个性化的提醒，帮助患者康复，提升患者满意度。以智能手机应用为平台，为院后患者提供个性化的健康资讯消息推送：随访提醒、用药提醒、预约提醒、健康宣教、随访问卷、满意度调查，如图 6-45 所示。

患者终端应用业务流程如图 6-46 所示。

图 6-45　患者应用 APP

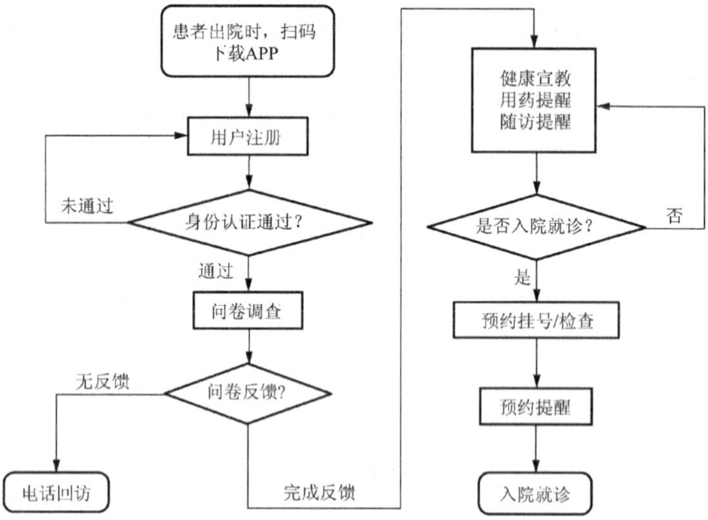

图 6-46　患者终端应用业务流程

患者终端应用包括专科随访系统和随访客房系统等成功应用。专科随访系统完成 10 多个科室随访（心内科、老年科、心胸外科、内分泌科、放疗科、乳腺外科、甲状腺中心、肛肠外科、儿科、传染病科、神经内科等），完成全院随访（护理部癌痛随访）。随访客服系统部署在浙大一院呼叫中心。上线系统有浙大一院（10 多个专科随访和 1 个全院随访客服系统），浙江医院（心内科随访），浙江省三门县人民医院（心内科随访）。

此外，充分考虑内外网系统数据传输安全，如图 6-47 所示，通过防火墙 1 隔离院内医疗服务系统，通过防火墙 2 隔离 Internet，院后医疗服务系统与其他医疗服务系统的安全独立性，同时满足不同用户和不同地点的访问需求。

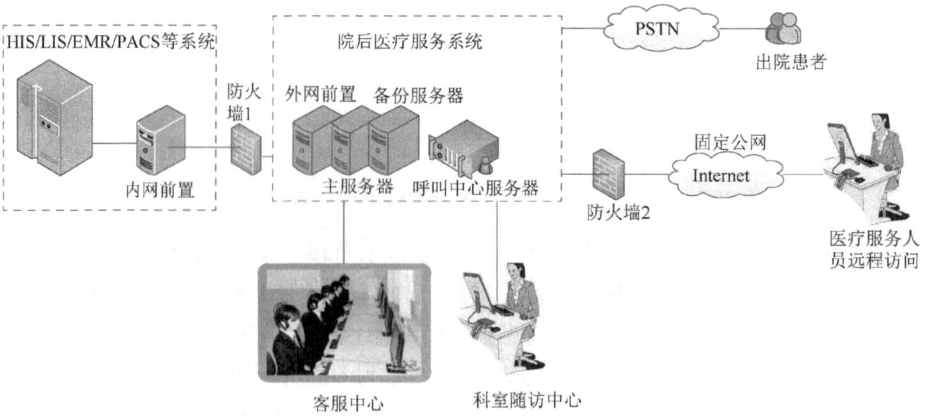

图 6-47　安全防护

4. 医链云学院

提供教学，主要功能需求分布如表 6-17 所示，架构如图 6-48 和图 6-49 所示。

表 6-17　医链云学院功能分布

序号	功能分类		功能分布
1	进修系统	进修空间	申请进修，信息维护，进修计划，工作记录，在线学习，在线考试
		管理空间	审核，进修生管理，进修计划管理，学习考试管理，数据统计
2	护理教学	护士学员	培训计划，信息维护，登记信息，数据统计，签到、考核、测评，轮转管理
		护士站	教学记录，教学内容管理，信息维护，数据统计，评价管理
		基地	学员招录管理，学员信息维护，师资信息维护，师资招录管理，轮转计划管理，考试考核管理，公共学习管理，统计分析管理
3	临床思维诊断训练系统		临床病例采集，病史采集，问诊，体格检查，辅助检查，诊疗决策
4	360 测评系统		医学知识，专业素养，看病能力，交流能力，实践能力，基地评估，师资学员双向评价，护理人员评估

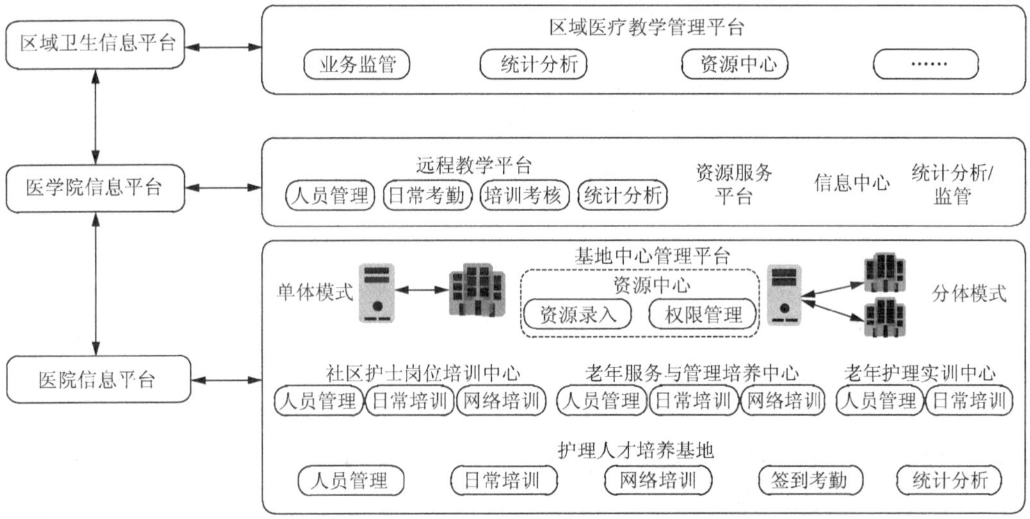

图 6-48　护理教学管理系统总体设计架构

6.4.4　商业模式

1. 价值定位

医链项目致力于在现代医疗服务体系下，针对医院、医生、患者等多方需求，并兼顾医疗会诊和教学，提供一站定制式服务，适应客户特殊需求，实现高性价比医链的自主设计和产生，能为本地带来可观的经济效益和拓展一定范围的就业空间。

2. 目标市场

医院、医生和患者。

3. 销售和营销

通过示范医院案例和广告宣传，进行应用推广。

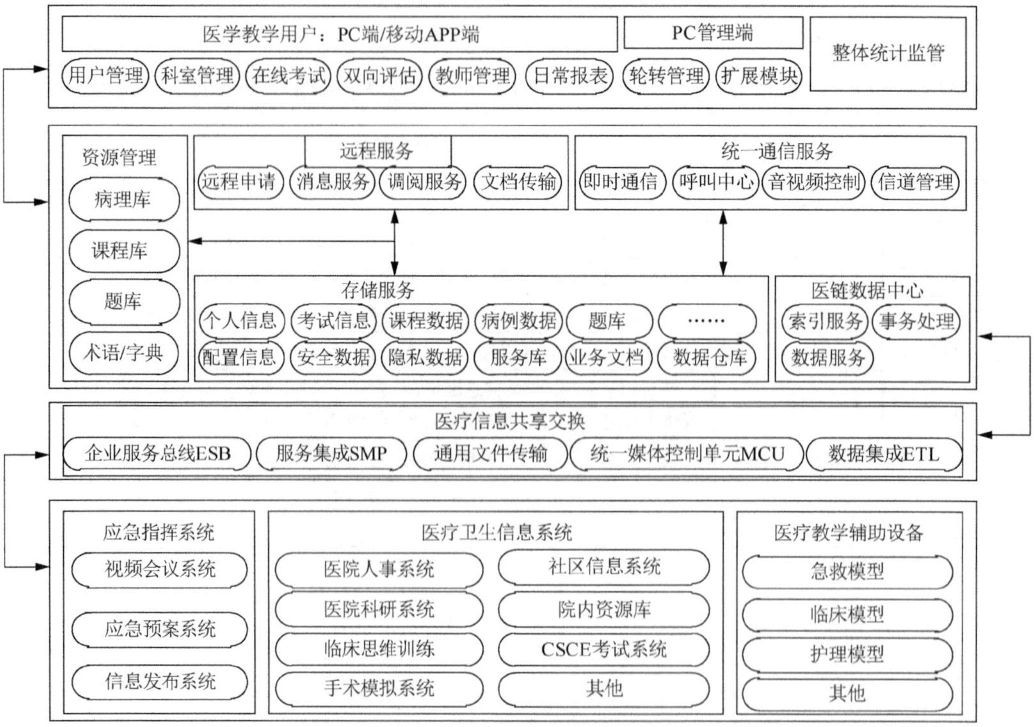

图 6-49　医链云学院技术架构

4. 生产过程

（1）一站定制式产品服务。面向各类医链特殊需要，提供一整套解决方案，并进行产品定制、系统研发、安装部署和技术培训等全方位服务，以过硬的技术和满意的服务经营业务。

产品按 56 天计划实施：项目启动（D 代表客户环境具备实施条件，硬件设备到货，安装计划正式启动）→硬件设备上架（D+1）→硬件系统安装、网络配置及连通测试（D+2）→软件系统安装调试（D）→数据接口调试（D+25）→用户培训、系统试运行（D+55）→系统验收（D+56）。

（2）免费的软件升级。客户安装系统后，公司提供跟踪服务，并在线提供软件的免费升级服务。

5. 分销

（1）免费的产品试用期。在产品被用户接纳和使用之前，给潜在客户免费试用，若用户觉得产品性能可行、产品稳定性好，符合用户需求，用户决定是否与公司签订合同。

（2）优异的产品技术支持。产品一经销售，就会为客户提供全面的技术支持。包括：7×24 的电话支持，5×24 的现场支持等。免费为用户提供技术培训。

（3）可定制产品。在产品的可定制性基础上根据客户需求来为客户提供产品的个性定制与后继的产品软硬件升级。

6. 收入模式

医链具有成熟的产品和技术，在客户购置本产品和服务后，所获收益用于各项开支。本项目拟投入 600 万元人民币，如表 6-18 所示，其中已投入 410 万人民币，尚有 190 万元人民币待投入。

表 6-18　资金需求

序号	项目	资金需求/万元
1	生产流动资金	100
2	研发投入资金	200
3	团队组建	200
4	市场营销推广	100

四年总收入构成如图 6-50 所示，预计 2017 年达到盈亏平衡，到 2019 年实现收入 5000 万元，实现净利润 1900 万元，如图 6-51 所示。

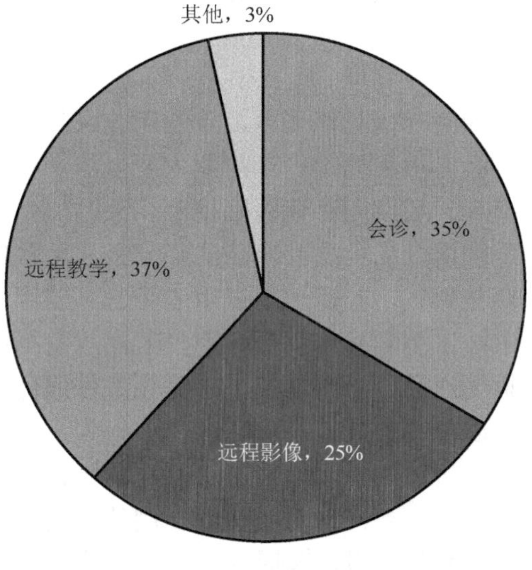

图 6-50　四年总收入构成

图 6-51　赢利预测图

7. 成本结构

本项目以自有资金（410 万元）和产品、技术为基础，并向社会资本开放融资，对盈利收入按股分红，如表 6-19 所示。

表 6-19 资本结构

序号	资金来源	占股/%	说明
1	自有 410 万元	70	占股包含资金、产品、技术
2	社会资本	30	每 20 万元按 1%股

8. 竞争

作为全国互联网+医疗行业引领者，5 年内深度服务于 1900+家优质医院（其中 180 家大三甲医院，20 家部队医院），400+掌医、微信，30+家医联体，36 个分级诊疗中心，8 个省级医疗协作平台，远程医疗落地 1500 家，转诊 800 个社区，30000 例会诊，10000 例病理影像，2000 例远程教学视频，近期获得浙江省科技进步一等奖、第四届中国创新创业大赛互联网和移动互联网行业企业组第三名、奇思妙想浙江行创新创业大赛杭州赛区第一名等重要荣誉奖项。

医链产品区别于传统的医疗信息化平台，且使用较成熟的技术，灵活多变的设置特性，在后期发展中肯定具有很大的优势。前期主要以浙江的公立医院为主要推广市场，随着系统的稳定性提高，后期向私营医院推广。

（1）前期市场抢占。初期产品主要针对浙江部分公立医院销售，在签订商品合同前，公司可免费为用户安装调试，并让用户试用 3 个月，若用户觉得产品性能可靠且在使用过程中能满足需求，试用时间结束后，用户若愿意签下商业合同，公司可为用户免费安装同批相同质量的产品，并当场签下售后无条件服务，否则视为用户放弃本公司产品。即以服务和品质抢占前期市场份额。

（2）中期市场维持。经过前期市场份额抢占，可拿到订单，在竞争中为了较好地维持前期订单和拓展后期市场，要经常对所签订合同的公司进行回访，针对产品使用过程中的稳定性和性能进行数据记录，及时对客户产品进行维护，赢得好的产品口碑和服务口碑，为后期的市场拓展做好规划，根据产品性能和稳定性数据及时调试产品，为后期产品的销售做好准备。

（3）后期市场拓展。经过前期的市场抢占和中期的市场维持，无论在订单数量还是产品性能上都有了客观的数据，有了前面好的服务、销售经验和更好的产品性能，由前期拓展好的市场关系，可以向私营医院和其他省份大型医疗机构销售，争创更大的销售市场。

9. 市场大小、增长情况和份额

医链项目蕴涵万亿规模的医疗市场。

（1）会诊市场。国家重点鼓励的市场，全国 1000 家中大型医院，每年每家 10000+例远程会诊，医链预期每年 800 家×200 万＝16 亿。

（2）医疗大数据衍生价值。会诊+教学产生的大量医学智慧，智能临床决策支持系统、人工智能医学等推动医疗进步。

（3）医疗教学市场。这是全新的空白市场，全国 3000 家医院，每年约 5 万的维护费用，医链预期每年 3000 家×5 万＝1.5 亿。

6.4.5 营销策略

1. 目标市场营销战略

1）市场细分

（1）用户行为因素。消费者的行为因素往往包括消费者进入市场的程度、使用频率、偏好程度等。因此，我们需要从这些方面来进行分析，首先根据进入市场的程度分析，智慧医疗近年来的发展速度特别快，从而在技术方面的要求也在不断升高，我们将消费者定性为医院、医生和患者，能使我们始终保持着较稳定的消费者市场。然后，从使用频率来说，我们设计的这款医链系统布局简单合理，功能齐全，精度高，成本低，可实现医疗服务各项指标定向监测与控制，从而为医疗服务监控带来极大便利。最后因为这款系统价格低廉，效用高，相信在同种产品的竞争中，仍然能获得医疗服务用户的偏爱。

（2）用户心理因素。消费者心理因素主要包括个性、购买动机、价值观念、生活格调、追求利益等。对于我们这款系统来说，市场主要集中于医院、医生和患者，因为这款系统不仅改变了传统的管理方式，还可以为相关的服务管理提供更多的宏观决策信息，通过医链的链接，大大减少了信息孤岛现象，实现了医疗协同。

2）评价细分市场

（1）细分市场的规模和增长率。系统主要选择的三个细分市场群体包括医院、医生和患者。随着国家对医疗信息化的扶持力度逐渐加大，老龄化也呈大幅增长，市场规模巨大。就增长率来说，这一部分的目标群体在数量上具有相对的稳定性，可视为相对固定的市场。

（2）细分市场的结构吸引力。细分市场中，并没有明显的直接竞争者，因为我们的系统具有独具一格的创意，但潜在进入的门槛不是很高。因此，需要保护好我们的产品创意。

3）选择目标市场

我们的目标市场定位的就是会诊和教学需求，在这个大的目标市场中，我们主要选择两类细分市场，在市场覆盖模式中采取“选择专业化”模式，则根据不同的细分市场提供不同的产品和服务，以分散经营风险，这样即使在某个细分市场情况不佳时，仍然可在其他细分市场获取利润。

4）目标市场战略

根据目标市场的选择，在目标市场战略中主要采取差异性营销战略。对于用户，产品的效能情况和价格区间是他们最关心的问题，因此我们的营销也侧重于产品的价格和应用舒适度这些方面，在效能应用这方面下足功夫，并提供适合医务工作者使用的新效能产品。

2. 广告投放

1）前期广告投放

在初期，主要以网络宣传、电话联系以及实地上门走访等方式在消费者之间宣传，这类广告投入较少，但是持续性不够。因此，我们也需要尽可能地做一些镜面广告，对产品进行宣传。

2）*后期广告投放*

到了发展成熟之后，我们应当已经树立起了自己的品牌，这个时候的广告投放，可以适当做一些电视广告，注重对产品的内在销售，结合产品的创新和服务模式，推销我们的产品。本产品具有如下八个方面的优势。

（1）医疗团队优势。医链由资深开发团队与科室专家深度合作开发，医学博士引领，30 多人专业医疗团队，如表 6-20 所示，准确把握医疗流程，经过 3 年时间精心打造，并在多个省级三甲医院成功运用。该团队先后承担国家临床重点专科建设项目、工业和信息化部国家科技重大专项、国家高新技术研究发展计划（863 计划）、国家级老年病诊治中心公共网络平台以及浙江省科技计划项目等多个国家、省、市级项目的建设。先后获得 30 余项软件著作权和 2 项实用新型专利。

表 6-20　团队骨干

序号	团队成员	基本情况
1	尉某，项目创始人，医学博士	2006 年浙江大学医学院博士毕业进入浙大一院肝胆外科，4 年美国及 1 年新加坡留学经历，2012 年 8 月 30 全国首家发布掌上医院项目——浙一，引领行业变革，2013 年获得杭州市江干区百人计划 A 类 500 万，2014 年获得杭州市 521 引进人才，入选浙江省特聘专家，2015 年作为核心骨干以移动及远程医疗项目浙江省科技进步一等奖
2	叶某，联合创始人，理学硕士	资深通信工程师，中国电信 13 年，擅长项目开发管理及系统的维护、改造，在本团队主要负责项目研发与管理
3	倪某，首席医学官，医学博士	三甲医院 18 年临床、科研、教学和多年医院管理工作，主持和参与多项国家和省部级科研基金。杭州 131 人才，杭州中医药青苗计划人才，出版医学书籍 10 本
4	任某，技术总监，计算机硕士	擅长智能分析与数据管理，具备 10 多年移动互联网工作经验，担任管理多个项目的高级架构师，负责团队的技术架构
5	蓝某，医学总监，医学硕士	内科副主任医师，长期从事老年病临床一线诊疗、教学、科研工作，10 多年市级医院科主任管理经验，出版医学书籍 1 本

（2）数据归属。平台数据都在医院自己手中，医院把握主动权。

（3）案例。浙大医院互联网医院/医联体（1+140），河南省人民医院医联体（1+120），浙江省儿童医院，湖南省儿童医联体等省级转诊平台。

（4）运营。专业平台搭建为远程医疗平台软、硬件升级等平台调试提供支持。使用培训指导提供远程医疗平台服务流程培训和使用操作指导，并提供疑难病例会诊、示范教学、科研指导等网络服务。设备落地及保障提供“远程医疗平台”软硬件设备和设备维护，保障远程医疗服务的顺利开展。

服务优化向客户提供最新的医疗信息和专家信息，业务咨询并征求医护人员和患者对服务的意见及建议，不断优化服务模式。成熟的运营收费标准，已在浙江省物价局有备案。浙一为主体的远程会诊平台已经运行了八年，累计病例 35000 例。

（5）浙江省内远程硬件产权。浙江省内有 140 多家的远程设备在运营，具有产权优势。

（6）全流程无纸化。转诊平台对接 HIS/电子病历系统，实现转诊无纸化。

（7）产品成熟度高。远程病理模块，已执行6000多例。

（8）专科优势。强大的医学数据库支撑，专科宣教、慢病管理等专科内容持续深挖。

6.4.6 财务分析

根据“互联网+”创业就业有关优惠政策，考虑到目前通货膨胀的经济形势，我们通过充分的市场调查和相关行业的研究，预计了财务报表中的各类基础数据。从而进一步采用财务预算的方法，并结合敏感性分析，做出了我们团队预期一年的利润表（表6-21）和资产负债表（表6-22）。

表6-21 创业团队预期利润表 （单位：万元）

第1年（2017年）

项目	本期数	备注
一、主营业务收入	1000	营业收入
减：主营业务成本	388	直接人工34 直接材料310 租金44
主营业务税金及附加	195	
二、主营业务利润	417	
减：销售费用	24	广告和促销费用10
管理费用	12	
财务费用	8	
三、营业利润	373	
投资收入	0	
营业外收入	0	
补贴收入	0	
减：营业外支出	5	非常损失
四、利润总额	468	
减：所得税	0	
净利润	468	

表6-22 创业团队资产预期负债表 （单位：万元）

第1年（2017年）

资产	期末余额	负债及所有者权益	期末余额
流动资产：		流动负债：	
货币资金	62	应付账款	18
应收账款	180	其他应付款	2
预付账款	120	应付职工薪酬	40
其他应收款	8	应缴税费	4
存货	20	应付利息	2
流动资产合计	390	流动负债合计	66
非流动资产：		非流动负债：	
可供出售金融资产	0	长期借款	30
固定资产	80	长期应付款	0

续表

资产	期末余额	负债及所有者权益	期末余额
在建工程	0	非流动负债合计	30
固定资产清理	0	负债合计	60
工程物资	0	所有者权益:	
持有至到期投资	0	实收资本	140
无形资产	0	盈余公积	3.5
其他非流动资产	0	未分配利润	143.5
非流动资产合计	80	所有者权益合计	287
资产总计	410	负债及所有者权益总计	403

6.5 本章小结

长期以来,“看病难”、“看病贵”一直是困扰我国医疗卫生事业发展的瓶颈,尤其是在广大农村乡镇,这一问题显得尤为突出。随着我国人口老龄化加速,医改政策推陈出新,健康医疗领域已成为备受资本青睐的行业。“互联网+”热风劲吹,传统医疗行业也站到风口上,这一“痛点”有望得到改善。借助互联网连接、智能的特性,移动互联网医院、互联网医疗软件层出不穷,并因其随时随地可使用,能够提供在线健康咨询、预约诊疗、候诊提醒、划价缴费、诊疗报告查询等便捷服务以及远程病理诊断、影像诊断、专家会诊、监护指导、手术指导等远程医疗服务,受到人们的欢迎。

国内医疗卫生信息化市场以中小型企业为多,其市场竞争激烈,核心技术不再被少数大型公司所垄断,目前在国内众多企业中,上海金仕达卫宁、沈阳东软集团、方正众邦等企业在市场占有一定份额。百度、阿里巴巴、腾讯等中国互联网巨头也纷纷布局互联网+医疗领域。随着 2015 年乌镇互联网医院、阿里健康互联网医院和浙大一院互联网医院等纷纷上线运营,掀起“互联网+医疗”第一波浪潮。此外,已有不少用户开始通过春雨医生、丁香园等购买医疗服务。移动医疗业也是“互联网+医疗”大时代变革的一个缩影,在破解我国医改难题的过程中,扮演着重要角色。左手拉医生,右手拉患者,将两者统一到一个互联网平台上,未来就医模式在不断融入互联网的过程中将发生重大改变。包括慢性病的管理、非危重病的医治等都可通过有信誉的移动医疗平台实现。随着政府部门政策推动、资本投入增加,以及移动互联网、云计算、大数据等高新技术革命性的发展,移动医疗将迎来高速发展期。易观智库认为,2015 年我国仅移动医疗市场达到近 50 亿元的规模,这虽不是一个大数字,但从另一个角度表明移动医疗行业具有巨大的成长空间。未来 3 年,移动医疗将会出现较大增幅,预计 2016 年增长速度将达到 100%以上。2018 年,移动医疗市场规模将达到 300 多亿元。

当前,虽然互联网医疗前景广泛,但到目前为止,整个互联网医疗还没有找到一个成功的模式。这突出表现在目前许多互联网医疗公司都在不断转换自身的商业模式,这说明当前的发展没有那么顺利。另外,到目前为止,还没有一家互联网医疗公司获得巨大的现金收入,也没有一家互联网医疗公司探索出一个可以爆发式发展的商业模式。互联网医疗公司之所以遇到这样的困境，原因在于互联网医疗公司的核心是信息化服务。而在医疗信息化服务方面，电子健康档案是最有价值的。而恰恰在这个关键点上，目前还没有取得质的突破。电子健康档案对于互联网+医疗的发展至关重要。从轻问诊和预约挂号环节来看，当患者与医生沟通的时候，如果医生可以查看患者的健康电子档案，那么这样的沟通效率一定会大大提升。而从商业健康险这一很多互联网医疗公司寄予厚望的事情来讲，目前，商业健康险在支付方面的核准是需要医疗机构开放电子健康档案，否则商业健康险存在巨大风险。互联网医疗公司希望建立一个完善的电子健康档案系统，但是一些医疗机构并不愿意开放这部分数据。电子健康档案的建立在短时间之内难以取得进展。在这种情况下，作为互联网医疗的创业者应立足公司优势，积淀资源，扎扎实实将自己的工作做好，等改革到一定程度，互联网医疗公司可以收集建立电子健康档案的时候，公司优势就会爆发出来，形成强大的竞争力。

此外，“互联网+医疗”产业闭环尚在形成中。当前互联网+医疗要做的就是做好闭环设计。“互联网+医疗”要从院前登记、咨询，到门诊治疗、入院护理，再到出院提醒、随访等，形成一个闭环，才叫“互联网+医疗”的应用。目前“互联网+医疗”领域“医+药”的方式正在加快发展，为未来实现一站式和定制式的增值服务奠定基础。当前，市场上已有很多互联网巨头携手传统药企，医药电商结伴“互联网+医疗”新贵的案例。继平安好医生合作“华氏”连锁药房，正式布局医药电商业务后，仁和集团旗下叮当快药宣布与医患交流平台春雨医生达成战略合作，共同构建 O2O 全产业链闭环。同时“互联网+医疗”服务也正在向诊前和诊后延伸，而诊后服务相对会形成创新的核心点。目前一呼医生、麦豆科技和易随诊，都尝试提供诊后服务。而从增加互联网+医疗的盈利点来讲，医生端多点执业也是值得关注的一个点。另外，在未来发展过程当中，随着用户习惯不断形成，“互联网+医疗”一定还会渗透到整个医疗领域中消费最多、用户黏度最高的领域，即慢病管理领域。慢病管理未来会成为互联网+医疗的主流布局。当前，整个“互联网+医疗”行业门槛相对较高，市场正在培育当中，用户习惯还在逐渐养成过程当中，“互联网+医疗”依然任重而道远。

本章选取“互联网+医院”、私人医生和医链三个典型案例，涵盖“互联网+医疗”的各个技术层面，内容较为完整。其中，“互联网+医院”和医链为杭州卓健公司的在线运营产品，在案例撰写过程中，得到杭州卓健公司的技术支撑，在此表示感谢。私人医生案例为大学生创新创业作品，曾获得 2016 年第九届中国大学生计算机设计大赛全国二等奖和 2016 年第二届“互联网+”大学生创新创业大赛安徽省赛银奖。

思 考 题

6-1 讨论“互联网+医疗”概念提出的重要意义。

6-2 请列出“互联网+”在健康医疗领域应用的一些实际案例。

6-3 通过“互联网+医疗”案例学习，请总结“互联网+医疗”创新创业项目能够成功实施的关键点。

6-4 通过“互联网+医疗”案例学习及讨论，自由组建一个项目团队，以“互联网+医疗”为主题，撰写一个“互联网+”大学生创新创业比赛项目书。

第 7 章 “互联网+教育”创新创业案例

随着“互联网+”被纳入国家创新驱动战略，互联网正以前所未有的速度席卷而来，各行各业莫能避之。“互联网+”让教育从封闭走向开放。“互联网+”打破权威对知识的垄断，让教育从封闭走向开放，人人能够创造知识，人人能够共享知识，人人也都能够获取和使用知识。在“互联网+”开放大背景下，全球性的知识库正在加速形成，优质教育资源正得到极大程度的充实和丰富，这些资源通过互联网连接在一起，使得人们随时、随事、随地都可以获取他们想要的学习资源。本章首先概述“互联网+教育”相关知识，然后介绍两个“互联网+教育”创新创业案例，可为读者在编写创新创业计划书、模拟创新创业流程等方面提供一些借鉴。

7.1 “互联网+教育”概述

7.1.1 “互联网+教育”简介

2017 年《国家教育事业发展“十三五”规划》（以下简称《规划》）首次对“互联网+教育”的内涵外延、建设路径进行系统阐释，这是中国教育信息化事业的又一个里程碑。从 2012 年全国第一次教育信息化工作会议将教育信息化定位为实现教育现代化的坚实支撑，到 2015 年全国第二次教育信息化工作会议明确提出“以教育信息化全面推动教育现代化”的目标，再到《规划》对“互联网+教育”的全面阐述，折射出全国上下对教育信息化认识的更加深入、作用的更加重视、信念的更加坚定。

“互联网+教育”将教育置于互联网的大背景、大格局中进行整体推动发展，这是我国教育信息化多年建设的必然结果，更是教育信息化进一步发展的内在要求。

1.“互联网+教育”定义和特征

“互联网+教育”即智慧教育，就是利用现代信息与通信技术和互联网平台变革教育，让互联网与传统教育行业进行深度交汇融合，以创造和发展教育新生态。例如，“学校+老师+学生+教室”是传统教育，而“网络+移动终端+学生+任意学校+任意老师”就是“互联网+教育”，教育资源从封闭到开放，教育机构从单一到多元，学习从被动到自主，教学从灌输到互动。

“互联网+教育”的核心特征是开放、大规模、关注人、运营模式颠覆、注重生态。

（1）开放：是指理念的开放、形式的开放、内容的开放、过程的开放和评价的开放；是指教育取消一切门槛，接纳一切优缺点，将教育产品和服务直面学习者，甚至包括控制权和评价权都向学习者开放，让学习者参与评价，改善学习过程，提高学习体验。

（2）大规模：“互联网+”时代，教育彻底改变精英教育的人才培养数量的桎梏，产生规模教育，从现在发展状态来看，已经呈现一些特征，如高等教育二次大众化。

“互联网+教育”产品受益人群从以往课堂教学的几十人，向通过互联网的“成千上万”人转变。通过结构化学习和非结构化学习、正式学习和非正式学习、有证书的学习和没有证书的学习等途径将学习通过互联网传达到世界各个角落，产生巨大的学习人群。

（3）关注人：是指在“互联网+教育”运行模式中，以人为核心，以人的学习体验为核心关注点，赋予人教育的主体地位，凸显人的价值，实现教育是人的培养本质。围绕人的价值实现，教育需要重新思考学习者地位的问题，关注学习体验和个性化学习需求，关注学习者对学习过程的评价。

（4）运营模式颠覆：是指教育将改变运行流程和模式，产生新的运行机制。如学习过程不收费，但通过证书、考试和其他服务收费方式获取资源（通过政府购买服务获取办学资金等方式，产生新的运行模式）。

（5）注重生态：是指以互联网为核心支撑的教育关注从口碑到呈现形式、从资源到服务的全过程，注重良好体验，不刻意打压竞争对手，注重培养以“人数”为核心的教育“粉丝”，注重学习结果的认定和学习立交桥的打造，实现“能量”合理流动，努力搭建教育“互联网”生态。

2.“互联网+教育”的内涵

1）技术

“互联网+教育”主要依托传统互联网、移动互联网的互联网技术，以声音、动画、视频技术、虚拟现实技术等多媒体技术为载体，以大数据、云计算等技术为发展动力。

2）形态

（1）网络视频公开课：是指网上提供课堂实录录像。加州大学伯克利分校、麻省理工学院、卡耐基梅隆大学、英国公开大学、约翰·霍普金斯大学、华盛顿大学、中国开放教育资源协会、复旦大学等知名大学或机构已纷纷在 Internet 上将教学视频上线，供全世界求知者学习。例如，哈佛大学公开课、中国大学公开课、林地高中等。

（2）微课：即微课程，是指按照新课程标准及教学实践要求，为使学习者自主学习获得最佳效果，经过精心信息化教学设计，时间短小（在 10 分钟以内）、内容精悍，以流媒体形式展示的围绕某个知识点（如重点、难点、疑点、考点等）或教学环节（如学习活动、主题、实验、任务等，开展的简短、完整的教学活动，其核心组成内容是课堂教学视频（课例片段），同时还包含与该教学主题相关的教学设计、素材课件、教学反思、练习测试及学生反馈、教师点评等辅助性教学资源。微课以一定的组织关系和呈现方式共同“营造”一个半结构化、主题式资源单元应用“小环境”。例如，可汗学院、百度传课、腾讯课堂、掌上新东方、网易云课堂、浙江微课网等。

（3）慕课：即“大规模开放的在线课程（Massive Open Online Course，MOOC），是一种大规模、以 Internet 为平台、以连通主义理论和网络化学习的开放教育学为基础的在线网络课程教学形式。授课过程是一种将分布于世界各地的授课者和学习者通过某一个共同话题或主题联系起来的方式方法。所有慕课以每周研讨话题形式，提供一种大体时间表，其余课程结构也最小，通常会包括每周一次讲授、研讨问题以及阅读建议等。每门课都有频繁小测验，有时还有期中和期末考试。考试通常由同学评分（比如，一门课的每份试卷由同班的五位同学评分，最后分数为平均数）。术语 MOOC

是 2008 年由加拿大爱德华王子岛大学网络传播与创新主任与国家人文教育技术应用研究院高级研究员联合提出。目前，正在运行的平台较多。例如，美国的 Coursera、edX、Udacity；中国的大学 MOOC、Ewant、学堂在线、好大学在线、慕课网、酷学习、华师慕课；英国的 FutureLearn；德国的 iversity；澳大利亚的 Open2Study。

（4）翻转课：译自“Flipped Classroom”或“Inverted Classroom”，也可译为“颠倒课堂”，是指重新调整课堂内外时间，将学习决定权从教师转移给学生。教师课堂时间采用讲授法和协作法来满足学生需要和促成他们的个性化学习，进行答疑解惑、知识运用，不再讲授知识，由学生在课后自主学习，可以看视频讲座、听播客、阅读功能增强的电子书，还能在网络上与别的同学讨论，能在任何时候去查阅需要的材料。例如，e 板会、翻转课堂、南山实验教育等。

（5）导流学习：一种是 O2O 场景转换学习，通过固定教育场景的信息化导流线上实现教育互联网化。例如，由电子教育专家刘桥明研发“好成绩”学习机，利用“线上学习”+“线下亲子互动”将互联网与教育紧密结合。另一种是通过互联网平台获得用户再导流线下教育。例如，“E 学大”提倡个性化辅导教育，根据每个学生需求和喜好量身定制个性化辅导方案，同时，匹配全职专业辅导小组进行一对一的辅导。

（6）弹幕教学：是借助互联网技术实现的一种课堂互动教学，在上课过程中，学生手持平板电脑或者手机，随时可以通过网络发表疑问、提出看法，这些内容会即时显示在课件上，授课教师根据学生的反馈，随时调整授课内容和方式。

（7）创客空间：是借助互联网技术，按“创意→设计→制作→分享→评价”流程，让每一位教师成为创客，让每一位学生成为创客，让学习者也成为教学者，让学习者在探索、创造和制作中主动与协作学习。例如，MIT Scratch 社会化学习空间等。

3）内容

对于中国教育领域，“互联网+教育”意味着教育内容持续更新、教育样式不断变化、教育评价日益多元。“互联网+教育”本质就是在师生分离情况下，借助于互联网信息技术开展新型教育教学模式。这种新型教学模式是对原有教学结构创新，实现“以学生为中心”的教学理念，而教师则成为整个教学活动的组织者和引导者。

具体来说，“互联网+教育”催生以下几种教学模式。

（1）互联网+课程。互联网+课程不仅仅产生网络公开课程，还能让整个学校课程从组织结构到基本内容都发生巨大变化。正是因为具有海量资源的互联网存在，才使得从小学到大学各学科课程内容全面拓展与更新，适合不同类型学习者的诸多前沿知识能够及时地进入课堂，成为学生精神套餐，课程内容艺术化、生活化也变成现实。通过互联网，学生获得知识之丰富和先进，完全可能超越作者。除了对必修课程内容的创新，在互联网支持下，校本选修课程开发与应用也变得天宽地广，越来越多学校能够开设出上百门特色校本选修课程，诸多从前想都不敢想的课程如今都成为现实。

（2）互联网+教学。互联网+教学，形成网络教学平台、网络教学系统、网络教学资源、网络教学软件、网络教学视频等诸多全新的概念，不但帮助教师树立先进教学理念，改变课堂教学手段，大大提升教学素养。互联网技术发展促使以先学后教为特征的“翻转课堂”真正成为现实。同时，通过互联网，完全突破课堂上时空限制，教学中师生互动不再流于形式。在互联网天地中，教师主导作用达到最高限度，教师通过移动终端，能即时地给予学生点拨指导。同时，教师不再居高临下地灌输知识，更多的是提供资源链接，实施兴趣的激发，进行思维的引领。学生在课堂上能够获得他们想要的知识，能够见到自己仰慕的人物，能够通过形象的画面和声音解开心中的各种疑惑。

（3）互联网+学习。互联网+学习，创造如今十分红火的移动学习，但它绝对不仅仅是作为简单的随时随地可学习的一种方式而存在的概念，它代表学生学习观念与行为方式的转变。通过互联网，学生学习主观能动性得以强化，在互联网世界中寻找到学习的需求与价值，寻找到不需要死记硬背的高效学习方式，寻找到可以解开他诸多学习疑惑的答案。研究性学习倡导多年，一直没能在中小学真正得以应用和推广，重要原因就在于它受制于研究指导者、研究场地、研究资源、研究财力物力等。但是，随着互联网技术日益发展，这些问题基本都能迎刃而解。在网络天地间，学生对于研究对象可以轻松地进行全面多角度观察，可以对相识与陌生人群作大规模调研，甚至可以进行虚拟的科学实验。当互联网技术成为学生手中的利器，学生才能真正确立主体地位，摆脱学习被动感，自主学习才能从口号变为实际行动。大多数中小学生都将有能力在互联网世界中探索知识，发现问题，寻找解决途径。互联网+学习，对于教师影响同样是巨大的，教师远程培训兴起完全基于互联网技术发展，而教师终身学习理念也在互联网世界里变得现实。多数使用互联网的教师十分清楚自己曾经拥有的知识，是以这样速度在锐减老化，也真正懂得“弟子不必不如师，师不必贤于弟子”道理。互联网不但改变着教师教学态度和技能，同样也改变教师学习态度和方法。不再以教师权威俯视学生，而是真正蹲下身子与学生对话，成为学生合作伙伴与他们共同进行探究式学习。

（4）互联网+评价。这就是另一个热词“网评”，在教育领域里网评已经成为现代教育教学管理工作的重要手段。学生通过网络平台，给教师教育教学打分，教师通过网络途径给教育行政部门及领导打分，而行政机构也通过网络大数据对不同学校、教师教育教学活动及时进行相应评价与监控，确保每个学校、教师都能获得良性发展。换句话说，在“互联网+”时代，教育领域里每个人都是评价主体也是评价对象，而社会各阶层也将更容易通过网络介入对教育评价。此外，互联网+评价改变的不仅仅是上述评价方式，更大的变化还有评价内容或标准。例如，传统教育教学体制下，教师教育教学水平基本由学生成绩来体现，而在“互联网+”时代，教师信息组织与整合、教师教育教学研究成果的转化、教师积累经验通过互联网获得共享程度等，都将成为教师考评重要指标。

3. 发展“互联网+教育”的重要意义

（1）全民终身学习机会进一步扩大离不开“互联网+教育”。学习机会扩大源于教育资源供给扩大和有效覆盖，国内外经验表明信息技术是创造和传播教育资源最经济、最便捷、最有效的手段。随着互联网技术的发展，教育资源创造和传播的广泛性、精准性、可获得性得到进一步提升。“十三五”期间要进一步扩大全民终身学习机会，“线上+线下”方式是一种理想途径。

（2）教育质量全面提升离不开“互联网+教育”。教育质量全面提升依赖于教、学方式的变革。变革教、学方式首先要求教育者能够按照认知规律科学调整教学模式；其次要为学习者提供更好的学习工具；然后要形成更为紧密、更为有效的教学回路。

连接一切、精准实施、伴随反馈、即时调整是其中关键，是信息技术优势所在。“十三五”期间要全面提升教育质量，迫切需要“互联网+教育”思路与技术参与。

（3）教育发展成果更公平地惠及全民离不开“互联网+教育”。教育脱贫、教育均衡是广大人民群众的长期要求，也是我国教育发展一大目标。要实现教育脱贫和教育均衡，首先是要更好地布局教育资源，使得教育资源能与地区经济、社会发展态势形成更优匹配；其次是要求扩大优质教育资源覆盖面，使得优质教育资源稀缺地区、家庭、个体能享受到更好的教育服务。

通过信息技术、互联网技术一方面可以融汇数据，形成有效教育决策支持系统，帮助教育决策者评估、布局、调整教育资源；另一方面可以通过“名师课堂”“名校网络课堂”“专递课堂”“在线开放课堂”等形式，低成本复刻、大规模推送、高精度送达优质教育资源，以此促进教育脱贫、教育均衡。“互联网+教育”是“十三五”期间推动教育发展成果公平惠及全民的有效手段。

（4）人才供给和高校创新能力明显提升离不开“互联网+教育”。国内外实例表明，高校科研水平提升、优秀人才涌现越来越依靠产、学、研之间联动，越来越依靠学科与学科互融，越来越依靠大规模协作。缺乏信息技术、互联网技术支撑，高效优质联动、互融、协作将难以实现。“互联网+教育”可以在汇聚经济、社会发展数据基础上分析技术需求、人才需求，对高等教育、职业教育等“终端学段”人才培养的量、类、质提出更加明确的要求，加之对联动、互融、协作的促进，进一步提升高校科研水平和人才供给的精准性、有效性。

（5）教育体系制度更加成熟定型离不开“互联网+教育”。教育体系制度成熟是为了更好地提升教育治理体系和治理能力的现代化水平；权责明晰、流程清楚，治理过程可检验、可追溯、可公开是成熟教育体系制度基础，这就要求能够清晰安排教育主体、科学规范教育流程，有关数据既可用又安全，而信息技术、互联网技术无疑是实现这一基础的基石。随着“互联网+教育”在“十三五”的全面展开，我国教育体系制度将随之更加成熟。“十三五”教育发展五大具体目标与信息技术、互联网技术之间的关系清晰表明“互联网+教育”是我国教育发展形势确定的教育信息化进一步发展的内在要求。

（6）“十三五”中国教育发展的整体愿景要求全国上下积极推进“互联网+教育”。“互联网+”难点在于“互联”二字，“互联网+教育”难点也在“互联”二字，迫切需要解决的问题包括：①怎样顺应互联网发展规律调动社会积极性，实现市场、企业与教育互联，使得“互联网+教育”形成可持续发展的局面；②怎样实现宏观教育管理与微观教学实践互联，使得“互联网+教育”效能更加提升；③怎样实现教育领域全要素互联，使得“互联网+教育”推进更加可靠。

《规划》编定展现出对互联网、对教育信息化深刻理解，从制度环境、基础条件、信息技术与教育教学深度融合、优质教育资源共建共享四方面入手，充分运用“互联网”思维，积极调动包括政府、企业、社会、学校、教师、学生、家长在内的各利益相关方积极性，着力为“互联网+教育”全面展开扫除障碍。

7.1.2 中国在线教育发展历程

早期在线教育是典型“教育+互联网”模式，在传统教育基础上嫁接互联网渠道，传统思维占据主导，无论技术、人才，还是运营管理等都与互联网特质相去甚远，产业升级速度缓慢。随着网络技术发展、网民消费习惯改变，“互联网+教育”探索开始，互联网思维占主导，颠覆以往的教学主体、教育模式和运营思路等，并对传统教育体制产生倒逼作用。

1. 教育远程化

20 世纪 90 年代中期，中国互联网刚刚起步，计算机配置、网络速度、宽带基础等都较差，网络普及和接受程度较低，教育机构开始以网络为介质进行远程教育，通过互联网分享自己的师资力量，扩大教育资源覆盖范围。在国家教委的支持下，清华大学等 10 所高校共同建设“中国教育与计算机示范工程”，并提出“远程教育”概念。1996 年 101 网校成立，成为首家中小学远程教育网站。远程教育将渠道从线下拓展线上，但教育形式方面仍是以文本传输为主，教育形式受限，用户体验受限，用户群体主要是由于时间、地域和学历等因素无法接受教育的青年人，社会对于在线教育普遍接受度不高，更谈不上付费。

2. 教育信息化

20 世纪 90 年代中后期，国家支持的高等学历在线教育得到发展，民营培训机构也积极转战线上。随着信息技术与基础教育、高等教育紧密结合，高校不断推出在线教育课程，教育信息化建设也引起国家相关部门的重视。同时，传统基础教育和高等学校中老师、学生也成为主要用户，整体市场出现短暂繁荣。据不完全统计，短短四年时间内，中国网校数量迅速增至上千家，在线教育市场整体容量逐年提升，但是与当时发展更为迅猛的门户网站、电子商务等行业相比，仍显得缓慢。

学历教育主导市场，教育部进行远程教育试点。1998 年推出网上研究生进修课程；同年，教育部正式批准清华大学、北京邮电大学、浙江大学和湖南大学为国家现代远程教育第一批试点院校。2000 年教育部将远程教育试点院校增至 31 所，同时准许高校开设网络教育学院，颁发网络教育学历文凭。这是在线教育发展史上的重要突破，为在线教育未来发展进行了早期的用户教育，也成为当时在线教育市场规模增长的主要动力，占市场规模的比例近 94%。

时至今日，高等学历在线教育仍是市场规模增长的主要动力。同时，民营培训机构转战线上，并获得高等学历经营权限。比如，1999 年弘成教育成立，与 40 多家高校展开合作，为学生提供高等学历教育服务。2000 年，新东方网校正式上线运营，成为培训机构触网大潮的重要节点。由于国家对于互联网教育投入持续增加，以及互联网技术不断进步，在线教育相关技术得以推进发展，音频、视频在线教育资源开始出现并快速发展。

3. 教育网络化

这段时期是 21 世纪第一个 10 年。随着个人计算机和 Internet 的发展，在线教育整体保持增长，但是高等学历在线教育和企业网校的发展冰火两重天。一方面高等学历在线教育受到国家政策的支持，稳定增长。2001 年试点院校范围扩大至 45 所，2007 年扩大至 68 所。2002 年奥鹏教育等企业经教育部批准也开始提供高等学历在线教育相关服务。另一方面，以企业网校为代表的在线教育，自 2001 年开始随着互联网泡沫破裂而急速衰落，在“非典”爆发后发展出现短时间回暖，但整体难掩衰退大势。

其后，互联网教育企业陆续上市，如 2007 年弘成教育、2008 年东大正保分别在美国上市，提升行业的社会关注度。互联网教育进入多媒体阶段，一定程度提升用户体验，但交互性、趣味性仍然欠缺，用户黏性不高，不少企业仅将互联网教育作为线下培训机构的补充，或是宣传推广和资讯展现平台，整体盈利能力仍然较弱。

4. 教育在线化

从 2010 年开始，在线教育真正进入在线阶段。教育模式出现颠覆式创新，教育领域更加细分，全球性的教育投资和创业热潮愈演愈烈，并且用户群体从学生扩大到全民，在线教育行业也被赋予促进优质教育资源公平共享的崇高使命。2010 年，由孟加拉裔美国人萨尔曼•可汗创立的可汗学院成功运营，引发全世界的广泛关注。随后，美国 MOOC（大规模开放在线课程）平台上线更是吸引全球大量用户，并颠覆传统以教师为中心、一对多的教学模式，更多以学员为中心、注重交互性与个性化的教育模式出现，如“翻转课堂”等。

教育部 2014 年 7 月开始推出对我国广大中小学教师最具吸引力的创新实践活动，大力建设三通（宽带网络校校通、优质资源班班通、网络学习空间人人通）、两平台（教育资源公用服务平台、教育管理公共服务平台）。截至 2015 年底，已在国家教育资源公共服务平台上“晒课”302 多万堂，全国有 500 多万名教师参加，评出 2014 年度的优课 12194 堂。2016 年还计划新增 200 万名中小学教师参与、评选年度“优课”2 万堂。另外，在线教育学分认定与学分转换制度也在推进中，这意味教育产业迎来重大变革和机遇。

教育形式变得多媒体化、互动化，教育渠道变得多元化，计算机、手机、平板电脑、数字电视以及智能设备（如谷歌眼镜）等不断涌现。移动端主要是各类教育 APP，如早教、答疑、背单词等细分内容，整体同质化程度较高，因此，在线教育产品营销变得越来越重要。在线教育保持高速增长，2015 年突破 1100 亿元，主要动力来自于高等学历在线教育、在线语言教育、职业在线教育，而学前在线教育拓展较慢。用户规模在高速增长，其规模在 2015 年达 9099.2 万人。

7.1.3 互联网教育模式

1. 商业模式

目前“互联网+教育”主要的商业模式有 B2B、B2C、B2B2C、C2C、C2C+O2O 和 B2C+O2O 等。

1）B2B 模式

BAT（百度、阿里巴巴、腾讯）原来为教育企业提供广告服务，以及向企业、政府、团体提供在线教育服务模式，如在线企业大学、大客户培训等，都属于 B2B 业务。

最早，百度、搜狐、新浪三大门户为教育培训机构提供信息浏览，并通过用户倒流，将普通用户转化成付费用户，就是 B2B 业务最早原型。目前，百度在线教育行业收入规模，每年约四五十亿，仅次于医疗行业。

转型期 B2B 模式更像在线教育整体解决方案。比较常见的有：为 B 端企业用户提供在线教育平台开发以及相关服务工具的云平台、对高校以及图书馆提供多媒体学习内容平台。2015 年新东方发布 B2B 产品“新东方教育云”，整合之前布局在 B2B 线教育产品，已经有 70%大专院校在使用新东方学习平台。

在中国二三线城市，师资和成本都相对难以把握，这种利用互动测试和在线讲解方案解决一部分难题。当然，单纯 B2B 服务从技术上为教育企业提供转型条件，但是教育核心还是在于对 C 端用户提供的课程和价值，企业痛点在于如何获客。

已经有平台尝试在提供 B2B 的服务同时，提供校长培训服务提高管理效率，销售管理系统提高企业付费转化率，以及提供一些营销类工具，以降低获客成本。比如，前一段时间流行在中小教育企业的“校宝”，以及“跟谁学”的“天校”系统。

教育体系分支众多，难以有平台做到“一招鲜”服务，定制化开发成本又相对较高，B2B 模式将来是否能顺利盈利，还需要平台深入到各个领域研究，找出能够提高效率的共性点。

2）B2C 模式

B2C 模式在在线教育行业占比 47%，仍然为主流，这个模式下产品更像忠于内容的网校模式，代表有 91 外教、51Talk、VIPABC、沪江网校、优才网。在制作教育培训产品方面，机构可以更标准更专业，同时 toC 可以直接掌控消费者的心智，B2C 模式也是在所有模式中挣到钱的，这也是为什么 VIPABC、沪江网校、小站可以拿到大额的融资。

B2C 授课形式在不断进化，从录播到直播，从班课到 1 对 1。

这个领域，目前从产品和收入规模都没有太出位的公司，是因为大家大都把线下教室直接生搬硬套到线上，用户体验较差。平台更需要考虑的是如何将产品和服务互联网化，适应用户碎片化时间使用需求。

3）B2B2C 模式

B2B2C 模式是供应商到品牌商、品牌商再到用户的一种商业模式，典型代表为 YY 教育、能力天空、传课网、天下网校等。

4）C2C 模式

C2C 模式是通识类教育平台，集众人之力，为平台提供更全面内容支持。比如，面向白领人群“多贝网”，采用学习与分享的 C2C 模式，其盈利模式为“分成+云服务”。

相比，“在行”“分答”对 C2C 模式的运用，表现得更加人格化和社交化，其中“在行”将知识、人脉直接 1v1 关联起来，相当于将原本知识教育又往前延伸一步到人脉，其效率还有提升空间。

三大互联网巨头 BAT，面对气候还未明确的在线教育市场，也布局 C2C 平台抢占用户资源：谁先抢占机构、老师、用户，形成生态系统，谁就抢占先机。略有不同的是，腾讯打造授课平台——腾讯课堂，百度打造搜索平台——百度传课，淘宝打造交易平台——淘宝同学，与各自核心业务互联网基因一致。

当然，无论是创业者还是巨头，同样会面对 C 端老师的素质不一、内容输出周期无法得到保障的问题，名师资源争夺也许将会是各个 C2C 平台需要面对的问题。

5）C2C+O2O 模式

这是一种个人对个人、线上到线下的模式，一方面存在着 C2C 优质师资缺乏问题，另一方面也面临着线下教学场地、组织成本等问题。例如，第九课堂。

6）B2C+O2O 模式

即机构到个人、线上到线下模式，依靠 B 端品牌优势和优质师资力量，再依托线上线下相结合运营模式，解决互动与社交环节的问题。例如，和君商学院在线班。

2. 盈利模式

总的来看，互联网教育公司的盈利模式大体上可以分为内容收费、广告收费、技术服务、咨询服务、软件收费和平台佣金这六种。其中，按内容收费和对广告收费这两种盈利模式相对传统，但盈利性尚可。

1）内容收费

教育内容作为教育行业的核心竞争力，其质量优劣将对能否直击用户痛点、培养消费者黏性起到决定性作用。作为在线教育最传统的收费模式，按内容收费在最早期网校、培训课程中已经被利用。其内容类型包括学习视频、学习工具、文档资料等，以新东方、好未来、正保远程教育等为代表企业。然而，随着基础内容全部免费趋势逐渐明显，在未来，内容提供商盈利点或将转向大数据下更具个性化的专项内容提供。

2）广告收费

按广告收费也是传统的盈利模式之一。目前比较普遍的是按点击次数收费，其形式具有多样性，从网络横幅、图表广告再到多媒体动画等。几乎所有教育类网站都会提供一定数量广告位，但是能够单独依靠广告来盈利的还只是少数具备品牌优势、能带来大流量以及高点击量的网站。该模式只能作为已经初步接受市场认可的互联网教育公司的附属盈利点，且难有创造性的增长，初创企业仅靠广告弥补巨额投入将难以为继。

3）技术服务

技术服务是指将互联网技术更好地应用于教学的全过程，进而提升互联网教育的用户体验。行业内技术提供商包括拓维信息、启明科技、科大讯飞、方直科技等，作为教育产业链内的重要一环，这些公司分别专注家校互动、学习信息化建设、提供语音视频工具、提供高速网络及终端等方面的技术支持。以语音技术应用覆盖各领域的龙头企业科大讯飞为例，在教育业务领域，公司积极推广教育云平台、课堂教学软件、评价系统等产品在内的区域教育信息化整体解决方案。2014 年，凭借一流语音技术，公司口语评测各项指标在教育评测领域大幅领先。虽然公司在教育教学领域的营业收入占比较小，但该部分业务毛利、营收增速及毛利增速都十分可观。

4）咨询服务

咨询服务主要形式为在线对用户在学习过程中疑难问题、对出国留学、职业发展或考证等领域的困惑进行一对一个性化服务。该模式具有高互动性、针对性的特点。大多数在线咨询业务服务时间为 24 小时，因此在线咨询摆脱传统教育机构面对面咨询的时间与地点的束缚，为用户提供巨大的便利。以立思辰为例，其控股子公司乐易考科技有限公司推出大学生就业领域的 APP，旨在为大学生提供就业咨询等各项具有群体和内容针对性的服务。咨询结合移动互联网的形式，迎合当下 4G 与智能手机普及、大学生就业难的局面，或将成为立思辰新的业务增长板块。

5）软件收费

软件收费是指为终端进行付费软件安装。行业内收费软件提供商包括方直科技、歌华有线、立思辰、数码视讯等。以方直科技为例，公司主要产品即金太阳教育软件，包括学生教材配套软件、教师用书配套软件。

6）平台佣金

该模式是指对进驻平台的教育机构收取佣金，进而允许教育机构在平台上提供视频课程和学习资料，在为平台带来优质教学内容进而吸引用户的同时，实现了与缺乏网络资源但教学资源丰富的教育机构的互利共赢。对于互联网巨头旗下的教育品牌而言，平台分成是一种非常理想的模式。以淘宝同学为例，该平台现有开课吧、中公教育、优米、华图网校等 74 个入驻机构，大大充实了平台在 K-12、职场培训、兴趣爱好等领域的教学资源，进而将淘宝同学打造成一个深耕教育领域颇具延伸度的综合性平台。

7.1.4 互联网教育发展

1. 发展动力

党和国家高度重视教育信息化工作，提供系列政策支持和引导。在 2012 年发布《2011—2020 年教育信息化十年发展规划》和 2013 年发布《中共中央关于全面深化改革若干重大问题的决定》等文件中均对教育的信息化建设做出明确部署。随着 Internet 及移动互联网技术发展，为教育技术和教育行业的发展提供变革通道，慕课、教育 APP、电子书包云服务、翻转课堂纷纷出现。国家教育资源公共服务平台也于 2012 年底开始试运行，提供统一用户注册、统一资源规范、统一交易结算、统一界面标识和就近服务，教育资源云服务具有海量、动态、自主、协同、演化等特性，横向上能够实现教育资源的共享，纵向上能够整合不同的教育资源，起到信息汇聚和交换的枢纽作用。

截至 2015 年 8 月底，国家教育资源公共服务平台已梳理上线的国家教材目录 387 个版本、地方教材目录 276 个版本，共开通教师空间 396 万个、学生空间 194 万个、家长空间 184 万个。网络教学环境的大力改善，降低学校信息化成本和建设难度，推动教育资源建设与使用良性互动，为学习者提供良好的学习环境，也进一步促进教师信息素养的提升。

“互联网+教育”在以下四个方面为教育带来机遇。

（1）优化教育资源配置，促进教育更加公平。

（2）尊重学生个体差异，满足学生个性化需求。

（3）突破学习时空限制，加快学习方式变革。

（4）变革原有教学方式，丰富学科课程内容。

2. 市场前景

1）政策支持

政策层面出台的利好消息也为资本狂热注入一针“强心剂”。教育部等五部委于 2014 年 12 月联合下发《构建利用信息化手段扩大优质教育资源覆盖面有效机制的实施方案》，提出到2015年，全国基本实现各级各类学校互联网全覆盖，其中宽带接入比例达50%以上；到2020年，全面完成教育规划纲要和教育信息化十年发展规划提出的教育信息化目标任务。

有研究人士指出，互联网教育行业2018年规模有望超过3000亿元，未来四年复合增速有望达到32.5%。2015年4月，教育部出台《关于加强高等学校在线开放课程建设应用与管理的意见》，为慕课发展营造良好的政策环境。2015年7月，《国务院关于积极推进"互联网+"行动的指导意见》提出加快发展基于互联网的教育新兴服务，探索新型教育服务供给方式。这些政策的出台，为互联网教育营造良好发展环境。

2）产业资本

基于对互联网教育市场前景的看好，互联网巨头、投资机构等纷纷杀入互联网教育红海，促进行业发展。2014年，资本对国内互联网教育关注度的陡然提升，融资金额高达44亿元。先是阿里巴巴领头国际互联网教育巨头Tutorgroup旗下VIPABC。然后YY宣布投资10亿成立100教育，大举进军互联网教育行业。随后，BAT（百度、阿里巴巴、腾讯）内部孵化或外部并购平台和内容与工具类产品，加速互联网教育行业布局。

2015年初，"跟谁学"获得5000万美元投资，"猿题库"融资6000万美元，"一起作业"获风投注资一亿美元，3笔巨额投资似乎为在线教育从业者注入一剂"强心针"。2015年1月13日，在线教育领域爆出本年第一起"收购案"，风头正劲的51Talk宣布完成对91外教的整体收购，而2014年一年内51Talk累计融资额达7000万美元。据有关统计，2015年互联网教育行业投融资事件共计288起，2016年上半年互联网教育行业完成融资109起。

互联网教育市场之所以会吸引资本大量涌入，原因在于线下教育所受的挤压已经使热钱获利艰难，投资者更愿意寻找未被广泛开拓的市场。截止到2014年12月，互联网教育企业已经达到2500家以上。

3）市场规模

中国教育市场消费者主要集中年龄段是25岁左右，这主要包括出生前孕妇教育、胎儿教育，0～3岁婴儿、幼教，7～18岁中小学教育和课外辅导，19～25岁高等教育（含大学、研究生）、实习求职项目、海外交流项目、升学考试等。25岁后年龄段主要为职业应试、技能培训和企业培训等。

据GSV发布的教育产业报告预计，2017年全球教育市场规模将达到63725亿美元，而届时全球在线教育市场规模将达到2555亿美元。从年均复合增长率来看，2012～2015年全球教育市场增速为7.37%，而在线教育市场的这一指标则达到22.35%。可以说，互联网教育市场的增速已经远超传统教育。从公司培训、高等教育、K12教育三个细分市场来看，GSV预计2017年全球公司培训、高等教育、K12教育市场规模的年均符合增长率分别为8.08%、24.97%和33.01%。可以看出，在线教育领域中K12教育和高等教育增速迅猛，在未来将成为互联网教育板块中投资与创业的热点。

3. 发展趋势

新技术不断催生新业态，互联网、移动互联网、多媒体等技术促进互联网教育在线化、可视化、自主化、个性化、互动化，让学生按需动态学习。而大数据、人工智能、虚拟现实技术已开始推动对互联网教育模式变革。

目前，“互联网+教育”的发展有以下几种趋势。

1）互动化

强互动，售前售后完备，才能真正做到成功转型。提供在线咨询、学习点评等服务，可以提高学习效率。辅以线下学习提供支撑工具，如在线题库，练习知道工具类产品，才是做到真正互联网化。

2）定制化

定制化即数据化。个性化定制需求已经是大势所趋，传统机构线下教学受到人员素质和沟通成本的限制无法有效满足用户。百度 2015 年推出“定制化”在线教育 APP“作业帮”，当学生遇到不会的题目，可以在作业帮通过拍照等方式，上传问题，并得到过程和答案，同时，还可以观看知识点的点评视频。

通过线上内容输出，练习工具提供，或者社交功能提供，对用户行为和需求进行数据挖掘，更容易完成“私人定制”式的内容和服务的推送。这需要有数据分析能力的教育机构和教育媒体更加紧密合作在一起，这样通过媒体所提供的数据，让学习者能够得出更专业的解读，每个人都能获得需要的教育信息或知识。

3）场景化

未来的在线教育场景，除了传统个人计算机、手机、平板电脑，随着智能电视的发展，还会加入家庭客厅场景，这给婴童和老年教育提供了很好的平台，也是切入家庭在线教育的可能。

4）移动化

移动 APP、微信等移动平台工具，成为学习者随时可用学习载体。“年糕妈妈”利用具有高用户黏度的微信作为流量入口，提供高质量内容，用极低边际成本形成社群，再完成商业转化，这种新媒体营销为机构提供一种全新用户获取思路，还包括具有“熟人绑架”基因的朋友圈推广等。

5）标准化

获得 6000 万美元在线答疑产品“阿凡提”，借鉴共享经济，帮助学生“呼叫”老师，并进行“即时辅导”，获得 2 亿用户。选择将课堂后作业辅导这个容易标准化环节互联网化，是一个不错的切入点。同样，“好未来”集团下“猿题库”从中学生辅导书题库入手，用足够标准化“练”和“测”切入“猿辅导”。辅导是教，题库是练和测，线下多年经验已经证明老师辅导是个成熟商业模式，从哪一点切是需要传统教育行业思考的事情。跨界思维不一定是要完全改变或标准化传统，先标准化可以标准化的部分，进行精益测试也可。

6）游戏化、社交化

与传统教育行业相比，互联网教育在用户体验上存在着诸多劣势，例如，缺乏与教师、同学的互动性，强制性缺失导致学习效率低下甚至学习行为中断等。在游戏化在线学习中，每一次知识学习如同打怪加血，然后不断积累勋章。社区化与粉丝化趋势慢慢出现。类似于在沪江网校、YY 教育这样的平台之上相同爱好的人群集聚成一个社区进行互动交流，自管理和 UGC 生成内容，从而在学习之外会有更多商业机会发掘，最大限度地发挥长尾效应。而社交化对互联网教育行业推动作用也是不言而喻的。以腾讯课堂为例，其依托腾讯社交属性具有天然优势。据腾讯 Q4 财报显示，手机 QQ 月活跃用户已达到 5.76 亿。同时，腾讯课堂是唯一具备深度社交基因的一个平台。腾讯课堂正是依靠腾讯这种强社交关系，让用户在学习过程中不仅可以通过 QQ 群交流学习心得，还可以通过视频进行面对面探讨。

7.2 “互联网+教育”创新创业案例一：虚拟实验室

7.2.1 项目简介

随着计算机的快速发展，人们通过计算机获取相应信息的现象已越来越普及。在中小学实验性偏强的课程中，如物理、化学和生物，其实验演示受到教学区域、实验技术、教学手段等因素的限制，传统演示实验教学出现了许多弊端，效果并不理想；而在教程中的实验无法向每个学生都普及，且药品器材的安全性问题也无法保障。

近年来，利用多媒体技术、网络技术和虚拟现实技术进行虚拟教学与虚拟培训已经成为业内研究的一个热点。虚拟教学可模拟进行演示、探索和游戏。利用简易型虚拟现实技术表现某些系统（自然的、物理的、社会的）的结构和动态，为学生提供一种可供他们体验和观测的环境。建立教学模拟的关键工作是创建被模拟对象（真实世界）的模型，然后用计算机描述此模型，通过运算产生输出。这些输出能够在一定程度上反映真实世界的行为。教学模拟是一种十分有价值的计算机辅助教学（Computer Aided Instruction，CAI）模式，在教学中有广泛的应用。虚拟培训的沉浸性和交互性，使学生能够在虚拟学习环境中扮演一个角色，全身心地投入学习，这非常有利于学生的技能训练。利用沉浸型虚拟现实系统，可以完成各种各样的技能训练，对技能型教学有着无比强大的推动作用。

虚拟现实（Virtual Reality，VR）技术是指利用计算机生成的一种虚拟环境，实现用户与环境直接进行具有真实感的基于自然技能的交互技术。虚拟现实技术已经和理论分析、科学实验一起，成为人类探索客观世界规律的三大手段，具有广阔的应用前景。

虚拟现实发展至今，已有了许多的建模软件，它们使用的机制各有不同，对用户的要求也有高低，当然，其功能上的差异也是很大的。其典型代表为：Rend386 是一个免费的程序库和播放器，功能较弱，适于 DOS 环境；World Tool Kit for Windows 是 Sense8 公司以 Windows 动态链接库的形式发布的虚拟现实程序库，在标准 SVGA 下运行，可以在窗口中显示带纹理映射的虚拟世界，也可全屏显示，该程序支持 DDE，因而可以通过电子表格、数据库或其他程序来控制虚拟世界。虚拟现实建模语言（Virtual Reality Modeling Language，VRML）是 HTML 的 3D 模型，其目的是提供一种用于网上的虚拟世界的描述方法。目前已有 VRML1.0、VRML2.0、VRML97 等几种版本。OpenGL（开放式图形语言）是 Silicon Graphics 开发的一种建立图形库的语言，该语言功能强大，是实现虚拟现实的较好工具。

生物虚拟实验室最早出现于 1985 年，由美国国立医学图书馆开始进行人体解剖图像数字化研究，并利用虚拟人体开展虚拟解剖学、虚拟放射学及虚拟内窥镜学等学科的计算机辅助教学。其中，最为出众的实验平台是20世纪90年代末美国发展的一种虚拟实验室：科研协作体（Collaboratory）。科研协作体是指利用网络技术为研究者提供一种更有效地利用现有的科研资源而不受时空限制的生物信息学虚拟实验室。目前较重要的有电子Northern、基因表达的系统分析、电子克隆、数字化差异显示、电子PCR、电子原位杂交等内容。

目前，国内有不少高校根据自身教学需求初步建立了虚拟实验室。例如，华中理工大学机械学院工程测试实验室；中国科学技术大学的物理虚拟实验室；广播电视大学的物理虚拟实验、几何光学设计实验平台、大学物理虚拟实验远程教学系统等。而国内生物虚拟实验室的建设，典型的代表有生物生理虚拟实验室系统VBL100；深圳大学生命科学学院于2006年利用三维模拟技术再现真实的基因工程实验室，构建起虚拟的实验环境等。

虚拟实验是以现代教育的教学理论为基础，以计算机仿真技术、计算机多媒体技术和计算机网络技术三体合一为依托而建立的新型实验教学系统。虚拟实验室提供大量的预设的实验情景用于指导学生的思维；以学生用户为主体，教师不参与学生的实验设计，只对学生的问题提出解答和指导，充分体现学生的主体地位。让学生尽力探究过程，获得情感体验，积累科学知识和学习方法。

虚拟实验的实现将有效缓解很多中学在经费、场地、器材等方面普遍面临的困难和压力，而且开展网上虚拟实验教学能够突破传统实验对“时、空”的限制，无论是学生还是教师，都可以自由、无顾虑地随时随地上网进入虚拟实验室，操作仪器，进行各种实验，有助于提高实验教学质量。

本项目在安徽省教育科学规划课题“现代信息技术与中学实验课程整合的研究与应用”（编号：JG12018）支持下，由高校从事虚拟现实和增强现实技术研发的教师及在校大学生完成，充分利用现代信息技术的优势，针对中学物理、化学和生物等中学实验课程教学，借助多媒体、网络和虚拟现实技术，研究现代信息技术与中学实验课程整合中的关键方法和技术，构建网络虚拟实验平台，以达到节约资金并能形象、清楚地展示实验过程的目的，解决学生多、设备少、教师演示困难、重复实验成本高、难以观察实验现象、难以搭建危险实验平台等难题。

7.2.2 市场分析及定位

1. 中学物理、化学和生物等实验教学问题

中学物理、化学和生物等学科是几门以实验为基础的学科，一般说来，可以通过实验（演示实验、课外小实验、学生探究实验等）教学来帮助学生了解实验的现象，掌握实验的规律及事物发展变化的过程。但是长期以来，中学化学实验课程中的实验演示受到教学区域、实验技术、教学手段等因素的限制，传统演示实验教学出现了许多弊端，效果并不理想。

在实验课程实践中存在以下问题。

（1）传统实验的预习与复习较难展开，课外无法复制实验室环境，依靠想象预习复习效果不理想，效率过低。

（2）传统实验教学传递渠道单一，互动性不强，效果很不理想，效率过低。传统教学模式大多是教师先把实验步骤详细地安排好，甚至连结论也预先告知学生，然后由教师讲解（动手做），学生模仿，内容枯燥，形式单一，不能形成互动和调动学生主动参与的积极性。

（3）反应抽象的理论及定理，宏观、微观、危险的种种实验，传统理化生教学与实验教学没有有效的辅助工具和仿真环境，难以讲解和表现，例如，各种抽象的定理、公式及规律、化学学科的危险实验、物理学科中无法有效地表现出声波、电场的性质、万有引力作用、牛顿第一定律等一些抽象的规律、原理，教师讲解起来非常困难，学生也难以理解。

（4）部分传统实验过程无法控制，一些反应速度比较快的实验往往是学生没有看仔细就结束了，但由于实验条件的限定又不可能重复地进行演示。不同于物理和化学实验，中学生物实验中某些遗传学或周期长的实验无法在实验室中完成。

（5）在实验学生较多的情况下，很多学校出现师资、物资等力量跟不上的情况，实验材料的准备也较难。

2. 虚拟实验

虚拟实验是以计算机技术应用为核心，结合虚拟现实技术、仿真技术、计算机图形图像技术等生成的逼真的实验情境，在该情境中用户使用相关设备对虚拟的仪器和装置进行操作，完成实验，培养学生严谨的科学思维能力和创新精神以及理论联系实际、分析和解决实际问题的能力，特别是与科学技术发展相适应的综合能力，为开展各种设计性、综合性和研究性的实验创造条件。数字化虚拟实验教学并不是要否定或代替传统的实验教学，而是在继承和发扬传统教学法精髓的基础上进行改进与补充。通过这种方式丰富演示实验教学的表现形式，使学生的精力能更集中于对实验背后隐藏的科学规律的探究。

具体效果体现在以下几个方面。

（1）缓解教学压力。虚拟实验平台的建设有利于老师更好地指导学生进行实验的预习和复习，通过虚拟实验，可以节约时间和实验材料，尽快熟悉实验原理、实验器材、实验内容、实验步骤等。

（2）节约实验成本。虚拟实验教学资源可循环使用，不存在实验药品材料的消耗问题，节省了实验仪器和器材的使用与维护成本。

（3）提高实验精准度。虚拟实验可以解决实验过程中教学区域、实验设备、教学手段等因素的限制，实验现象与结果可以精准地呈现。

（4）跨越时空性。与传统的实验相比较，虚拟实验教学排除了真实实验中的气味、药品和血液等的刺激与干扰，避免了学生不良心理和情绪对实验的影响，解决了课程中的部分演示实验受到教学区域、实验技术、教学手段等因素的限制，解决了部分传统演示实验教学中学生看不到清晰的实验过程和明显的实验结果，实验现象靠眼睛进行观察不能保证其精确度、误差较大等弊端。

（5）提高实验规范性。虚拟实验受后台限制，对学生操作中错误及时提示和帮助。

虚拟实验室可以避免传统实验教学的缺陷，针对中学实验课程教学，借助多媒体、网络和虚拟现实技术，构建网络虚拟实验平台，以达到节约资金并能形象、清楚地展示实验过程的目的，解决学生多、设备少、教师演示困难、重复实验成本高、难以观察实验现象、危险实验平台难以搭建等难题。

7.2.3 产品介绍

1. 中学实验数字化演示的制作方法与技术

长期以来，中学物理、化学和生物实验的实验演示受到教学区域、实验技术、教学手段等因素的限制，传统演示实验教学出现许多弊端，效果并不理想，将虚拟现实技术合理地运用到中学实验课程的理论课教学，通过数字化演示实验进行实验。

本培训项目包含以下三个部分：①PowerPoint 简易实验演示的制作方法与技术；②Flash 和 Authorware 平面动画实验演示的制作方法与技术；③3D Max 三维动画实验演示的制作方法与技术。

Flash 是功能非常强大，集向量绘图、多媒体动画合成、多媒体编译等功能于一身的多媒体制作软件。实验原理是进行实验的基础理论，也是正确认识和解释实验现象的重要依据，但在一般情况下，实验原理都是教师通过讲解结合图示给学生加以说明，虽然能达到一定的效果，但学生不会产生直观印象，理解起来还是比较困难，更不利于学生记忆。如果利用 Flash 技术，就能将实验原理以动画的形式展示给学生，这些问题就迎刃而解了。

2. 中学虚拟实验平台的构建方法与技术

网络虚拟实验平台是一个利用多媒体、仿真和虚拟现实等技术在计算机上营造可辅助、部分替代甚至全部替代传统实验各操作环节的操作环境，实验者可以像在真实的环境中一样完成各种实验项目。中学网络虚拟实验平台是根据具体的实验过程和环境，利用虚拟环境、仪器和材料，在计算机中营造一个接近或优于真实环境的虚拟中学化学实验场景。

本培训项目中中学网络虚拟实验平台采用 Flash 设计，如图 7-1 所示。

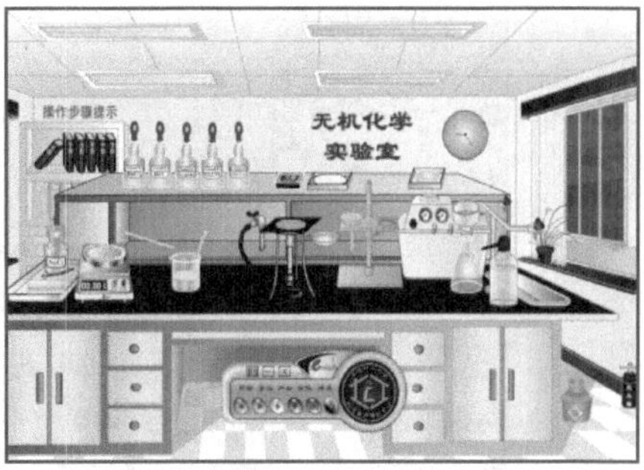

图 7-1 中学化学虚拟实验室

中学网络虚拟实验平台的设计遵循开放性、交互性、安全性、易于维护等原则。具体开发工作主要分以下几个阶段实施。

（1）根据中学实验教学大纲设计辅助教学资源脚本。

（2）在教学设计和系统管理的基础上，组织专业化的研发队伍，以流水线的工作方式设计和制作多媒体素材，并上传至数据资源库。

（3）利用程序语言及相关软件开发演示实验资源共享平台，学生可以在线完成包括资源上传下载、实验预约、在线辅导、创新实验设计制作在内的实验操作。

虚拟实验平台系统主要由两部分组成。第一部分主要由 Flash 通过结合教材内容制作相应的动画场景，如图 7-2～图 7-4 所示。

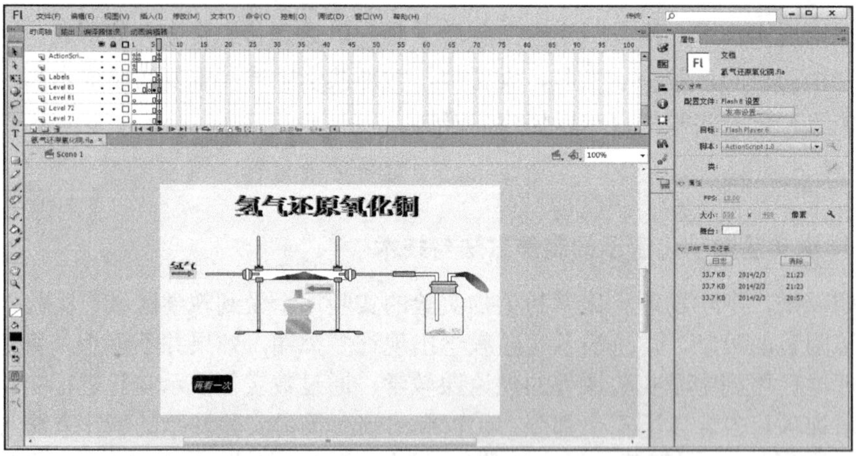

图 7-2　化学动画制作

图 7-3　生物动画制作

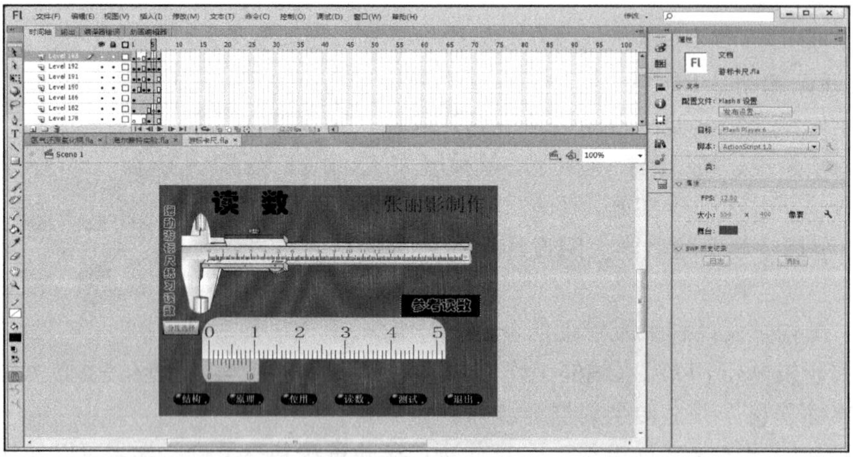

图 7-4　物理动画制作

第二部分是根据实验动画的原理将其分类，并组成一个系统，将所有的动画放在网页上展示，并按照相应要求归类，如图 7-5 所示。

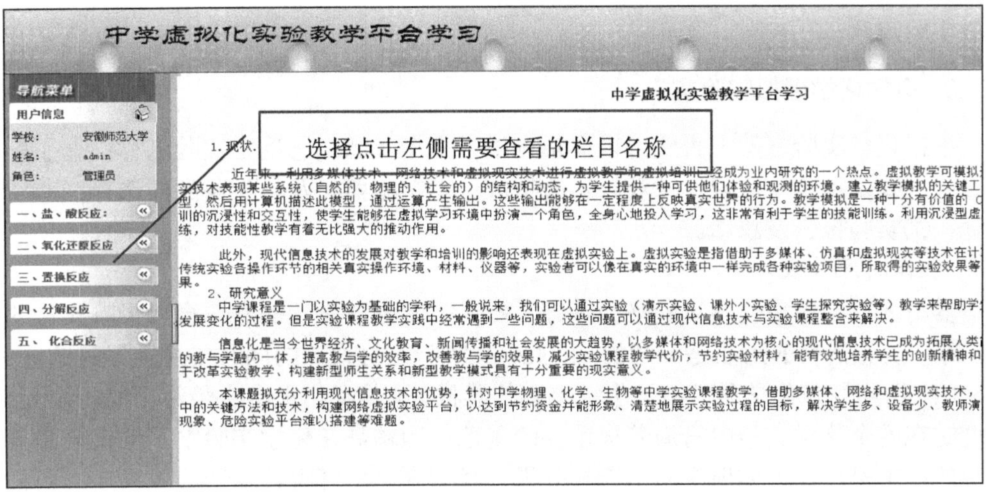

图 7-5　实验平台框架

虚拟实验软件平台采用 Web 设计，便于操作者远程登录进行虚拟实验，主界面如图 7-6 所示。

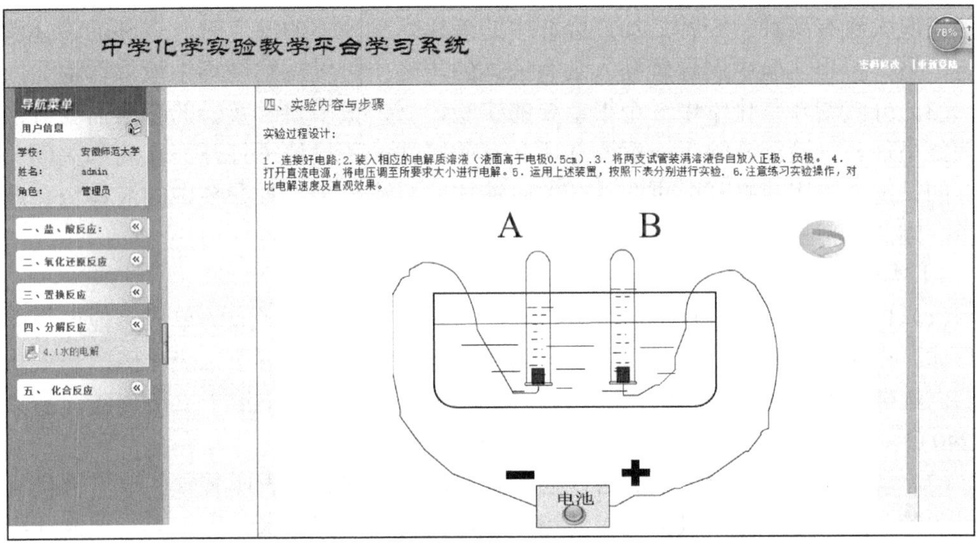

图 7-6　化学虚拟实验软件平台主界面

实验基本操作过程如下。

（1）实验的选择：确定所要进行的实验，单击实验名称，在右侧会出现实验目的、实验原理等信息。

（2）实验信息：单击右侧出现的实验目的、实验原理等信息，了解本次实验的信息。

（3）实验器材：选择此次实验所选择的器材，拖放到自由区域中进行设计实验。我们也设计了器材删除的按钮，可以改选实验器材。

（4）实验设计：将所选的实验器材放在正确的位置，设计实验。

（5）播放实验：是提前设计的正确的实验流程，若学生不能自主设计实验，可以观看实验演示。

3. 中学化学虚拟实验室

虚拟化学实验框架上大致可以概括为以下几个步骤：①确定实验名称；②了解实验目的；③掌握实验原理；④观看实验播放；⑤实验器材及化学药品的选择；⑥实验设计；⑦实验报告及总结。

1）器材元件设计

器材元件是虚拟化学实验平台基础，所以实验器材设计的好坏直接影响实验的效果。每个实验器材的用法是不同的，因此，在实验器材设计的同时要注重器材的区分。

（1）酒精灯是化学科目中一个很重要的器材，也是我们很多实验常用的一个元件。因此它在整个化学实验中扮演着很重要的角色。酒精灯在化学实验中不仅仅只是器材图片的简单呈现，为体现实验的逼真效果，我们为酒精灯设计了动态效果。当我们点燃和熄灭酒精灯时，它的状态和呈现是不一样的。因此，我们也要根据酒精等器材所处的位置而有所不同。要实现不同火焰的状态，我们就要设计两张图片的转换。

（2）烧杯是为了装实验液体而设置的。在设计烧杯的时候，为烧杯定义了自己的属性。如倾倒液体、烧杯中的液体加热冒泡、设置液体的体积和温度等。要让烧杯冒泡的情况大致有两种，一种是加热烧杯中的液体达到液体的沸点时，烧杯的液体沸腾冒泡。另一种是实验中的导管插入装有液体的烧杯中可以观察烧杯中液体冒泡。

（3）分液漏斗是化学中一个很重要的实验器材，很多化学实验的观察需要分液漏斗滴定呈现。分液漏斗除了一般漏斗所具有的属性，还设计了打开、点滴和关闭分液漏斗的功能。当用户打开分页漏斗开关时液体就会流出来，且漏斗中的液体也会渐渐减少。因此如何控制液体的变化是我们研究的重点。

2）实验动画设计

（1）白磷和红磷着火点的比较。白磷和红磷都是磷元素形成的单质，他们是同素异形体。白磷是一种蜡状的固体，有剧毒，不溶于水，但能溶于二硫化碳，着火点是40℃。红磷是红棕色粉末状的固体，没有毒，不溶于水，也不溶于二硫化碳，着火点是 240℃。着火点相差甚大，着火点比较如图 7-7 所示。

（2）氢气还原氧化铜。实验时，通入氢气，气球膨胀，表明装置的气密性良好，可以实验。点燃酒精灯，氧化铜慢慢还原成红色的铜，会有水产生，当气球继续膨胀时，表明氧化铜已经被还原完，如图 7-8 所示。

图 7-7　白磷和红磷着火点比较

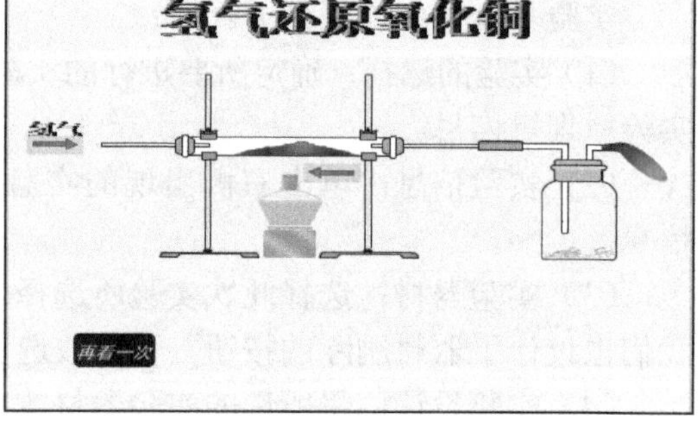

图 7-8　氢气还原氧化铜

3）实验平台设计

如图 7-9 所示，左侧栏目为实验选项，右侧主窗口为对应的实验项目。

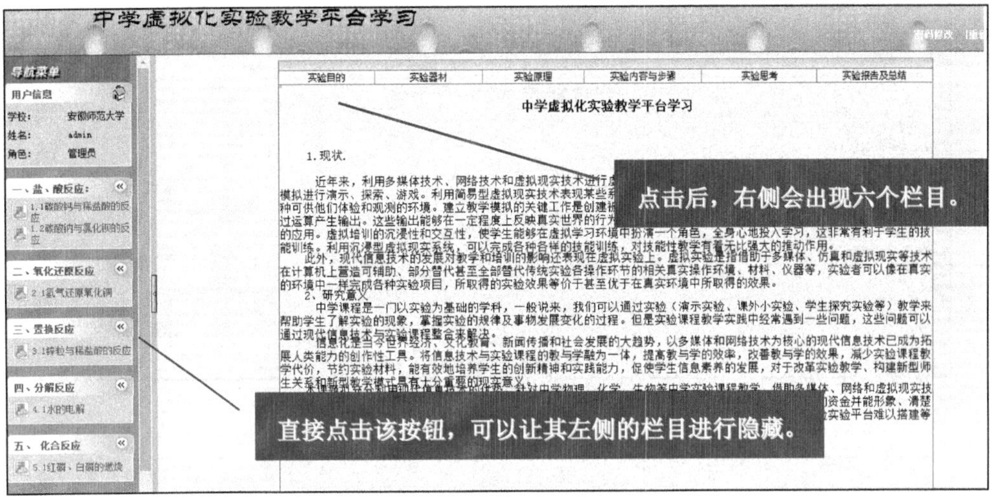

图 7-9　实验平台框架

每个实验均包含实验目的（图 7-10）、实验器材（图 7-11）、实验原理（图 7-12）、实验内容与步骤（图 7-13）、实验思考（图 7-14）、实验报告及总结（图 7-15）等项目。

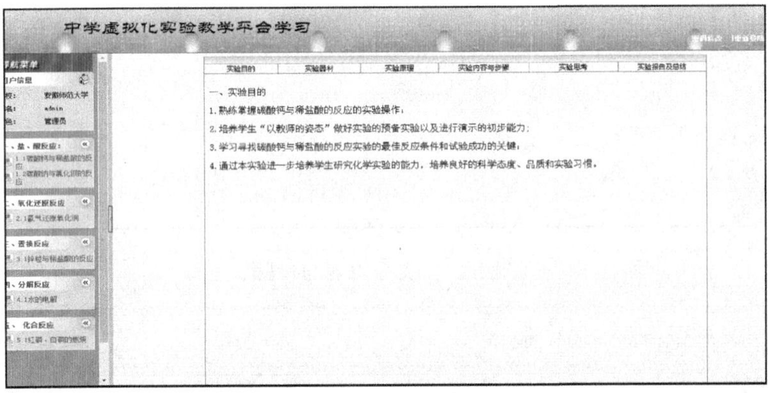

图 7-10　实验目的

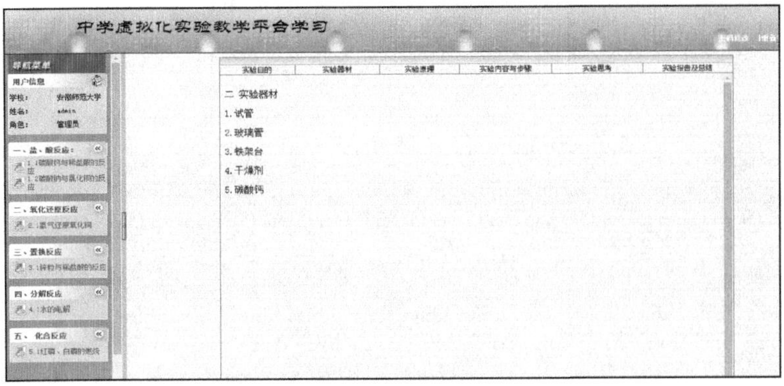

图 7-11　实验器材

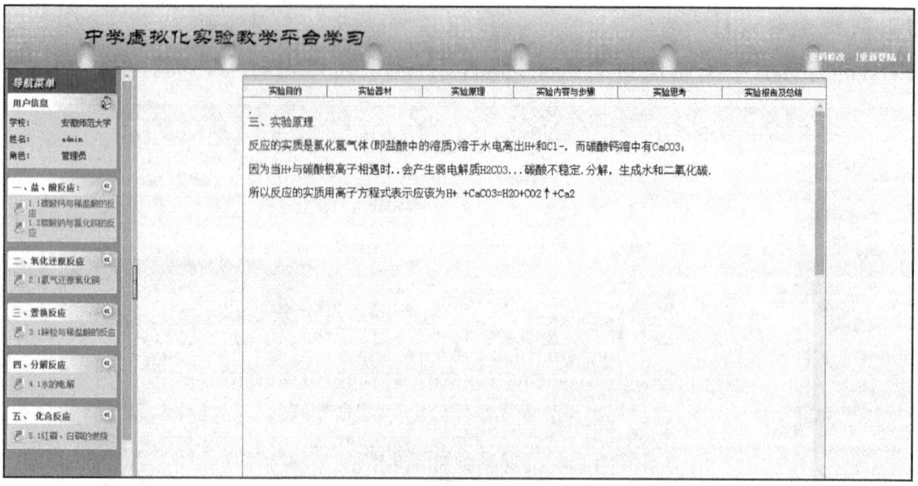

图 7-12　实验原理

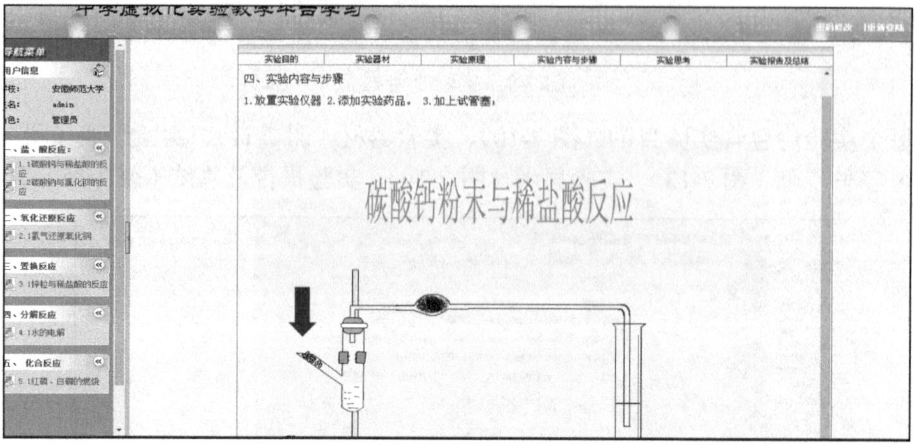

图 7-13　实验内容与步骤

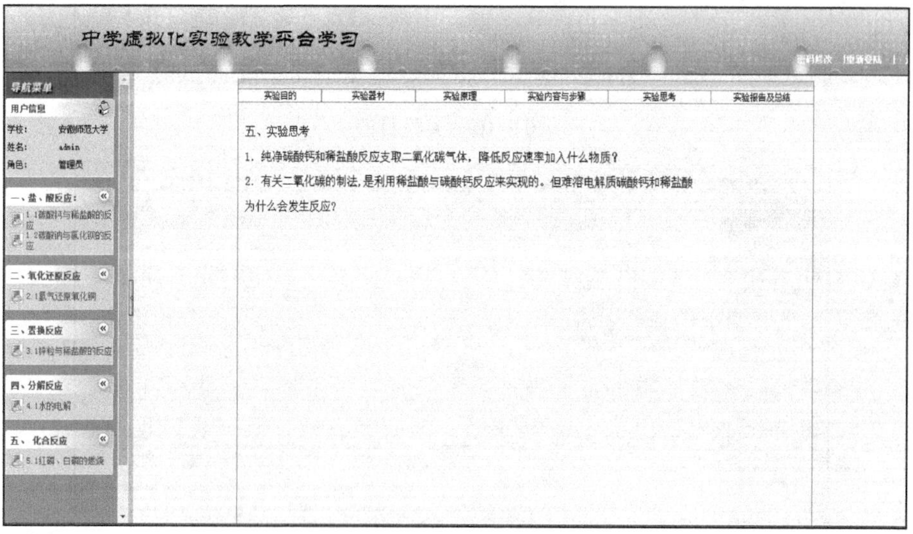

图 7-14　实验思考

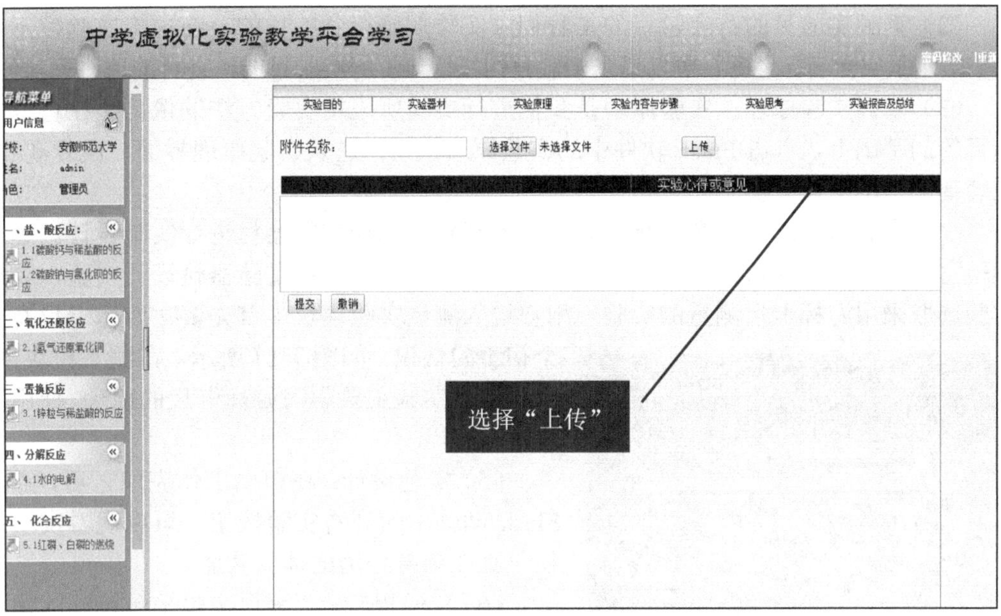

图 7-15　实验报告及总结

本产品利用 Flash 技术搭建了中学化学虚拟实验平台，在实验平台的交互性上做了探索性研究。伴随着信息技术的进步，虚拟实验室将广泛应用于化学实验教学过程中。

4. 中学物理虚拟实验室

1）实验框架设计

虚拟物理实验平台采用 Web 方式开发，如图 7-16 所示，实验框架大致可以概括为以下几个步骤。

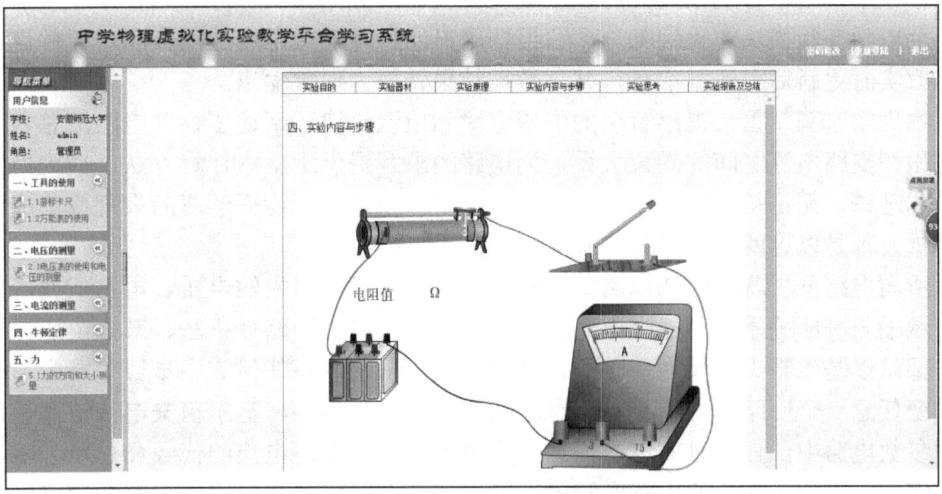

图 7-16　中学物理虚拟实验平台

（1）确定实验名称：中学物理实验有很多，大致可以分为电学实验、光学实验、力学实验等几种。首先，我们应确定所做的实验名称，只有知道要做实验的名称才能继续往下的实验。在虚拟实验室中进行物理实验，首先就是要确定实验名称。

（2）理解实验目的：实验目的是我们做实验期望得到的目的。在虚拟实验室下，我们确定了实验名称之后，可以点击实验目的按钮，了解实验目的，有目的地进行实验。

（3）掌握实验原理：实验原理是我们进行实验所采用实验方法的依据。在理解实验目的的基础上，点击 Flash 软件中的实验原理按钮，进入实验原理界面，反复观看，在理解的基础上设计实验。

（4）实验器材选择：在了解实验原理的基础上选择实验器材进行实验设计。虚拟实验室中，物理实验器材很多，首先进入器材库界面，选择实验器材设计实验。物理实验选取采用游标卡尺测量的实验，用户进入测量实验模块，首先要对游标卡尺有一个初步的认识，如图 7-17 所示。在测量模块中，中学物理实验主要学习游标卡尺的原理、使用及读数等。

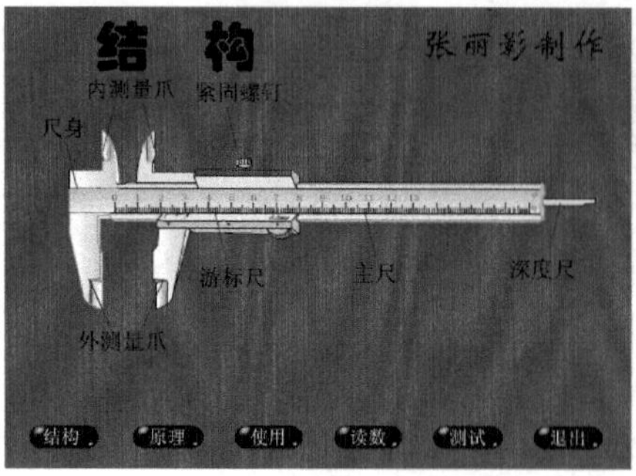

图 7-17　游标卡尺的结构

（5）实验设计：在前面工作完成之后，点击 Flash 动画中的观看实验按钮，可以观看实验过程。犹如亲身经历的体验实验。

（6）实验报告：此虚拟实验平台设计的最大优点之一就是在 Flash 动画中增添实验报告这一项，可以使同学完成实验之后，填写实验报告，对本次实验有了更深刻的理解。

2）电学实验设计

用户进入电学实验模块，选择所要进行实验的名称，在实验器材库中选择需要进行连接的元件，将其拖放到实验操作区自由进行实验电路连接。系统一方面从实验操作区已连接的电路图中取得计算需要的数据传入计算后台进行计算；另一方面将计算产生的信息转化为最能直观地反映出来的各种电学现象，如灯泡亮灭、电压电流表指针偏转、熔丝熔断等现象，并可以生成实时变化的数据图表。计算运行于系统后台，是整个电学实验模块的关键部分，它根据用户的各种连接电路的操作和对元件属性值的修改实时更新后台数据信息，并将数据结果转换为现象输出。

物理学家基尔霍夫提出著名的电压定律和电流定律，阐述了物理电路汇总各节点的电压和支路电流之间的约束关系，为电路的求解提供了基本计算方法，成为电路的最基本理论。无论初中物理学习的简单电路实验还是大学物理学习的大规模集成电路的分析，都是以这两条定律为基础的。

所谓电路分析就是已知电路结构和元件参数，求电路中的电压、电流或要确定电路中激励与响应关系等。建立电路方程的方法有很多，回路分析法、节点电压法等，大多都是以基尔霍夫定律为基础的。基尔霍夫电压定律是任何集中参数电路中，任意时刻绕任意一个回路一周所有支路电压的代数和总是为零。基尔霍夫电流定律是任何集中参数电路中，任意时刻流进任意一个节点的所有支路电流的代数和总是为零。

例如，在一个简单的电路实验中，通过改变滑动变阻器的阻值来改变通路中的电流值。实验设计电路图为图 7-18。在 Flash 软件下的实验步骤如下。

（1）点击了解实验目的、实验原理。

（2）实验器材的选择。本实验所需实验器材是：电池、电流表、滑动变阻器、开关及电线若干。

（3）设计实验。将选择的实验器材拖放到自由区域中并连接实验电路。

（4）合上开关、将开关由开启状态转变为关闭状态，开始实验改变滑动变阻器的值。通过改变滑动变阻器的阻值来改变通路中的电流值，并观察实验现象记录实验数据。

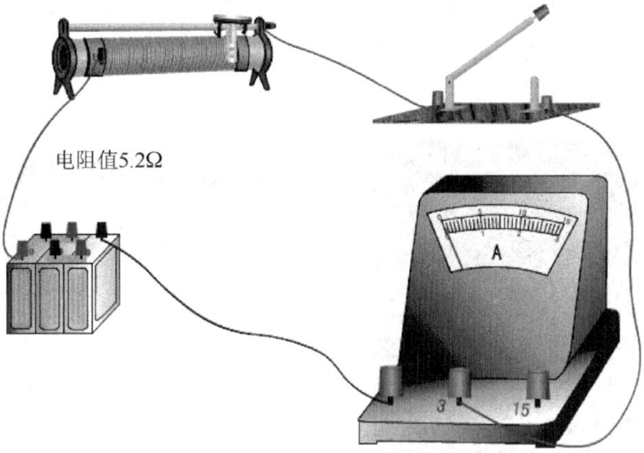

图 7-18　电路分析图

3）光学实验设计

用户进入光学实验模块，选择所要进行实验的名称，在实验器材库中选择所需要的实验器材，将其拖放到实验操作区自由进行实验摆放。

在光学模块中，中学物理实验主要学习光的折射、反射、直线传播、透镜等一些简单的光学实验。用户将光学实验元件库中的光线、透镜、面镜、介质等不同实验元件拖放到实验操作区后，光线自动检测它所传入的介质，遵循光的折射定律、反射定律等发生折射、反射、光线汇聚、发散、色散等现象。

在光的传播的学习中，主要用光的反射定律、光的折射定律、透镜定律。光的反射定律为：反射光线与入射光线、法线在同一平面上；反射光线与入射光线分别在法线的两侧；反射角等于入射角。光的折射定律为：光从空气射入水或其他介质时，折射光线和入射光线、法线在同一平面上，折射光线和入射光线分别在法线两侧；折射角小于入射角，入射角增大时折射角也随着增大，当光线垂直射向介质表面时传播方向不变。透镜定律为：凸透镜能使跟主光轴平行的光线会聚在主光轴上的一点（焦点），由焦点发出的光，经过凸透镜变为平行光。平行光进过凹透镜后变得发散，其反向延长线会聚于主光轴上的一点（虚焦点），由虚焦点发出的光经过凹透镜变为平行光。

在中学物理实验中主要学习光学实验就是光的传播，图 7-19 为光反射实验现象及结论。

4）力学实验设计

力学实验模块作为整个中学物理虚拟实验平台的一个子系统。同时，力学是中学物理学习中最重要的内容，其他模块的学习也会涉及力学模块中。力学实验模块也有力学知识点、力学器材库、力学实验操作区等。力学实验元件库中的物理元件对象分为斜面、地面、小车等种类。初中力学实验模块中所涉及的知识点主要有参照物、速度、重力、摩擦力、功、能、牛顿运动定律、抛体运动等。

在中学物理教学中，小船过河问题不仅是典型的问题而且也是传统物理实验教学中无法模拟的实验。这类问题主要分为三种情况。

（1）如果小船静止放在水里，小船会随河水漂移，小船的速度和河水的流速相同。

（2）如果河水静止，也不给小船任何外力影响，小船会以原速度驶向对岸。

（3）如果小船在流动的河水中驶向对面的岸边，小船既要沿着河水运动，又要向着对面岸边的方向行驶，所以小船的实际运动状态其实是水流的力和外力的合力作用运动的结果，如图 7-20 所示。

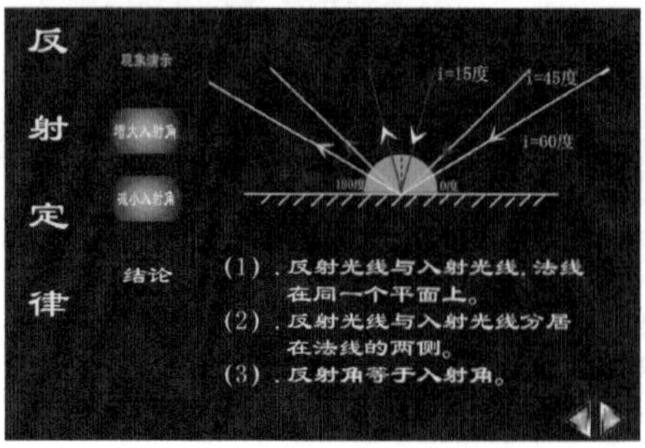

图 7-19　光的反射实验现象及结论

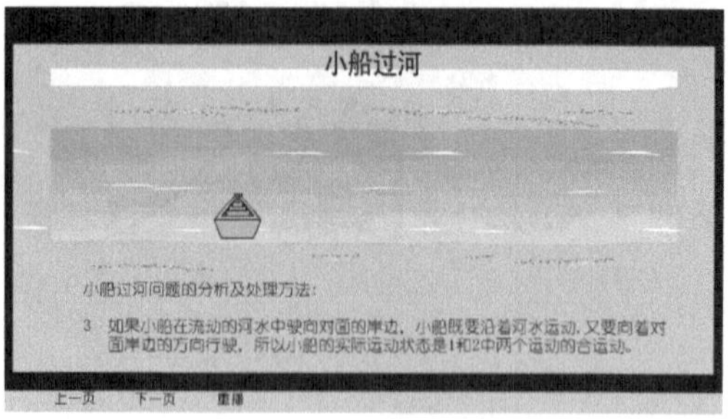

图 7-20　河水、小船均运动的情况

5. 中学生物虚拟实验室

1）生物虚拟实验特点

相对于虚拟物理、化学实验平台在教学中的广泛应用，生物虚拟实验平台的建设存在以下难题。

（1）自然环境模拟难度高。由于生物实验研究的是生物的生命现象和生命活动规律，具有很大的难模拟性。例如，昆虫的趋光性，对于同一个属种，不同的生物个体也可能会在同一条件下产生截然不同的反应。即一定的条件并不一定会产生预料的结果，这种生命现象的难模拟性也就决定了许多生物实验难以虚拟实现。

（2）生物信息学科人才的缺失。各高校设立生物信息专业的起步较晚，从事生物教学的教师本身担负繁重的教学任务，且大多不具有很强的计算机应用能力，难以完成制作高深的计算机动画。而三维动画制作者又往往对生命科学知识不甚了解，导致生物虚拟实验教学平台难以问世。

（3）生物实验元素广泛。界门纲目科属种，生物学的范畴很广，不同实验的实验材料可谓纷繁复杂。这就决定了建设生物虚拟实验平台的器材和元素难以穷尽，增加了生物虚拟实验平台建设的工作量和难度。

2）实验框架设计

虚拟实验室可以避免传统实验教学的缺陷，我们利用 Flash 技术设计出逼真的生物实验。其框架如图 7-21 所示，采用 Web 方式搭建的平台，如图 7-22 所示。

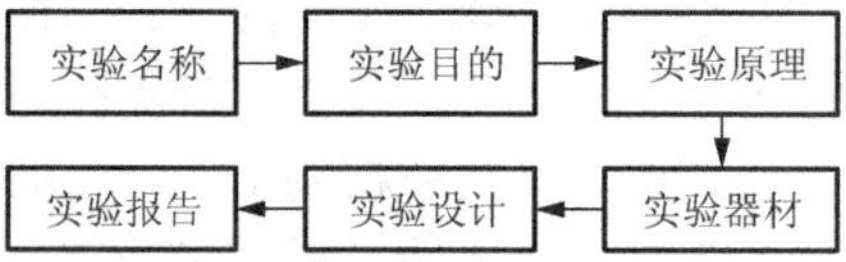

图 7-21　虚拟生物实验框架

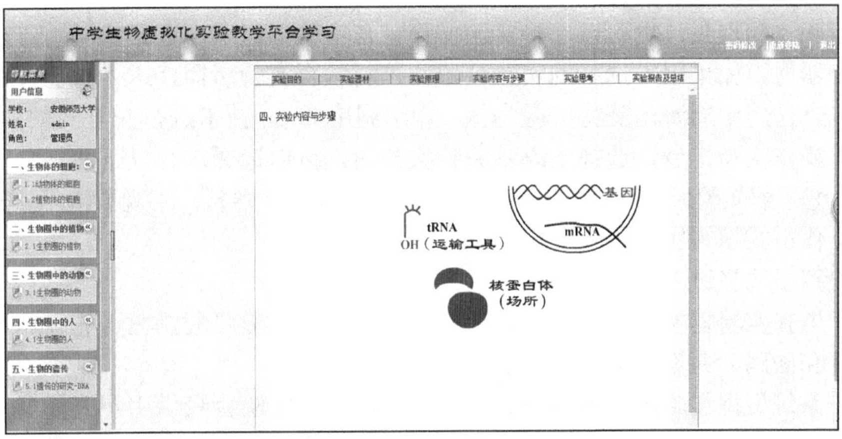

图 7-22　虚拟中学生物实验平台

生物学是一门以实验为基础的，研究生命物质的结构、功能、发展规律以及与环境之间的相互关系的自然学科。中学生物实验过程中，不同的实验项目有不同的特点，大多可以依据以下三种类型实验概括。

（1）观察类实验。一般操作较简单，但是实验现象不是很明显，对于注意力不够集中的初中生来说，很多实验，如细胞分裂的观察实验，很容易错失实验现象。

（2）探究类实验。一般现象很明显，可是涉及多重假设条件的，操作难度比较大。很多初中生在实验过程中往往忽视了对不同变量控制，导致结果与理论不吻合等情况出现。

（3）模拟类实验。适合小组活动，但在实际演练过程中，同学很容易忽视小组实验目的和操作流程，转为其他集体活动。例如，模拟人工呼吸的时候，很多老师都会因为诸多情况放弃小组模拟实验。

3）中学生物实验类型

通过对初中生物教材的研究分析，可以将初中生物的实验依据内容归为以下几类。

（1）生物体的细胞。学会使用显微镜；学会制作玻片标本；学会利用显微镜观察各种细胞；探究代表性的单细胞生物在不同条件下的反应。

（2）生物圈中的植物。观察植物的各个器官结构；探究不同因素对植物生长的影响；探究植物的呼吸作用、光合作用和蒸腾作用。

（3）生物圈中的动物。观察各类动物的行为；观察卵的发育；探究不同条件对动物行为的影响等。但这个模块实验内容很难在传统课堂上实现。

（4）生物圈中的人。观察人的主要结构；实验膝跳反应等。

（5）生物的遗传。观察生物的有性和无性生殖；认识遗传物质 DNA 的翻译过程等。

4）生物圈中的绿色植物实验设计

植物学在中学生物教学中即“生物圈中的绿色植物”板块，大致分为：认识植物的各大器官，了解植物的生长过程，掌握植物的光合和呼吸作用三部分。实验以认知演示实验为主，探究实验为辅。

设计平台上，用户进入“生物圈中的绿色植物”实验模块，选择所要进行的实验名称。选择好具体的实验后，用户可以依据需要选择实验演示，直接观看所选实验的操作流程和实验现象；也可以选择实验操作，在实验器材库中选择实验可能用到的实验仪器和器材，如果用户选择的实验仪器和器材符合实验所需，进入实验操作。

以光合作用中的海尔蒙特实验为例，介绍利用 Flash 技术进行交互式的实验操作。用户进入操作实验平台，选择了海尔蒙特实验后，可以选择进行以下步骤：①了解实验目的；②了解实验原理；③了解演示实验所用的仪器和器材；④观看演示实验；⑤进入实验操作；⑥填写实验报告。

用户点击选择进入实验操作，开始实验操作过程。

（1）选择实验器材，设定实验对象初值。用户选择需要的柳树、花盆、土壤、水壶、天平和砝码，并设定柳树的初始重量。

（2）系统根据实验的基本过程和后台数据，弹出实验背景供用户开始实验操作。用户选择天平和砝码分别对柳树和装有土壤的花盆进行称重，如图 7-23 所示。

（3）用户点击水壶浇灌柳树，直到系统设定的时间节点，如图 7-24 所示。

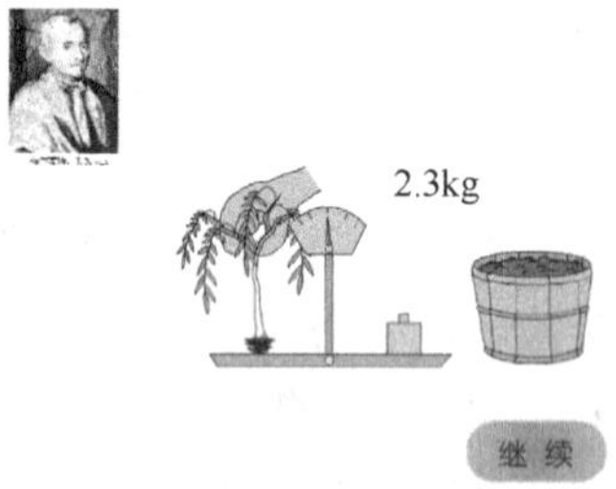

图 7-23　海尔蒙特实验初始称重

图 7-24　海尔蒙特实验对柳树浇灌过程

（4）用户重新利用天平和砝码对柳树和装有土壤的木桶称重，得到数据。后台将称重结果和之前称重的数据显示给用户，并提示分析实验的关键词或者假设条件，方便用户对比分析，推导假设，分析实验结果不合理的地方。

以上步骤就是一个探究类中学生物实验的一般步骤，在这个操作过程中，学生可以更好地记住实验所需要的一些仪器和器材，明确实验的具体步骤，并且游戏式的鼠标操作让学生更有兴致，投入更多的注意力，方便实验结论的得出。

5）生物遗传实验设计

生物遗传在中学生物教学中归属于“生命的生殖、发育和遗传”板块，最主要的实验就是认识遗传物质 DNA 的编码。

设计平台上，用户进入“生命的生殖、发育和遗传”实验模块，选择所要进行的实验名称，如 DNA 的翻译，接下来，用户可以选择实验演示，观看遗传物质如何在核蛋白体内利用 mRNA、tRNA 和氨基酸原料制作新的遗传模板；也可以选择实验操作，在实验器材库中选择模拟实验需要用到的一切原料，如果用户选择的模拟实验原料符合实验所需，进入实验操作。

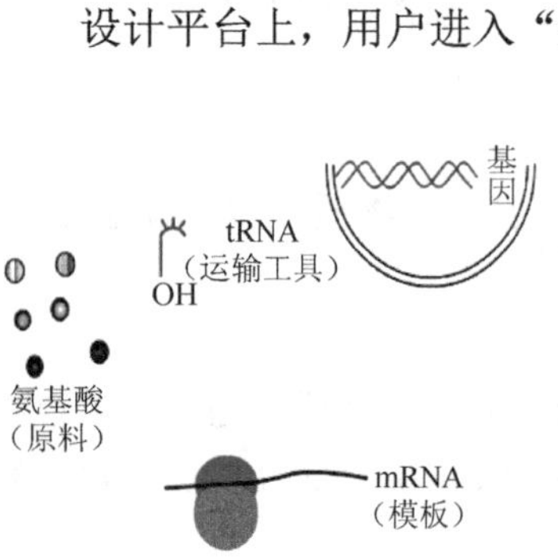

图 7-25　DNA 的翻译演示过程

以 DNA 的翻译实验为例，介绍利用 Flash 技术进行实验演示。用户进入操作实验平台，选择了 DNA 翻译实验后，可以选择观看演示实验，打开 Flash 窗口链接，展示实验过程，如图 7-25 所示。

7.2.4 商业模式

（1）价值定位。虚拟实验室旨在借助多媒体、仿真、虚拟现实和增强现实等技术在计算机上营造可辅助、部分替代甚至全部替代传统化学、物理、生物等实验教学各操作环节的相关软硬件操作环境，实验者可以像在真实的环境中一样完成各种实验项目，所取得的实验效果等价于甚至优于在真实环境中所取得的效果。

（2）目标市场。虚拟实验室的初期目标客户群为中学教师和中学学生，并向教师提供中学实验数字化演示的制作方法与技术培训、中学虚拟实验平台的构建方法与技术培训，进而向中学销售中学化学虚拟实验室、中学物理虚拟实验室和中学生物实验室平台，供中学教师和学生进行中学化学、物理和生物虚拟实验。未来，利用所拥有的虚拟现实和增强现实技术，进一步面向大学实验课程教学，开发大学虚拟仿真实验室。

（3）销售和营销。首先通过免费公开在线使用，让中学教师和学生获得切身体验，并积极争取中学教师参与虚拟实验课程开发，对虚拟实验进行定制，从而建立合作共赢关系。

（4）生产。初期的中学化学、物理和生物虚拟实验室为项目组技术人员独立自助开发，客户可购买使用，在进行产品完善时，积极吸收中学一线教师合作开发。

（5）分销。销售的产品有培训和软件平台两类。通过定期举办讲座和会议进行技术培训，并将中学化学、生物和物理虚拟实验室上线，供中学教师和学生在线使用。

（6）收入模式。本产品的收入来源于培训和软件使用。在举办的讲座和会议中收取少量培训费用。软件上线供客户注册购买使用，含集体购买和个别购买，集体购买根据购买价格限定总在线用户数量，并分发给使用者。收入主要用于产品研发和在线平台日常运营。

（7）成本结构。本项目的初期创作由在校大学生完成，后期产品升级需要吸收更多从事虚拟现实和增强现实技术研发的在校大学生与中学教师进一步制作，需少量制作费用。本项目的主要开销来自于虚拟实验室的在线运用，因此产品收入主要用于该部分。

（8）竞争。当前，随着虚拟现实和增强现实技术的发展，润尼尔开放式虚拟仿真实验教学管理平台软件、曼恒虚拟化学实验、NOBOOK 虚拟实验室等纷纷上线销售，本产品面临成熟产品的激烈竞争。但由于虚拟实验课程教学在发展，内容在更新，技术在创新，本项目起源于高校从事虚拟现实和增强现实技术研发，可吸收在校大学生、研究生和中学教师共同参加，发布不断丰富的虚拟实验教学产品，是一个开放创作的平台，具有独特的产品升级和成本优势。

（9）市场。虚拟实验室的客户除了众多来自中学和大学等实验教学的教师与学生，也有社会学习者，规模巨大，且随着互联网+教育的发展，越来越多的客户会选择在线虚拟实验。

7.2.5 营销策略

（1）通过向中学提供使用来推广研究成果。产品可通过向中学推广来验证成果的有效性和真实性。例如，将中学虚拟实验教学平台提供给滁州市实验中学使用，并收集其使用效果和反馈意见，以达到更进一步推广的目的。

（2）通过讲座和会议交流推广研究成果。产品的推广主要是将中学物理、化学和生物的实验数字化演示方法和虚拟实验平台系统向中学进行推广，通过相关部门发挥组织功能，开展专题讲座和会议交流，为中学教师搭建交流研讨学习的平台。做到将研究成果中的理论真正地应用到实际的学习中，方便老师的教学，提高学生的动手能力。

（3）采用网络途径推广研究成果。利用互联网信息传播的广泛性和深刻性，将产品上线试用，来推广产品，可以使研究成果为更多人提供便利，并收集更多的意见，有助于产品的改进。

7.2.6 财务分析

本项目由在校大学生创作和持续运营，管理者为在校大学生虚拟现实和增强现实社团，根据国家促进大学生就业有关优惠政策，国有金融机构为大学生创业提供贴息贷款、免费风险评估、无偿贷款担保和部分税费减免，所以我们享受“三年免征所得税”的税收优惠政策。即在公司成立自盈利起三年免征所得税，正常税率为15%。

（1）股本结构与规模。公司注册资本 10 万元人民币。股本结构中，来自高校创业基金 5 万元，占总股本 50%，其余 50%为风险投资，我们希望能引进一家或几家风险投资公司参股。

（2）生产规模。本项目从 2016 年开始筹划，拟 2017 年开始建设，目前的产品包括技术培训和中学化学、物理、生物虚拟实验平台，实验平台可操作的实验数量 20 个。未来 2 年，需持续开发增加到 100 个。

项目计算期：该项目计算期为 5 年，其中建设期 2 年。

产品估价：项目测算时，产品的价格以含税价格测算，以 0.1 万元/个实验进行测算。

（3）预计利润。项目的建设期有 2 年，年均投入 5 万元，从第 3 年起开始盈利 1 万元，第 4 年赢利 3 万元，第 5 年利润达到 10 万元。

7.3 “互联网+教育”创新创业案例二：雅思哥

7.3.1 项目简介

环球在线教育专注于语言培训服务，特别是语言培训咨询服务与语言培训考试服务。打破了传统语言培训的服务模式，提出了“学习规划”这一概念，引进世界顶级咨询公司麦肯锡（McKinsey）、埃森哲（Accenture）、普华永道（PwC）和海德斯哲（Heidrick & Struggles）的先进咨询服务模型；独创“头脑风暴挖掘法”。首创“语言六步曲”服务体系和“八大语言培训精英课程”，制定海外教育咨询行业服务新标准，成为国内语言培训咨询服务行业的领军力量。一直秉承“关注就业，重视职业生涯规划”的服务理念，语言培训咨询服务不同于简单的传统授课，也不仅仅是普通的课程规划，而是帮助申请人从根本上提升综合背景、全程指导申请、提出包括语言培训规划+考试+实习+申请+面试+海外求职在内的全套解决方案。志在“让普通的人不再普通，让优秀的人更加优秀”。

环球在线教育在中国建立行业内最为精英的咨询顾问团队，高素质的咨询顾问和全球名校师资网络确保业务质量始终保持行业最高水准，提供雅思听说读写全方位的培训内容，并积极引导学员备考，涵盖移动平台和在线网络平台，致力于成为中国最优秀的海外教育和求职规划公司，承诺将制定和规范语言培训行业的新标准作为公司的伟大使命。

与其他培训机构不同，环球在线教育腾讯课堂上“雅思哥”的课程起步是完全公益的。2010 年 5 月 20 日，“人人网雅思哥”公共主页创建，免费提供大量关于雅思考试的资料，运营不到半年，关注人数超过 10 万，日均活跃用户 2000 以上，主页管理员免费给考生提供雅思学习备考资料，雅思考生称管理员为“雅思哥”。目前，“雅思哥”在“考雅”一族中拥有巨大影响力，每天微博新增五六百粉丝，一年能增加 18 万～20 万粉丝。“雅思哥”主页粉丝已近 59 万，微博粉丝已近 42 万，公众微信粉丝已超 30 万，“雅思哥”先后在 YY 教育和腾讯公益课堂开通雅思哥公益学院，每天听课人数稳定在 1500 人左右。

“雅思哥”最终选择在这个平台开课，除了用户量级大、使用方便，QQ 的用户大多比较年轻，年轻用户有更多的时间自学雅思或者需要考出国雅思。此外，利用机构入驻的礼包，“雅思哥”还在工作人员的指导下尝试了广点通的投放，精准投放的效果让人赞不绝口。这让雅思哥一进驻就斩获了大量新“粉丝”。如今，“雅思哥”提供的课程每晚都有 1000～2000 位听众，每周一千多条好评，在“考雅”这个独特的“小众群体”中，“雅思哥”成了隐形冠军，蹚出一条独特的“互联网+教育”之路。

7.3.2 市场分析及定位

1. 外语培训需求

据教育部统计，2014 年度我国出国留学人员总数为 45.98 万人，其中，国家公派 2.13 万人，单位公派 1.55 万人，自费留学 42.30 万人。2014 年度各类留学回国人员总数为 36.48 万人，其中，国家公派 1.61 万人，单位公派 1.26 万人，自费留学 33.61 万人。从学生出国的国家百分比来看，去美国的学生人数最多，占了 29%，超过了去英国（25%）和澳大利亚（15%）的人数，加拿大占 11%，新西兰占 8%，其他国家总共占 12%。

留学英语培训是以有出国留学或出国发展意向的人士为对象，以帮助学员通过各类出国留学考试为目的，包括托福培训、雅思培训、GRE 培训、GMAT 培训等。近年来，托福考试虽有降温的趋势，但每年的考生人数仍在 2 万～3 万。由于留学考试行情火爆，因此相关培训成为市场热点。目前，几乎所有的外语培训机构都开设了留学英语培训，但专业的留学英语培训机构却不多。据了解，新东方是托福、GRE、GMAT 培训领域的“龙头老大”，占据着全国市场 40%的份额；而上海市的昂立进修学院、新世界进修中心则在雅思培训中具有一定的知名度。加上最近这几年“留学热”的不断升温，留学英语的这块市场还是非常诱人的，那些只做单一项目的培训机构和服务机构也开始逐渐涉足出国英语培训这一领域，韦博国际英语和澳际留学就是两个代表。

2. 雅思考试

雅思考试（IELTS），全称国际英语语言测试系统，外文名 International English Language Testing System，由剑桥大学考试委员会外语考试部、英国文化协会及 IDP 教育集团共同管理，是一种针对英语能力，为打算到使用英语的国家学习、工作或定居的人们设置的英语水平考试。雅思考试分学术类和培训类两种，分别针对申请留学的学生和计划在英语语言国家参加工作或移民的人士。考试分听、说、读、写四个部分，总分 9 分。

雅思考试作为全球留学及移民类英语测评的领导者，每年有超过 200 万人次的考生参加雅思考试。截至 2014 年，雅思考试已获得全球 135 个国家逾 9000 所教育机构、雇主单位、专业协会和政府部门的认可。

雅思考试获得英国、澳大利亚和加拿大院校的 100%认可，也是这 3 个国家技术移民签证申请的语言能力证明。其中，雅思考试是中国与加拿大学生合作计划（SPP）和学习植入计划(SDS)申请中唯一被认可的语言考试。在香港，多所大学资助应届毕业生参加雅思考试，在香港特区政府公务员综合招聘中，雅思考试被作为英语语言能力的证明，此外，雅思分数也是香港很多公司招聘条件之一。雅思考试还是马来西亚、新加坡、荷兰、瑞典、芬兰等国家的部分院校英语授课项目首选的英语语言能力证明。

2014 年，在美国，共有超过 3000 所院校认可雅思成绩，包括所有的常青藤盟校（哈佛、普林斯顿、耶鲁、宾夕法尼亚、布朗、哥伦比亚、康奈尔、达特茅斯）和大多数美国大学排名前 100 的院校。截至 2014 年，中国大陆已有 15 万学生用雅思成绩申请美国院校。

3. 雅思培训机构

在当前雅思培训市场中，有环球雅思、朗阁、新航道、新东方、环亚琅文、华尔街英语、英孚教育等主流外语培训品牌。

（1）环球雅思。环球雅思是目前国内规模最大的出国语言培训机构之一，同时是中国首批在美国上市的连锁外语培训机构之一，曾被评为全国十大知名学校，在出国外语专业培训方面已有近 18 年的历史。每年培训 30 多万学员，每月开设雅思、托福、GRE/GMAT 等出国留学语言类数千个班级，创立全国第一连锁教学品牌，全国有百余家分校。18 年专业雅思培训历史，在全国雅思培训领域有口皆碑。

（2）朗阁。朗阁教育集团于 1999 年正式成立，总部位于上海，是中国最大的雅思、新托福培训基地之一。校区多，培训体系完善。雅思托福培训课程较为出名，适合应试的中国学生，大班教学+中外教模式，适合零基础但分数要求不高的考生。课程名目繁多，教材纷乱，对于不同程度学生划分还不够鲜明，大班多缺乏一些针对性，但师资优秀。

（3）新航道。新航道英语是由胡敏教授率领一批团队成员共同创办的，合作单位包括北京大学、中国人民大学、外交学院、高等教育出版社等著名学府和学术机构。师资专业且丰富，口碑较好，雅思课程选择多。各校区师资有差异，不适合基础不稳定的学生。

（4）新东方。新东方教育科技集团由 1993 年 11 月 16 日成立的北京新东方学校发展壮大而来，目前集团以培训为核心，拥有亲子中心、泡泡少儿教育、优能中学教育、基础英语培训、大学英语及考研培训、出国考试培训、多语种培训等多个培训体系，同时在基础教育、职业教育、教育研发、出国咨询、文化产业等方面取得了骄人的成绩。作为中国著名私立教育机构，新东方教育科技集团于 2006 年在美国纽约证券交易所上市，是中国大陆第一家在美国上市的教育机构。

（5）环亚琅文现代英语。成立于 2002 年，从事成人英语、中小学生英语、考试英语等各类英语培训，是江苏省知名英语培训机构。优势在于在本土资质过硬，品牌出众，校区交通便利。劣势是成立时间短，经历尚欠，师资等还不够丰富。

7.3.3 产品介绍

1. 产品内容

产品涵盖听说读写各类雅思学习内容，如图 7-26 和表 7-1 所示。

学员可根据个人学习内容和学习时间安排，选择不同时间的课程（定期班、随到随学班）。

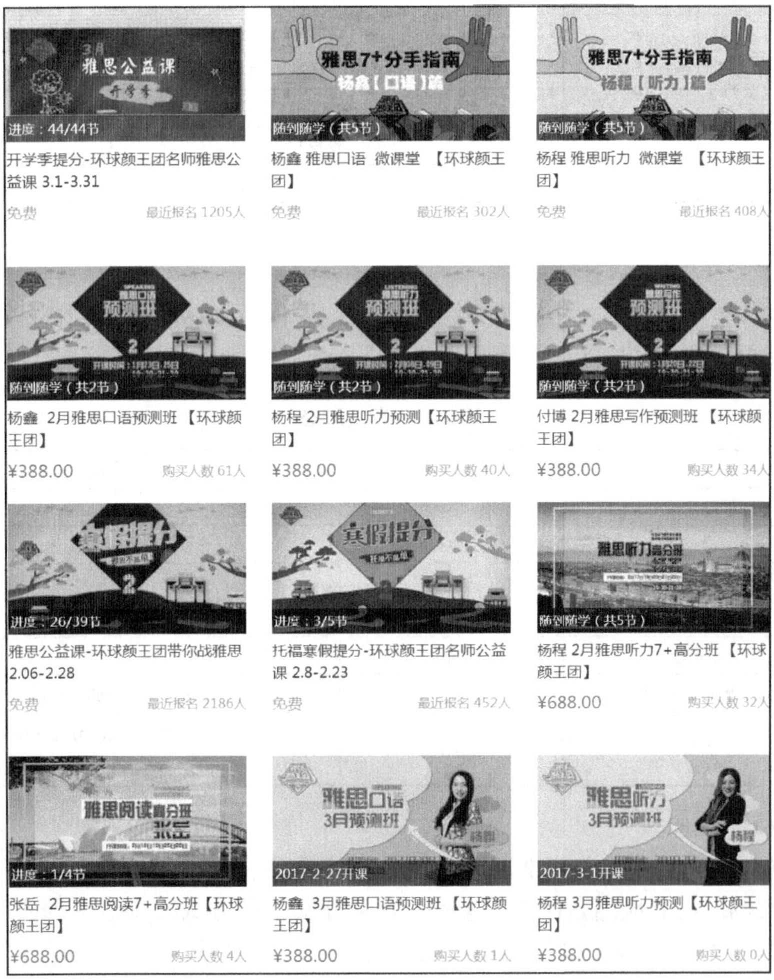

图 7-26 各类课程

表 7-1　雅思哥课程

序号	课程
1	开学季提分-环球颜王团名师雅思公益课
2	雅思口语微课堂
3	雅思听力微课堂
4	雅思写作微课堂
5	雅思写作
6	2 月雅思听力预测
7	2 月雅思写作预测班
8	2 月雅思阅读预测班
9	ACT 微课堂
10	ACT
11	托福寒假提分-名师公益课
12	2 月雅思听力 7+高分班
13	2 月雅思口语 7+高分班
14	2 月雅思写作
15	3 月雅思口语预测班
16	3 月雅思听力预测
17	3 月雅思写作预测班
18	雅思口语模考
19	雅思作文批改

2. 产品形态

为方便各类用户使用，根据客户使用习惯，提供面向移动平台和在线网络平台的各种不同形态产品，如表 7-2 所示。

表 7-2　产品形态

序号	产品形态	产品平台	说明
1	移动平台版	iOS，Android	
2	微信版	iOS，Android	
3	网络直播版/录播版	Internet	https://ke.qq.com/course/128190
4	MOOC 版	Internet	
5	网站门户版	Internet	http://www.ieltsbro.com/
6	微博版	Internet	http://weibo.com/ielts365 http://blog.sina.com.cn/ieltsbro

1）移动平台版

移动平台的产品支持在线学习、测试、交流等功能，如图 7-27 所示。

使用雅思哥 APP 应用，不仅可以及时看到每次雅思考试的口语话题实时回忆与高频话题清单，并且可以随时观看精心挑选的视频内容，雅思学习，留学生活，名校详解，学员所关心的全涵盖！

移动平台版产品具有如下特色。

（1）口语回忆。全球雅思考场实时更新。Part1-Part3 清晰呈现考试内容，同时新增考官印象，让后面的同一考室的考生提前做好心理准备。

（2）笔试回忆。笔试结束当天更新听力和写作的参考答案，大家还可以在留言区看到全球其他考区的笔试回忆。

（3）考题频次。可以查看全国 7 天、30 天和 120 天的考题频次，同时亦可查看自己所在考点的考题频次统计，最后冲刺的制胜法宝。

（4）口语题库。所有习题皆为当季在考的口语题库，适用于全球各大考区，命中率在 98%以上。每次换题季后会迅速更新。

（5）题库练习。大家既可以听其他考生的录音寻找思路，也可以根据雅思哥团队编写的参考答案组织自己的回答，同时录音上传，和小伙伴一起刷题提分。

（6）学霸/学勤榜。移动平台版提供学霸/学勤榜等名人堂。通过关注学霸榜更新，大家可以找到发音地道、答案超赞的学神。另外，通过学勤榜，大家还可以发现很多榜主连续一周刷题数百，顺利和雅思分手。

图 7-27　移动平台版

（7）精选视频。定期更新各类精选英语学习视频，英音美音全方面轰炸你们的听力，各种 native speakers 用的好词好句尽收其中，就是要用实力战雅思。

（8）最齐全的考试信息。学员可以查看到全国所有考场，所有考试时间的考题资讯，高频考题清单极其方便地查看来自雅思哥多年积累的口语及高频考题。各个考场、各个考试时间、各个考题出现的频率，一目了然。

（9）网友分享回忆。学员可以在这里分享考题，吐槽考试经历，对考题投票，雅思哥会定时推送热点资讯，送达第一手信息。

（10）精品视频点播。让学员通过视频不仅能够享受英语学习的快乐，同时可以提前熟悉海外留学生活，了解海外名校。

移动平台的产品发布在飞翔下载等各类软件公开下载空间，便于用户免费下载和试用，如图 7-28 所示。

图 7-28 移动平台版下载空间

2）在线网络平台版

学员还可以登录腾讯课堂“雅思哥学院”收听最新的雅思干货课程，有名师，有汗水，有欢笑，如图 7-29 所示。

图 7-29 在线网络平台

3. 师资力量

拥有一支经验丰富的高水平的教师队伍，每名教师均承担特色课程，如图 7-30 所示。

图 7-30　教师队伍

7.3.4　商业模式

环球教育是中国专注于提供海外留学语言培训的领先机构之一，拥有丰富的行业经验，致力于为年轻人提供从游学考察、考前培训、留学咨询直至模拟课堂的一站式服务。

环球教育于 1997 年成立，2011 年成为全球教育机构培生（Pearson）旗下一员，从此进入了培生国际大家庭。培生是全球领先的教育集团之一，其强大的国际品牌优势、170 多年的丰厚教学经验以及现代化的管理机制和人才理念，为环球教育创造了丰富的共享资源和广阔的发展平台及前景。

一直以来，环球教育高质量的学术和教学成效在业界享有盛名。通过培生严谨科学的测评体系和丰富的模拟题库，为学生提供了高效的知识点吸收课程；同时借助培生混合式学习设计的 APPROACH & ACHIEVE 创新课程体系，让教学与吸收相配合。环球教育以中国学生为中心，为他们开发出量身定制的自适应课程体系，不仅关注学生起点水平，更加关注学习进程，随时调整课程设计，匹配综合能力，帮助学生达到预期目标。

教师团队是环球教育的核心竞争力之一，培生全球教研团队与环球教育共同努力，通过科学的教师培训和管理体系，打造出了一支力量雄厚的师资团队，为优质教学奠定了坚实的基石。我们的教师与培生旗下优秀作者、教研团队及各地名校教授定期进行海外学术交流，实时了解全球教学进展，并基于此提升教学法的成效。

多年来，经过孜孜不倦的努力，环球教育不断发展壮大，我们已在全国近 200 个城市设立了 500 多家考试和培训中心，其中在 17 个主要城市设有 79 个直营中心，在 121 个城市有 199 个特许经营中心，我们提供的全方位一站式的服务包括初高中英语国际课程、游学、留学咨询和留学相关考试培训，并且提供落地陪伴与生活类语言课程，我们还提供明星专项服务包括封闭教学及海外考试服务。迄今为止，已经累积培养了大约 40 万学生，在独特“环球实用应试教学模式”的培养下，学员实现个性化学习，快速提高学习成绩，达到出国留学的标准。

环球教育充满活力，积极创新，我们以国际化教育集团的标准，不断地为中国学习者提供专业的教学体系和课程、高效的学习方法与周到的教学服务，帮助学习者尽快实现人生目标。

7.3.5 营销策略

1. 多渠道宣传

（1）单页宣传。单页宣传直接与家长、学生接触，因此它具有直观、直接的特点。可以在学校门口、各大小区、菜市场门口、广场等“繁华”和“繁忙”地段进行发单宣传。

（2）户外广告。选择大众化的报社合作，定期刊登公司招生信息。

（3）校园代理、招生代理。大学生兼职会员、兼职老师和在校老师，开发公司的招生校园代理，可给予其相应报酬。

（4）利用“名师效应”。包装出名师讲座，增加曝光率和优势产品，以“公开课”形式开展销售。

（5）电子邮件销售。利用大学生兼职会员、兼职老师、在校师生，获取学员信息，也可以利用公司网站，建立互动平台获取信息，以电子邮件广告形式或电话销售来推广。

（6）建立合作团体。建立与其他移民、出国留学服务商的合作。建立与市区内幼儿园、各中小学学校、大学和企业团体合作，宣传公司信息，销售公司课程。

（7）微博、微信、网络宣传。利用公司网站登出招生信息。充分利用博客和各大网络论坛。通过微博（图 7-31）发布学习、考试等信息，与粉丝互动，引起兴趣，增进情谊。

图 7-31 雅思哥微博

（8）免费体验。定期开展相应体验课程，市场部宣传，邀请学员、家长来体验，让其了解特色课程，再进行课程销售。为了吸引学员的关注，在线提供免费学习的公开课。学员只需注册，即可学习，如图 7-32 所示。

图 7-32　免费公开课

（9）庄重承诺。四重承诺：考试不过，免费一对一重读；更低价格，更好服务；全程协助报告，无忧备考；实力教师团队，考前完备准备。

2. 招生

1）招生方式

电话咨询销售、现场咨询销售、公司家访销售、招生代理销售、网络宣传销售、体验课销售等多种招生方式并举。

2）招生团队结构

健全市场客户服务体系、市场主管领导大学生兼职会员及咨询人员、招生代理及合作团体。

3）时间计划

（1）目前健全市场客户服务体系，增加品牌消费意识建立良好口碑。

（2）单页宣传、户外广告开展、建立在校老师代理、开展名师讲座。

（3）建立与其合作团体的合作等。

7.3.6　财务分析

雅思哥选择网络公用平台，设备投资较低，初期完全免费使用，目前开展收费服务，并借助网络公共平台宣传营销，主要成本在于优秀师资的薪金支出，经营已经步入盈利期。雅思哥与雅思三大主办方之一“IDP”达成战略合作，将雅思官方资源和国际教育资源与雅思考生需求进行深入整合并对接，给雅思官方的经营提供了坚实后盾。

7.4　本 章 小 结

“互联网+教育”是一个大家都看得到的掘金方向，商业价值与社会价值都很大。把教育从线下搬到线上，重要的不是有没有保持教育的原样，而是有没有保持在教育上教学人员和学习人员的教学诉求点。只有保证教与学的诉求点，互联网跨空间、跨时间的工具性作用才有意义。互联网对于教育的最大意义在于缓解了教育需求与教育资源匮乏、分配不均的矛盾。所以在线教育就是连接最有能力去教和最需要学的两拨人的工具。但是，在人们看得到的几类互联网教育模式中，相当一部分现在都是在以“非盈利”的面目运行。

虽然多贝网、YY 教育频道不收费，但由于提供的是技能教育（周期短、投入小、目的性强教育的统称），那只要质量稍微有点提升，收费就成为可能。但教育是服务，服务是硬性的东西，需要时间积累才能提升，所以虽然离钱很近，但收费很难。像已经收费的各英语学习网站，要么就是精耕细作多年，要么就是线下积累多年，这些只用钱是跨越不过去的。C2C 类的教育网站，规模很容易扩大，但质量要上升却不容易。一旦质量上不去，那么收费就没有可能。收不了费，就不会有人去提供有质量的内容，于是成了死循环。B2C 类的教育网站，很多都有了收入，那是因为早已摸爬滚打数年，有较高质量的教育资源和内容。只是规模有限，形式单一，内容也不丰富，此类多为垂直语言类 B2C。提供技能教育的 B2C 类网站一定会大量出现，这类技能型教育需求不仅量大，而且迫切。如果 C2C 教育网站让内容自己净化，那会是个极其漫长的过程。对于绝大多数草根来说，有好内容与其放到多贝一类网站赚点小钱，还不如放到优酷赚取巨大的关注。C2C 的质量问题从电子商务就可以看出来，淘宝的 C 始终都不那么让人放心。最大的问题是，物品一类的硬产品质量不好，还是得选择（没条件选更好的情况下），因为不选就没有得用。但像知识一类的软产品如果质量不好，与其出钱买，不如花两分钟找知乎学。

一个好的选择可能就是站在 B2C 和 C2C 之间，自己提供一部分有质量的内容，然后再放开平台，让这部分内容带动优质 C2C 内容收费。例如，多贝网和高晓松合作把《晓说》改版拿去当历史课程，五十多期收费十元，前十期免费。这种做法现在也许行不通，但以后肯定可以，高质量的内容资源永远是稀缺的，教育资源也一样。

在线知识教育要真正的商业化会更久，因为它必须配合教育政策、人们思想意识等的转变。在线教育模式也有待发展，视频过于单一，在线课堂如果互动，课堂容量又有限。比起其他模式的在线教育，技能教育类的 B2C 一定会大批量率先盈利。他们是短期内各类型教育网站最值得付费的，因为内容质量高。在线知识教育的附加值巨大，长期来说，会有更广阔的未来。至于 C2C 类在线教育平台，会经历一个比较长的过程，筛选出一批有价值的企业，才有可能营收。

本章选取的两个案例，一个是结合教育规划课题开展的在校大学生创新创业项目，一个是已经在线运营多年的教育平台，案例内容完整，且均具有较高的社会价值，不足之处在于财务分析缺少实质性内容。

思　考　题

7-1　讨论“互联网+教育”概念提出的重要意义。

7-2　请列出“互联网+”在教育领域应用的一些实际案例。

7-3　通过“互联网+教育”案例学习，请总结“互联网+教育”创新创业项目能够成功实施的关键点。

7-4　通过“互联网+教育”案例学习及讨论，自由组建一个项目团队，以“互联网+教育”为主题，撰写一个“互联网+”大学生创新创业比赛项目书。

第 8 章 “互联网+农业”创新创业案例

2015 年 3 月 5 日和 3 月 15 日，国务院总理李克强两次提及“互联网+”战略，“互联网+”随之成了近几年的最热话题之一，各行各业与互联网加速融合已成为大势所趋。我国正处于工业化、信息化、城镇化、农业现代化“四化同步”的关键时期，农业又是国民经济的基础，因此，农业是“互联网+”行动计划的核心领域之一。农业与互联网的结合已成为不可阻挡的时代潮流，迫切需要推动“互联网+农业”的发展。本章首先概述“互联网+农业”，然后介绍两个“互联网+农业”创新创业实践案例，可为读者在编写创新创业计划书、模拟创新创业流程等方面提供一些借鉴。

8.1 “互联网+农业”概述

农业是中国最传统的基础产业，农业问题千丝万缕，错综复杂。不管是从我国基本国情出发，还是从中国农业特色现代化的角度来讲，如何发展好农业是我们面临的重大问题之一。在当今大互联网时代，为了克服传统农业存在的各种弊端和推动传统农业的转型与升级，利用移动互联网、大数据、云计算、物联网等互联网技术与农业跨界深度融合，将互联网的技术创新、理念创新、模式创新充分应用到农业产业链的生产、加工、销售等各个环节，串起农业现代化的链条，把农业引领到智慧农业的“互联网+农业”发展道路上，创新基于互联网平台的现代农业新产品、新模式与新业态，以推动农业的高效发展。

也就是说，所谓“互联网+农业”，是一种将互联网技术与农业生产、加工、销售等产业链环节结合，实现农业发展的科技化、智能化、信息化的农业发展方式。中国农业大学李道亮教授定义“互联网+农业”是农业的在线化和数据化，即通过现代信息技术对传统农业的水、土、气、肥、药、装备、劳动力、市场、信息重新配置，让农业进入一个新的生产方式、新的经营方式和管理方式，跳升到新状态。“互联网+农业”电商平台则是利用大数据中心、云计算平台、物联网等新兴的信息技术，整合金融、物流等各类社会资源，实现农业产业链去中间化，提升生产流通效率的新型农业平台。

如何利用“互联网+”串起农业现代化的链条，将新一代信息技术深度渗透到农产品生产、加工、销售等各环节，亟需制定一套具体的、可操作的实施方案。然而，形成合理有效的实施方案并非一蹴而就，它来源于多年实践经验积累与不断优化。近年来，在全国涌现出许多“互联网+农业”创新创业案例。本章选择了两个最具代表性的“互联网+农业”大学生创新创业案例进行介绍。第一个案例是微商水果罐头行业的领跑者——砀山县意顺电子商务有限公司“桃如意黄桃罐头销售电商”，第二个案例是第二届安徽省“互联网+”大学生创新创业大赛中获得金奖的项目——“天柱山庄土鸡产品 B2C 电商平台”。

8.2 “互联网+农业”案例一：桃如意黄桃罐头销售电商

8.2.1 项目简介

安徽省砀山县地处新汴河、南四湖两大水系，属淮河流域、地势平坦、系黄河冲击而成，是最适合果树生长的地方。砀山县除了是闻名全世界“中国酥梨之乡”，还是全国优质黄桃生产基地，出产的黄桃质量排名“世界第三”，仅次于南非与希腊。2013年，砀山县被商务部纳入“国家级农村商务信息服务体系建设试点县”。2015年，入选“国家级电子商务进农村综合示范县”，被上海吉尼斯总部授牌“世界最大的连片果园”。当县域经济遇上“互联网+”，安徽省砀山县也迎来了爆炸式的经济增长。在宏观政策的指引下，砀山县提出“立足水果产业、发展电子商务、促进大众创业、推进扶贫开发”的理念，通过宣传引导、优化服务，催生出一大批电商微商，砀山县意顺电子商务有限公司就是在此大好发展背景下成立并逐步壮大成为当地“互联网+农业”发展的支柱品牌企业。

2013年，安徽省砀山籍大学生姬冰纯毕业于天津交通职业学院，毕业后她没有像其他同学那样选择找一份稳定的工作，而是选择创业。2015年，姬冰纯成功申请注册了“桃如意”品牌和砀山县意顺商务电子有限公司。公司主要销售“桃如意”水果罐头系列产品，主要销售渠道是微信平台和第三方电子商务平台，现已成为一家农特产与互联网相结合的大型专业食品电商企业。砀山县意顺商务电子有限公司目前有员工20人，分别负责品牌运营、推广、销售。2015年起，姬冰纯在全国各地发展代理商，每个区域设一个总代理，每个总代理培养一个销售团队，目前，公司已发展了上万人的销售团队。仅2015年一年，其创立的桃如意黄桃罐头销售量超过100万箱、销售额超过1.5亿，创造水果罐头界的销售神话。

姬冰纯还积极在全国各地宣传“互联网+农业”知识，她是中国首届微商博览会发起人之一、中国安徽两会声音提出电商代表人物、中国农特产发起人、创女神书刊第一期人物和政府表彰电商明星等。桃如意集团还被政府高度关注，多次被安徽日报采访、登上安徽卫视频道。安徽省委书记、宿州市委书记、砀山县委书记专程到公司指导工作。

8.2.2 市场分析

1. 行业现状

依据中国罐头产业网所提供的罐头行业现状分析资料，发现20世纪90年代，中国水果罐头市场一度进入下坡期，销售低迷和发展停滞。食品多元化、品牌多样化、恶性价格战等导致中国整个水果罐头市场不断缩小，产品创新几乎是一片空白。2000年之后，由于国外市场风险过高，一大批企业转身做内销，他们致力于为中国水果罐头行业的发展寻找第二支点，做大国内市场，把国内市场作为一种战略长时间去经营深耕。

与此同时，国内消费者也意识到水果罐头是一种健康食品，市场需求进一步被唤醒，中国的水果罐头市场开始有了快速发展。2015 年，李克强总理提出制订“互联网+”行动计划。如今，国内水果罐头行业正处在一个互联网高速发展的时代，市场化与信息化的深度融合已成为我国水果罐头行业的一个重要转型过程。

2. 市场供需状况

桃如意集团非常注重市场供需状况的变化，凭借优良的品质口碑，以及完善的销售体系，在微商平台和第三方电子商务平台下，吸引了成千上万的顾客前来购买，迅速引爆了整个黄桃罐头行业。短短半年的时间内累计销售超过百万箱，营业额超过一亿。

由于桃如意的异军突起，当地的农业发展也实现了大反转，当地农民的黄桃不再像往年一样滞销，出现了供不应求的状况，砀山县黄桃罐头销遍全国各地，进而带动当地百余号水果罐头品牌的涌现，当地的黄桃销量实现了突飞猛进的增加。在全国各地，黄桃罐头受到了越来越多的商家的注意，黄桃罐头国内销量相较往年也呈现了质的飞跃。总之，近年来全国的黄桃罐头市场呈现了白热化的状态，正是桃如意集团最先掀起这波浪潮。

3. 客户分析

桃如意集团始终把顾客当作上帝，全心全意为顾客服务，致力打造黄桃罐头农特产业第一品牌，以吸引更多量的客户。由于桃如意集团的主要销售渠道是微信平台和第三方电子商务平台，顾客在使用微信和第三方电子商务平台购买桃如意产品时，有一定的技术门槛的限制。因此，频繁使用微信和第三方电子商务平台购买桃如意产品的顾客大多是低于 45 岁的工薪阶层，并且在微商平台下购买产品的女性多于男性。针对客户群体的上述特征进行分析，发现他们对水果罐头的需求就是产品不添加任何防腐剂、味道鲜美可口、品位高、价格优惠，同时还需要保证产品是一款经过多方认证通过的安全产品。

为了让客户更放心地购买桃如意的产品，桃如意集团通过微商公众平台和互联网向客户展示桃如意系列产品从采摘到销售的每一个环节是如何严格把控的，桃如意水果罐头产品完全符合客户消费的心理需求，回头客很多，重复购买率也很高。在销售方法上，以客户为中心，桃如意集团始终紧密关注公司产品在某个地区何时最受欢迎，原因是什么，有哪些回头客，售后服务有哪些问题等，然后针对销售环节所存在的问题，及时采取相应的改进措施，以留住更多稳定的客户。

8.2.3 产品与服务

1. 产品与服务简介

桃如意黄桃罐头所使用的 83 黄桃产地在安徽省砀山县，拥有优越的地理优势。83 黄桃被誉为“黄桃中的爱马仕”，果皮金黄、果肉橘黄、核周无红丝、不溶质、味酸稍甜，有浓郁香气，核小，加工出肉率高。所制作的桃如意黄桃罐头色泽金黄、软硬适中、清澈爽口、甜而不腻、香气浓郁、味道鲜美，是黄桃真正原生态零添加的水果罐头。砀山县 83 黄桃和桃如意黄桃罐头的外观分别如图 8-1 和图 8-2 所示。

图 8-1　砀山县 83 黄桃

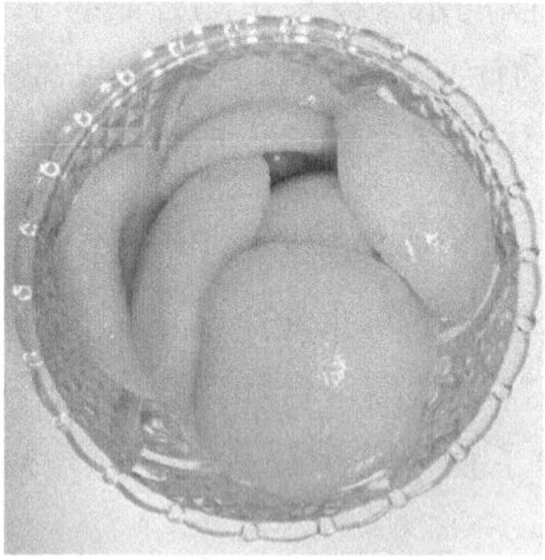

图 8-2　桃如意黄桃罐头

在产品服务方面，桃如意集团非常重视售前服务、售中服务和售后服务。

（1）售前服务环节。桃如意集团通过微商平台、主流卫视频道等手段向用户宣传桃如意产品，让用户在还未购买桃如意产品之前，就已详细了解桃如意产品的整个生产加工过程，知道了桃如意黄桃罐头是一款品质高、价位低的产品。桃如意产品可以直接在微商平台点击购买或者第三方电子商务平台购买，购买渠道非常方便，服务态度热情、服务效率快捷，激发了用户的购买欲望，强化了用户的购买动机。

（2）售中服务环节。桃如意销售团队皆经过桃如意公司的严格培训，他们的服务态度热情周到、能够为顾客精心挑选产品、积极解答消费者提出的有关产品的各种疑虑，影响顾客的心理感受，增强信赖感，促成交易。

（3）售后服务环节。桃如意集团为消费者选择快速的物流公司送货上门服务、质量保证服务等，以保证顾客所购桃如意黄桃罐头的价值得到充分发挥，提高顾客满意程度，促进重复购买。

2. 产品与服务功能

桃如意黄桃罐头富含人体所需的维生素 C、纤维素、胡萝卜素、番茄黄素、红素及多种微量元素。硒、锌等含量均明显高于其他普通桃子罐头，还含有苹果酸、柠檬酸等成分。桃如意黄桃罐头不但能直接吃，其作为附加食品，还能做出黄桃果粒酸奶、黄桃煎饼等食物。

桃如意黄桃罐头与新鲜黄桃的营养相差不大，本来非常酸的黄桃，在加工成罐头后香甜可口。桃如意黄桃罐头比较软，非常适合儿童食用，尤其适合消化功能不太好的儿童。成人每天吃一罐黄桃罐头可以通便、降血糖、降血脂、去除黑斑、延缓衰老、提高免疫功能等，也能增进食欲。桃如意黄桃罐头堪称养生保健水果佳品。

3. 关键技术和创新之处

桃如意黄桃罐头具有自身独特的优势，其关键技术和创新之处如下。

（1）使用数字果园的优质 83 黄桃。采用数字果园管理系统，将食品安全从源头抓起，对每一棵果树的施肥、授粉、种植等全过程建立可追溯体系，实现 24 小时全程数字化、透明化和智能化的果园监控管理。桃如意黄桃罐头使用的 83 黄桃正是来自于这样的数字果园。桃如意黄桃数字可追溯体系现场如图 8-3 所示。

图 8-3　桃如意黄桃数字可追溯体系现场

（2）从采摘到加工生产一体化，拥有自己的专业技术研发制作团队。在挑选黄桃时，绝对不允许出现烂桃装罐，使用的都是品质上乘、外观好的新鲜黄桃。黄桃进场后由质检部门进行质检，确认合格后才可以进入车间生产。黄桃切半时，将原料按成熟度进行分选，然后使用切半机进行切半，切半时刀具需对准中缝线，不允许切偏和横切。黄桃去核时，人工将黄桃手工去核，同时要保持桃体形状完好。修整筛选时，黄桃清洗干净后，由工人手工修整，再挑出完整、大小一致的黄桃。桃如意黄桃罐头生产加工流程如图 8-4 所示。

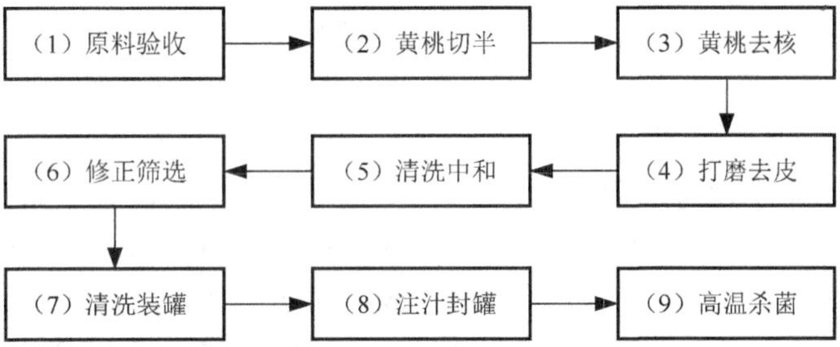

图 8-4　桃如意黄桃罐头生产加工流程

（3）独特的生产加工模式，无防腐剂、无人工色素、无化学甜味剂，纯白砂糖制作。桃如意黄桃罐头经过严格的排气、密封、杀菌、冷却、温度保持处理等过程后，容器完全密封，处于真空无氧环境，细菌等微生物没有生长、繁殖的条件，罐外的细菌也进不了罐内。在这样的环境下，黄桃不会腐败，所以无需增添任何防腐剂，就能达到 2 年保质期。让更多消费者买得安心，吃得放心。

（4）桃如意黄桃罐头选用马口铁罐，在储存过程中完全隔离了阳光照射，使之能够保留水果罐头原有的滋味，避免了使用玻璃瓶储存罐头所存在的若干缺点。马口铁罐如图 8-5 所示。

（5）拥有相关生产资质、各种安全证书和权威的防伪码。桃如意集团拥有食品合格证、政府认证标书、各类检测报告等权威部门颁发的相关证书。同时，桃如意黄桃罐头还具有政府的支持和背景，每瓶罐头上都有政府颁发的防伪二维码，顾客购买黄桃罐头后，通过查验防伪二维码，就能验证所购买的桃如意黄桃罐头是否是正品。

桃如意黄桃罐头的相关生产资质证书和各种安全证书的扫描版本见砀山县意顺电子商务有限公司网站网页。桃如意黄桃罐头的防伪二维码如图 8-6 所示。

图 8-5 储存桃如意黄桃罐头使用的马口铁罐

图 8-6 桃如意黄桃罐头的防伪二维码

8.2.4 企业战略

1. 企业介绍

1）企业网站和公众号

桃如意集团主要通过微商平台和第三方电子商务平台销售产品，是“互联网+农业”最典型的应用范例。公司网站和微信公众平台是桃如意集团与用户最直接的沟通交流渠道，顾客在购买桃如意产品之前，首先最想做的事情就是了解该产品，公司网站和微信公众平台为用户提供了解桃如意产品的第一手资料，让用户认识到桃如意系列产品是非常健康的食品。因此，公司网站和微信公众平台在产品销售环节扮演着非常重要的角色。桃如意集团专门聘请了软件开发公司制作了公司网站和微信公众平台。

砀山县意顺电子商务有限公司网站的网址是“http://www.taoruyi.com.cn/”，该网站的备案号是“鲁 ICP 备 14014000 号-1”。桃如意微信公众平台的公众号名称是“TRYGZFWPT”，二维码如图 8-7 所示。另外，为了突出桃如意产品自身的特性，让顾客对桃如意产品的印象更为深刻，桃如意集团设计了自己的 Logo 标识，如图 8-8 所示，Logo 标识是一个活泼可爱的桃子图案，背景是黄色，充分体现了桃如意主打产品黄桃罐头的颜色。

图 8-7 桃如意微信公众平台

图 8-8 桃如意集团 Logo 标识

2）企业文化

桃如意集团一如既往地贯彻“始终如一”的企业精神，其对应的英文“peach wishful be consistent from beginning to end”。在“始终如一”的企业精神的支撑下，公司一直不断向管理科学化、经营规模化、产品多元化的方向发展。

3）企业经营理念

桃如意品牌自创世以来，一直本着“质量至上、始终如一”的企业理念，用心研发每一款产品，始终保证品质始终如一、服务始终如一、顾客始终如意。桃如意品牌也非常重视企业的工作作风，要求全体员工以积极饱满的精神面貌投入工作，有责任心，团结互助，诚信经营，热情周到地为顾客服务，“始终如一”做水果罐头行业的巨人。

4）公司愿景

桃如意集团始终坚持把“赋予产品以文化，做世界上最好的罐头”作为企业的使命，严格控制产品生产质量，无论在产品质量方面还是科技含量方面都力求居国内领先水平。桃如意品牌致力打造黄桃罐头农特产业第一品牌，在辽宁、吉林、河北、上海、北京等国内二十几个省、市已建立起一个强大的市场网络体系。

随着市场竞争的日益激烈，面对新的机遇和挑战，在未来，桃如意将会有一系列水果加工产品问世，为消费者提供更多的选择，让更多的消费者吃到可口营养又放心的水果罐头产品。公司将会继续稳步推广桃如意品牌，网络和实体齐头并进，并涉足更多的产业。

2. 企业的总体策略

桃如意集团的总体策略是继续引领行业新定义：互联网+农业+微商，始终如一，诚信经营，力求为大家带来最好的水果罐头。依然秉承顾客是上帝、服务无止境，把最好的呈献给广大的消费者的宗旨，继续致力打造黄桃罐头农特产业第一品牌，积极开发国内市场，拟在全国建立一个更强大的市场网络体系。随着市场竞争的日益激烈，桃如意集团面对新的机遇和挑战，除了已有产品，桃如意集团战略发展规划中还准备涉足更多的产业。

3. 企业的具体发展策略

（1）在桃如意罐头系列产品生产方面，继续在最适宜果树生长的黄河古道设立专属果园基地，严格把控从原材料采摘到加工的全过程的每一个环节。

（2）在桃如意罐头系列产品销售方面，紧抓品牌优势，继续培养新手微商，做大做强精英销售团队，以电商罐头行业领跑者的标准严格要求自己。

（3）针对客户反馈建议，做到及时回复，继续紧抓复购率，为农业发展扬帆起航。

（4）在桃如意系列产品推广方面，首先继续加大推广销售渠道，继续借助于各大卫视和万达影院进行宣传推广；其次，每逢特殊的节假日，继续实施产品促销的优惠策略。

（5）在桃如意集团发展战略方面，进一步考察市场，找寻经济效益好的企业，进行资源整合、强强联合、合作共赢，以扩大市场。

4. 企业管理团队

桃如意集团在董事长姬冰纯的带领下，一方面注重培养团队成员的文化底蕴，另一方面手把手教成员做微商。企业管理主要采取"新手微商上新六部曲"、"包销课教你销售"、"一对一私人定制课程"等策略，在全国各地发展代理商。每个区域设一个总代理，每个总代理培养一个销售团队。每一支代理团队都非常有责任心，若干支团队汇聚起来，组成了年销上亿的微商大团队。桃如意集团企业管理团队的详细信息见桃如意公司网站网页信息 http://www.taoruyi.com.cn/cases/index2.asp"。

8.2.5 公司商业模式

1. 定价策略

桃如意集团在保证营销效果和收益最佳的前提下，为真正满足广大客户的消费需求，打造消费者真正认可的产品，让价格不会成为用户再次复购的销售抗性。桃如意产品的定价策略始终遵循高品位、低价位的原则。目前桃如意黄桃罐头使用的是每箱8罐的新包装，每罐425g，包含5～6片黄桃、全国统一定价109元。优质83黄桃市面上每斤29.8元，一箱将近7斤8罐装的黄桃罐头，只售109元，一箱黄桃罐头的销售价格远远小于市场上新鲜黄桃的价格。

每箱8罐的新包装的设计主题色调是金黄色，桃如意集团把其命名为"王者归来"，与黄桃果肉的颜色非常一致。新包装如图8-9所示。

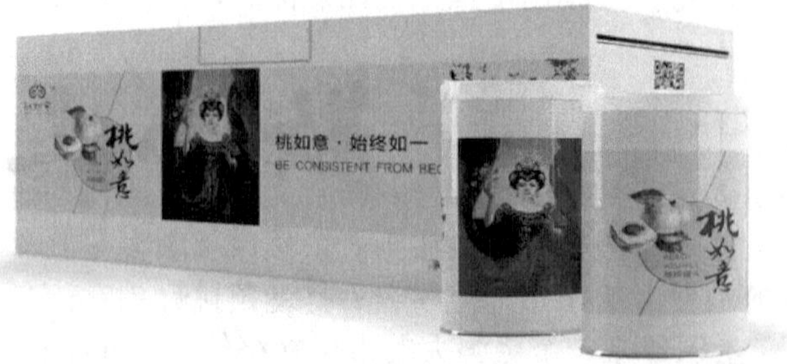

图 8-9 桃如意黄桃罐头"王者归来"新包装

2. 盈利模式

桃如意集团系列产品的主要销售渠道是微信平台，因此盈利渠道主要来自于微信。为了获得更多的盈利，桃如意集团通过邀请代理商加盟的方式来发展微商销售团队，有着一支遍布全国各地的代理团队。由于代理商队伍庞大，每一位代理商都接受过严格的微商销售培训，他们在通过电子商务平台销售桃如意系列产品方面，具有丰富的经验。2015年，桃如意系列产品突破1.5亿的销售量。2016年，突破销量2.367亿元的销售大关。

3. 市场策略

国家支持鼓励电商发展已成热潮，砀山县政府给予桃如意团队最大的动力，在政府强有力的支持下，公司本身的管理非常正规，不存在乱价、乱窜等现象，领跑整个微商罐头行业。

在市场销售策略方面，桃如意集团具有独创的微商8小时卖货系统，以及独家的微商四大系统：打造系统、营销系统、团队系统、裂变系统。热情周到的服务和良好的产品质量能够让顾客迅速出单。

在产品推广方面，桃如意邀请实力明星李斯丹妮、安又琪宣传产品，这两位明星都非常推崇桃如意黄桃罐头，带动大众消费。另外，通过湖南、江苏、安徽、四川、广东、旅游、翡翠台、星空、华娱卫视等十大主流卫视循环播放桃如意广告，万达影院广告投放，微电影拍摄，花费巨资操办年会等宣传手段，为桃如意水果罐头产品打开更广的市场销路。

桃如意集团战略合作签约仪式宣传如图 8-10 所示。

图 8-10　桃如意集团战略合作签约仪式宣传

4. 产品策略

为提高桃如意产品的销量，每逢节日，桃如意集团会推出独具匠心的礼盒。2016 年中秋节推出桃如意限量版月饼礼盒，限量发售，独特包装，精心选材，上等制作。还推出超值套装桃如意罐头一箱+桃如意限量版月饼礼盒一个。2017 年春节，桃如意微商大团队与中国坚果先导品牌百草味强强联合推出桃如意百草味年味礼盒，将微商市场带入中国年货节。桃如意坚果礼盒在 2017 年春节非常畅销。通过节日礼盒，桃如意产品的销量大幅度增加。

桃如意限量版月饼礼盒和桃如意百草味年味礼盒分别如图 8-11 和图 8-12 所示。

图 8-11　桃如意限量版月饼礼盒

图 8-12　桃如意百草味年味礼盒

5. 营销策略

桃如意是微商水果罐头行业的领跑者，2015 年桃如意仅仅用了几个月的时间，就创造了 1.5 亿的销量神话，轰动整个微商市场。

桃如意采用的主要营销策略如下。

（1）在产品包装方面，采用桃如意集团的新包装。

（2）在产品宣传方面，桃如意品牌在各大卫视院线投放，受到了广泛关注，大大增加了桃如意系列产品的销售量。

（3）在产品销售方面，桃如意集团会定期召开高层签约会议和发展战略会议，桃如意团队成员为产品的销售策略献言献策。

（4）在营销渠道策略方面，主要通过微信平台和第三方电子商务平台销售桃如意系列产品，营销渠道快捷，客户反馈意见迅速，团队成员能够积极响应客户的意见并作出及时答复。

（5）在促销策略方面，桃如意集团每逢节假日会通过微商平台和第三方电商平台推出节日礼盒，并联合其他知名企业（如百草味集团等）推出节日大礼包，并且价格都非常优惠。

8.2.6 财务分析

1. 投资分析

启动资金主要由自主投资与风险投资两部分构成，结合桃如意黄桃罐头的运营特点，桃如意集团成立初期筹集资金 500 万元，除了桃如意黄桃罐头，桃如意集团自创的酥梨罐头、蜜橘罐头、桃如意月饼也很有发展潜力，公司也加大了对这些项目的投入，又筹集了风险投资 100 万元。另外桃如意团队积极地与百草味、轻氧酵素品牌进行战略合作，进行强强联合，以扩大桃如意产品的销售量。

2. 财务预测及分析

由于桃如意品牌产品具有多样性，包括黄桃罐头、酥梨罐头、蜜橘罐头等系列产品，所以进行年财务预测时，分别对每一类产品进行财务预测，计算总收入时，把每类产品的年收入相加求和。桃如意集团的运营成本分为固定成本与变动成本。桃如意集团的固定成本主要包括土地租金、设备维护、员工工资、公共花费等。桃如意集团的变动成本主要体现在直接材料与直接人工上。桃如意集团总成本就是变动成本与固定成本之和，桃如意集团经营利润即为总收入与总成本的差额，计算公式如下：

年营业利润=总收入-总成本=“桃如意”产品单价×年所卖件数-固定成本-变动成本

8.2.7 风险对策

由于公共政策、市场策略和企业内部存在许多突发和不稳定的因素，砀山县意顺电子商务有限公司针对经营过程中可能存在的技术风险、市场风险、财务风险、行业风险和管理风险进行了充分预估并实施了相应的对策。

（1）技术风险及对策。桃如意黄桃罐头从原料选择→切块、挖核→去皮、漂洗→预煮→修整、装罐→排气、封罐→杀菌到冷却→成品的每一步，都严格把控、力求严谨、不犯错误。因此，在桃如意罐头生产的每一个环节，有着严格的监督检查机制，一旦发现某一环节出现问题，质检员会严肃地对出现的异常问题进行处理，有着强大的技术水平确保安全质量问题，使每一罐桃如意水果罐头都符合出厂要求。

（2）市场风险及对策。桃如意团队在微商界已打下良好的基础，具有农特产微商第一品牌的称号。目前桃如意罐头的主要销售渠道是微信平台和第三方电商平台如淘宝、京东等，是一种典型的“互联网+农业”的销售方式。产品在线销售过程中，难免会遇到一些市场风险。桃如意集团会定期召开高层战略会议，统一战线、统一思想、统一规划，共同商讨品牌的长线发展，以应对销售市场上所存在的风险。

（3）财务风险及对策。砀山县意顺电子商务有限公司作为一家以电商渠道销售为主的企业，主要存在投资风险、财务承担风险和现金流量风险的问题。宏观上，桃如意集团始终树立正确的财务风险意识，严格加强投资风险、财务承担风险和现金流量风险的控制。微观上，桃如意集团的投资始终面向市场，决策都是在市场指引下做出的，进一步降低了财务风险。桃如意集团还注重加强自身的管理能力，强化资金管理，加强财务控制；加强自己的财会队伍的建设，提升企业人员的整体素质。

（4）行业风险及对策。桃如意罐头产品易被模仿，存在很大的行业风险。为做好行业风险对策，桃如意集团申请注册了“桃如意”品牌和商标，利用法律手段来保护桃如意集团的产品。在产品的包装袋上注明原产地、强调桃如意水果罐头的特有属性。政府方面，也给桃如意罐头产品指定了官方防伪标码，进一步防止假货的产生，从而进一步保证了桃如意水果罐头的品质和口碑。

（5）管理风险及对策。砀山县意顺电子商务有限公司与所有正式的员工签订劳动合同，既保障了员工权利，也有利于公司的人员稳定。每一位员工除了拿到相同的基本工资，依据多劳多得的原则，员工还会拿到相应的绩效工资。在产品价格方面，桃如意集团规定全国市场价格统一，一箱 8 罐的黄桃罐头售价 109 元。另外，桃如意集团还拥有遍布全国上万人的专业销售团队，如何管理好这支庞大的专业销售团队也是事关公司发展和产品销售的一个最重要的问题。为了提高销售团队积极性，桃如意集团专门开发了“新手微商上新六部曲”等课程学习活动。为了提高销售团队的凝聚力，桃如意集团会定期评出销售业绩好的精英团队，定期举行一些有意义的大型活动。

8.3 “互联网+农业”案例二：天柱山土鸡产品 B2C 电商平台

8.3.1 项目简介

随着人们物质文化生活水平的提高，食品品质日益成为人们关注和重视的热点。肉食品企业普遍加大科技投入，拓宽新产品领域的开发力度，不断调整、优化食品产品结构，使食品产品从温饱型向营养型、健康型方向发展。

国务院总理李克强 2014 年 3 月 5 日在十二届全国人大二次会议上作政府工作报告时，提出要促进互联网金融健康发展、扩大跨境电商试点、加快 4G 移动通信网络发展等，推进城市百兆光纤工程和宽带乡村工程，大幅提高互联网网速，在全国推行

“三网融合”，鼓励电子商务创新发展。农业电子商务在中央一号文件中再次被提及，政府积极鼓励农产品电子商务的发展。天柱山庄土鸡产品 B2C 电商平台正是在这种优越的政策支持背景下应运而生的，有着广大的潜在用户群体和潜力。

安庆市天柱山庄土鸡养殖有限责任公司，是安徽安庆籍大学生彭磊创办的一家集散养土鸡、土鸡副产品开发与有机农业和基地旅游观光服务于一体的现代农业综合性公司。公司成立于 2014 年，注册资本 200 万元。公司拥有自己专业的雏种培养实验室、绿色生产养殖基地和先进的产品保鲜技术，建有专门的绿色土鸡专卖店和相关的分销渠道，采用现代的信息化经营管理模式，能有效整合公司产供销全过程。随着物联网、电子商务和互联网金融的发展，公司通过“公司+基地+农户+电商”的经营模式，开拓了“天柱山土鸡产品 B2C 电商平台”。

2016 年初，公司已建成包括全自动化育雏室、自动化散养鸡舍、生活配套用房在内，共计约 7000m^2。目前，建成鸡舍 7 栋，租赁放养区 200 多亩荒山，年出栏土鸡 2 万多只，土鸡蛋 30 多万枚，3 年净赚 60 多万。公司创始人彭磊也获得“安庆市潜山县劳动模范”、“经济发展先进个人”、“道德模范”等一系列殊荣。

天柱山庄土鸡养殖有限责任公司将饲养土鸡的场所选择在风景秀丽的天柱山山脉，饲养环境优美，水源、原料绿色健康。饲养出的土鸡不仅鲜嫩、美味，而且营养价值高，是天然滋补品。公司同时对土鸡和鸡蛋进行深加工，满足人们对土鸡及相关副产品的各种需求，使土鸡由单一消费模式转向多品种、多样化经营，不断提高产品的附加值。有机农业和基地旅游观光服务是公司后期的目标，目的是保护生态环境，实现可持续发展，使企业成为多样化经营的公司。

8.3.2 市场分析

1. 家禽市场分析

公司对相关家禽市场进行了科学分析，得出了土鸡生态养殖项目是一个高机会、高风险的创业项目。创始人彭磊经过两年多的实地考察，发现土鸡养殖虽然很多，但没有形成基地和品牌。针对目前市场的空白，公司如果能够坚持科学饲养，打造自己的品牌，为消费者提供绿色土鸡，满足大家对健康品质生活追求的愿望，那么后续的成长乃至发展都是没有问题的。带着这种认识，彭磊带着他的创业团队四处调研，精心谋划，设计了与之适应的市场开发战略、品牌战略、分销策略及网络营销策略。

2015 年，中央一号文件指出：“大力支持电商、物流、商贸、金融等企业参与涉农电子商务平台建设，开展电子商务进农村综合示范。”目前，电商服务站陆续在各个村落实构建。虽说家禽类农产品在农村电子商务中还属于一个比较新的门类，而且由于涉及的管理部门众多，又是活禽，在物流运输与卫生检疫方面面临着较植物类农产品更为严格的市场监管。但是农副产品的物流享受国家绿色通道的优惠政策，在家禽类农产品的集散地，已经有成熟的配套措施和物流解决方案。

2. 行业和市场环境分析

从行业竞争角度看，绿色生态土鸡比一般的土鸡具有更高的食用价值，但市场价格也相对较高；从市场竞争角度分析，土鸡是劳动和技术复合密集型产品，生产成本低，利润空间较大；而且由于我国的家禽产品生产缺乏相对统一的“无污染、营养、卫生”标准，特别是我国家禽生产管理水平落后，加工粗糙、包装简陋，这些土鸡养殖上的空白点，正是公司创立严格的土鸡标准化养殖方法的起点。饲养做得更健康，管理做得更科学，不仅是公司成长的关键，还有利于土鸡养殖市场朝着绿色化、规范化的方向发展。

8.3.3 产品与服务

天柱山庄土鸡养殖有限责任公司初期主要提供江汉、仙居、固始和安庆本地土鸡等比较有代表性的绿色生态家禽品种。根据不同市场特点、采用不同的保鲜和包装方式——真空冷冻、干燥保鲜和一般冷链保鲜，这种是天柱山鸡成熟期的产业方式追求。养殖基地一角如图 8-13 所示。

图 8-13　养殖基地一角

1. 产品介绍与开发

1）*初期产品介绍*

公司成立初期，主要提供以下四种新鲜土鸡：①安庆土鸡，成年母鸡约 1.5kg，成年公鸡约 1.7kg，皮、脚呈黄色，生长在安徽安庆大别山区一带；②江汉土鸡，成年母鸡约 1.4kg，成年公鸡约 1.6kg，皮、脚呈黄白色，主要分布于我国湖北地区；③仙居土鸡，成年母鸡约 1.6kg，成年公鸡约 1.7kg，皮质黄色，主要分布在浙江台州地区；④固始土鸡，成年母鸡约 1.6kg，成年公鸡约 1.7kg，皮质黄色，主要分布于我国湖北地区。这几种土鸡都富含蛋白质、钙、磷、铁、氨基酸及烟酸等营养成分。

2）*中期和后期产品策划*

进入产品成长期，随着经营业务量的增多，彭磊根据市场需求和消费者反映适当扩大了产品的宽度与深度，具体措施如下：增加土鸡品种，开发更多具备较高食用价值的土鸡副产品，如鸡腿、鸡翅等；同时改善产品包装，如在原有规格的基础上推出综合包装方式，为消费者提供多种土鸡及副产品的自由搭配。例如，卤鸡蛋含有丰富的蛋白质、脂肪、维生素和铁、钙、钾等人体所需要的矿物质并富含 DHA 和卵磷脂、卵黄素，对神经系统和身体发育有利，能健脑益智，改善记忆力。公司产品卤鸡蛋如图 8-14 所示。

图 8-14　公司产品卤鸡蛋

还推出口水鸡加工产品，在烹制时，煮鸡用的汤料很有讲究，恰到好处，最大限度地保存鸡的可溶性蛋白，增加鸡肉的鲜美程度，又具备其特有的香型和滋味。补益五脏，治脾胃虚弱。常吃口水鸡具有增强体力、提高人的免疫力、增强消化能力等功效。公司产品口水鸡如图 8-15 所示。

图 8-15　公司产品口水鸡

2. 产品生产

1）产品的安全战略管理

天柱山庄土鸡养殖有限责任公司时刻关注食品是否安全、营养、绿色。因此建立有效的食品控制信息系统，实现信息资源共享，保障食品安全。

首先，运用数据库管理系统，高效管理食品安全信息数据，方便使用者查询，包括安全生产技术指标、质量标准等，为用户提供信息服务和信息共享。

其次，建立不同业务层面的档案管理信息系统，用于日常工作记录，如土鸡种苗的采购，进销去向，为决策者或管理者提供全局性的信息服务。

最后，信用跟踪方面，对土鸡的市场状况、生产、销售、储藏、加工、流通、消费的各个环节进行跟踪记录，保证土鸡质量的可追溯性，有助于社会信誉的监管和建立。

2）生产基地与设备选择

天柱山庄土鸡养殖有限责任公司生产基地位于安庆市天柱山区，该地区自然环境优越，土地资源丰富，非常适合土鸡的养殖。基地生产设备齐全，主要有脱毛机、高压清洗机、输送机、制冷气调设备。基地生产设备如图 8-16 所示。

3）质量控制

为了确保产品质量，公司严格按照绿色食品生产技术操作规程，全面推行“统一品种，统一养殖，统一指标，统一专用生产资料”的生产模式。与专业研发机构共同制定生产土鸡的技术操作规范。其中，用于养殖土鸡的种苗是经省以上品种鉴定机构认定的优良品种，基地的饲料选用严格遵守《绿色食品饲料使用准则》，主要使用五谷杂粮；基地的消毒液使用按照《绿色食品消毒液使用准则》，选用无毒、低残留的消毒液。利用企业的信息化管理，对土鸡从养殖、收获、加工生产、储藏一直到运输过程建立土鸡田间生产全程档案。每一过程都采用无污染的工艺技术，实行从土地到餐桌的全程质量控制。

动物防疫条件合格证如图 8-17 所示。

图 8-16　基地生产设备

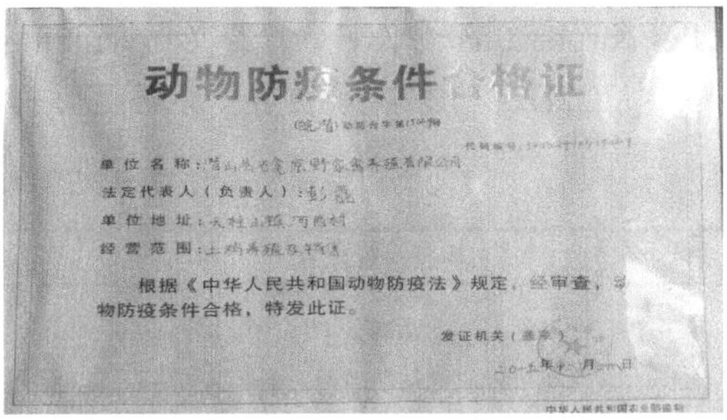

图 8-17　动物防疫条件合格证

3. 产品包装

土鸡作为一种绿色健康食品推出市场，公司对外在产品形象也相应采用了环保的绿色包装，形成一款由里到外、名副其实的绿色食品。产品的包装如图 8-18 所示。

图 8-18　产品包装

4. 产品分析

1）产品优势分析

公司提供的土鸡严格按照绿色食品标准进行种植和监控，保证品质优良，安全无污染、健康、营养、卫生；在技术研究开发上，联合安徽高等院校和其他农业科研机构共同进行技术开发，确保土鸡产品的品种和质量创新，以不断满足消费者对产品的质量要求；饲养过程方面，采用全放养式，采用无公害五谷杂粮饲料（如玉米、小麦、大豆、糟糠、贝壳粉等），不含任何添加剂，营养更丰富，充分满足现代消费者的饮食健康时尚。

2）产品的品牌和专利

公司成立时，在工商管理局注册公司营业执照，同时在地方税务局注册税务缴纳证。建立自己的专业育雏室，在经营期争取无公害产品认证、绿色食品标准等，与此同时注册公司的品牌标志，并联合安徽省农业研究所、安庆市农业局以及安徽省文化机构，努力获取文化绿色生产基地称号。

8.3.4 营销策略

1.“FC2B2C”电子商务运行模式

结合公司产品的特征，根据目前能够开展的方式以及理论和案例分析，公司采取“FC2B2C”的家禽产品电子商务运行模式。其中，F：farmer/农民、B：business/企业、C1：corporation/合作社、C2：convenient store/便利店、C3：customer/顾客。

“FC2B2C”家禽产品电子商务运行模式如表 8-1 所示。

表 8-1 “FC2B2C”家禽产品电子商务运行模式

供应商	加盟企业 B2B	顾客 B2C	合作社 B2C	便利店 B2C
天柱山鸡企业	在天柱山鸡网站上，相关店家可以通过注册电商会员的方式加盟天柱山鸡。公司将对相关企业进行审核，天柱山鸡及时提供技术支持和资源，后期将收取适当加盟费用。公司将为加盟商提供运营初期的全程销售指导、更多的店铺装扮和优先的推送次序等服务	公司将逐步搭建完善的微信平台和网络商务平台。消费者可以通过注册成为会员的方式享受产品的网络直销服务，同时消费者可以根据自身需求提出定制产品的类型和数量	企业通过与食品加工厂建立长期、稳定的合作关系，为食品加工厂提供新鲜、健康、足够的天柱山鸡。公司保证城内活鸡定制，城外当日宰杀、真空邮寄	选择临近企业的便利店进行合作，前期公司根据销售量提供当日宰杀土鸡，限量销售，确保天柱山鸡的质量口感。此外公司将采用信用评级制度监督店家服务、保证产品质量

2. 天柱山庄公司网站建设

天柱山庄公司网站的建设目标是建成优秀的网络销售类专业网站，展示土鸡形象，服务于天柱山庄公司日常运营。网络营销是天柱山鸡线下营销战略在互联网环境中的应用和发展，是公司整体营销战略的一个组成部分。

1）微信公众号

使用微信公众号，向消费者展示公司的健康饲养环节，赢得消费者的信赖。宣传公司产品，创建公司文化，最终与消费者实现共赢。微信公众号如图 8-19 所示。

图 8-19 天柱山鸡微信公众号

2）土鸡购物网站

天柱山鸡购物网站如图 8-20 所示。

图 8-20　天柱山鸡购物网站

3. 网站测试和维护

公司委托的系统开发商在完成了网站的搭建后，进行了两轮测试，修补了一些可能出现的漏洞，然后正式交付使用。在今后网站的运营过程中，公司将组织一个专业团队，每个月进行一次测试，修补漏洞，并继续完善公司的网站。

4. 电商平台运营推广

1）运营模式

（1）建立垂直型 B2C 平台。公司目标是建立国内首个散养土鸡垂直型 B2C 平台，紧紧围绕天柱山散养土鸡，为消费者提供天柱山散养土鸡系列产品，提供 100%的正品保障和一系列个性化的服务。

（2）采用一对一的物流模式。天柱山鸡系列产品电商平台将和顺丰速递合作，将其作为公司指定的唯一的物流公司。公司将在顺丰速递隔壁建立质检中心和仓储中心。所有卖家的商品必须经过天柱山鸡的质检机构质检合格后，方可发货。

（3）天柱山鸡网站会链接支付宝、网银、财付通等常见的电子支付工具，同时还将提供货到付款等支付方式，买卖双方可根据自身情况选择。

（4）为了保证公平竞争，抑制刷单等不良现象，公司平台将会对现有排名机制进行调整。极大降低销量权重，而把每一次质检得分作为最大影响因素。同时，对质检得分进行定期清零和更新。

2）营销推广

对于入驻平台的商家，公司与其建立合作关系。通过采取“零收费”的方式鼓励商户入驻；在每个店铺入驻的前三个月，根据店铺关注人数排名奖励商家，调动商家的积极性；为了保证发货速度，公司平台和顺丰速递合作，所有的商品必须在质检后通过顺丰发货。这样会提高物流成本，因此公司会给予商家物流补贴。

面向买家，通过建立微信公众号、微博，定期发布公司的销售信息和活动信息，提高关注度。通过大数据获取用户的消费习惯，向一些关注养生产品和消费水平较高的人士发送电子邮件，进行广告推送。

同时，在不同的社区论坛（如天涯、贴吧等）中建立平台专属区，与消费者进行交流，并进行消息的发布宣传。并向百度、Google等大型搜索引擎提交自己的网站链接，并根据其排名标准缴纳一定的费用，对网站自身进行优化，提高平台在搜索引擎中的排名。

通过购买山鸡或者天柱山鸡等关键字，在百度百科、搜狗百科等网站的山鸡词条中加入网站作为山鸡销售范例。

8.3.5 市场开发战略

1. 品牌战略

天柱山鸡统一使用天柱原野土鸡的绿色品牌，注册品牌商标，依法保护品牌专利。用广告等方式大力宣传土鸡品牌，建立品牌认知；同时通过合理定价，提高配货和服务质量，增加品牌知名度、美誉度和忠诚度，保持老客户，吸引新客户。通过公共关系活动推广土鸡，如举行野土鸡烹饪大赛、野土鸡营养知识讲座等，塑造绿色企业形象。

2. 目标市场战略

天柱山鸡以具有饮食文化内涵的土鸡为主题介入市场，大规模、科学地生产养殖，销往国内市场，并且引入现代化信息管理系统经营管理，因此，天柱山鸡的土鸡产品定位于高端市场，实行差异化营销。

针对各个目标市场，公司将采取以下差异市场策略。

（1）导入期，公司通过各种宣传手段推广土鸡，并在安庆、合肥、南京三地开设土鸡专卖店，以扩大土鸡的市场占有率。

（2）成长期，公司通过开辟土鸡的产品新用途，以扩大土鸡的市场需求量，具体包括开发各种土鸡干制品、土鸡腌制品等。

（3）成熟期，土鸡保鲜盒冷藏升级，养殖结合种植研制推出有机农产品，发展旅游业，发挥协同作用，让文化融入到整个生态园，提高综合知名度。

保持市场占有率，建立动态防御体系。当遭受竞争对手发动降价或促销攻势时，公司可凭借土鸡的高附加值，结合适度降价策略，有效应对对手攻击，以弥补市场损失。时刻关注市场消费需求，实行多元化经营，以不断开发新的市场阵地作为未来市场的防御和进攻中心。同时借助公司管理信息系统，监控产品成本与收益之间的比例，分析市场占有率同收益率之间的关系，保证公司健康发展。

3. 分销渠道管理

依据天柱山鸡市场营销战略的执行要求，综合考虑中间商的财务和管理水平、专业知识、信誉等因素，选择合适的分销中间商。与国内企业、银行、咨询机构和政府等保持经常性联系，不断收集、分析中间商的信息资料，并对这些资料加工、整理，做到系统完整，便于查询。促进公司与中间商的友好合作，保证提供优质的野土鸡，对成绩突出的批发商和零售商给予一定的奖励，尤其在进入产品导入期尽可能给予丰厚利润。制定评价销售绩效方案，通过激励、调整或改进，保证营销渠道畅通。

8.3.6 财务分析

1. 资金筹集

资金筹集如表 8-2 所示。

表 8-2 资金筹集表 （单位：万元）

项目	第 1 年	第 2 年	第 3 年	第 4 年	第 5 年
自有资金（包括留用利润）	20	26	50	100	200
借款	15	10	50	80	100
主营业务收入	20	35	60	68	98
其他收入	0	0	6	23.3	37
合计	55	71	166	271.3	435

由于天柱山庄土鸡养殖有限公司属于农业性质的民营企业，因此主要选择中国农业银行和中国建设银行作为项目的贷款银行，中国农业银行和中国建设银行（3～5 年）的贷款利率均是 5.6%。

2. 投资分析

投资分析如表 8-3 所示。

表 8-3 投资分析表 （单位：万元）

项目	第 1 年	第 2 年	第 3 年	第 4 年	第 5 年
固定资产设备	5.7	7.9	21.5	21.5	21.5
租赁费用	1.2	3.8	12.95	12.95	12.95
工程建设费（包括信息设备建设）	4.5	5.0	26	31.25	36.5
营业费用	1.6	0.5	19.78	19.15	14.73
管理费用	6	8.0	46	50	45
财务费用	11	11.7	20	19.305	23.985
不可预测支出	5.8	3.8	2.11	3.19	4.29
合计	35.8	40.7	148.34	157.35	158.96

3. 主营产品收益分析

主营产品收益分析如表 8-4 所示。

表 8-4 主营产品收益分析表 （单位：万元）

项目	第 1 年	第 2 年	第 3 年	第 4 年	第 5 年
一、主营业务收入	30.00	32.00	50.15	157.35	212.23
减：主营业务成本	15.02	18.02	18.36	45.36	35.98
主营业务税金及附加	2.56	2.56	3.36	5.56	5.63
二、主营业务利润（毛利）	30.42	31.42	32.43	84.43	162.62
加：其他业务利润	10.21	15.12	16.56	12.50	10.00
减：营业费用	0.60	0.80	2.52	8.28	3.26

续表

项目	第 1 年	第 2 年	第 3 年	第 4 年	第 5 年
管理费用	5.50	5.50	5.00	2.00	4.00
财务费用	2.00	2.50	4.00	4.63	5.12
三、营业利润	30.13	32.54	35.47	152.02	170.24
加：投资收益	0	0	22.50	32.50	32.50
营业外收入	0	0	20.00	25.00	15.00
减：营业外支出	5.00	5.00	10.36	15.36	12.19
四、税前利润	31.13	21.54	64.61	144.16	215.55
减：所得税费用	2.45	2.62	5.84	7.67	16.22
五、净利润	8.68	9.92	28.77	128.49	149.33

通过各种财务比率的计算分析，可以看出天柱山庄土鸡养殖有限公司一直以来在收益性指标、生产性指标以及成长性指标上都比较有优势，尤其是收益性指标突出反映出公司拥有较好的盈利能力和经营能力，而生产性指标、成长性指标则反映了公司拥有较宽市场前景和发展空间。虽然公司第 1 年的安全性指标、流动性指标、成长性指标达不到标准值，但是经过五年的发展，公司的收益性指标呈上升的趋势，甚至达到行业健全值，同时其他的指标也越来越趋向标准范围，五年后的各项指标都趋于合理的范围，这显示公司发展前景良好。

天柱山庄土鸡养殖有限公司在投入“天柱山土鸡产品 B2C 电商平台”后，销售量不断提升，一部分客户原本是通过实体店购买或批发的方式购买的，如今在公司的宣传下渐渐地选择采用电商平台去购买公司的产品，公司目前正在不断加大网络购买渠道的宣传力度，吸引更多的客户。

8.3.7 风险预测与控制

由于市场和公共政策等的不确定性以及企业内部客观存在的不稳定因素，公司在发展过程中肯定会遇到一系列的挑战和风险。为了对可能出现的风险及时预见并化险为夷，公司对经营过程中可能存在的风险做了充分预计，并逐个提出了相应的对策。公司还引入现代企业风险评估系统，将风险进行量化分析，将各种风险降低（减轻）、抵消、分散或转移，保证企业的良性发展。

（1）行业风险及对策。行业风险主要是天柱山鸡及相关产品行业壁垒较低，产品易被模仿。针对此类风险，一是可以通过申请并且通过中华人民共和国进出口商品质量检验检疫总局的原产地认证，减少和控制农产品的易模仿性。二是注册土鸡特有的商标，利用法律手段来保护土鸡，同时在产品的包装袋上注明原产地、强调土鸡的特有属性。

（2）财务风险及对策。公司作为大学生创业农产品的一家以电商渠道销售为主的企业，财务风险主要体现在融资不畅、资金链脆弱及团队财务风险意识较为薄弱等方面。对此，彭磊坚持了自己的一套做法，比如，融资主要在比较熟悉的亲戚朋友间进行，有了一份亲密关系在，不至于突然抽掉资金，造成公司资金链断裂；同时积极申请大学生创业无息贷款，降低财务成本；使用信用证交易方式，这样可以有效地避免违约风险。为了确保公司的财务和投资安全，公司建立了与之相配合的风险防御系统，尽量减少公司的经营风险与财务风险。

（3）电商推广不力的风险及对策。对于电商平台来说，平台的推广与运行是企业的生命线，因为电商平台虽然方便快捷，但是一旦出现了明显的短板，客户的萎缩是断崖式的，因此必须要求专门的技术团队进行平台推广与维护。由于专门技术团队维护成本较高，公司决定与合肥高新区某高科技企业合作，天柱山庄土鸡养殖有限公司提供佣金，高科技企业提供强大的技术支持。

（4）管理风险及对策。法律上，公司与所有正式的员工签订劳动合同既保障员工权利也有利于公司的人员稳定。经济上，所有员工至少都能得到800元的基本工资、1%～100%的绩效工资、岗位补贴以及各种公司福利及社会保险。公司员工的平均工资可达 2000 多元。精神上，公司独特的晋级机制，终生员工制，设立各种奖项，不仅在经济上留住人才，在精神方面也是很好的一种吸引力。

（5）不可预期风险及对策。除了其他常规性风险，土鸡养殖加工企业有其特有的风险且不可预期。如禽流感、自然灾害（雪冻、洪灾）等。为了分散风险，公司在相隔较远的两个山区建造两个养殖基地，防止病情的大规模扩散。同时，依托安徽农业大学、安徽省农业研究所对产品定期进行疾病防控。在硬件建设方面，建成包括全自动化育雏室、自动化散养鸡舍、生活配套用房在内，共计约 7000m^2。同时，室内配备恒温设备，可以将天气的危害降到最低。公司还购买家禽意外险，为公司财产上最后一道保险。

8.4 本 章 小 结

本章所介绍的两个案例“桃如意黄桃罐头销售电商”和“天柱山庄土鸡产品 B2C 电商平台”是安徽省大学生在家乡进行“互联网+农业”创新创业的典型案例，这两个案例都是使用电商平台销售农产品，但又各具自己的特色。

桃如意黄桃罐头销售电商是我国电商水果罐头行业领跑者之一。桃如意黄桃罐头销售电商将食品安全从源头抓起，使用“互联网+”技术，采用数字果园管理系统，对每一棵果树的施肥、授粉、种植等全过程建立可追溯体系，实现 24 小时全程数字化、透明化和智能化的果园监控管理，桃如意黄桃罐头所使用的 83 黄桃正是来自于此数字果园。桃如意每瓶罐头上都有政府颁发的防伪二维码，顾客购买黄桃罐头后，通过查验防伪二维码，就能验证所购买的桃如意黄桃罐头是否是正品。在销售环节，桃如意黄桃罐头销售电商主要通过微商平台和第三方电子商务平台销售桃如意黄桃罐头，公司网站和微信公众平台是桃如意集团与顾客最直接的沟通交流渠道。为了突出桃如意产品自身的特性，桃如意集团设计了自己独有的 Logo 标识，Logo 标识是一个活泼可爱的桃子图案，背景黄色，充分体现了桃如意主打产品黄桃罐头的颜色。桃如意集团还拥有遍布全国上万人的专业销售团队，为了提高销售团队积极性，桃如意集团专门开发了“新手微商上新六部曲”、“包销课教你销售”、“一对一私人定制课程”等课程学习活动。

天柱山庄土鸡产品 B2C 电商平台是一个散养土鸡垂直型 B2C 平台，采用“公司+基地+农户+电商”的经营管理模式和“FC2B2C”电子商务运行模式，整合公司产、供、销全过程。其中,“FC2B2C”是指 F(farmer/农民)、B(business/企业)、C1(corporation/合作社)、C2(convenient store/便利店)和 C3(customer/顾客),通过“互联网+”技术相融合的一种电子商务运行模式。天柱山庄土鸡产品 B2C 电商平台通过建立微信公众号、微博和在线销售网站,定期发布公司的产品信息和活动信息,从而留住稳定的客户,提高产品的关注度。天柱山庄土鸡产品 B2C 电商平台还通过分析用户的购买数据获取用户的消费习惯,向具有潜在购买能力的客户进行广告推送。在不同的社区论坛,天柱山庄土鸡产品 B2C 电商还建立天柱山庄土鸡平台专属社区,与消费者进行实时交流沟通,并发布宣传天柱山庄土鸡产品的最新消息,以吸引更多的新顾客购买天柱山庄土鸡产品。

本章两个创业案例资料分别得到砀山县意顺电子商务有限公司和天柱山庄土鸡养殖有限责任公司的支持,在此一并感谢。

思 考 题

8-1 讨论“互联网+农业”概念提出的重要意义。

8-2 请列出“互联网+”在农业领域应用的一些实际案例。

8-3 通过“互联网+农业”案例学习,请总结“互联网+农业”创新创业项目能够成功实施的关键点。

8-4 通过“互联网+农业”案例学习及讨论,自由组建一个项目团队,以“互联网+农业”为主题,撰写一个“互联网+“大学生创新创业比赛项目书。

第 9 章　“互联网+交通”创新创业案例

滴滴打车、快的打车、传化股份、易华录、罗计物流……一个个全新“互联网+交通”商业模式竞相出现，互联网的“魔力”正在交通物流领域传递渗透。互联网+交通出行、互联网+货物运输等正在重建整个交通运输的生态圈。近几年，“互联网+交通”开始引领智能交通系统（Intelligent Transportation System，ITS）的发展。本章首先概述“互联网+交通”，然后介绍一个“互联网+交通”创新创业案例，最后总结“互联网+交通”的一些典型应用，可为读者在编写创新创业计划书、模拟创新创业流程等方面提供一些借鉴。

9.1　“互联网+交通”概述

2015 年 4 月，交通运输部总工程师周伟在第十四届亚太智能交通论坛开幕式上发言，充分肯定了在新时代语境下互联网思维与传统交通运输业的各项联姻成果，互联网思维推动了以服务为核心的交通管理方式的创新和业务流程的再造。交通运输部已加入国家“互联网+”行动计划编制工作组，并积极参与大数据、云计算等相关重要政策意见的制定工作，智能交通系统正是“互联网+交通”的具体体现和载体。进入 21 世纪以来，中国智能交通取得长足的进展，有力地支撑我国规模庞大的交通基础设施的运行，更好地服务于公众的便捷出行和物流的畅通运输。

2015 年 4 月，百度地图交通云计划负责人李志堂在第十四届亚太智能交通论坛出行信息服务分论坛上作“互联网+交通，共建智慧交通云平台”为主题的演讲，介绍百度交通云产品。百度交通云融合 LBS、云计算、大数据及人工智能等尖端技术，是驱动“互联网+交通”计划的强大技术引擎。

智能交通代表未来交通系统的发展方向，是指将先进的信息技术、数据通信传输技术、电子传感技术、控制技术及计算机技术等技术，有效地集成运用于整个交通系统而建立的一种在大范围内、全方位发挥作用，且实时、准确、高效的综合交通运输管理系统。智能交通涉及信息通信、客货运输、汽车制造等多种产业，它的发展将带来这些产业的蓬勃发展。智能交通不仅是技术的范畴，更多的要注重整体产业的进步与升级。

智能交通是当今世界交通运输发展的热点和前沿，它依托现有交通基础设施和运载工具，通过对现代信息、通信用控制等技术的集成应用，以构建安全、便捷、高效、绿色的交通运输体系为目标，充分满足公众出行和货物运输多样化需求，是现代交通运输业的重要标志。

9.2 “互联网+交通”案例：E to P 智能停车位管理系统

9.2.1 产品概述

1. 产品背景分析

随着我国经济的快速发展，人们生活水平的不断提高，汽车已经成为人们生活中不可或缺的代步工具和出行旅游的必备配置。目前中国已经成为世界第三大汽车生产国和第二大汽车消费国。据国内统计，截止到 2015 年，新注册登记的汽车达 2385 万辆，保有量净增 1781 万辆，均为历史最高水平。近 5 年来，汽车占机动车比例从 47.06%提高到 61.82%，而且每年汽车销售量都以 10%的速度增长。具体数据如图 9-1 所示。

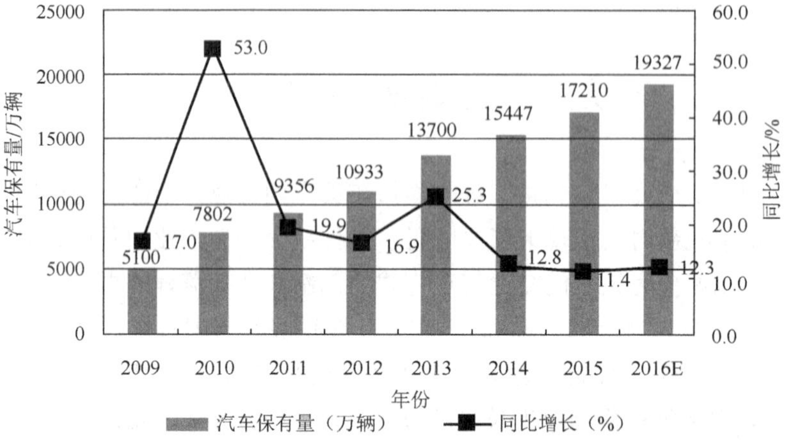

图 9-1　汽车保有量及增长比

据统计，全国机动车与停车位之比例约为 3∶1，经济发达的大中城市这一比例则更高，而汽车市场的快速繁荣引发了停车的一系列难题，加强停车设施建设已成为当前的国家发展重点。2015 年 8 月，国家发展和改革委员会专门发布《关于加强城市停车设施建设的指导意见》，其目的是推动停车设施建设管理，保障经济平稳健康发展、人民生活水平持续快速提高。

针对目前的停车市场，其主要存在以下几个问题。

（1）停车难。随着城镇化的快速发展，居民生活水平不断提升，城市小汽车保有量大幅提高，停车设施供给不足问题日益凸显，随着车位缺口的数量加大，停车难的问题变得更加严重，挤占非机动车道等公共资源，影响交通通行，制约了城市进一步提升品质和管理服务水平。

另外，由于停车场经营者与车主之间的信息交流不通畅，车主往往不太清楚周边可用停车场的具体信息，这导致本来就紧张的停车场地资源未得到充分利用，造成资源浪费。停车难现象如图 9-2 所示。

图 9-2　停车难现象

（2）收费难。人工收费的方式让高峰期的停车场处在一个无奈状态，车位供不应求，人多收费出错，无谓的花费时间等待都是车主所要面临的问题。停车场为此方式需耗费巨大的人力，增加了运营成本，收费不透明也将会面临更多的收费纠纷。

（3）找车难。停车场的经营者为了实现收益最大化，往往将停车场建设成多层、划分多个停车区，这就使得取车难变成了一个不得不面对的问题，动辄好几层的停车场、少则几个多则几十个分区，忘记车位、忘记区号、甚至忘记在几楼对于车主而言都是时有发生的问题，取车所花费的大量时间在一定程度上影响了客户的停车购物出行体验。

2. 产品简介

"E to P 智能停车位管理系统"是积极响应国家发展和改革委员会等七部委发布《关于加强城市停车设施建设的指导意见》，着力推动停车智能化、信息化，加强停车综合治理，完善停车收费等的发展，实现"互联网+停车管理系统"。

E 即为 Easy，P 即为 Parking，意为轻松停车。该智能管理系统集成了停车场内的红外对管传感器、超声波传感器和 RFID 射频识别技术等硬件系统以及服务于停车场经验者与车主用户的智能 APP 软件服务平台。硬件系统主要实现进出车辆的数量实时检测、车位状态更新、智能收费等。

软件服务平台主要功能如下。

（1）停车场经营者能实现无人智能收费、实时更新停车场的各类信息，如规模介绍、收费标准、优惠活动、其他附加服务等，变被动为主动，积极吸引顾客前来泊车。

（2）车主用户可实时搜索附近停车场，对比收费、路程等信息；一旦选定自动开启导航指引其顺利达到已选停车场；利用 iBeacon 定位实现一站式智能泊车、取车。

（3）系统将通过 Hadoop、docker 等专业的数据分析工具，对泊车信息进行解析，科学地辅助商家进行运营策略的制定。

"E to P 智能停车位管理系统"可广泛应用于商场、酒店、小区以及一些城市公共设施建设的停车场。另外，我们将该系统嵌入到一些知名的第三方生活类应用，例如，美团、百度糯米、携程等，车主在订餐、住宿、旅游的同时，将主动提示是否需要预约车位。目前国家正在大力实行供给侧结构性改革，供给侧结构性改革旨在调整经济结构，使要素实现最优配置，提升经济增长的质量和数量，本系统将从提高停车位供给质量出发，用创新的技术手段推进产业发展，矫正劳动力、土地和资本配置扭曲，扩大有效供给，提高供给结构对需求变化的适应性和灵活性，更好地满足广大停车场和车主的需要，促进经济社会持续健康发展，力争做到让用户生活无忧，出行无忧。

3. 产品前景

在巨大的市场需求推动下，停车场管理系统行业取得了快速的发展。根据《2006年～2014年中国出入口控制与管理系统细分市场研究及重点企业竞争力深度调研报告》数据，2009年国内停车场管理系统的市场规模达到了11.5亿元，2010年国内停车场管理系统市场需求达到14.5亿元；2011年国内停车场管理系统市场规模可以达到18亿元。根据市场研究调查数据显示，停车场市场需求超过37亿元。由此可见，停车场市场潜力较大，行业前景较好。

据调查数据显示，目前国内停车场管理系统包括三大类：国产、组装、进口，其价格也各不相同。市场占有率方面，大致是国产占市场份额的一半，另外两份占一半；或者说，国产和组装加起来占市场份额的80%，进口的占20%。目前一般的小区、中低档写字楼基本用国产，而机场、会展中心等则多用进口设备。尽管各种类型的停车场都需要出入口控制系统，但是不同类型的停车场面对的用户有所差异，所以停车场管理系统需求也稍有不同。比如，小区与机场停车场的区别在于，小区进出的车辆多为业主的车辆，多数属于长期停车用户，车辆进出时间集中在早晚上下班时间，其他时间进出的车辆不多；而机场停车场除员工车辆外，多为乘客的临时车辆，汽车流动量大。所以，停车场管理系统在设计时多考虑到这些因素，根据应用场所特点来配置设备。

在停车场管理系统应用方面，停车场出入口控制系统的普及程度还不错。在一个中等城市，我们就经常会看到小区、机关、写字楼的出入口安放这种设备。据调查数据显示，目前深圳的普及率是全国最高，在90%左右。因为诸多停车场生产企业都集中在深圳，已经形成产业化。其次是北京、上海，普及率在50%左右，其他地区则更少一些。

传统的停车场管理系统只解决出入口控制的问题，对于停车场内部的停车引导、找车、快速进出等功能则鞭长莫及，并且在收费这个环节上也存在缴费方式单一、人工管理效率低下、存在收费漏洞等问题，更别说进行停车场整体的系统整合及资源优化配置。

E to P智能停车位管理系统综合解决方案在集成停车场系统资源方面有着卓越的优势，实现从车辆快速进场、快速停车，到车主返回车场时快速找车、快速缴费等一系列完整的、全自动化的功能，从而有效解决包括商场、机场等公共场所在内的停车场由于车流量大造成的停车慢、缴费慢、停车难、找车难等社会问题，将停车场的资源充分化和数字化，这是功能单一、系统协作性差的传统停车场管理系统所远不能及的。国际合资企业将比独资形式耗费更少的管理与资金资源。

9.2.2 产品与设计

1. 系统方案

系统按照物联网分层思想进行设计，分为感知层、网络层、应用层。

（1）感知层主要由RFID模块和超声波传感器组成，用于采集车流量、车位余量以及具体车位空闲方位等信息并进行相应处理。

（2）网络层通过 WiFi 协议进行无线收集和上传信息，Arduino mega2560 是整个系统的中枢，负责传递和处理感知层获取的信息。

（3）应用层基于 Java 平台开发出用于用户和硬件交流的手机 APP 端与 Web 端。其系统总体架构如图 9-3 所示。

图 9-3　系统框架图

2. 硬件组成

1）车流量计时收费模块

该模块使用 RFID 技术，所使用的标签设计多样、可读可写，且读写距离可根据实际需要选取。其具有快速扫描的优点，RFID 读卡器可同时辨识读取数个 RFID 标签。且安全性高，由于 RFID 承载的是电子式信息，其数据内容可经由密码保护，使其内容不易被伪造及编造。穿透性强，在被覆盖的情况下，RFID 能够穿透纸张、木材和塑料等非金属或非透明的材质，并能够进行穿透性通信。

因此，我们采用 RFID 技术为车库的车进行计时和收费。RFID 终端模块如图 9-4 所示。

2）车位空闲状态检测模块

对于车位是否处于空闲状态，采用 HC-SR04 超声波模块。HC-SR04 可提供 2～400cm 的非接触式距离感测功能。其采用 IO 口 TRIG 触发测距，给最少 10μs 的高电平信号。该模块自动发送 8 个 40kHz 的方波，自动检测是否有信号返回；有信号返回，通过 IO 口 ECHO 输出一个高电平，高电平持续的时间就是超声波从发射到返回的时间。价格低廉，受到干扰的情况小。

HC-SR04 超声波模块如图 9-5 所示。

3）数据上传模块

对于数据上传模块采用目前比较成熟的 WiFi 技术，我们将采用 ESP8266 WiFi 模块。ESP8266 模组需要的外围器件有：10 个电阻电容电感、1 个无源晶振和 1 个 Flash 存储器。工作温度范围：-40～125℃。ESP8266 是一个完整且自成体系的 WiFi 网络解决方案，能够独立运行，也可以作为 slave 搭载于其他 Host 运行。其强大的片上处理和存储能力，使其可通过 GPIO 口集成传感器及其他应用的特定设备，实现最低前期的开发和运行中最少地占用系统资源。

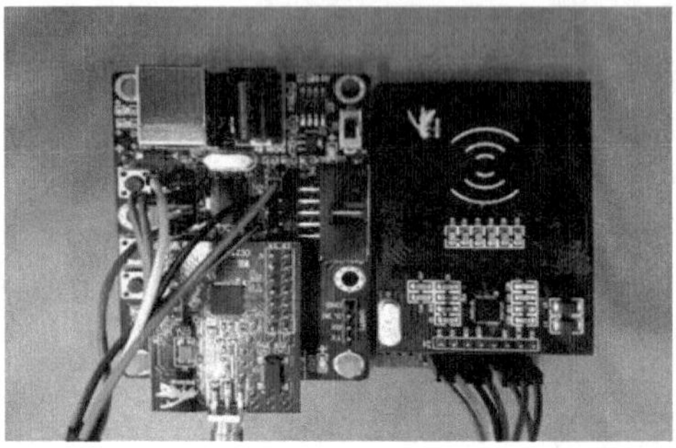

图 9-4　RFID 终端模块

图 9-5　HC-SR04 超声波模块

ESP8266 WiFi 模块如图 9-6 所示。

3. 关键技术和创新

1）预约车位

预约服务可以节省用户的宝贵时间，根据用户的时间有计划地进行选择安排，专享预约通道的贴心服务。避免目标地没有车位的尴尬，独享预约服务通道，提前预约能让商家提前获知用户的服务需求，提前为用户提供悉心的方案，提供快捷优质的服务。预约车位 APP 预约界面如图 9-7 所示。

图 9-6　ESP8266 WiFi 模块

图 9-7　预约车位 APP 预约界面

2）反向寻车

在商场、购物中心等大型停车场内，车主在返回停车场时往往由于停车场空间大、环境及标志物类似、方向不易辨别等，容易在停车场内迷失方向，寻找不到自己的车辆。反向寻车系统通过 iBeacon 室内定位结合 APP 导航，快速帮助顾客尽快找到车辆停放的区域。

该系统同时还结合了车位引导功能，可以自动引导车辆快速进入空车位，降低管理人员成本，消除寻找车位的烦恼，提高顾客对停车场乃至其所属物业公司的满意度；加快停车场的车辆周转，提高停车场的使用率和经济效益；提升停车场管理水平。

反向寻车系统如图 9-8 所示。

3）不停车电子支付

实施不停车收费，可以允许车辆快速通过，故可大大提高停车场的通行能力，避免高峰车库门口拥堵的情况发生；停车场收费走向电子化，可降低收费管理的成本，有利于提高停车场的营运效益；同时也可以大大降低收费口的噪声水平和废气排放。由于通行能力得到大幅度的提高，所以，可以缩小收费站的规模，节约基建费用和管理费用。

电子支付页面如图 9-9 所示。

图 9-8　反向寻车系统

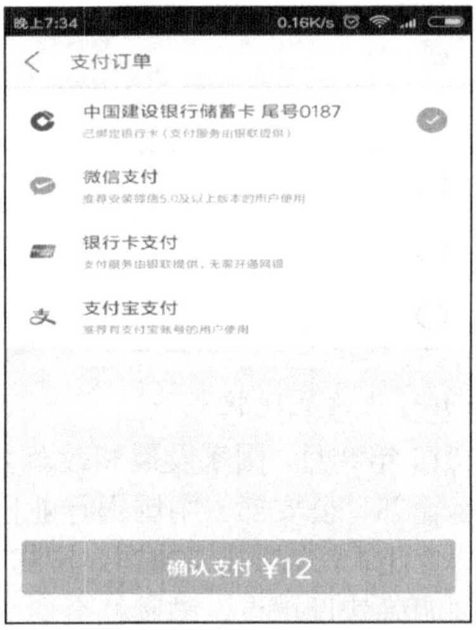

图 9-9　电子支付页面

4）一键寻找停车场

我们将开发运行在 Google 最新推出的 Android Auto 平台的 APP，简洁的界面将避免用户在开车途中过多的操作，以免发生危险。并且目前该平台软件匮乏，尽早地开发 APP，也有利于 E to P 智能停车位管理系统的推广。

Android Auto 客户端如图 9-10 所示。

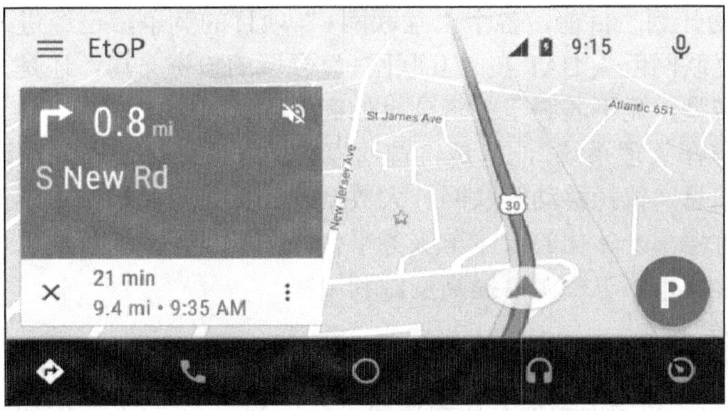

图 9-10　Android Auto 客户端

5）开放 API 接口

开放是目前的发展趋势，越来越多的产品走向开放。目前的网站不能靠限制用户离开来留住用户，开放的架构反而更增加了用户的黏性。在 Web 2.0 的浪潮到来之前，开放的 API 甚至源代码主要体现在桌面应用上，而现在越来越多的移动应用面向开发者开放了 API。

图 9-11　多元化的软件

E to P 智能停车位管理系统在推出基于开放 API 标准的产品和服务后，无需花费力气做大量的市场推广，只要提供的服务或应用出色易用，其他应用就会主动将开放 API 提供的服务整合到自己的应用之中。同时，这种整合 API 带来的服务应用，也会激发更多富有创意的应用产生。

多元化的软件如图 9-11 所示。

9.2.3　市场分析

1. 行业现状

1）行业政策现状

2015 年 8 月，国家发展和改革委员会、财政部、国土资源部、住房和城乡建设部、交通运输部、公安部、中国银行业监督管理委员会印发《关于加强城市停车设施建设的指导意见》（改基础〔2015〕1788 号）。该《意见》分总体思路、基本原则、科学编制规划明确建设重点、鼓励社会参与、放宽市场准入、简化审批程序、加强公共用地保障、盘活存量土地资源、创新投融资模式、加大金融支持力度、完善停车收费政策、提升装备制造水平、推动停车智能化信息化、加强停车综合治理、加强组织保障等 16 部分。七部委在《意见》中提出要鼓励社会参与，通过各种形式广泛吸引社会资本投资建设城市停车设施，大力推广政府和社会资本合作（PPP）模式，为推动停车管理系统创造融资空间。

2）行业历史背景

2015 年 3 月十二届全国人大三次会议上，李克强总理在政府工作报告中首次提出“互联网+”行动计划。目前，各个“互联网+”项目的竞争，已经进入商业模式竞争阶段。无论是互联网巨头 BAT 在“互联网+”领域的投资布局，还是上市停车场建设企业的互联网转型，无不着眼于投资项目的商业模式创新。

“互联网+停车管理系统”，就是将普通停车场互联网化，即联网汇聚城市中不同位置的停车场信息，依托移动互联网、大数据、云计算等先进技术，打造集查询、预订、缴费、错时停车一体化的云停车服务平台，在提高停车场管理水平、解决停车难的同时，又整合城市停车资源，提高资源利用率。

3）行业社会背景

根据国际惯例，停车位与汽车保有量的比例应在 1∶（1.2～1.4），此处取 1.4 进行计算，2014 年，我国汽车停车位理论需求量达到 2.15 亿个。而按照目前我国停车场的发展速度来看，到 2020 年，我国停车位数量将达 4.27 亿个。停车位与我国汽车保有量之间的比例与国际水平相差甚远。因此我们认为未来我国停车场缺口较大，停车场建设的发展空间巨大。

2. 市场供需状况

1）产品需求状况

据国际交通部门统计，2014 年国内汽车保有量将近 1.54 亿，其中，北京拥有汽车总量 537.1 万辆，重庆拥有汽车总量 399.8 万辆，成都拥有汽车总量 336.1 万辆，深圳拥有汽车总量 290.5 万辆，上海拥有汽车总量 272.3 万辆，如此庞大数量的汽车和停车位之间的矛盾也日益突出。在寸土寸金的城市，地下停车场和地面多层停车场等占地少、容量大的场内停车设施越来越多地成为缓解城市停车压力的主要手段。然而，遗憾的是，目前国内大部分的场内停车场内部还处于原始的人工管理阶段，无论对需要停车的车主还是对停车场的运营者都造成了极大的困扰。

“停车难”加重交通拥堵，导致占道停车严重。本来就不宽敞的道路被占道停车，这更加剧了交通堵塞。商场、学校、医院、农贸市场及所有人流物流量较大的商业经营场所，由于“停车难”导致进出车辆经常在出入口处“顶牛”，造成车流受阻，疏导困难，甚至发生打闹等治安事件。

“停车难”引发公共纠纷。近年来，由于私安地锁、挤占草坪、占道堵路等停车问题引发的邻里纠纷、车辆剐蹭不在少数，停车问题引发的治安事件和暴力冲突也时有发生。“停车难”还带来了安全隐患。小区内通道停车导致消防车、救护车无法快速抵达现场。小区外占道停车则迫使人流、自行车流挤入机动车车道，易导致交通事故。因此，解决“停车难”这一城市发展难题，已经迫在眉睫。

目前智能停车场管理系统利用先进的科学技术，已经实现了停车场的自动化管理，很大程度提高了管理系统的可靠性、车辆的安全性和运行的有效性。停车场的自动化管理最大限度地减少了人工的参与，从而节省了大量人工方面的开支，也最大限度地降低了人为方面造成的失误和损失，因此也相应提高了停车场的安全性、经济性和使用效率。但是目前智能停车场管理系统所用到的相关技术还不成熟，智能化程度比较低，还没有达到所需要的自动化程度，目前智能停车场管理系统的一部分具有智能功能，如自动收费系统等。本项目主要内容是如何设计与实现基于嵌入式技术的智能停车场管理系统，使其满足目前停车场管理的需求。

2）市场供给状况

目前市场的停车位系统停滞在传统型。主要分为机械式停车场和平面停车场系统。

（1）机械式停车场。机械式停车场是国内停车场的一种主要形式，机械式停车场是指停车场完全由机械停车设备如引驱动机、导向轮、载车板、横移装置、控制柜、召唤操作盘、升降回转装置、搬运器等构成，分为升降横移类、垂直循环类、水平循环类、多层循环类、平面移动类、垂直升降类、简单升降类等类型。因其停车方式多样独特，具有很强的应用性。

优点：占地面积小，选型多样、可具体结合场地特点设计，也可与其他方式相结合来实施，自动化程度高，操作使用方便，管理和维护也较为容易，具有定量存车的特点。

缺点：每组设备必须留有至少一个空车位；为链条牵动运行过程不具有防止倾斜坠落功能。设备结构复杂，没有完善的闭锁和监测系统，且没有采用足够的安全措施和消防系统，相对故障率比较高。因一般只有一个出入口，所以存取车时间较长。

（2）平面停车场系统。平面停车场系统因其主要采取感应式 IC 卡读卡方式，所以也叫感应式停车场系统。目前我国的停车场仍是以平面停车场为主，一般建于建筑物的地下层，也有不少公共区域如广场、道路边等作为停车场，其次就是酒店、企事业、工厂等单位自己规划设计的停车场。

优点：车位的建设费用、维护费用较低。

缺点：占地面积大，土地利用率低。

9.2.4 商业模式

1. 价值链定位

抓住互联网和停车行业相结合的机遇，以客户需求为驱动，将业务集中于互联网技术和信息沟通上，力求扮演停车场和车主的“中间者”角色。定位为停车技术领域的系统集成服务商和商业信息提供商，来解决停车问题，追求服务质量、用户体验与停车场的精细化管理。

2. 盈利模式

公司盈利来源：一是销售和维修停车管理系统；二是停车费用的利用；三是平台推送广告。

（1）销售和维修停车管理系统。在市场上积极主动地寻找停车系统的需求者，用产品满足其需求，并在销售过程中赚取利润。另外，当系统出现问题的时候，还可以通过提供维修服务来增加营业利润。

（2）停车费用的利用。一般的出售停车管理系统的公司可能会用提高车位的使用效率来增加停车场的收入，从而从中分成。但公司产品“E to P 智能停车位管理系统”主要采用停车费用短期利用的模式，在签订商业合同时，与商业物业进行协商，对于收取的停车费用，采取按期划拨的方式。在未划拨的时间段里，可以加强与投资管理公司的合作，利用这些资金进行短期投资获取收益，但必须保证这些投资的可转换和可流动性。

（3）平台推送广告。在停车管理系统平台上，利用推送商业广告的形式，收取广告主投放商业信息的费用。

3. 阶段计划

运营前期将实行步步为营、在前进中发展的策略，先通过各种形式的推广与宣传活动扩大项目的影响力，集中力量完成对安徽大型专用停车场、商业物业和住宅物业的占领，并在随后加强 APP 的推广。随后根据已有市场的反馈和建议，不断改善优化本系统，并向安徽周边省份推广，直至完成全国范围内的占领。

运作后期通过对系统改良的经验，将进一步扩大市场，开发新产品，让公司制作的系统能进入更多相关领域和行业，可以实现以下四个目标。

（1）增加车主后续消费。包括车的消费和人的消费，无论如何都是车主掏腰包，瞄准该商业机会的人，就要努力去给车和车主提供服务。

（2）产品植入到新车前装车载系统。随着科技的进步和经济的发展，智能汽车理念将会逐步在现实生活中实现。目前，汽车充电技术得到了较大的进步，国外以特斯拉为代表的超级汽车正在火热发展，而国内乐视集团和格力集团均开始进军同样的领域。我们将着眼智能电动汽车的发展，在未来追求实现产品植入目标。

（3）打造 O2O 汽车后市场的接口，提供养车、修车的综合式服务。以丰田公司和优步、苹果公司和滴滴打车等为代表的“互联网+汽车行业”的新的市场动向，在一定程度上显示了数据在现在行业发展中的重要作用。一旦我公司在停车场管理系统市场站稳脚跟，把握一定的市场资源，可以加强与更多互联网公司和汽车行业公司的合作。在 APP 软件上实现汽车问题检测、维修、充电服务和停车管理系统的信息合作。

（4）加强与第三方应用的合作。与现有市场上的外卖平台、旅游平台和打车平台进行合作，在停车管理系统所覆盖的停车场内停车，累计停车积分换取相应的礼品。如订餐优惠券、现金券和打车券等，在实现商家回馈客户的同时，提升商家形象，间接增加消费量。

4. 品牌策略

品牌用以识别某个销售者或某群销售者的产品和服务，并使之与竞争对手的产品和服务区别开来的商业名称及标志。我公司所开发的停车管理系统的品牌名称为“E to P”，其含义是停车场主动呼叫车主。现在市场上停车管理系统产品繁杂，很难满足停车场的真正需求，而各类停车场之间的竞争也日趋激烈，各类停车场需要从本身服务质量上追求完美。

采用新品牌策略，以“P to D”为核心品牌发展，从供给侧结构性改革和提高供给质量出发，用改革的办法推进结构调整，矫正要素配置扭曲，扩大有效供给，提高供给结构对需求变化的适应性和灵活性，更好地满足各类停车场和车主的需要，打造出“国民停车管理系统品牌”。这是我们品牌对于消费者的利益承诺和品牌目标。

5. 定价策略

从定价目标、产品成本、市场需求、竞争者的产品和价格及政府的政策指导等多方面综合考虑，决定产品价格。采用竞争导向定价法，根据目前行业的平均现行价格水平定价，我们初步定价 29555 元/套，并提供配套的 Android 平台服务。

我公司采取以下定价策略。

（1）折扣定价策略：现金折扣、数量折扣等促进产品销售。对于批量进购的顾客在 30 天内必须付清货款，如果 10 天内付清货款，给予 2%的折扣。若购买数量一次性超过 10 套，则提供 1%的折扣。

（2）心理定价策略：尾数定价和招徕定价等方式。利用消费者数字认知的某种心理，尽可能在价格数字上不进位，保留零头，使消费者产生价格低廉和卖主认真核算成本的感觉，增加消费者对产品的信任感。

9.2.5 财务分析

1. 股本规模及结构

我公司的注册资本为 190 万元。其具体资金来源如表 9-1 所示，其融资比例如图 9-12 所示。

表 9-1　具体资金来源表

	自有资金	私人拆借	风险投资	银行贷款
金额/万元	35	30	70	55
比例/%	18.4	15.8	36.8	29

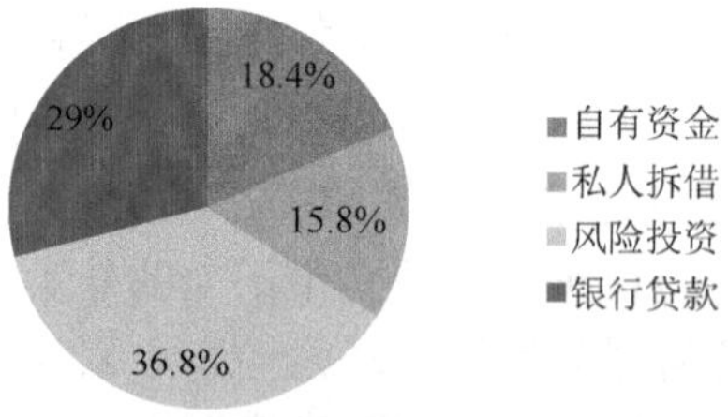

图 9-12　融资比例

2. 资金的运用

具体说明：我们将取 20%的资金投入技术开发和改良及相关信息系统数据的支持等；15%的资金投入人员管理以及运作盈利指导等；以 45%的资金投入公司的日常运行；10%的资金存入银行获取收益并作为公司应急备用金；10%的资金进行相关投资。

在公司稳健运营并发展到一定阶段，我们将进一步改善资本结构，降低经营风险，吸取适合投资，适当增加中长期贷款，以改善现金流状况，并充分发挥财务杠杆作用，并为以后可能的上市做准备。

3. 财务假设

（1）会计制度：《小企业会计制度》。

（2）会计年度：以公历每年 1 月 1 日起至 12 月 31 日止为一个会计年度。

（3）记账本位币：人民币。

（4）记账基础和计价原则：以权责发生制为记账基础，以历史成本为计价原则。

（5）固定资产折旧：采用年限平均法。

（6）公司适用的税种：增值税（现代服务业服务适用 6%的税率），营业税（按 5%计算），营业税及附加税，企业所得税（按照国家需要重点扶持的高新技术企业，减按 15%的税率征收企业所得税）。

（7）从创办开始，公司每年按净利润的 10%提取盈余公积。

（8）应收账款不超过销售收入的 20%，应付账款不超过主营业务成本的 20%。

根据对未来几年公司经营状况的预测，公司能保持较高的利润增长，拟从净利润中提取合理比例的资金作为股东回报。为此，股东每年分红为净利润的 30%。

4. 财务报表

根据公司的资产结构，通过相关数据的预测分析。在市场分析和营销战略的基础上，根据有关会计、税法政策规定和相关行业标准，结合市场调查及预测数据，公司对固定资产、各种相关费用及收入做出了预测，并据此编制未来年报表，计算出各相关指标进行分析。

1）现金流量表及预计

预计现金流量如表 9-2 所示。

表 9-2 预计现金流量表 （单位：万元）

编制单位：停车管理系统项目组 编制日期：2016 年 7 月

一、经营活动产生的现金流量	第 1 年	第 2 年	第 3 年
销售商品、提供劳务收到的现金	561.545	650.210	768.430
经营活动现金流入小计	561.545	650.210	768.430
购买商品、接受劳务支付的现金	394.155	456.390	539.370
支付职工以及为职工支付的现金	40.500	47.631	56.474
支付的各项税费	50.216	55.937	66.186
经营活动现金流出小计	484.871	559.958	662.030
经营活动产生的现金流量净额	76.674	90.252	106.400
二、投资活动产生的现金流量			
取得投资收益收到的现金	3.800	4.400	5.200
投资支付的现金	19.000	15.000	12.300
投资活动产生的现金净流量	−15.200	−10.600	−7.100
三、筹资活动产生的现金流量			
吸收投资收到的现金	70.000	81.052	95.788
取得借款收到的现金	85.000	98.421	116.316
筹资活动现金流入小计	155.000	179.473	212.104
偿还债务支付的现金	20.500	48.630	57.486
分配利润或偿付利息支付的现金	29.666	48.395	65.329
筹资活动现金流出小计	50.166	97.025	122.815
筹资活动产生的现金流量净额	104.834	82.448	89.289

2）利润表及预计

预计利润如表 9-3 所示。

表 9-3 预计利润表 （单位：万元）

编制单位：停车管理系统项目组 编制日期：2016 年 7 月

项目	第 1 年	第 2 年	第 3 年
一、营业收入	561.545	650.210	768.430
减：营业成本	394.155	456.390	539.370
营业税金及附加	32.766	37.940	44.838
销售费用	15.000	17.368	20.527
管理费用	17.500	20.263	23.947
财务费用	4.500	5.211	6.158
资产减值损失	2.554	2.957	3.495
加：投资收益（损失以“-”填列）	3.800	4.400	5.200
公允价值变动损益（损失以“-”填列）	2.466	2.855	3.374
二、营业利润	101.336	117.336	138.790
加：营业外收入	15.000	5.000	5
减：营业外支出	0	2.355	1.467

续表

项目	第 1 年	第 2 年	第 3 年
三、利润总额	116.336	119.981	142.323
减：所得税费用	17.450	17.997	21.348
四、净利润	98.886	101.984	120.975
加：年初未分配利润	0	59.331	96.789
五、可供分配的利润	98.886	161.315	217.764
减：提取法定公积金	9.889	16.131	21.776
股东分配的利润	29.666	48.395	65.329
六、未分配利润	59.331	96.789	130.659

3）资产负债表及预计

预计资产负债如表 9-4 所示。

表 9-4　预计资产负债表　　（单位：万元）

编制单位：停车管理系统项目组　　编制日期：2016 年 7 月

项目	第 1 年	第 2 年	第 3 年
流动资产：			
货币资金	209.331	242.383	286.452
存货	45.319	52.474	62.015
其他流动资产	35.000	40.526	47.894
流动资产合计	289.650	335.383	396.361
非流动资产：			
固定资产	25.300	29.295	34.621
无形资产	41.546	48.106	56.853
非流动资产合计	67.146	77.401	91.474
资产总计	356.496	412.784	487.835
流动负债：			
短期借款	30.000	34.737	41.052
应付职工薪酬	15.560	18.017	21.292
应缴税费	3.455	4.000	4.727
应付利息	3.150	3.647	4.310
流动负债合计	52.165	60.401	71.381
非流动负债：			
长期借款	55.00	63.684	75.263
非流动负债合计	55.00	63.684	75.263
负债合计	107.165	124.085	146.645
所有者权益：			
实收资本	140.000	162.105	191.579
盈余公积	50.000	57.895	68.421
未分配利润	59.331	68.699	81.190
所有者权益合计	249.331	288.699	341.190
负债及所有者权益总计	356.496	412.784	487.835

9.3 “互联网+交通”典型应用

9.3.1 互联网+智慧停车

“互联网+智慧停车”是指通过互联网把分散的停车场连接起来，破除信息孤岛，实现有限停车资源的优化配置。“互联网+智慧停车”市场在共享经济、资本涌入、政策利好三大驱动力下，各种停车 APP 涌现。据不完全统计，目前全国停车 APP 远超 100 个。

1. 互联网停车投融资情况

互联网停车主要有创业型公司、智能停车设备商、市政交管部门和 BAT 四类玩家。目前主要以创业公司和智能停车设备商为主，BAT 只是轻度参与。

（1）创业型公司。互联网停车风起，大量创业型公司涌入，如停车百事通、ETCP、丁丁停车、e 代泊等。创业型公司资源是短板，只要以轻资产模式切入。

（2）智能停车设备商。智能停车设备商乘“互联网”的东风，从单纯的智能停车软硬件提供商向“智能停车设备云平台 APP”全套解决方案提供商转型升级，具备软硬件技术优势。同时，沉淀下来的停车场客户构成资源优势。如无忧停车、捷顺科技（捷停车）、安居宝、立方控股（行呗）等。

（3）市政交管部门。市政交管部门掌握路侧停车位及路外公共停车场（以北京为例市政掌握 16.65%的停车位），具有资源优势。同时，财政雄厚，整合能力强，如深圳市道路交通管理事务中心（宜停车）、上海市交通委（上海停车）。

（4）BAT。与“互联网打车”被“阿里腾讯”独霸不同，BAT 在“互联网停车”还是轻度参与。腾讯以“微信公众号、微信支付”，百度以“百度地图、百度钱包”，阿里以“支付宝、高德地图、立方控股”切入互联网停车，主要是以地图、支付应用和流量入口应用对停车 APP 进行整合、嵌入。

2. 互联网停车竞争格局

目前互联网停车主要有五种模式：车位信息共享、全流程优化、车位预定 B2C、车位共享 P2P 及代客泊车。

1）车位信息共享

车位信息共享：轻资产+集成数据+进场服务，节约搜寻成本。

该模式以轻资产方式，充分利用既有智能停车设备，通过咪表、智能停车管理系统、停车库发卡机等将智能停车场联网，集成实时空余车位信息，打破信息孤岛，实现车位信息共享，为用户提供车位搜索推荐、停车场导航的进场服务，节约搜寻成本[节约的搜寻成本=（单位时间用车成本-车主时间成本）×节约的车位搜寻时间]。

此外，还收集停车场的静态信息包括名称、位置、车位总量、出/入口 POI 信息、营业时间、收费标准、照片等，部分 APP 还整合了停车场周边服务设施信息，如洗车、充电桩情况等。该模式的核心是信息，广覆盖、准确可靠的实时空余车位信息是关键。

优点：轻资产，可以低成本快速复制。瓶颈在于难形成实时车位信息的广覆盖和准确可靠：停车场智能化水平低，各家数据标准不一，集成难度大；停车场经营方免费开放数据意愿不强。因此，一些 APP 通过算法预测估算空余车位数量，对集成数据校准、补充。目前，大多数 APP 静态信息的准确度有待提高，实时空余车信息的可靠性堪忧。

盈利模式：车位信息免费共享；从进场服务切入车位预定，未来可能收取交易佣金；通过汽车后市场等实现流量变现（如停车百事通）；向导航及地图商客户提供实时车位数据服务，实现数据变现（Parkme）。

典型案例：美国的 Parkme，国内的停车百事通。

2）全流程优化

全流程优化：重资产+铺设备+流程服务，深度介入停车场运营。

该模式以重资产方式，通过铺设智能停车设备，实现停车场的智能化和互联网化，为 C 端车主用户提供空车位搜索/匹配、车位预约/预定、车场导航、车位导航、反向寻车及快捷支付全流程的停车优化服务（通常聚焦“停车位搜索、导航”和“支付”两大痛点上）。同时，深度介入停车场运营管理，为 B 端停车场用户增益堵漏、提升管理效率，实现停车场无人值守。线下资源具有独占性，该模式的核心是标准化、快速的复制，抢夺停车场资源。

优点：重资产介入停车场后，黏性大，同时所获取的实时车位信息更精确、质量高。

瓶颈：线下太重，进入停车场需逐个停车场突破，利益分享谈判、智能设备安装、改造、维修、升级、推进慢，难标准化复制，需要大量的地推团队。

国内多数玩家（如 ETCP、无忧停车等）甚至采取免费赠送设备的策略，加速停车场渗透，但需要强大的资本支持。

盈利模式：对 C 端用户免费；协助 B 端停车场运营管理方提升运营效率、降低人力成本、提高周转率及收入，预计向停车场收取停车费交易分成是主要盈利点；延伸至包括洗护养修的“车生活”范畴，切入汽车后市场实现流量变现。

典型案例：美国的 Streetline，国内的 ETCP、无忧停车和宜停车。

3）车位预定 B2C

车位预定 B2C：停车“携程”模式。

该模式类似于“携程”，将停车场联网，提供车位预订服务。停车场运营方通过平台发布可预订的车位信息，车主在平台查询、预定，保证有车位。国内由于停车场智能化水平低，比较少采用该模式。

车位预定 B2C 的盈利模式：提取预定服务费。

典型案例：英国的 JustPark。

4）车位共享 P2P

车位共享 P2P：共享车位，盘活闲置停车资源。

该模式通过打造车主的车位共享平台，为有车位的、想停车的车主提供对接服务，盘活车位空闲时间，提高车位的使用率，为业主创收，为车主解决停车难问题。目前主要有两种路线：一种如 Sweetch 和 MonkeyParking 等采用轻资产模式，一种如丁丁停车和悠悠泊车采用智能地锁、物联网车位锁+APP 的模式。

车位共享 P2P 模式问题更倾向于依赖弹性社交，对守时性、突发状况估计不足，很容易导致客户体验不佳，而且难以规范情理之中、意料之外的突发状况。同时，车位共享 P2P 模式，不仅涉及平台和直接用户，还不可避免地会牵扯到物业、停车管理公司，这构成线下地推的瓶颈。此外，主要应用场景下，高频交易的双方可能合谋绕开平台。

盈利模式：参与车位共享产生收益分成，由于牵扯到物业、停车管理公司，一些 APP 也让物业分享一部分收益（如丁丁停车）。

典型案例：美国的 MonkeyParking，国内的丁丁停车。

5）代客泊车

代客泊车：人工代泊，盈利模式最清晰。

该模式以代泊员代为停车，使车主从停车难中完全解放出来，节约车主的时间成本，同时把代泊点附件的空闲停车资源盘活，以时间换空间。

代客泊车模式瓶颈：车辆长时间脱离车主控制，安全和信任问题是车主接受代客泊车模式的主要障碍，破解这两个问题是该模式推广的核心所在。主要破解手段有：布设摄像头 24 小时全方位监控；停车完成后，拍下里程表和油表，以便用户取车时比对；e 代泊自主研发了云柜车钥匙保管系统；代泊险等。

盈利模式：代客泊车模式盈利模式最清晰，直接收取代客泊车服务费，且其目标客户是高时间价值车主，价格敏感度低。同时，汽车后市场也是盈利重点，替车主在停车空闲期间洗车、保养是顺势之需。

典型案例：美国 LUXE、ZIRX，国内 e 代泊、飞泊通。

3. 互联网停车的便捷功效

（1）车主可以在网上查询空车位、预定车位，预定好车位后信息自动下载到手机或导航设备，启动车位，一路导航到达目的停车位。

（2）停车场能不停车快速出入，电子自主缴费，没有或只有很少的管理人员，服务水平和效率大大提升。

（3）停车场内引导标识清晰，告诉我空车位在哪，加快车流疏解，同时停车场内的灯光会根据车辆和人流的走向自动提高照明度，以节约能源。

（4）车辆停好后，车辆自动定位，当离开时，可很方便地找到，寻找爱车可通过触摸屏和手机实现，通过手机可随时看到爱车的情况。

（5）通过车位上的智能监控，一旦车子出现异常，通过手机可收到报警信息。

（6）可以通过手机查询、预定车位、预约上门洗车、保养、修理服务，完成后通过手机可观看，并自动缴费。

4. 互联网停车发展特点

（1）互联网停车市场空间广阔。停车难正逐步从一二线城市向三线城市蔓延，具有普遍性。全国汽车数量超过 100 万辆的城市有 35 个，汽车保有量合计超 6000 万辆，预计这 35 个城市将成为互联网停车渗透的核心市场。若以人均停车支出 3000 元/年计算，这 35 个城市停车行业收费总计超过 1800 亿元。互联网停车渗透整个停车流程，我们认为互联网停车服务提供方至少能从整个行业蛋糕中分得 10%。不考虑互联网化后创造的市场增量，互联网停车的市场空间在 180 亿元以上。

（2）多方割据，全国性和区域性玩家并存。智能化是互联网化的前提，我国停车场智能化水平不高，决定了重资产的路是必须经历的。我们认为全流程优化模式会先行发展，且不太可能出现赢家通吃的情况，未来的竞争格局是：多方割据，全国性和区域性玩家并存。

（3）地图导航商、流量入口平台或是整合者。地图导航商、流量入口平台或是整合者，把“割据”打通形成完整的城市停车拼图。互联网打车连接的是驾驶人和C端用户，而互联网停车需整合B端停车场再为C端用户提供服务，互联网停车的关键在于线下，我们认为BAT依托流量优势将扮演整合、打通各停车APP的角色，而成为直接参与者的可能性小。

（4）胜出的关键是资源和资本。优质线下停车场资源的把握是关键。与互联网打车不同的是，互联网停车是一项硬工程，掌握庞大、优质的停车场资源是关键，停车APP对车主的价值随停车场网络的规模幂次增长，庞大的停车网络形成后，也构成竞争壁垒。

（5）资本支持决定谁能笑到最后。无论是补贴C端，培养用户习惯，还是地推搭建智能停车网络，都需要雄厚的资本实力，一些玩家免费增速设备激进地推，更是拉高了资本门槛。背靠巨头，导入资源、流量是杠杆。移动互联网流量入口已被BAT等巨头占据，背靠巨头，获得资源、流量导入是脱颖而出的重要筹码。

5. 国内代表智能停车O2O平台

1）停车百事通：背靠百度导航，布局广泛

停车百事通是一家全国范围内做停车场资源整合的互联网公司，是一款“重度垂直”的应用。其开发公司为深圳市前海硕极科技有限公司董事长曾淦池。2014年12月底停车百事通宣布和百度合作，整合“百度导航”和“停车百事通”。目前已在北京上海等十个城市布局，向用户提供3万多个停车场实时信息。

用户可以在该应用上查询停车场出入口、剩余停车位、收费标准等信息。还可以预留车位、导航至停车场并用百度钱包在线支付。整个过程中产生并沉淀下大量的数据可为百度的LBS大数据所用。

2）51park无忧停车：国内智能停车O2O平台

51park无忧停车是由紫光百会科技公司投资建设和运营的停车导航平台，创始人刘鹏兼任北京停车行业协会副会长，CEO吕红有多年IT营销管理经验。2014年底无忧停车获得千万元融资，资方未透露。其创始团队成员多来自BAT，经验丰富。2014年4月份，无忧停车和支付宝合作，完善支付功能；7月，无忧停车和百度地图合作，增加“实时停车场功能”。

无忧停车于2014年10月推出正式版APP，下载量已超过80万次，业务覆盖全国近30个省市，8万余家大中型停车场。无忧停车采取的是行业内普遍的UCG模式，即自行采集停车场数据并上传至服务器。目前已实现通过高清摄像头识别车牌号、支付宝钱包公众号自动计费并交费的“不停车通行”体验。

3）科拓停车管家：腾讯借微信布局智能停车O2O

2014年底，腾讯也加速在智能停车领域的布局，与科拓智能停车场合作，推广“智慧型微信停车场”的概念。科拓停车管家是由厦门科拓通讯技术股份有限公司开发，其董事长为黄金练。

使用科拓停车管家时，用户可以依照自己的习惯选择关注基于微信公众号及支付宝服务号的“科拓停车管家”或下载“城市好停车”APP，即可查看停车位置、停车时长等信息，并微信支付停车费。与传统的取卡停车不同，微信停车车辆进场前可由摄像头自动抓拍车辆信息并识别车牌号，实现自动开闸进场。进场后，用户会收到一条包括停车空位和商场优惠的信息。在未来，科拓方面表示会提供更多的汽车后市场服务，如清洁洗车、新能源服务、维修保养、代驾等，构建O2O生态平台。

4）丁丁停车：以智能地锁切入，主打共享经济

丁丁停车隶属于北京同于道科技有限公司。丁丁停车是一家为P2P共享模式的停车位解决方案服务商。

丁丁停车前期主要对象是小区内车主的私人停车库。丁丁停车从智能地锁切入，主打共享经济。车主用手机管理自家停车位的空闲时间并共享，以此获得收益。创始人宋珂披露丁丁停车已获得数千万元的天使投资。

亿欧网从公开资料获悉，获得融资的丁丁停车于2015年3月在小区大面积铺设智能地锁，把基础量做起来。之后会开启共享车位的功能。商业模式方面，丁丁停车采用收益三方分成的方式。即物业公司为10%，丁丁平台为30%，出租车位业主为60%。

5）高德车友生活：借地图优势进入智能停车领域

高德借助其丰富的地图资源，早在2012年就推出“高德车友生活”。高德以地图业务为基础，以用户为拓展核心，布局大量汽车O2O服务，其中就包括停车服务。车主可以对周边停车场进行详细的价格比较，同时可以按照导航精准进入停车场。

此外，在“高德车友生活”上，车主可以了解附近天气状况，进行实时路况查询，了解附近加油站的价格、距离、用户评价等信息。对于车主来说，其功能已相对完善。

6）停车宝：大力补贴，获取用户

停车宝隶属于北京真来电科技有限公司，公司创始人为孙志强。停车宝于2014年底获得明势资本、梅花天使和陈华的近千万元天使投资。停车宝提供停车场的空闲车位数量、停车价格、具体位置以及描述等。与此同时，用户可以办理VIP卡、月卡，用卡付费。

有了资本支撑的停车宝在补贴方面力度明显加大。一方面向停车场发放部分补贴，另一方面则向用户提供高额红包补贴。此外，融资后的停车宝对北京停车场进行大范围智能停车管理系统的免费升级改造。

7）安居宝：云停车场，发力社区O2O+停车O2O

安居宝隶属广东安居宝数码科技股份有限公司是一家主营智能家居系统研发、生产和销售的公司，于2014年11月推出“云停车场”。

（1）实现移动支付，降低人员成本。

（2）车位业主可通过“云停车场”系统出租自己的车位，获得收益。

（3）车主可通过系统了解到车场实时情况，提升安全性。

目前，云停车场主要依靠名叫“正佳停车小助手”公众号运营，用户可以查询车场、缴费停车，后期会开发自己的APP。云停车场系统支持微信、银联、现金等多种方式，较为方便。但由于处在初期推广阶段，用户体验仍有待改善。

总的来看，市场上的智能停车O2O玩家有两种。

（1）UGC 模式：主打“共享经济”，将私人的停车位或车库出租，提高资源利用率。例如，无忧停车。

（2）B2C 模式：即用地推的方法获得停车场的各种数据，联网后加以分析利用，提高 B 端收益的同时为用户寻得停车位。

9.3.2 互联网+智慧公交

信息时代，在公众出行信息服务领域提到“智能”，一定离不开移动互联网的参与。“公交都市”、“互联网+”等概念兴起，智能公交在新常态下呈现出一定的新趋势和新特点，公交智能化迎来新的历史时期。

1.“互联网+智慧公交”需求

“公交都市”，就是以公共交通引领城市的发展，让公共交通在城市交通运输中扮演更重要的角色，发挥更重要的作用。2012 年 12 月起，交通运输部在公交都市建设示范工程的基础上，开始建设“城市公共交通智能化应用示范工程”。截至目前，大部分“公交都市”创建城市已经完成初步设计，个别城市已经开始建设，未来三年将是智能公交的建设投资集中期。未来三到四年内，城市公共交通智能化应用示范工程吸引的投资将达 18 亿元左右，平均每年 4 亿多元。

新的资本热潮也为市场带来新机遇。在公交车载监控系统领域，以前的设备和系统已经可以满足调度、监控等一般化的基本需求。但是在大数据时代，利用“感知数据”的先天优势，公交车载监控系统迎来更广阔的市场空间。在面临建设“公交都市”大环境下，更高层次的数据分析、实时监控等需求时，公交车载监控系统到了升级换代的时刻。

2.“互联网+智慧公交”市场

作为智能交通的主要细分领域之一，智能公交一直是行业内关注的焦点。2014 年，千方科技、厦门蓝斯、大华股份等业内企业动作频繁，陆续拿下各地智能公交项目，这一领域的市场成熟度快速增长。

中国交通技术网总经理徐赫在回顾 2014 年智能交通市场时表示，智能公交市场在逐年递增，受到了政府和企业的高度关注。2015～2016 年是投资的高峰期，也将是智能公交市场的快速发展期。

国内各地都在争先创建“公交都市”，大力提倡绿色公交、节能减排。国家政策支持力度大，作为公交都市建设的一项重要组成部分，公交电子站牌等公众体验项目会得到大力发展，国内兴起“智慧城市”热，电子站牌也是重要的组成部分。

从这几年的市场表现来看，电子站牌和智能公交正在并肩齐进：一方面，国内一些大中型城市已经有非常成熟的公交调度系统，再花很少资金就能拓展公交电子站牌服务；另一方面，一些电子站牌建成的城市起到了很好的示范作用，其他城市也纷纷效仿。

随着各地的智能公交调度系统等基础设施相继建成，接下来发展诸如公交电子站牌、智能公交 APP 等公众可以参与和体验的项目将是智能公交发展的新方向。当然，“市民体验项目”不代表低配置，公众参与也不代表可以维护缺位，更懂需求、更富有技术含量、更贴近民生的项目才会被公众和市场认可。

3.“互联网+智慧公交”发展趋势

在整个移动互联网背景下，众多电信运营商、WiFi 服务商均在围绕着公交查询、实时公交等用户需求逐点布局；互联网三巨头 BAT 各自的地图产品也涵盖类似公交线路查询、实时公交的功能。

对非政府研发的出行服务 APP 来说，盈利模式值得思考。公交 APP 企业已经开始对下一步的商业模式进行探索，部分厂商也开始试水付费下载城市公交信息、广告、O2O 等可预见的盈利方法。对此，业内人士指出，“互联网+公交”的玩法还有很多，关键要看如何发挥其最大活力。

公交 APP 的大数据可以衍生出公交广告价值分析、人群行为数据分析和交通起止点（Origin Destination，OD）分析等多种分析模式。公交 APP 有巨大的开发潜力，可以满足多层次的用户不同种类、不同角度的需求。

公交车载 WiFi 也曾风光无限，一些运营企业通过与电信运营商合作分成的模式，在全国各地布局公交车载 WiFi 业务。但是，其业务效果被高估，复杂的使用流程和不稳定的信号很难留住用户，频频出现“叫好不叫座”的情况。

应该说，“互联网+公交”的模式中，互联网为智能公交开启新的篇章，智能公交也为互联网涉水城市交通提供一张“新船票”。但是，如何打好“互联网+”这张牌，还需要智能公交行业共同思考，且行且努力。

9.4 本章小结

近几年，“互联网+交通”开始引领智能交通的发展，并已经产生很好的案例。例如，智能终端和移动互联网的发展，使出行信息服务越来越关注于用户的个性化需求与体验；电子支付与智能交通的结合，使得出行服务与消费体验更加紧密结合在一起；汽车全面融入信息网络中，成为信息网络中的传送单元，自动驾驶技术正在走向成熟。

思考题

9-1 讨论“互联网+交通”概念提出的重要意义。

9-2 请列出“互联网+”在交通领域应用的一些实际案例。

9-3 通过“互联网+交通”案例学习，请总结“互联网+交通”创新创业项目能够成功实施的关键点。

9-4 通过“互联网+交通”案例学习及讨论，自由组建一个项目团队，以“互联网+交通”为主题，撰写一个“互联网+“大学生创新创业比赛项目书。

第 10 章　“互联网+民生”创新创业案例

依托于“互联网+”的高速发展，民生工作的信息化也将推向新的阶段。“互联网+民生”思维探索民生服务新模式，从根本上颠覆了民生服务的传统观念，改变了人们的生产和生活方式，让民生领域实现新的跨越。本章首先概述“互联网+民生”，然后介绍两个“互联网+民生”创新创业案例，可为读者在编写创新创业计划书、模拟创新创业流程等方面提供一些借鉴。

10.1　“互联网+民生”概述

“互联网+”理念的提出，最早可以追溯到 2013 年 11 月“三马”（马明哲、马化腾和马云）在众安保险开业仪式上的发言。马化腾提出：“互联网加一个传统行业，代表了一种能力，或者是一种外在资源和环境，对这个行业的一种提升。”

李克强总理在 2015 年政府工作报告中首次提出“互联网+”发展战略，指出要推动移动互联网、云计算、大数据、物联网等与现代制造业结合，促进电子商务、工业互联网和互联网金融健康发展，引导互联网企业拓展国际市场。之后，国务院发布《关于积极推进“互联网+”行动的指导意见》，指出“互联网+”行动的一个重要发展目标是社会服务进一步便捷普惠。健康医疗、教育、交通等民生领域互联网应用更加丰富，公共服务更加多元，线上线下结合更加紧密。社会服务资源配置不断优化，公众享受到更加公平、高效、优质、便捷的服务。

在 2016 年和 2017 年的政府工作报告中，均提出要进一步发展“互联网+”行动。我国实现“互联网+”发展战略的顶层设计已经非常明确，互联网的巨大优势应用在民生领域，足可以激发更多的民生需求，能够推进民生事业不断改善与提升。

“互联网+民生”是时代和民生的融合，是以民生为根本的大社会互联网。《关于积极推进“互联网+”行动的指导意见》将“互联网+”与民生联系最为密切的领域融合在“互联网+”益民服务中。“互联网+”益民服务指出：充分发挥互联网的高效、便捷优势，提高资源利用效率，降低服务消费成本。大力发展以互联网为载体、线上线下互动的新兴消费，加快发展基于互联网的医疗、健康、养老、教育、旅游及社会保障等新兴服务，创新政府服务模式，提升政府科学决策能力和管理水平。

10.2　“互联网+民生”案例一：“幸福 1+1”—援通电子商务平台

10.2.1　项目简介

随着中国快速进入老龄化，在所有的民生话题中，“老有所养”已经成为近几年较热的民生话题之一。如何满足老年人日益增长的消费需求，提供放心的消费体验是养老服务产业中中小企业急需回答的问题。本项目立足于援通智能化养老服务中心（原公司）业务现状，针对老年人电子商务购物活动中存在的问题，提出成立援通电子商务有限公司，并开发“幸福 1+1”—援通电子商务平台，以帮助企业实现向“互联网+”转型。

在分析老年人生理和心理特征的基础上，项目创新地提出老年电子商务商业新模式：O2F2O（offline-family-online，即线下-家庭-线上），该模式以家庭作为网购消费的基本单位，通过融合线上和线下资源为老年人及其家庭提供可信、便捷、高质及低价的服务。

基于“幸福 1+1”—援通电子商务平台，老年人可以通过线下（offline）店面选择满意的商品并提交订单，后续的信息验证及支付环节可由其家人（family ）帮助完成，满足了其购物需求的同时保证了其购物的安全性。子女可通过线上（online）网站帮助老年人购买合适的商品，也可通过平台及时和老人沟通帮助其进行商品信息的验证及完成商品的支付，在放心购物的同时也增进了子女与父母之间的感情交流。此外，加盟商可以通过线上平台和线下服务站及时将商品信息展示给目标群体，降低了销售成本。公司通过对线上平台和线下服务站点的管理与运营，拓展业务范围及服务群体，更好地满足老年人网络购物的需求。

O2F2O 老年电子商务模式及公司具有一定可操作性和现实意义，具有良好的商业应用前景。平台的 Logo 设计可以体现品牌服务的内涵，更好地宣传新的品牌服务价值观。同时 Logo 作为整个企业、品牌最直观的对外形象的化身，直接影响企业转型的成败。这将要求企业去构造一个独特的、富有创意的标志吸引眼球，赢得市场的青睐，从而顺利转型到新的领域，产生连带效应。团队为项目设计“幸福 1+1”—援通电子商务平台 Logo，如图 10-1 所示。

此标志描绘女儿送给母亲礼物时的温馨场面，母亲的脸上绽放出幸福的笑容，标志“幸福 1+1”的理念，即幸福由整个家庭一起创造。简明的卡通画，让人感到轻松，柔和的色调更显温馨感，易于公司宣传和推广。

图 10-1 “幸福 1+1” Logo

图 10-1 中老人的形象具有一定代表性。随着年龄的增长，老年人防范意识和辨别能力下降导致受骗事件屡见不鲜。虽然年纪逐渐增大，但是他们尝试使用网络，享受网购的乐趣。更重要的是如果子女常常不在身边，老人在网上购物常常力不从心，无法享受到购物的乐趣，缺乏真正的幸福感。通过“幸福 1+1”—援通电子商务平台，老年人及其子女在购物消费过程中加强家庭成员之间的沟通，让老年人有更好的购物体验。

10.2.2 市场分析及定位

1. SWOT 分析

本项目利用 SWOT 确定企业自身的竞争优势、竞争劣势、机会和威胁，从而将企业的战略与企业内部资源、外部环境有机地结合起来。S（strengths）是优势、W（weaknesses）是劣势，O（opportunities）是机会、T（threats）是威胁。

按照企业竞争战略的完整概念，战略应是一个企业“能够做的”（即组织的强项和弱项）和“可能做的”（即环境的机会和威胁）之间的有机组合。

1）潜在的内部优势（S）

援通智能化养老服务中心组建于2013年12月，是芜湖市首家智能化养老服务公司。其核心产品为“智能化养老服务系统”，该系统由智能化管理平台、服务中心和终端设备三部分组成。老人需要帮助时，只需按一下安装在老人家中的终端设备，智能化管理平台立即显示前期采集的老人相关信息，中心的工作人员根据请求迅速地将老人的需求信息反馈给相关的政府管理部门、公共服务公司或社会服务商。经过多年运营，中心吸纳一批稳定的老年客户，具有了良好的口碑和声誉，为进一步拓展新的业务提供了良好的基础。

援通智能化养老服务中心核心产品的功能是针对高龄或失能老人设计的，这使得原有产品覆盖客户群较窄，不能满足当前部分老年人日益增长的购物需求，因此中心急需对市场进行分析，探索新的商业模式。

本项目拟成立援通电子商务有限公司，构建“幸福 1+1”—援通电子商务平台。项目在外部市场环境、内部经营方面相对于其他竞争对手有如下优势。

（1）在外部市场环境方面，通过分析援通智能化养老服务中心的原始业务数据，本项目掌握大量有关老年客户的信息和生活需求数据，具备在市场上的优势地位。众所周知，获取大量个人信息数据需要耗费大量的人力和物力。由于涉及隐私问题，很多家庭不愿意提供这些信息。由于前期政府相关政策的支持，援通智能化养老服务中心与基层社区组织建立的良好的合作关系，收集芜湖市大量老年人的基础信息数据，这为进一步拓展业务范围提供良好的条件。

（2）在外部市场环境方面，智能手机已经普及，网上购物已经成为常态。虽然老年人上网的年龄日趋年轻，但面对日趋复杂的购物环境和时常发生的假货或维权事件，一部分老年人对网上购物望而却步。老年电子商务模式创新的关键是了解老年人的购物心理、习惯，并在此基础上提供满足老年人购物需求的服务方式。

援通智能化养老服务中心通过电话的方式与老人及其家庭进行沟通，对老年人的购物需求及服务方式所存在的问题具有一定的了解。本项目通过数据分析和对中心的调研，对老年人的购物习惯和服务方式有了深入的了解，为设计与开发电子商务系统提供参考，也为商业模式的创新提供指引。

（3）在内部经营方面，公司延续援通智能化养老服务中心提出的与战略匹配的企业价值观和企业文化。此外，援通智能化养老服务中心通过几年的运营，培养了一批投身老龄事业、热心服务老人的工作人员，吸收了一批乐于为老年人服务的志愿者，这为公司未来的人才建设提供了良好的基础。

（4）项目小组包括社会工作、电子商务、营销及计算机专业技术知识能力的大学生。他们既有很强的创业动力、充沛的精力和良好的学习能力，又具有强大的技术创新能力和团队协作能力。

2）潜在的内部弱势（W）

（1）恶劣的竞争地位。援通智能化养老服务中心经过几年的运营虽然积累了一定的数据和服务经验，但其运营的资金和收入主要来源于政府补贴及政府对特殊人群的购买服务，其收入仅能维持其公司的基本运营。电视台、养老机构、老年用品商店也能提供类似的为老服务，这在一定程度上削弱了公司的市场地位，导致其收入有逐年减少的趋势。因此新公司拓展业务，寻找新的业务增长点成为当务之急。

（2）脆弱的服务能力。援通智能化养老服务中心的服务方式为：老人打来电话，公司对电话信息进行分析，并查找能提供对应服务的供应商。在实践中，过于依赖其基于以电话为通信介质的“智能化养老服务系统”，被动地面对老年人消费方式和需求的变化，忽视了对数据分析和服务创新的能力。因此，公司需改善服务能力，主动跟踪与满足老年人消费方式和需求的变化。

（3）经营管理经验与资金缺乏。项目组的成员都为在校大学生，缺乏一定的经营管理经验。同时由于原公司缺乏资金，从原公司争取资金投入来扩展新业务的难度较大，对于大学生而言融资仍有一定困难。

3）潜在的外部机遇（O）

（1）市场需求量大，潜在的消费群体数量较快增长。如同数十年前的西方社会一样，中国目前正经历着人口红利消失、社会步入老龄化的结构性转变。芜湖市于20世纪90年代进入老龄化社会，全市总人口384.21万，60岁以上老年人口60.96万，目前还处于不断上升的阶段。

随着生活水平的日益提升，老年人不再单单满足于眼前的生活，他们将目光投向精神生活领域，同时也开始更加关注身边、中国乃至世界形形色色的变化。互联网为老年人打开了一道通向世界的大门，网络不仅让老人了解到更加丰富多彩的世界，还使他们的生活方式发生翻天覆地的变化。根据中国互联网信息中心的一项最新调查，全国50岁以上网民占网民总数比例已近10%，即国内老年网民数量已达5000万。随着人口老龄化的不断加剧，未来的老年人对网络更加依赖，网上购物已经成为老年人上网的主要活动之一。

经过调查，发现老年人存在以下三个方面的购物特点。

一是老年人网购意愿大，绝大部分老年人愿意尝试网购，探索新的消费方式。但由于不能较好地处理网络购物过程中支付及售后等问题，老年消费者的满意度普遍偏低。

二是如果子女与父母平时不生活在一起，通常子女会帮父母从网上选购商品。

三是实体店商品的价格往往高于网络上销售的同类产品，但因为不会在网络购物或者对某个环节（如支付）的担忧，老年人只好选择到实体店进行购物。

（2）政府的政策大力支持，养老服务业日益规范。在国务院《关于加快发展养老服务业的若干意见》中要求大力发展居家养老服务网络，地方政府要支持企业和公司运用互联网、物联网等技术手段创新居家养老服务模式，发展老年电子商务，建设居家服务网络平台，提供紧急呼叫、家政预约、健康咨询、物品代购、服务缴费等适合老年人的服务项目。

面对日益增长的养老服务需求，市政府着手制定养老服务公司建设中长期发展规划，合理布局城乡养老公司。通过系统加强养老服务从业人员培训，提升从业人员素质。通过制定相关标准，逐步建立养老服务业评估机制，着手建立养老服务标准和评估办法，规范养老行业的发展，引导从业人员按照标准化的内容开展服务。扶持政策和良好的环境为推动面向老年人电子商务服务提供了机遇。

（3）老年电子商务网站发展现状良好。设计满足老年人购物需求的电子商务模式成为老年电子商务的热点，国内已经有部分企业进行“试水”。这里值得一提的是专门服务于老年人的电子商务网站“幸福 9 号”，该网站创立于 2014 年，致力于创造健康、简洁、便利的保健产品（服务）购物体验，力争创建中国最值得信赖的老年人健康保健产品（服务）网站。网站建设初期，每天强力推出各款符合各种人群需要的健康保健产品（服务），并以优惠价格满足各档消费者需求，以人性化的售后服务解决消费者的后顾之忧。后期，该网站采用 O2O 线上与线下结合的经营模式，该模式不仅获得了老年人的充分信赖，也给老年消费者带来了畅快的体验和全新的健康产品购物模式。截至 2015 年 1 月份，该网站的营销额突破 1 亿元，比 2014 年 12 月份增长近一倍。

幸福 9 号的发展说明为老年消费者提供放心、合理、便捷、高质量的购物服务体验是老年电子商务成功的关键。

4）潜在的外部威胁（T）

（1）一些电视媒体借助其渠道优势推出一些为老年人服务的电视购物服务，其上佳表现使得本项目的初期推广具有一定的困难。

（2）一些同质量化的服务或商品竞争激烈，导致商品的利润微薄。

（3）在新业务的开展过程中，可能导致老客户的流失及竞争对手夺走客户。

2. 对策与核心竞争力

项目提出成立独立的援通电子商务有限公司，其核心产品为“幸福 1+1”—援通电子商务平台。其战略目标为“优化养老产业链，打造让老人最满意的公司”。援通电子商务有限公司经营理念为——二满意一放心：“老人满意、社会满意、子女放心。”

1）对策的制定

针对公司潜在的内部弱势和外在威胁，制定以下对策。

（1）针对竞争的问题。在商品采购环节中，尽量避免采购同质同价的商品，同时充分发挥群体优势，在采购过程中确保“人无我有，人有我优”，从而做到低价优质。另外，在社区设立服务点，定期开展讲座，做好商品的售前宣传和售后服务工作。

（2）针对服务能力脆弱的问题。加强历史数据分析，开发新的具有吸引性的服务产品。整合援通智能化养老服务中心原有的业务，开发“电子商务购物平台”，让老年人自主选择其需要的服务，积极地满足老年人消费方式和需求的变化。

（3）针对经营管理经验与资金缺乏问题。积极利用市、省、国家在养老产业方面的扶持政策，争取资金支持。通过开展对新员工的培训，让他们了解企业文化和业务规范，从而尽快地进入工作岗位。

（4）针对新项目前期推广的问题。借助现有的平台和良好的社区知名度，在社区和服务站开展各种类型的宣传，帮助老年人了解平台及购物流程，打消相关顾虑。

2）核心竞争力

（1）通过商业模式创新，打造放心的购物体验。传统意义上的 O2O 商业模式，通常是线上下单，线下拿货或线下体验，线上下单。由于老年人生理功能的下降（尤其是视觉），导致对信息的辨识能力下降，此时无论是线上还是线下消费都存在一定的问题。针对这些问题，公司设计新的商业模式，使家庭因素融入网络购物的各个环节。设计与改进线下商品展示与体验、线上线下辅助下单、线下线上服务与反馈等各个环节，使得老年人达到最满意的购物体验。

（2）充分利用人工智能技术，开展精准营销和服务创新。公司设定固定的专人与每一个客户保持密切的互动关系，提供“端到端”的服务。利用人工智能系统对客户的家庭、历史购物、健康情况等信息进行分析，并通过数据让线上系统或线下服务人员为用户推荐符合个人需要的商品与服务。

采取会员制，通过高附加值的服务来增加客户黏度。

在成熟的社区，设立线下服务店。会员可以在线下服务店查询商品目录、试用商品，还可以享受健康咨询、交友旅游、按摩理疗等高附加值的服务。通过线下服务，让客户感受到在公司买到的不仅仅是商品，更是老有所乐、老有所学的幸福晚年生活，通过良好的客户体验达到增加客户黏度，减少客户流失率的目的。

10.2.3 产品与服务平台

1. 主要经营产品

我国近几年才感受到老龄社会的压力，因此对老年用品这一领域的关注相对较晚。在美国，2012 年界定的老年用品就有 36 万种。而我国缺乏对老年用品的界定，导致生产、销售并无相关规范，所以广义上和老年人生活息息相关的产品都可认为是老年产品。

目前，有关部门正在制定老年人用品目录，预计 2017 年出台。根据本公司实际情况，公司销售产品定位于老年生活与健康相关的用品，包括快消品、健康系列用品、自我品牌的产品、增值服务类商品。

1）快消品

快消品也叫 PMCG（Packaged Mass Consumption Goods），包装的食品、个人卫生用品、烟草及酒类和饮料。快消品依靠消费者高频次和重复的使用与消耗、通过规模的市场量来获得利润和价值的实现。此类产品一般相对价格低廉，属于“日用品”，且产品“非耐用”，重复消费比率较高。

经过调查研究发现，一些老年人需要的专用快消品，如假牙清洗剂、尿不湿、无糖食品、低盐调味品、染发剂等，一般很少在社区商店出售。因此老年人常常需跑到很远的超市去购买或者由儿女代为购买。即使大的超市有售，这些老年专用快消品定价也较贵。调查表明在快消品领域，这些老年消费群体的增长趋势极为明显，他们发现商品的价值之后，会迅速成为忠诚客户。

快消品需重复购买的特征，有利于提高客户的忠诚度，本公司将老年快消品作为主要的产品之一。通过对老年人的生活数据进行分析，对老年人急需且市场价格较高的产品快消品进行集中采购。

2）健康系列用品

社会老龄化催生潜力巨大的老年健康用品市场。根据全球著名的尼尔森市场调研公司针对“中国老年人最重视什么”进行的调查发现，健康的生活对老年人尤为重要。排在第一位的就是“保持身心健康”（84%），“饮食健康”（57%）列第三位，仅次于“与家人在一起”（60%）。调查还发现老年奶粉对于奶粉市场的重要性连年提升。老年液态奶虽然只占液态奶市场份额的 0.3%，规模为 1.67 亿元，但增速达到了惊人的 652%，在市场饱和前仍有巨大的发展空间。追求健康幸福的晚年生活是每个老年人的权利，因此公司将健康系列用品作为主要产品之一，并将健康系列用品细分为保健品和保健器械。

项目组调研发现，随着老年人健康观念的日益增强，老年保健品市场风生水起。电视购物、报纸、广播、药店，铺天盖地的保健品广告宣传，让老人看花了眼。也有老年人花了冤枉钱购买到假冒伪劣的商品。出现这些问题的根本原因是目前尚缺少正规的老年保健品销售渠道，导致了商家和骗子想尽一切办法通过报纸、杂志、广告等各种渠道把商品售给老年消费者。混乱的营销渠道使得老年人对购买保健品望而却步，有的甚至引发家庭矛盾。

公司将利用援通品牌优势与国内品牌老年保健品提供商开展合作，为老年人提供可信、高质量的保健品。通过品牌战略合作可降低保健品进入市场的价格，确保给老年人带来实惠。在线上，通过电子商务平台使得家人可代为购买或监管老年人购买的保健品。在线下，老年人可通过群体交流或保健讲座进一步了解保健知识，继而正确地选择合适的保健品。

3）自我品牌的产品

对于电商平台而言，回归产品本身是生存最核心的部分。目前国内针对老年人生活的产品设计并不多见，且缺少一套完整科学的老年产品供应链体系。

调研发现，日本作为世界上老龄化程度最高的国家，为了让老人能够充分享受生活，设计了各类老年人产品。以电子产品为例，一些企业会专门进行老年人产品设计，根据老年人需要设计符合他们的手机和计算机。比如，老人手机只保留拨打和接听功能，省去其他复杂功能。考虑到老人听力衰退，手机的听筒、扬声器也采用比普通手机尺寸更大的型号，打开就能听到清晰的声音。由于功能简化，手机的零售价也大大降低。又如，针对老年人使用计算机主要是上网浏览、收发电子邮件以及整理存储照片并制作影集这三大需要，“轻松上网计算机”产品相继问世，深受老人欢迎。

本公司将在收集老年人生活数据的基础上，针对老年人的需求设计与开发自主品牌的商品，实现产品的差异化，提升品牌知名度。

4）增值服务类商品

公司将整合援通智能化养老服务中心和社会的资源为会员提供包括家庭护理、家庭洗浴、送餐服务、老人搬运、老人用品的租借和销售、紧急呼叫、老年读物、老年教育、旅游资讯等方面的服务。

2. 服务平台

本项目拟成立援通电子商务有限公司，并建设“幸福 1+1”—援通电子商务平台，平台下设“幸福 1+1”购物网站和“幸福 1+1”线下服务站。原援通智能化养老服务中心通过接口与购物网站和线下服务站进行整合，实现服务的改造和升级。本项目组织机构如图 10-2 所示。

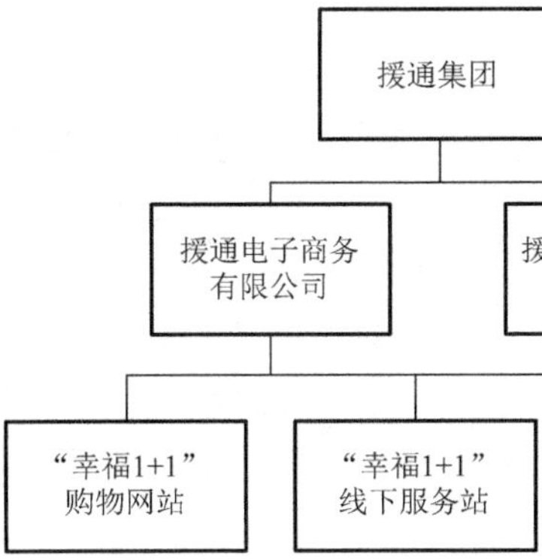

图 10-2　组织结构图

1）线上平台设计

以下介绍“幸福 1+1”—援通电子商务平台线上网站的设计。网站模块结构如图 10-3 所示，其包含了网站所提供的服务及产品。

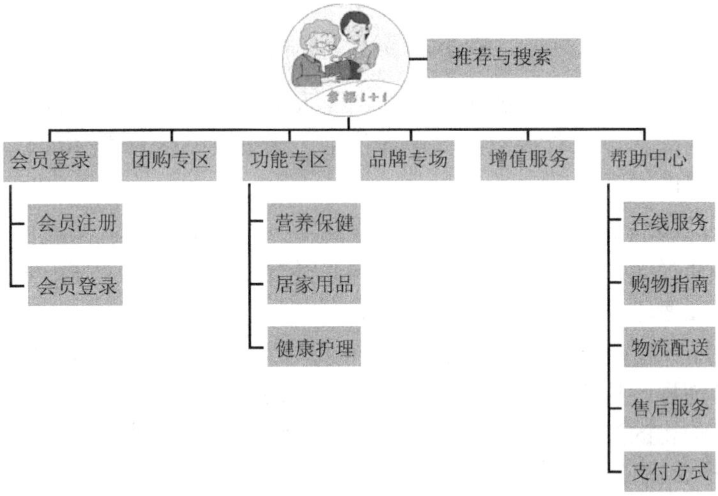

图 10-3　网站模块结构图

网站的首页如图 10-4 所示，因为老人的认知资源相对较少，所以网站的首页设计强调吸引用户的注意力集中在一件事为主，减少其他功能或信息对用户的干扰。

网站各模块的功能如下。

（1）会员注册与登录。通过注册，老年人拥有自己独一无二的身份认证，从而成为“幸福 1+1”的会员。老人的子女可为老人注册家庭会员，方便为老人选择商品或者监督老年人的购物。

（2）推荐与产品搜索。平台根据用户的足迹和偏好推荐商品，如在 list 页面强化相似宝贝推荐，在已买到宝贝页面增加搭配推荐，引导用户去逛其感兴趣的商品，而不仅仅是通过搜索去找商品，从而减少信息量过大对老年用户的干扰。

（3）导航栏。导航栏遵循简洁设计，对老年人常用的物品做集中的展示。同时通过系统将销售量较高的商品推荐到首页，方便老年人查找和选择。

图 10-4　站点首页示意图

（4）团购。团购可将认识或不认识的老年人或者家庭成员联合起来，通过平台加大与商家的谈判能力，以取得商品的最优价格。通过发挥老年群体的优势，满足老年人喜欢精打细算的心理。

（5）品牌商品展示与销售。老年顾客喜欢购买用惯的东西，对新产品常持怀疑态度，其购买习惯稳定且不易受广告影响。因此平台吸引品牌商加盟，通过品牌效应及品牌服务，可让老年消费者放心地购买商品。

（6）产品售后与购物流程指导。平台还单独设计了产品售后与购物流程指导功能，对注册、购物过程、物流配送、支付方式等做了相应的介绍和视频操作指导。除此之外，老人在线购物的过程中如遇到问题可通过在线客服或者请求家庭成员帮助解决。

2）线下平台设计

越来越多的电商平台开始重视与线下的合作，探索线下服务的模式。我们提出的“幸福 1+1”—援通电子商务平台不仅仅是个购物平台，还通过线下提供个性化服务，如产品试用、健康讲座、休闲娱乐、交友旅游等。本项目的线下服务店拟采用三级布局，即区级旗舰店、街道级服务店、社区级便利店。

（1）区级旗舰店。目前援通智能化养老服务中心已经在芜湖市建立 1 处市级监控平台、6 处区级服务平台，完成镜湖区、弋江区、鸠江区、三山区的布局。因此，依托该已有的区级服务平台的资源（场地和人员）可以分别建立区级的线下旗舰店。该服务店主要负责大规模的商品的展示、商品的推广、物流的中转等功能。随着援通智能化养老服务范围的扩展，可以进一步将区级旗舰店扩展到三县。

（2）街道级服务店。芜湖市早在 2008 年启动“政府购买服务、社会组织提供服务为主导形式”的居家养老服务试点工作，“试水”居家养老服务体系建设。芜湖市养老服务业发展“十二五”规划也指出将大力建设街道居家养老服务站，在辖区依托社区公共设施和养老资源，就近为老人提供生活照料、医疗保健、文化娱乐、安全保障等服务项目的养老服务场所。

经过几年发展，80%以上的街道建立居家养老服务站。通过申请入驻居家养老服务站开展“幸福 1+1”街道形象店的建设。这不仅能提升品牌的可信度，还能享受政府的相关扶持政策。街道级服务店的形象如图 10-5 所示，店内配备设有计算机、手机、平板电脑等电子设备，方便老年人在店员指导下轻松快捷地完成整个购物环节，工作人员可帮助老年人通过电子商务终端在网站平台挑选产品。街道级服务店承担对热销的产品实物进行集中展示和试用，帮助老年人完成线下商品挑选和下单等任务。

图 10-5　街道级服务站

（3）社区级便利店。考虑到老年人体能下降和商品配送等因素，为满足现代化社区居民的各种生活消费，特别是老年人“家门口”式的服务需求，拟在街道级服务店的基础上融合援通公司传统的居家养老服务。考虑到房租成本较高，项目通过便利亭开展社区级便利店建设。

便利亭的外观如图 10-6 所示，该便利亭可整合多方资源，不仅具有出售日用品、饮料烟酒、报纸杂志及福利彩票等一般性功能，还具有代缴水、电、煤气费，代充电

图 10-6　社区便利店

话、手机费等缴纳公共事业费的业务。通过安装智能化设备，便利亭可直接与相关系统对接，给居民提供家电维修、家庭装修、管道疏通、家政服务、超市代购及陪护看病等上门服务内容。通过便利店的大屏幕或商品促销目录可展示平台下所售的商品促销信息，同时该便利店还可承担终端的物流配送服务，解决物流的最后一公里问题。

10.2.4 商业模式

目标客户群决定了电子商务平台所经营的商品类型。确定商业模式的第一步是选择目标客户。养老服务面向的客户类型多种多样，可根据需求类型、消费层次、地域覆盖等多维度划分为不同的客户群——每类消费者客户群对于养老服务都有各自不同的诉求。

1. 本项目的目标客户

1）有网购需求的城市知识型的老年人

随着时代的变迁，大量老年用户退休后步入老年时代。网络的普及使得这部分老年人触网时间较长，会操作平板电脑和手机。但除了微信等少数产品，大多数 50 岁以上的中老年人很难从中国电子商务的高速发展红利中获益。其中城市知识型老年人的特点如下。

（1）退休收入较为稳定，追求健康时尚的晚年生活。

（2）只要有人帮助和指导，愿意尝试和接受新的事物。

（3）有强烈的网络购物愿望，线下商品难以满足其购物需求。

（4）经常依赖儿女代为购物，对网络上的资金交易尤其畏惧。

2）替父母代购的子女

替父母代购的一族熟悉互联网领域的购物方式，善于比较线上和线下商品的质量与价格，给父母购买商品的频次较高。一些电商平台也注意到这个问题，将目标人群直接定位为年轻人。比如，蜜爸妈平台的主要用户是在北上广深等一线城市背井离乡的年轻人群。但子女代购并不能代替父母购物，一方面父母选择商品的过程也是自我精神满足的过程，子女代购剥夺了父母自由选择商品的权利，另一方面也使得家庭成员之间的沟通变得越来越少。

上述子女具有以下特征。

（1）熟练掌握计算机和手机的操作，了解网络购物规则。

（2）经常替父母在网上选购商品，但由于长期不在父母身边或者不了解父母生活状况，导致选择的商品往往不能令父母满意。

（3）有时愿意指导父母进行网络购物，但由于代沟或者工作较忙而充满了选择困难和惰性。

总之，公司将以中高层收入的老年人及家庭成员作为主要服务对象。由于本地区养老电子商务市场的空白，公司能在短期内迅速占领大部分市场份额。

2. O2F2O 模式

为满足目标客户的需求，项目创新提出 O2F2O 的商业模式。该模式在线下和线上之间引入了家庭（family）因素，可以看作对现有 O2O 模式的改进。

传统O2O模式已经发展成线上与线下服务的融合。线下已经变成电子商务平台的重要入口，线下能力的高低很大程度上决定了这个模式能否成功。因此在O2O模式中，线下服务如何进行设计非常重要。对于老年人而言，线下的购物往往不能满足购物多样性的需求，而线上的购物流程相对较为复杂，这直接影响了其购物体验。O2F2O的商业模式对老年群体采取线下营销到线上交易的运营模式，对老年人的子女这一群体采用线上交易到线下消费体验的运营模式，通过“幸福1+1”购物网站和“幸福1+1”线下服务站的支持，将家庭（family）的概念融入到线上和线下消费者的消费过程中。

具体来说，采用O2F2O的商业模式的购物方式如下。

（1）平台采用家庭会员注册方式，让子女参与到老年人的整个购物流程，增强子女和父母之间的沟通。老年人可选择在线下申请会员，通过短信等方式将相关信息发送给子女，子女可通过网站关联父母信息完成后续注册环节，最终完成家庭账户的建立。

（2）线下服务店是老年群体的主要入口，老年人通过公司的线下服务店可以了解商品信息、选择商品或服务，可通过服务店的终端、网站或电话短信等多种方式下单。老年人可选择辅助模式由子女完成后续的支付、售后等环节。

（3）线上服务网站是子女的主要入口，子女可在线上挑选商品，也可在线上辅助父母购物，通往网站下单完成后续支付或售后环节。

（4）在辅助模式下，关联家庭账户下的子女会收到订单短信或电子邮件提示，子女可通过线上平台查看老年人购买的商品信息和后续货物跟踪、售后服务等信息，子女可以帮助老年人更好地理解购物环节产生的信息，完成整个购物流程。

（5）父母和子女不仅能通过线上平台对购物环节产生的信息及时地进行交流，还能通过线下的服务站的视频系统与家庭成员进行交流，极大地方便老年人与家庭成员之间的信息沟通。

3. 盈利模式

选取何种盈利模式是公司应考虑的关键问题之一。当前中国养老服务市场环境尚不成熟，政府政策和法律法规都还在完善过程中，造就了过渡期市场上不一而足的盈利模式，也为进入者创新性地发展新型盈利模式创造了机会。公司采用的盈利模式主要为会员制，并根据公司发展的不同阶段，采用渗透定价和盈利组合策略。

1）渗透定价策略

在公司初期阶段，将采取渗透定价策略，即对加盟商收取较低的加盟费或者达到一定销售额后缴纳较低的加盟费，而对家庭会员采取免费的策略。

采取渗透定价策略的依据有以下几点。

（1）迅速打开市场，阻止后进者介入。采取渗透定价策略可以让公司迅速占领市场，同时兼有培育市场的作用。迅速占领市场份额可以提高后进者介入的成本，阻止其他企业进入。

（2）符合老年用户的消费心理。老年人的消费更在意商品与服务的价格。如果一开始就对会员采取收费模式，不利于项目的初期启动。

2）盈利组合策略

在项目启动两年后，将采取盈利组合策略。即对会员和品牌加盟商采取分级收费政策。

（1）会员的等级机制。在平台中加入会员等级机制，从而使不同等级的会员拥有不同的会员权益，如免运费、折扣率、赠送优惠券、赠送线下体验券等内容。会员权益独立维护制定，并与会员等级建立关系。

平台引进线上和线下的家庭积分功能。家庭成员在线上或者线下活动或者消费即可获得一定的积分。家庭账户中积分累计到某个阈值即可以达成一定的等级。高级别的会员用户可享受更多的特色服务及增值功能。暂定会员分为金、银、普通三种会员。不同等级的会员增值服务的内容、折扣也不同。

（2）加盟商及其分级机制。在公司经营逐渐成熟，平台品牌有一定的影响力时，将采用连锁加盟的形式来进行扩张，将服务推广到各个地区。通过优惠措施来吸引更多的加盟商，并根据品牌加盟商的销售与售后情况，对品牌加盟商进行分级管理，并对不同等级的品牌收取不同程度的管理费。暂将加盟商分为 A～E 五类，加盟费标准为 A 类加盟费 40 万元，B 类 30 万元，C 类 20 万元，D 类 10 万元，E 类 5 万元。级别高的品牌加盟商可以使用公司的线下服务店开展促销和售后服务活动。

10.2.5 营销策略

1. 推广渠道

电子商务的模式千变万化，但其推广渠道都只是为了一个共同的目标：销售额。平台采用的三种推广渠道如图 10-7 所示。

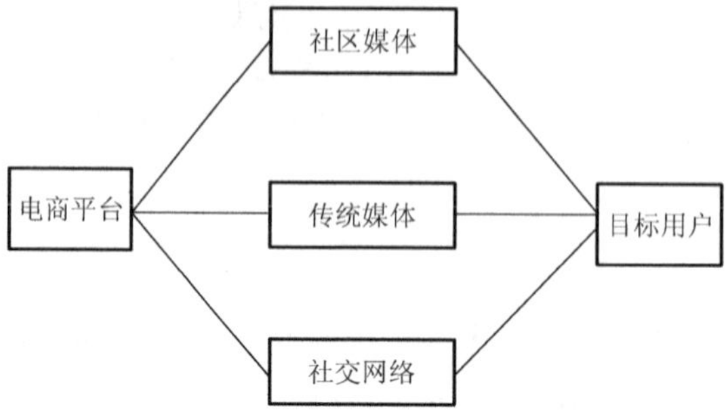

图 10-7　推广渠道

1）社区媒体

公司将社区媒体作为主要宣传推广渠道。社区媒体是指小区内的广告牌、楼道内的广告机和社区组织的活动等。利用社区媒体的具体原因如下。

（1）社区在城市中，星罗棋布的社区蕴藏着巨大无比的潜力。因此，“在社区中营销”已经逐渐被一些企业视为一种全新的分销方式，并被越来越多的企业所关注。

（2）社区单元楼门洞和电梯候梯厅是社区居民每天都要经过并停留的地方，所以设置在上述位置的广告令目标受众无法回避，真正做到与消费者接触的零距离。

（3）社区里只有三至五种不同品牌的广告宣传，相互干扰极小，广告信息直接深入到人们的日常生活中，使品牌宣传更具有针对性。

（4）社区居委会开展社区活动是非常好的社区媒体，此时公司可通过支援的方式，给社区居委会和物业提供必要的帮助，同时进行公司的宣传。

2）传统媒体

作为社区媒体渠道的补充，公司将在地方主流媒体节目、报纸上投放广告进行渠道推广。具体原因如下。

（1）相关报道显示，传统媒体如电视、报纸等在老年人的生活中起着重要的作用。尤其是电视是深受老年人群喜爱的大众传播媒体。电视是一种良好的家庭交流方式，一家人一起看电视、促进感情的交流是其他媒介无法达到的效果。相对其他媒体，传统媒体信息速度较慢、成本较高。由于这个渠道的信息报道有规律性、权威性，因而深受老年人的欢迎。

（2）由于目前电视台不断增多，电视节目异彩纷呈。同时，电视广告时段长，观众往往会在播出广告时段切换至其他频道，因而大大地削弱了广告效果。而报纸、杂志通常都有各自的固定的阅读群体，不可能涵盖所有老年消费者。

3）社交网络

公司将通过微信公众号开展与老年人及家庭成员的互动，并定期地进行平台消息的推送。移动互联网的蓬勃发展催化了移动社交的爆发，而社交工具的进化带来了营销渠道和方式的改变。虽然老年人对网络购物的很多环节不熟悉，但通过 QQ 或者微信相互联系或阅读新闻已经成为大多数老年人生活中必不可少的工具。因此，采用微信公众号的方式进行营销是可行的。

2. 营销手段

（1）借助各大节日等欢庆时节来送出一些奖品，让用户粉丝对微信公众号产生兴趣，可吸引更多老年用户订阅微信，提高平台知名度。

（2）在论坛、官网、网店、博客、微博、社交网站、导航推广微信公众号的二维码。

（3）通过扫一扫功能发行平台优惠券进行促销，将部分老年用户带至线上或线下。

10.2.6 财务分析

1. 资金来源与股本结构

“幸福 1+1”电子商务有限公司注册资本为人民币 400 万元，股本结构和规模如表 10-1 所示。在股本结构中，援通智能化养老服务中心投资 60 万元，创业团队入股 90 万元。

另外，为化解风险，公司打算吸引 2～3 家风险投资共同入股，筹资 150 万元。

同时，还需要从银行贷款 100 万元，为期 3 年（金融机构 3 年期的借款利率为 5.75%）。

表 10-1 股本结构和规模

项目	来源	金额/万元
权益资本	风险投资	150
	服务中心投资	60
	创业团队投资	90
债务资本	银行贷款	100

2. 投资分析

1）前期投资

公司建立初期，主要在办公设备和网络建设等方面投资，其中网站开发为 60 万元，固定资产以及房屋租金、装修共投入 283 万元，其他为流动资金。

其中前期设备购买和公司租金如表 10-2 所示。

表 10-2 公司前期投入

项目名称	金额/万元
网站开发	60
租金	10
店面装潢	50
计算机设备	30
健康体验设备	10
宣传费用	20
培训	5
员工工资	40
水电费用	30
交通费用	20
其他费用	8
总计	283

2）投资净现值

投资净现值（NPV）考虑的是资金的时间价值和整个项目的寿命周期的现金流量情况。NPV 从动态的角度反映了该项目的投入和净产出的关系。当净现值大于零时，该项目的报酬率就大于预期的贴现率，该方案就具备了财务可行性，也意味着投资后能为投资者带来大于或等于其折现率的投资收益。

该项目投资净现值的计算公式为

$$\mathrm{NPV}=\sum_{t=1}^{n}\frac{(\mathrm{CI}-\mathrm{CO})_t}{(1+i)^t}$$

其中，NPV 是净现值，CI 是各年收益，CO 是各年支出，t 是指时间，i 是基准收益率，CI−CO 是指净现值流量。

考虑到目前资金成本较低，以及资金的机会成本和投资的风险性等因素，i 取 7%，NPV 为 1360。因为 NPV 远远大于零，即项目净效益抵付了以行业基准收益率计算的盈利后仍有盈余，因而项目在财务上可行。

3）投资回收期

投资回收期（PT）是指以投资项目经营净现金流量抵偿原始总投资所需要的全部时间，是评价投资可行性的重要指标，投资回报期越短，说明投资风险越小。

投资回报期的计算公式为

$$投资回收期（PT）=累计净现金流量出现正数年份-1+\frac{上年累计净现金流量绝对值}{当年净现金流量}$$

通过净现值流量、投资额等数据计算出回收期为 2 年零 3 个月。该项目投资回收期较短，说明此项目在财务上可行。

4）内部报酬率

内部报酬率（IRR）是指投资后实际可望达到的投资报酬率。从动态的角度，IRR 能够直接反映投资项目的直接收益水平，能够使未来现金流入量现值等于未来现金流出量现值的折现率。如果投资方案的内部报酬率大于或等于投资者要求的投资报酬率，则该项目在财务上可行，否则不可行。

具体计算公式为

$$NPV=\sum_{t=1}^{n}\frac{(CI-CO)_t}{(1+IRR)^t}=0$$

令 IRR=39.146%，则公司投资的内部报酬率为 39.146%，大于资本成本率 10%，则该项目投资在财务上可行。

5）投资回报分析

根据对公司未来几年经营状况的预测，公司能保持较高的利润增长，拟从净利润中提取合理比例的资金作为股东回报。由于公司在前面几年全新业务的开展和对市场尽最大可能的争取，成本花费较大，故公司在前面三年不分红，第三年以后每年分红为净利润的 40%，其中预计第 4 年分红金额为 428.30 万元，第五年分红金额为 1196.66 万元，分别为投资股本的 142.77%和 398.88%，可见投资回报丰富，投资方案可行。

10.3 “互联网+民生”案例二：高校食堂智能结算及管理服务系统

10.3.1 背景及介绍

1. 产品背景

随着科技的发展和人们生活水平的提高，人们对于饮食消费的要求也越来越高。而目前高校食堂的就餐方式依然沿用传统食堂的模式。根据团队的调研，总结了传统食堂以下几个特点。

（1）高校食堂在就餐高峰期时经常会出现学生排长队等待选餐和刷卡结算。

（2）高校食堂的供餐基本上都是将菜品随机放在不同区域，学生为了拿到想要的菜就要穿梭于不同的区域，这样既造成拥挤又浪费时间。

（3）传统食堂用餐费用的结算方式主要依靠人工，基本都是人工观察餐盘中的菜样并按价格逐一相加结算，这种结算方式不仅速度慢，而且在菜的品种较多的情况下，出错率较高，尤其是餐厅的菜价经常调整。

（4）高校学生在校饮食消费情况缺少管理，家长及老师对于学生是否在食堂消费以及饮食结构等均一无所知。为了追求效率和照顾学生的身体健康，旧有的供餐模式及消费管理模式已经不适应人们的需求。

那么如何快速准确、有效、智能地解决传统食堂的问题呢？我们针对性地提出一个完整的贴心管理式智能售餐服务系统，使其解决相应问题并发挥更多的作用。

2. 产品简介

根据我们团队的调研，目前市场上有关智能食堂的概念并未完全成熟。据相关资料显示，部分高校运用的智能食堂系统虽然相对于传统食堂来说功能上有所改善，但并没有从根本上解决以上问题。本产品是通过 RFID、数据库、云计算、物联网等相关技术的结合，开发出的一套完整的贴心管理式智能售餐服务系统。

系统主要设计包括智能结算、饮食消费信息管理这两个子系统。智能结算子系统包括带有 RFID 标签的餐具、放置餐具的托盘、智能结算终端以及远程服务器。所述智能结算终端包括主控模块、RFID 读写器模块、屏显模块以及刷卡器模块，主控模块和刷卡器模块与远程服务器进行信息交互。

智能结算子系统是将传统餐具（碗、碟等）底部统一植入 RFID 电子标签，该标签可以即时写入菜品的价格、名称等信息。再将这些设有电子标签并盛有与标签信息相对应菜品的餐具摆放在自助选购区，就餐人员排队进入选购区，并依次选取喜爱的菜品放入自己的餐盘。结账时，就餐人员只需整个餐盘放到智能计价台的相应位置。由于餐盘中每个餐具都植有 RFID 电子标签，计价台的读卡模块读取采集相应的数据，结算模块算出总价，并发送至刷卡机，就餐者即可刷卡完成付款。同时此次就餐数据传送至服务器的数据库，以便第二部分分析数据。

饮食消费信息管理子系统预存有校方、学生及食堂管理人员的身份信息，服务器负责将接收到的信息进行身份识别，且根据结算系统反馈的信息执行相关指令。当学生消费时，智能结算终端中的刷卡器模块自动将从校园卡上接收到的消费数据传输至服务器，服务器自动匹配学生的姓名数据，并根据预存于服务器中的价目信息生成详细的消费数据保存于服务器，服务器根据消费数据进行身份识别并记载。系统根据之前设置的健康饮食标准，定期将学生的消费信息与标准进行对比，再通过基站将所述消费数据以及温馨提示通过消费短信发送给运营商，运营商再经由短信发送至所属接收端。通过服务器，校方可以查询学生的饮食消费情况，食堂管理人员可以查询各菜品的销售情况，为食堂供餐提供参考。

纵观总体，相对于传统食堂，本系统主要优势体现在如下方面。

（1）本系统采用物联网 RFID 技术实现食堂用餐智能结算。RFID 标签具有防水、防油污、防灰尘的特点，在油污、潮湿、高温的环境中仍可使用，使用寿命上亿次。信息能进行自由读写，没有损耗和使用上的顾虑。

（2）本系统使整个食堂的运营更加自动化、合理化，可以节省用餐者的时间，增加用餐人数，有效减少收费错误的次数，进一步提高服务质量，增加食堂效益。

（3）本系统可有效减少服务人员的人数，并可通过对数据库中各菜品销售情况的分析，对菜品进行科学合理的调整，既减少了浪费，又降低了运营成本和食堂的支出。

（4）本系统可以通过查询服务器数据库中信息来了解每种菜品的销售情况，哪种菜品受欢迎、各段时间人们喜欢什么样的菜品等有用的信息，根据这些信息可以估计出每种菜品的需求量等信息，避免剩余或不足，更加利于食堂的管理、节省资源。

3. 产品前景

高校作为新型人才聚集的场所，物联网一定会成为生活、学习的主流。而方便、快捷、舒适的智能食堂，一定会受到学生的青睐。我们团队提出智能食堂的概念也是由生活出发，考虑现有食堂在功能上的缺失，结合我们团队的思想，比较全面地描绘未来智能食堂的蓝图。

智能食堂具体优势如下。

（1）对于食堂管理人员来说，减少食堂工作人员，节约了大量的人力成本；对于食堂的整体服务更加精准；使得食堂工作与服务效率成倍提高；个性化的服务稳定了老客户，并能吸引更多的新客户，客流量增加；未来餐盘中植入的 RFID 电子标签，不仅可以存储所盛菜肴的种类、价格等基本信息，还能应用于食品溯源技术，加强食品安全管理，让消费者更加放心。

（2）对于服务对象学生来说，全面而详细的支出数据让学生懂得节约，进一步减少经济开销；系统不定时提醒能遏制学生一些不合理的消费情况；就餐时间减少，提高效率；智能健康系统智能化分析学生用餐数据，并与系统内膳食标准相比对后，给出完整的用餐建议和运动推荐；项目后期会考虑给学生提供个性化体检，进一步完善智能健康系统。

10.3.2 产品介绍

1. 系统总体简介

我们的设计主要包括智能结算和饮食消费信息管理这两个子系统，其中智能结算台如图 10-8 所示。

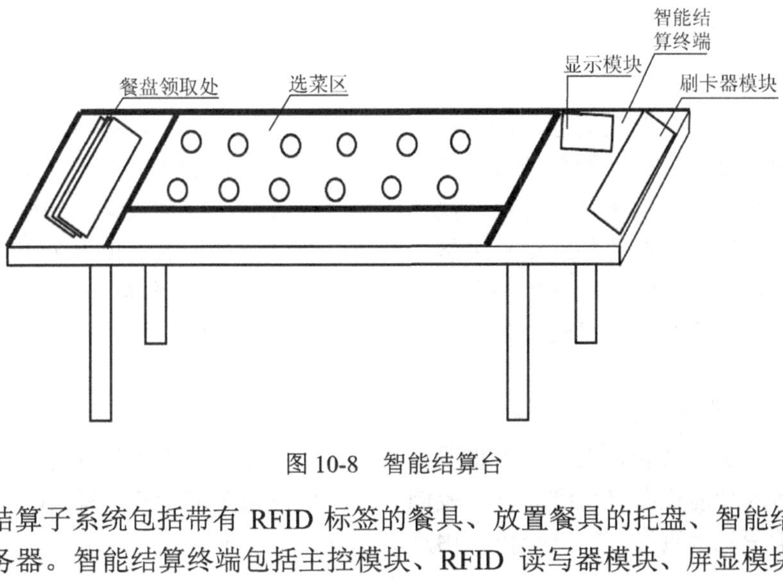

图 10-8 智能结算台

智能结算子系统包括带有 RFID 标签的餐具、放置餐具的托盘、智能结算终端以及远程服务器。智能结算终端包括主控模块、RFID 读写器模块、屏显模块以及刷卡器模块，主控模块和刷卡器模块与远程服务器进行信息交互，如图 10-9 所示。

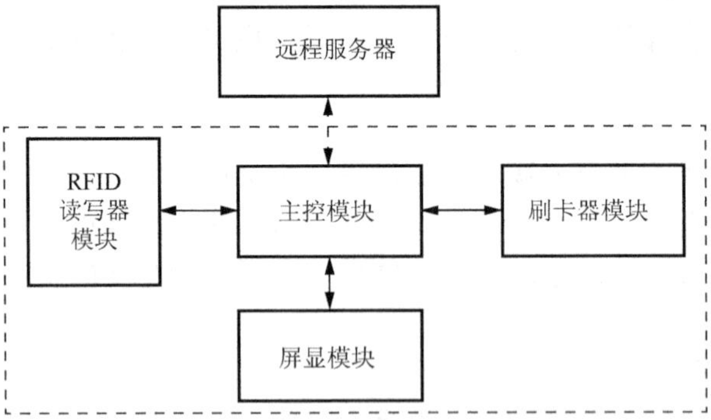

图 10-9　智能结算终端各模块示意图

饮食消费信息管理子系统是基于数据库平台完成的，借助数据库平台，将消费信息上传至后台服务器，然后后台对信息进行分析、处理，达到用户需求的目的。为学生、校方以及食堂工作人员提供信息查询功能，并能根据之前设置的营养膳食标准，对于饮食消费异常的情况短信提醒。饮食消费信息管理流程如图 10-10 所示。

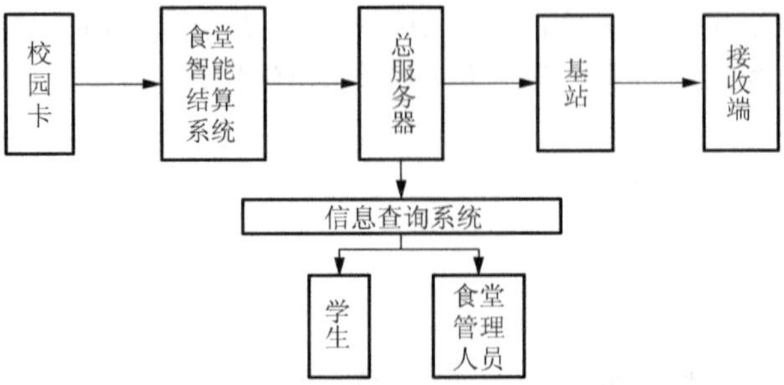

图 10-10　饮食消费信息管理流程

2. 系统模块简介

1）智能结算子系统

智能食堂是一个系统工程，不仅需要专业设备，而且在食堂的建设上有特殊要求，即需要设置菜品自选区。简单地说，通过在装菜、饭、汤的碗碟底部嵌入一块 RFID 芯片，用一个自动的系统（标价台）往芯片里写入数据，盛有饭菜的碗碟等器具放置在计价台上，计价台自动判别餐具中装入的菜以及价位等，以避免人为差错，语音提醒用餐人员刷卡，加快结算速度，提升学校食堂服务水平，具备互动功能的智能系统。智能结算系统由四个部分组成：智能餐具、标价台、计价台、智能校园卡。智能结算系统的框架如图 10-11 所示。

2）饮食消费管理信息子系统

校园卡是实现智能食堂的一个重要手段，在智能食堂功能逐步完善的前提下，校园卡所具备的功能也必将得到完善。校园卡管理信息系统的结构如图 10-12 所示，其主要包括消费记录查询、数据分析、用户隐私安全等功能。

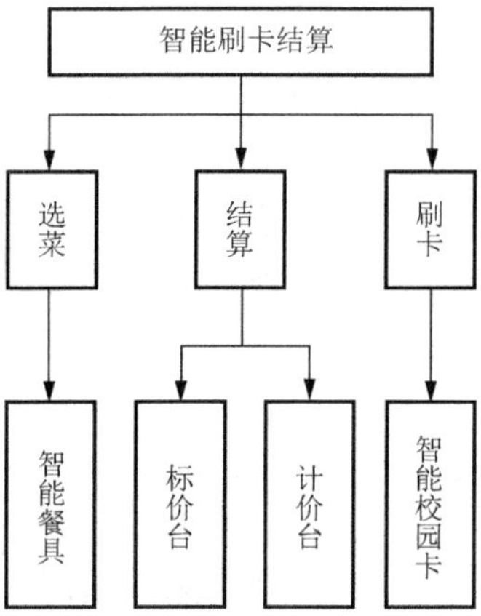

图 10-11　智能结算框架图

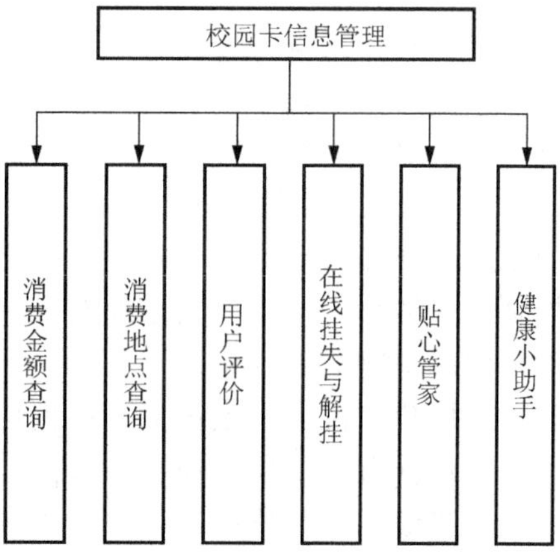

图 10-12　校园卡管理信息系统

本系统采用分体独立式结构，总体上分窗口机和管理机。

（1）窗口机设计主要实现实时消费、余额结算的功能，并针对余额不足、失效卡、侦听密码等情况给出相应对策。

（2）管理机实现充值、查询、修改密码的功能，并对卡与读卡器之间的数据通信进行加密，大大提高操作的安全性，同时还预留 RS232 串行口可以很方便地改成在线模式。在此基础上，消费者还可以通过手机 APP 和 PC 客户端对食堂菜品进行评价和选择，以便于食堂以后经营中进行改善。

3. 信息管理模块设计

1）PC 客户端

学生在 PC 客户端登录自己的用户名及其密码后即可进入校园卡信息管理系统。其管理主界面如图 10-13 所示。

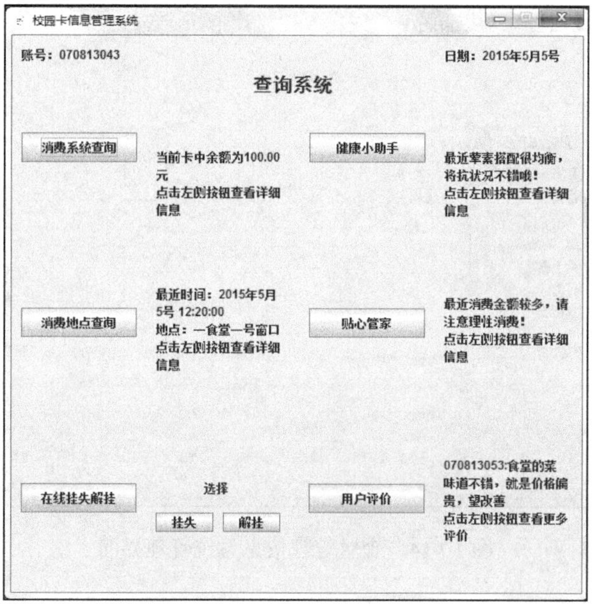

图 10-13　管理主界面

管理主界面具体功能包括以下几点。

（1）消费金额查询：学生可在手机或 PC 客户端查询自己的消费余额，方便学生实时掌握自己的资金去向。

（2）消费地点查询：通过对刷卡机进行编号 PC1 和 PC2 等，学生可以随时查到自己的校园卡在什么地方什么时间进行消费。这种情况主要是针对校园卡丢失，如果有人捡到卡后消费，可以很清楚地查到卡的消费地点，此时再去调刷卡机周围的监控，非常方便并快捷地定位偷刷卡者。

（3）用户评价：学生在消费后也可以选择登录校园卡系统，对自己消费的饭菜进行评价，这样有利于食堂在服务方面的改善。

（4）在线挂失解挂：当用户丢失校园卡后，可以第一时间登录系统选择挂失，这样可以杜绝丢失后财产损失。

（5）贴心管家：系统会对学生的消费状况进行综合性的评价，可以在消费金额上对学生进行短信回访，提醒学生注意消费途径，适度消费。

（6）健康小助手：系统会对学生的消费详情进行综合性的评价，可以在消费内容上对学生进行短信回访，提醒学生注意合理饮食等。

食堂管理系统主要功能包括以下几点。

（1）智能算法分析食堂数据。

（2）每日/周/月食堂售卖详情。

（3）建议和意见回复平台。

其管理界面如图 10-14 所示。

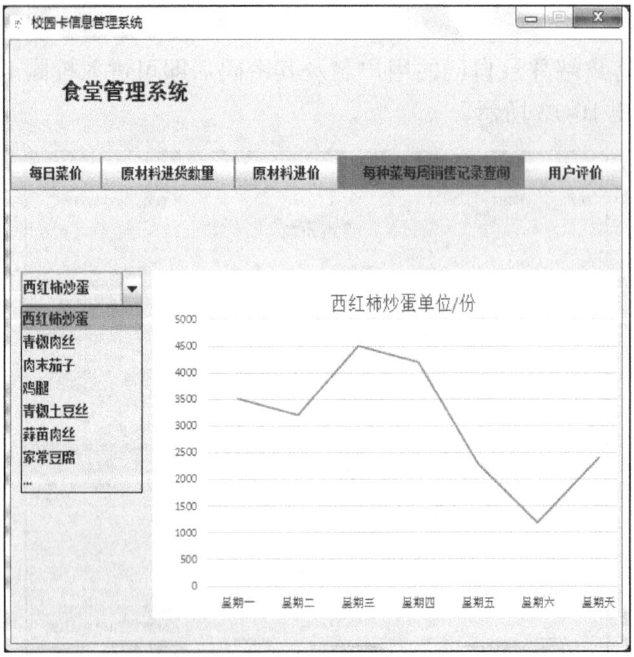

图 10-14　食堂管理信息系统管理界面

2）APP 客户端

APP 客户端也是为了方便学生能即时查看校园卡信息，食堂管理人员也能根据系统分析了解食堂的收益等情况。其 APP 界面如图 10-15 所示。

APP 客户端针对学生主要有以下功能。

（1）到点吃饭提醒和食堂活动消息推送。

（2）智能健康和消费建议。

（3）建议和意见反馈平台。

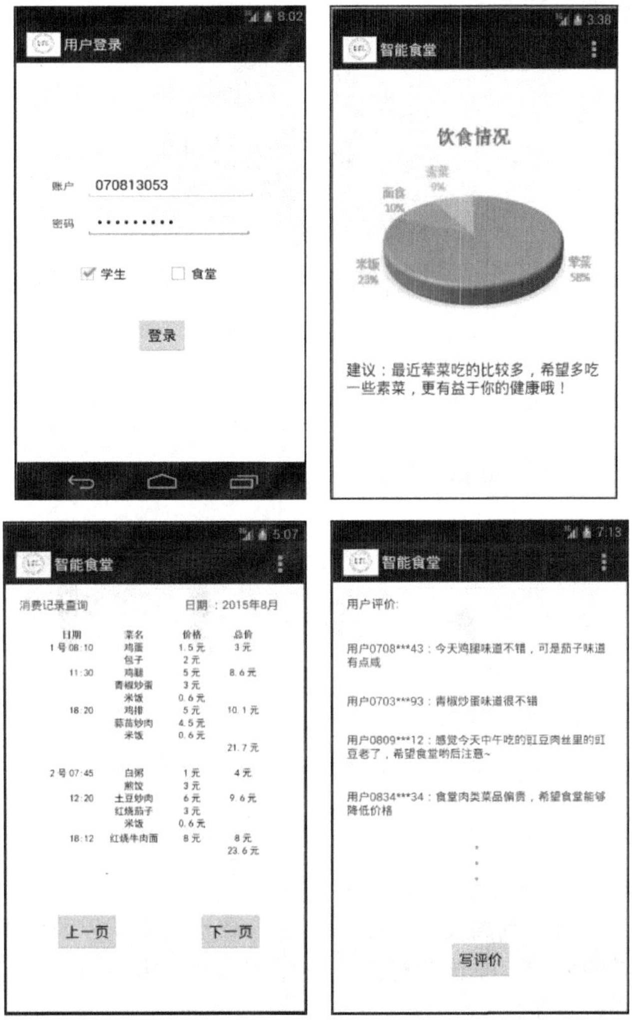

图 10-15　APP 界面

10.3.3　市场分析

1. 市场背景

随着现代科技的发展，智能设备、智能家居层出不穷，人们对智能系统的需求越来越大，对于食堂同样如此。而传统食堂存在许多弊端，效率低，人员管理不便利、人工操作多等都使得学校食堂成为与当今物联网时代格格不入的低效率空间。因此，食堂的智能化、系统化越来越成为大家日益关注的问题。

从团队市场调研的数据来看，目前的智能化市场主要分为四个部分：智能家居、智能设备、智能产业以及其他方面的应用。从图 10-17 可以看出，智能设备的发展极为重要，而智能家居系统比重也越来越大。可以说，在物联网的智能化市场里，我们提出的智能食堂系统完全可以有立足之地。而根据每年的智能化发展趋势图来看，不管是哪一部分，均呈现出上升的趋势。所以在未来，我们所提出的智能食堂系统会适应最新的物联网智能化的市场。2015 年物联网市场比重如图 10-16 所示。近几年智能化市场发展趋势如图 10-17 所示。

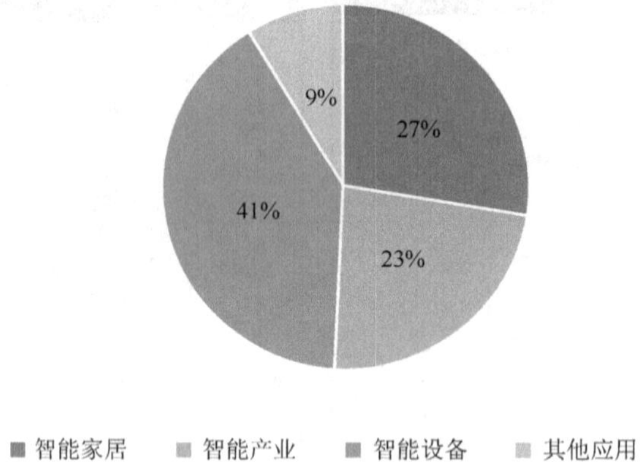

图 10-16　2015 年物联网市场比重图

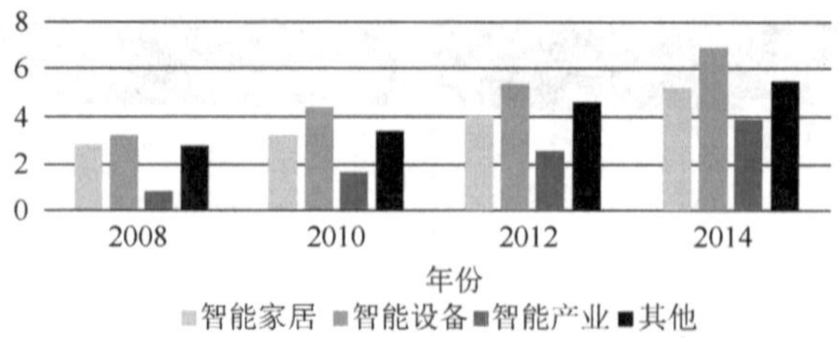

图 10-17　近几年智能化市场发展趋势图

2. 市场分析

1）市场目标

（1）市场选择。考虑到高校的扩招、学生人数不断增长以及消费水平逐步增加等因素，学生对食堂的要求、餐饮的样式、营养方面的要求日益提高。所以本项目主要目标市场集中于高校食堂。

但是，随着各大产业的发展，大型企业的食堂、餐饮业等市场都可以作为目标市场。所以在高校食堂市场完善至成熟后，我们也将考虑进一步扩大市场。

综合以上因素，我们制定了两种目标模式：单一市场、多元市场。目标市场选择模式对比如表 10-3 所示。

（2）目标客户。目标客户分为三种：主要客户群、辅助客户群和潜在客户群。

主要客户群为高校的学生。他们是主要使用智能食堂系统的人群，通过他们的体验和反馈，不仅能够使食堂经营商获得较大的利润，还能推广这一系统。

辅助客户群为高校的食堂经营商。尽管食堂经营商提供这种智能食堂方式，但是他们自己也是其中的一个重要环节。换句话说，他们自己使用的也是这样的系统来获取收益。

潜在客户群指的是等待智能食堂系统成熟，并进一步扩大市场后，所服务的人群，包括企业员工、大众消费者等。

表 10-3　目标市场选择模式对比

目标市场模式	模式简介	模式特点	
		优点	缺点
单一市场模式	高度集中于高校食堂	此模式使企业经营对象单一，可集中力量在细分市场中获得较高的市场占有率和投资收益	目标市场过于细分也会使得经营风险较高
多元市场模式	主要集中于高校食堂，企业食堂、餐饮业等为次要市场	企业的市场面扩大，有利于摆脱对个别市场的依赖，降低风险，同时可以在多种行业中，取得较高的收益	负责面太广，使得企业自身条件限制

2）市场定位

（1）产品定位：产品主要由硬件设施与软件系统组成，硬件包括智能 RFID 餐具、结算台、终端服务器；软件主要包括 PC 客户端与 APP 客户端。

（2）企业定位：公司主要为研发+运营型公司，在提供技术支撑的同时，公司管理层与市场层也对产品进行投产与推广。

（3）区域定位：产品初期主要面向周边高校推广，中期优化作品扩大市场区域，向全省高校推广，后期继续完善产品，继而将市场扩大至全国高校。

（4）竞争定位：本产品在实现智能食堂服务的同时主打个性化服务与私人定制健康评估系统，而目前市场中类似产品未能实现相似目的。

（5）客户定位：本产品所面向的客户人群有两类：高校学生和高校食堂管理人员。

3. 竞争分析

从目前的整个智能食堂市场来看，已有的类似产品寥寥无几。主要产品竞争对比如表 10-4 所示。

表 10-4　产品竞争对比

项目名称	使用者	主要功能	弊端
微信食堂服务系统	温州大学城市学院	微信订餐 私人定制 外卖服务	未从根本上解决用餐难、资源浪费问题
智能餐厅	大连理工大学	微信订餐 外卖服务 智能结算	盘底芯片不可改写、存在更换难、分类难的问题
智慧餐厅	其他企业	自助点餐系统 服务呼叫系统 前台收银系统 预定排号系统 信息管理系统	未考虑现实高校食堂环境、不适用于高校食堂

通过我们团队的了解和分析，结合已有类似产品的特点，进一步改进我们的智能食堂系统。

智能食堂系统主要区别及优势体现在以下方面。

（1）餐盘的 RFID 芯片可以多次改写，提高餐盘利用率，减少食堂支出，节省大量的物力、财力资源。

（2）自主开发信息管理系统软件，且同时服务于食堂和学生。

（3）在不断改进的过程中，我们的系统能适应于多种大型餐饮行业，没有局限性。

综上所述，尽管市场上已经存在类似的产品，但是我们优化改善了它们的优点，摒除了缺点，并解决了它们未能解决的问题。

4. SWOT 形势分析

SWOT 分析法是用来确定企业自身的竞争优势、竞争劣势、机会和威胁，从而将公司的战略与公司内部资源、外部环境有机地结合起来的一种科学的分析方法。针对目前的市场现状，就本团队产品所面临的相关问题，分析如表 10-5 所示。

通过分析，我们认为当前正处于物联网的快速发展时代，我们团队的产品恰恰迎合了智慧城市的理念，所以我们会抓住机遇，扎根市场。

表 10-5　SWOT 矩阵分析图

优势（S）	劣势（W）
（1）良好的发展前景 （2）市场需求度高 （3）消费群体稳定	（1）品牌尚未建立，知名度低 （2）资金短缺 （3）技术人员稍欠经验
机会（O）	**威胁（T）**
（1）物联网发展快速 （2）符合智慧城市理念 （3）类似产品少	（1）专业智能系统开发公司技术雄厚，竞争压力大 （2）市场尚未成熟

5. 市场前景

通过团队对市场的调研及分析，我们认为目前本项目具有开阔和稳定的市场。原因在于餐饮行业的市场是最容易开拓的，而高校食堂更是一个很广阔的市场。类比同等产品，本产品利用大数据和物联网技术将传统食堂与智能化服务相结合，改变以往的就餐体验。

根据团队对现有市场的调研与分析，本产品的市场前景如下。

（1）目前市场上已有类似产品均没有推广，且未能为学生创造利益。而本项目从学生和食堂两个角度出发，既为食堂减少开支、提高收入，也为学生量身定制个性化服务与健康评估，达到“双赢”的目的。

（2）本产品主要服务对象为高校食堂与学生，可推广性强；且是自主开发智能结算与智能健康评估系统，可复制性低。短期内市场不会有类似的产品出现，市场开阔，竞争力小。

（3）本产品的可移植能力强。未来智能食堂不仅能应用于高校，对于学校外面的餐厅、公司食堂也有一定的使用价值，还可以扩展到超市、图书馆等，从而可以构建数字化校园。

（4）本产品的运行模式是类似于电子商务模式中的 BCB 模式。即通过一个终端——PC 客户端，食堂为学生服务，学生为食堂创造价值，改变了传统食堂模式，开辟了新的市场。

我们团队在完成相关技术设计的基础上，并会不断对这个作品进行完善并运用于实践，争取在未来尽可能短的时间内投入市场使用。

10.3.4 营销策略

1. 营销目标

1）销售目标

（1）初期通过营销策划推广后，该项目销售额达到总投入的 40%。

（2）产品正式进入市场后，该项目销售额收回前期投入成本。

（3）产品市场进一步扩大后，该项目销售额达到总投入的 150%。

2）市场占有率目标

（1）初期通过营销策划推广后，产品市场占有率达到市场同类产品的 30%。

（2）产品正式进入市场后，产品市场占有率达到市场同类产品的 50%。

（3）产品市场进一步扩大后，产品市场占有率达到市场同类产品的 80%。

3）产品知名度目标

（1）前期通过与目标食堂经营商成功沟通从而开发市场，通过一个月的试点推广让全省一线城市 80%的高校食堂了解该产品。

（2）中期继续开发全省市场，进而让全省的所有高校 70%了解该产品。

（3）后期通过全国的高校宣传，让全国的高校 60%了解该产品。

（4）末期高校食堂市场成熟后，进一步扩大市场，让大型企业、餐饮业等行业 50%了解该产品。

2. 营销策略

1）价格策略

（1）初期通过营销策划及推广后，该产品销售价格高出成本价 20%～30%。

（2）产品正式进入高校食堂市场初期，该产品销售价格高出成本 30%～40%。

（3）高校食堂市场进一步扩大后，该产品销售价格高出成本价 40%～50%。

（4）高校食堂市场完全成熟，步入大型企业等行业时，该产品销售价格高出成本价 60%。

（5）所有市场均打开后，价格自由浮动，但不得低出成本价 35%。

（6）具体实际价格视同期市场行情、市场竞争而定，但不得脱离价格浮动区间。

2）产品策略

（1）产品概念。

概念：通过物联网、数据库、云计算、RFID 等技术的合理运用和组合，创新性开发出一套完整的智能食堂管理式服务系统。

定位：在未来物联网发达的智慧城市，代替传统食堂的一种新型产品。

服务：通过高校食堂服务于在校学生群体，通过其他行业服务于社会大众消费者。

（2）产品组合。

智能结算模块：即时标价台、计价台。

信息管理模块：智能 APP。

其他：智能 RFID 芯片餐具、校园卡。

（3）产品生命周期。

介绍期：入行阶段。在此阶段，产品的使用者需要很长的时间去接受这一新型模式。而食堂经营者在投资、经营方面存在很大风险性。所以本阶段需要重点宣传产品性能、开发用途，并寻找机会进入市场。

成长期：初销阶段。在此阶段，产品已经参与了市场竞争，更加需要宣传产品商标，提高市场占有率，争取创立自己的品牌。

成熟期：畅销阶段。在此阶段，产品已经具有较大的竞争力，是回收资金、加大投入的阶段。此时必须根据市场情况及时调整价格策略，延长此阶段。

稳定期：稳销阶段。在此阶段，产品已经具备强大的竞争力，长期处于盈利状态，此时也必须观察市场，进一步优化产品及策略。

3）渠道策略

（1）单一销售策略。考虑到产品初期市场并未完全成熟，存在较大的风险等原因，本策略是通过广告、宣传等方式，找到对口并有购买意向的经营商。在这些经营商中选取出价格最高的，将一套齐全的硬件设备和软件系统一次性出售，并承诺在经营商的有效经营时间内继续提供硬件维修和系统维护服务。

此方法的优点是一次性可以获得高利润，具有较低的风险性，且不受市场大小的影响。缺点是后期维护的成本高，不利于项目的发展，专利问题不能合理解决。

（2）多元销售策略。相对于单一销售策略，我们针对性地制定了多元销售策略。本策略是将一套齐全的硬件设备和软件系统租于每一个有购买意向的经营商，签订相关合同，每月收取食堂当月盈利总额的 20%～30%，并承诺在经营商的有效经营时间内继续提供硬件维修和系统维护服务。

此方法的优点是能获得长期利润，专利权为本身所有，后期维护成本低等。缺点是一次性可以获得利润低，具有较高的风险性，市场的大小间接决定了所能获得利润的高低等。

10.3.5　商业模式

1. 运营模式

（1）研发运营型。由于本产品是针对高校食堂与学生专门开发的服务型产品，团队自主研发相关软件系统并投入生产及推广运营。

（2）推广中完善。我们不强制性规定产品特性，产品在推广服务过程中，接受消费者、系统使用者、商家的意见与建议，不断改进完善产品。

（3）招商为主。在产品研发过程中，市场策划部门会针对市场定位而寻找有投资或购买意愿的商家进行推广。

2. 盈利模式

公司主要采用的盈利模式是为客户提供解决方案模式。模式宗旨是以客户为中心，追求最大化满足客户的需求、偏好；改变价值链的方向，以客户的需求为价值链的开端，然后整合资源，实现客户价值。如本产品是以客户为中心，解决传统食堂三大问题，追求服务质量、用户体验与食堂的精细化管理。

3. 阶段计划

运营前期我们将实行步步为营、在前进中发展的策略，先通过各种形式的推广与宣传活动扩大项目的影响力，集中力量完成对安徽各大高校食堂市场的占领。随后根据已有市场的反馈和建议，不断改善优化本系统，并向安徽周边省份高校推广，直至完成全国高校智能食堂市场的占领。运作后期通过丰富的学校食堂建设经验，我们将进一步扩大市场，让智能食堂系统走进每一家有需求的企业、餐饮业等。

10.3.6 财务分析

1. 融资需求

我公司注册资本人民币 95 万元，具体资金来源如表 10-6 所示。

表 10-6 融资需求表

融资模式	融资金额/万元	结构比例/%
学校投资	10	10
投资人投资	50	50
食堂投资	30	30
团队投资	10	10
合计	100	100

具体说明：学校投资主要用于提供资金、场地以及相关饭卡信息系统数据的支持等；投资人主要提供主要的经济支持；食堂管理层面的投资为提供人员管理以及运作盈利指导等；团队主要提供技术支持与食堂的日常运行等。投资项目使用情况的预算如表 10-7 所示。

表 10-7 投资项目使用情况预算表

投资项目	详细备注	金额/万元
场地租金	场地 300m^2，以高校食堂为例月租金为 2 万左右	24
装修	室内和户外墙面、地面的特色设计	10
配套设施	智能餐盘、餐桌、结算台、标价台、托盘、厨房用具	10
促销宣传	广告、网络弹窗等	3
员工工资	普通员工，服务员 8 名（2500 元/月），厨师（50000 元/年）	29
移动互联设备	APP、PC 客户平台运营	10
设备维护	设备维护与更新	2
合计		88

投资利润分析：第 1 年可达到收支平衡，收回相应固定资产投资。第 2 年可形成盈利。利润=总收入−场地租金−办公杂费−员工工资−广告费=55.36 万元。

未来三年收入、成本等费用预测情况如表 10-8 所示。

表 10-8　未来三年收入、成本等费用预测表　　（单位：万元）

项目	第 1 年	第 2 年	第 3 年
收入	111.6	145.08	188.604
成本	68	74.8	82.28
宣传费用	3	3.5	4
员工工资	29	31.9	35.09

2. 资产负债表

资产负债表如表 10-9 所示。

表 10-9　资产负债表　　（单位：万元）

项目	计算期		
	第 1 年	第 2 年	第 3 年
流动资产	123.6	150.28	186.324
货币资金	123.6	150.28	186.324
短期投资	0	0	0
应收账款	0	0	0
长期投资	0	0	0
固定资产	20	15	10
固定资产原价	25	25	25
累计折旧	5	10	15
无形资产	0	0	0
资产总计	143.6	165.28	196.324
流动负债	26.13	7.98	10.37
短期借款	20	0	0
应付账款	0	0	0
未付税款	6.138	7.98	10.37
长期负债	30	30	30
长期借款	30	30	30
负债合计	56.74	37.98	40.37
所有者权益	37.49	42.46	51.26
实收资本	30	30	30
资本公积	7.49	12.46	21.26
未分配利润	49.37	84.84	104.694
负债及所有者权益合计	143.6	165.28	196.324

计算公式：

（1）货币资金＝现金+银行存款+其他货币资金

（2）短期投资＝短期投资-短期投资跌价准备

（3）预收账款＝应收账款+预收账款

（4）固定资产原价＝固定资产（融资租入的固定资产，其原价也包括在内）

（5）无形资产＝无形资产

（6）应付账款＝应付账款（贷）+预付账款（贷）

（7）预付账款＝应付账款（借）+预付账款（借）

（8）未分配利润＝本年利润+利润分配

3. 利润表

利润如表 10-10 所示。

表 10-10　利润表　（单位：万元）

项目	计算期		
	第 1 年	第 2 年	第 3 年
主营业务收入	111.6	145.08	188.604
主营业务成本	68	74.8	82.28
主营业务税金	6.138	7.98	10.37
主营业务利润	37.462	62.3	95.954
营业费用	5	7	10
管理费用	5	8	10
财务费用	5	9	10
营业利润	22.462	38.30	65.954
投资利益	0	0	0
所得税	5.62	9.575	16.49
净利润	16.842	28.725	49.464

计算公式：

（1）主营业务利润=主营业务收入−主营业务成本−主营业务税金及附加

（2）营业利润=主营业务利润+其他业务利润−营业费用−管理费用−财务费用

（3）利润总额=营业利润+投资收益+补贴收入+营业外收入−营业外支出

（4）净利润=利润总额−所得税

（5）销售毛利率=（（销售收入−销售成本）/销售收入）×100%

（6）销售净利率=（净利润/销售收入）×100%

（7）营业利润率＝（营业利润/销售收入）×100%

（8）资产净利率=（净利润/平均资产总额）×100%

（9）净资产收益率=净利润/平均所有者权益总额×100%

10.4　本章小结

“幸福 1+1”—援通电子商务平台面向老年健康消费领域，创新性地提出老年电子商务商业新模式：O2F2O（offline-family-online，即线下-家庭-线上），该模式以家庭作为网购消费的基本单位，通过融合线上和线下资源为老年人及其家庭提供可信、便捷、高质、低价的服务。其 Logo 设计充满温馨和幸福感。能利用 SWOT 确定企业自身的竞争优势、竞争劣势、机会和威胁，从而将企业的战略与企业内部资源、外部环境有机地结合起来。并针对潜在的内部弱势和外在威胁，制定了相应的对策以提高核心竞争力。公司销售的产品定位于老年生活与健康相关的用品。通过建设商务服务平台，架设接口将购物网站和线下服务站进行整合，实现服务的改造和升级。公司采用的盈利模式主要为会员制，并根据发展阶段，采用渗透定价和盈利组合策略。其营销策略采用多种方式，细致严谨，完善合理。通过融资需求、资产负债、利润等方面进行财务分析，财务整体情况良好，不存在严重风险。

高校食堂智能结算及管理服务系统是在针对目前高校沿用传统食堂就餐方式而出现的各种问题进行分析的基础上，提出的一个完整的贴心管理式智能售餐服务系统，描绘了未来智能食堂的蓝图。无论对于食堂管理人员，还是对于服务对象学生，其优势都是非常明显的。其产品主要包括智能结算台和饮食消费信息管理这两个子系统。智能结算台实现与远程服务器的信息交互；饮食消费信息管理实现消费的智能结算。信息管理模块在方便学生即时查看校园卡信息的同时，也能让食堂管理人员即时分析了解食堂的收益等情况。系统的目标客户明确：以高校的学生为主要客户群，以食堂经营商为辅助客户群。从产品、企业、区域、竞争、客户五个方面进行详细的市场定位。通过竞争分析，明确自身产品的优势，结合已有类似产品的特点，能够进一步改进智能食堂系统。基于以上优点，其形势分析良好，市场前景广阔。从销售、市场占有率、产品知名度三个方面制定的营销目标可行；从价格、产品、渠道三个方面制定的营销策略完善；从运营、盈利、阶段商业模式三个方面制定的商业模式稳健；从融资、资产负债、利润三个方面制定的财务分析合理。

思　考　题

10-1　讨论“互联网+民生”概念提出的重要意义。

10-2　请列出“互联网+”在益民服务方面的一些实际案例。

10-3　通过“互联网+民生”案例学习，请总结“互联网+民生”创新创业项目能够成功实施的关键点。

10-4　通过“互联网+民生”案例学习及讨论，自由组建一个项目团队，以“互联网+民生”为主题，撰写一个“互联网+”大学生创新创业比赛项目书。

参 考 文 献

蔡跃洲, 2016. “互联网+”行动的创新创业机遇与挑战——技术革命及技术——经济范式视角的分析[J]. 求是学刊, 43(3): 43-51.

蔡自兴, 2016. 中国人工智能 40 年[J]. 科技导报, 34(15): 12-32.

程克非, 罗江华, 兰文富, 2011. 云计算基础教程[M]. 北京: 人民邮电出版社.

陈付龙, 徐雨祥, 邢鹏, 等, 2015. 基于 Flash 技术的中学生物虚拟实验平台设计[J]. 江苏第二师范学院学报, 31(3): 62-65.

陈耀华, 陈琳, 2016. 互联网+教育智慧路向研究[J]. 中国电化教育, (9): 80-84.

丁俊苗, 2016. 以创新创业教育引领高等教育改革与发展——创新创业教育的三个阶段与高校新的历史使命[J]. 创新与创业教育, 7(1): 1-6.

冯渠, 2014. 我国大学生创业团队建设研[D]. 沈阳: 沈阳师范大学.

付亮, 于立娟, 陈幽君, 等, 2013. 2012—2013 年移动互联网发展趋势综述[J]. 互联网天地, (2): 1-6.

付宁, 张东霞, 2016. “互联网+”环境下大学生创新创业的商业模式分析[J]. 商业现代化, (29): 241-242.

付艳萍, 王秀芳, 2016. 互联网+教育理念及模式探析[J]. 移动信息, (8): 138-139.

黄磊, 陈灿, 郭勤贵, 2015. 互联网+: 跨界与融合[M]. 北京: 机械工业出版社.

贾若祎, 李勇, 刘思涵, 2016. 大数据在影视产业中的应用[J]. 传媒, (19): 77-80.

贾韬, 2012. 中国教育培训企业营销策略研究——以环球雅思为例[D]. 北京: 对外经济贸易大学.

江礼坤, 2015. 实战移动互联网营销: 互联网+营销的 7 个关键要素[M]. 北京: 机械工业出版社.

李德毅, 林润华, 2011. 云计算技术发展报告[M]. 北京: 科学出版社.

李国杰, 程学旗, 2012. 大数据研究: 未来科技及经济社会发展的重大战略领域——大数据的研究现状与科学思考[J]. 中国科学院院刊, 27(6): 5-15.

李海舰, 田跃新, 李文杰, 2014. 互联网思维与传统企业再造[J]. 中国工业经济, (10): 135-146.

李鹤, 张舒铭, 2016. 大数据技术在电子商务领域中的应用[J]，合作经济与科技, (24): 106-108.

李文莲, 夏健明, 2013. 基于“大数据”的商业模式创新[J]. 中国工业经济, (5): 83-95.

廖卫红, 2013. 移动互联网环境下互动营销策略对消费者行为影响实证研究[J]. 企业经济, (3): 69-73.

林小捷, 2013. 基于 Android 自动化测试平台的研究与实现[D]. 广州: 华南理工大学.

林子雨, 2017. 大数据技术原理与应用[M]. 2 版. 北京: 人民邮电出版社.

刘东梅, 2015. 在线教育二十年: 从“教育+互联网”到“互联网+教育”[J]. 互联网经济, (7): 90-97.

刘建堤, 2008. 视觉营销理论建构及其核心技术研究[J]. 中南财经政法大学学报, (5): 109-113.

刘建堤, 2013. 视觉营销及其演进探析[J]. 经济研究导刊, (3): 232-234.

刘鹏, 2012. 基于 iOS 的个人健康管理系统客户端的开发[D]. 大连: 大连理工大学.

刘云浩, 2011. 物联网导论[M]. 北京: 科学出版社.

罗军舟, 金嘉晖, 宋爱波, 等, 2011. 云计算: 体系架构与关键技术[J]. 通信学报, 32(7): 3-21.

罗军舟, 吴文甲, 杨明, 2011. 移动互联网: 终端、网络与服务[J]. 计算机学报, 34(11): 2029-2051.

孟小峰, 慈祥, 2016. 大数据管理: 概念, 技术与挑战[J]. 计算机研究与发展, 50(1): 146-169.

欧阳日辉, 2015. 从“+互联网”到“互联网+”—技术革命如何孕育新型经济社会形态[J]. 人民论坛 • 学术前沿, (10): 25-38.

平和光, 杜亚丽, 2016. “互联网+教育”: 机遇、挑战与对策[J]. 现代教育管理, (1): 13-18.

史亚坤, 2014. P2P 网络借贷平台创新发展模式研究[D]. 开封: 河南大学.

孙其博, 刘杰, 黎彝, 等, 2010. 物联网: 概念、架构与关键技术研究综述[J]. 北京邮电大学学报, 33(3): 1-9.

孙永波, 2016. 移动 APP 营销研究评述与展望[J]. 管理现代化, (1): 82-85.

王蕾, 赵国光, 2016. “互联网+医疗”的困境及政策解析[J]. 中国医院, 20(2): 45-46.

王年军, 2012. 大学生创业团队的理论与实证研究[D]. 武汉: 武汉理工大学.

王乔峰, 曹效英, 路璐, 2015. “互联网+教育”模式的发展情况分析[J]. 中国教育信息化, (15): 9-11.

王艳艳, 2016. 大数据时代小微企业融资模式创新研究[D]. 北京: 北京交通大学.

邬贺铨, 2015. “互联网+”行动计划: 机遇与挑战[J]. 人民论坛·学术前沿, (10): 4-14.

吴传坤, 2013. 物联网安全基础[M]. 北京: 科学出版社.

吴功宜, 吴英, 2013. 物联网工程导论[M]. 北京: 机械工业出版社.

吴南中, 2016. “互联网+教育”内涵解析与推进机制研究[J]. 成人教育, 36(1): 6-11.

吴信东, 叶明全, 胡东辉, 等, 2012. 普适医疗信息管理与服务的关键技术与挑战[J]. 计算机学报, 35(5): 827-845.

武文韬, 2016. “互联网+”环境下大学生创新创业的商业模式分析[J]. 创新科技, (1): 49-52.

肖志辉, 2009. 移动互联网研究综述[J]. 电信科学, 25(10): 30-36.

徐争荣, 2015. “互联网+”时代传统行业的创新与机遇分析[J]. 互联网天地, (5): 1-5.

杨颖, 朱君茹, 袁媛, 等, 2015. 医疗物联网的发展现状、问题与对策[J]. 中国卫生信息管理杂志, (3): 298-303.

姚飞飞, 2016. 互联网+背景下中小企业管理模式创新研究[J]. 商业现代化, (8): 107-108.

叶明全, 黄道斌, 卢小杰, 等, 2016. 大数据时代下数据挖掘课程实践教学探索[J]. 池州学院学报, 30(6): 128-130.

叶明全, 尹荣章, 刘冬, 等, 2016. 医学高校信息管理与信息系统专业综合改革与实践[J]. 滁州学院学报, 18(5): 103-106.

叶明全, 尹荣章, 汪全海, 牛猛, 马少勇. 以互联网+健康医疗为导向的医学信息创新创业人才培养[J]. 合肥师范学院学报, 2017, 35(3): 63-66.

张岩, 2016. “互联网+教育”理念及模式探析[J]. 中国高教研究, (2):70-73.

张烨, 2012. 基于 Android 平台 WiFi 的实现及应用[D]. 北京: 北京邮电大学.

张梓群, 2016. 大数据在体育领域中的分析及应用[J]. 当代体育科技, 6(10): 150-151.

赵大仁, 何思长, 孙渤星, 等, 2016. 我国“互联网+医疗”的实施现状与思考[J]. 卫生经济研究, (7): 14-17.

赵婧, 2015. 电商时代 O2O 模式的分析与展望[D]. 北京: 对外经济贸易大学.

赵军, 杨克岩, 2016. “互联网+”环境下创新创业信息平台构建研究——以大学生创新创业教育为例[J]. 情报科学, 34(5): 59-63.

赵振, 2015. “互联网+”跨界经营:创造性破坏视角[J]. 中国工业经济, (10): 146-160.

周鸣争, 刘三民, 2016. 物联网+导论[M]. 北京: 铁道出版社.

周逸文, 2015. 大数据技术在金融行业的应用探究[J]. 现代工业经济和信息化, (10): 79-80.